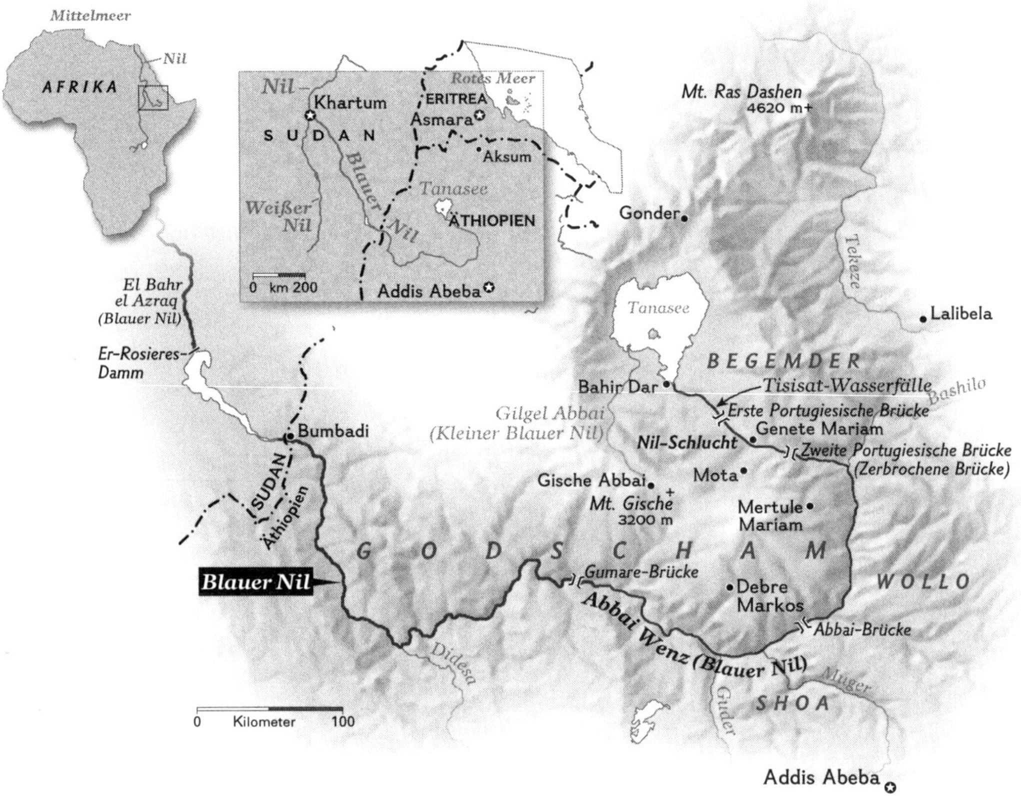

Mittelmeer
Nil
AFRIKA
Nil
Khartum
SUDAN
Rotes Meer
ERITREA
Asmara
Aksum
Blauer Nil
Tanasee
Weißer Nil
ÄTHIOPIEN
0 km 200
Addis Abeba
Mt. Ras Dashen
4620 m
Gonder
Tekeze
Lalibela
El Bahr el Azraq (Blauer Nil)
Er-Rosieres-Damm
Tanasee
BEGEMDER
Bahir Dar
Tisisat-Wasserfälle
Bashilo
Gilgel Abbai (Kleiner Blauer Nil)
Erste Portugiesische Brücke
Genete Mariam
Bumbadi
Nil-Schlucht
Zweite Portugiesische Brücke (Zerbrochene Brücke)
SUDAN
Äthiopien
Gische Abbai
Mota
Mt. Gische
3200 m
Mertule Mariam
GODSCHAM
Blauer Nil
Gumare-Brücke
Debre Markos
WOLLO
Abbai Wenz (Blauer Nil)
Abbai-Brücke
Didesa
Muger
Guder
SHOA
0 Kilometer 100
Addis Abeba

Der Blaue Nil

Virginia Morell

Der Blaue
Nil

Eine Schlauchboot-expedition auf Äthiopiens geheimnis-vollem Fluss

GRUNER + JAHR/RBA
NATIONAL GEOGRAPHIC DEUTSCHLAND

Titel der amerikanischen Originalausgabe:
BLUE NILE
Ethopia's River of Magic and Mystery

Veröffentlicht von der National Geographic Society,
Washington, D.C., 2000, alle Rechte vorbehalten

Deutsche Ausgabe veröffentlicht von G+J/RBA Hamburg 2001
Übersetzung: Dörte Fuchs und Jutta Orth

Koordination/Redaktion: Carlo Lauer
Redaktionelle Mitarbeit: Dieter Löbbert für CLP
Satz:Typographischer Betrieb Walter Biering Hans Numberger
Titelgestaltung: Lutz Jahrmarkt
Produktion: Ursula Stahl
Druck und Verarbeitung: GGP Media, Pößneck
Printed in Germany
ISBN 3-934385-33-8

Für meine Eltern und Michael

sowie

zum Andenken an

Preston und Dorothy Morell

und

Conrad Hirsh

Erstes Kapitel

Ein kalter Wind fegte über die weite, grüne Flanke des Mount Gische. Marigeta Birhane Tsige, ein älterer Priester der äthiopisch-orthodoxen Kirche, zog seine weiße Robe fester um sich. Auf seinen hölzernen Stecken gestützt, musterte er den noch etwa 30 Meter entfernten grasbewachsenen Gipfel, holte tief Luft und setzte sich wieder in Bewegung.

»Es ist nicht mehr so einfach«, sagte er. »Vielleicht werde ich alt.« Meinen Protest herausfordernd, blinzelte er mir unter seinem weißen Turban zu. Als ich erwartungsgemäß widersprach, warf er seinen Kopf zurück und lachte. »Nein, nein, ich bin alt«, wiederholte er. »Aber ich habe viel gelernt in meinem Leben.« Niemand in unserem Gefolge, das aus Führern, Dolmetschern und zerlumpten Kindern bestand, die hinter uns hergelaufen waren, äußerte etwas Gegenteiliges. Weil er so viel wusste, war ich mit Marigeta (Heiliger Lehrer) Birhane hierher gekommen. Er sorgte für die Bewahrung und Weitergabe der Legenden und Überlieferungen, die sich um einen der heiligsten Orte Äthiopiens ranken: die Quellen des Blauen Nils oder Abbai Wenz (»Großer Fluss«), wie der Strom hier heißt.

Von unserem Aussichtspunkt auf dem 3180 Meter hohen Gipfel des Gische konnten wir die Quelle dieses großen afrikanischen Stroms sehen: klare Teiche, die sich hinter einem Dickicht aus Bäumen und Sträuchern in einer Bergwiese verbergen. Unterhalb der Quellen beginnt der Fluss als Rinnsal, das Gilgel Abbai (»Kleiner Blauer Nil«) genannt wird. Wie viele andere Hochlandbäche gräbt sich der Gilgel Abbai sein tiefes, enges Bett durch die Wiesen, ergießt sich hell über Felsen und sprudelt zwischen Ufern dahin, die von Wildblumen gesäumt werden. Nichts deutete darauf hin, dass dieses Flüsschen – über das ich an diesem Morgen mit nicht mehr Achtsamkeit geschritten war als über einen Rinnstein – zu einem Strom anschwellen würde, der sich einen der tiefsten und ausgedehntesten Canyons der Welt gegraben hat und mit seinem Wasser und seinem fruchtbaren Schlamm Leben in die fast 4500 Kilometer entfernten Trockengebiete Ägyptens bringt.

Die vielen Dorfbewohner unter uns auf der Wiese neben den Quellen brachten diesen geographischen Fakten – wenn sie sie überhaupt kannten – vermutlich wenig Interesse entgegen. Sie seien nur wegen des heiligen Quellwassers hierher gekommen, erklärte uns Marigeta Birhane. In Gewänder aus weißem und grünem Baumwollstoff gehüllt, hatten sie alle Arten von Behältnissen, von blauen Plastikkanistern und verwitterten Kalebassen über alte Glasgefäße bis zu zerbeulten Feldflaschen, am Rand der Quellen aufgehäuft und warteten geduldig darauf, dass die Priester jedes füllten und segneten. Einige wollten von Gebrechen geheilt werden, andere suchten den Schutz des Nils. Später würde ein Priester die »Patienten«, wie Ermes Kifle, unser Dolmetscher, die Wartenden nannte – mit dem Wasser übergießen, ein Taufritus, der die Wiese so sumpfig und feucht gemacht hatte, dass ein glitschiges Kleinstbiotop aus dunkelgrünen Algen den Boden überzog.

»Sie suchen die Kräfte des Abbai«, erklärte Marigeta Birhane. Als Gegenleistung für das Versprechen, später ein Schaf oder eine junge Kuh zu opfern, mochte der Geist des Flusses sich dazu bewegen lassen, unzählige Gebrechen zu heilen, einen Bauern mit einer reichen Ernte oder eine unfruchtbare Frau mit einem Kind zu segnen oder aber einen bösen Zauber zu brechen. Ungläubige oder Menschen, die die Macht des Nils für teuflische Zwecke zu nutzen versuchten, würden von einer Ameisenplage heimgesucht oder von einer Schlange erwürgt werden.

Auch wenn der Abbai hier am Mount Gische zuerst an die Oberfläche trete, fuhr er fort, liege seine wahre Quelle, sein eigentlicher Ursprung unter dem Berg. »Der Berg schwimmt auf einem See«, sagte er und gestikulierte zur Verdeutlichung mit der Hand. »Und aus diesem See entspringt der Abbai. Er beginnt so.« Er beugte sich vor, öffnete die linke Hand, sodass die Handfläche nach oben zeigte, und zeichnete mit dem rechten Zeigefinger eine Spirale hinein, die wie das Gehäuse einer Nautilusschnecke aussah.

In seiner Jugend hatte Marigeta Birhane ganz Äthiopien durchwandert, hatte wie alle angehenden Priester für seine Mahlzeiten gesungen und von den gelehrten Männern seiner Kirche gelernt. Er war dem Kleinen Blauen Nil bis zu den Ufern des Tanasees gefolgt und hatte die Tisisat-Fälle (»Rauchendes Wasser«) jenseits des Sees gesehen, wo der Blaue Nil seine eigentliche Reise antritt. Er wusste, dass dieser Fluss sich von anderen Flüssen unterschied. Während andere äthiopische Wasserläufe in mehr oder weniger gerader Linie von ihrer Quelle bis zur Mündung strömten, wand sich der Abbai wie eine Spirale durch das Land. »Er fließt in jede Richtung – nach Norden, Osten, Süden und Westen – und beschreibt das Zeichen des Kreuzes«, erklärte er. Er hielt einen Moment inne und sagte dann: »Die Italiener warfen hier Bomben auf uns [1935]. Aber sie haben uns nie besiegt. Warum nicht? Sie hatten die Macht ihrer Bomben, aber wir hatten eine größere Macht: Wir hatten den Abbai.«

Mitte der 70er-Jahre hatte ich zwei Jahre lang als Lehrerin in Äthiopien gearbeitet und das Land erst verlassen, nachdem es in den Würgegriff eines grausamen kommunistischen Regimes geraten war. Ich war jung und davon überzeugt, dass die Kommunisten sich nur ein oder zwei Jahre halten würden, dann würde ich zurückkommen und mein Abenteurerdasein in diesem exotischen afrikanischen Land wieder aufnehmen. 25 Jahre sollten vergehen. Äthiopien litt unter dem roten Terror: das Militärregime tötete Tausende von Unschuldigen, und Dürren, Hungersnöte und Kriege taten ein Übriges. Als die Kommunisten schließlich gestürzt wurden, versuchte das Land es mit der Demokratie. Das Königreich, das ich gekannt hatte – das Imperium von Haile Selassie, dem König der Könige und Löwen von Juda –, gehörte der Vergangenheit an. Über die Jahre, die ich dort verbracht hatte, sprach ich selten.

Man kann sich aus den unterschiedlichsten Gründen in ein Land verlieben: Vielleicht ist es die Art, in der das Licht auf die Felder der Provence fällt, oder der Anblick der unglaublichen, überirdischen Weiße der Antarktis, vielleicht der Pfiff, mit dem ein Gaucho in den frostigen Pampas Patagoniens seinen Hund ruft, oder gar das Dröhnen einer Taxihupe, die in den Glas- und Stahlschluchten New Yorks widerhallt. In meinem Fall waren es die Menschen. Die Äthiopier sind auffallend schön, mit großen Augen, hohen Wangenknochen, ebenmäßigen weißen Zähnen und einer würdevollen, selbstsicheren Haltung, die ihre Attraktivität noch steigert. Genetisch gesehen sind sie eine arabisch-afrikanische Mischung, und genau diese reiche, sinnliche Melange prägt ihre Kultur. Sie sind zurückhaltend und warmherzig, offen und verschwiegen zugleich. Sie verstecken sich hinter diskreten Manieren und feiner Lebensart und halten sich oft Schals oder Gewänder vor den Mund, um Stimme und Lachen zu dämpfen. Jemanden zu bestehlen oder ihm ins Gesicht zu lügen gilt als verabscheuungswürdig, während List und die Kunst der Verstellung durchaus als erstrebenswerte Fähigkeiten betrachtet werden. Das Schmieden von Geheimnissen, das Spinnen von Intrigen, Verschwörungen und Gegenverschwörungen durchsetzt alle gesellschaftlichen Kreise, und man lernt schnell, nicht unbedingt immer alles zu glauben, was einem erzählt wird. Amharisch, die Sprache der amharischen Volksgruppe, eignet sich besonders für solche Doppeldeutigkeiten und Wortspiele, da die Bedeutung vieler Wörter von einem einzigen Konsonanten oder Vokal abhängt. Sobald man einen Laut verändert, ändert sich auch der Sinn des Wortes und des ganzen Satzes. So verwundert es kaum, dass das so genannte »Beleidigungsgedicht« zu den meist geschätzten literarischen Formen gehört: ein oder mehrere Reimpaare, die dazu dienen, einen Feind zu schmähen, aber so raffiniert formuliert sind, dass er oder sie die Beleidigung zunächst nicht erkennt. Die Amhara nennen diese doppeldeutigen Verse *semna werk*, was soviel heißt wie »Wachs und Gold« und sich auf die alte Schmuckherstellungstechnik der »verlorenen Form« bezieht: Wenn man das Wachs entfernt – in diesem Fall die buchstäbliche, vordergründige Bedeutung – kommt das Gold zum Vorschein, die harte, ungeschminkte Wahrheit. Nicht alle Semna-werk-Verse enthalten jedoch Beleidigungen. Manche handeln von den Wechselfällen der Liebe oder den verschlungenen Wegen des Schicksals, wieder andere sind tief religiös.

Amharisch ist nach wie vor die äthiopische Amtssprache, obwohl das Volk der Amhara nur etwa 25 Prozent der 60 Millionen Äthiopier ausmacht. Die restlichen 45 Millionen setzen sich aus einer Vielzahl unterschiedlicher Volksgruppen zusammen: Da wären – um nur die wichtigsten zu nennen – die mit den Amhara eng verwandten Tigray, deren Gebiet nördlich an Eritrea grenzt; die Somali, die in den Wüsten des Ostens und Südostens an der Grenze zu Somalia und Kenia leben; die omotischen und nilotischen Völker im Flachland entlang der sudanesischen Grenze und die Oromo-Stämme, die ein großflächiges Gebiet von den Wüsten im Süden bis zum westlichen und nördlichen Hochland bewohnen.

Von 1973 bis 1975 lebte ich unter den Amhara in der zentralen Provinz Shoa. Wie die Tigray führen die Amhara ihre Abstammungslinie bis auf das alte Königreich Aksum zurück, ein mächtiges Imperium, das Handelsbeziehungen zum Römischen Reich unterhalten und sich über das Rote Meer bis zum Jemen ausgedehnt hatte. Der Legende nach soll die Königin von Saba einst von dort nach Jerusalem gereist sein, um König Salomo zu besuchen. Nachdem dieser sie mithilfe eines Tricks in sein Bett gelockt hatte, gebar sie ihm einen Sohn, Menelik, der der erste König Äthiopiens werden sollte. Im dritten Jahrhundert, so berichtet die Überlieferung, hätten zwei schiffbrüchige junge Syrer König Ezana zum Christentum bekehrt und Äthiopien so zum ersten Land gemacht, das die neue Religion annahm.

Zum Teil ist es diese so weit zurückreichende Geschichte, aus der die Äthiopier ihre sympathische Selbstsicherheit schöpfen, zum Teil verdankt sie sich auch der Tatsache, dass Äthiopien niemals kolonisiert wurde: Es war das einzige afrikanische Land, das diesem Schicksal entging. Zwar stand es von 1935 bis 1941 unter italienischer Besatzung, aber das war etwas anderes, als unter dem Absatz eines Kolonistenstiefels zertreten zu werden, und die Äthiopier glaubten nicht an die Überlegenheit der Weißen. Auch wenn der eine oder andere sich vor einem verbeugt, erkennt er damit lediglich den sozialen Rang seines Gegenübers an – außerdem kann man nie sicher sein, dass er sich dabei nicht insgeheim über einen lustig macht. Das Rad des Schicksals hört niemals auf, sich zu drehen, und eines Tages – wer weiß, vielleicht schon morgen? – verneigst du dich vor ihm.

Und dann ist da die äthiopische Landschaft. Heutzutage halten viele Menschen Äthiopien für ein Land voller unfruchtbarer Wüsten und verhungernder Menschen. Natürlich litten und leiden tatsächlich Teile des Landes unter schrecklichen Dürren und Hungersnöten, doch andere Gebiete, besonders das Hochland in den zentralen Provinzen, sind grün und von überwältigender Schönheit. Die Hochebenen sind umschlossen von erhabenen, verwitterten Gipfeln, die abfallen und in Wüsten übergehen und das Land fast zu einer Insel machen – einer Insel jenseits von Zeit und Raum, sodass ich gelegentlich den Eindruck hatte, gerade einer Zeitmaschine entstiegen zu sein.

In den 70er-Jahren war es außerdem nicht gerade einfach, das Land zu bereisen, was seinen Reiz für mich noch erhöhte. Es gab eine einzige Bahnstrecke und eine knappe Hand voll planierter, staubiger Straßen, gepflasterte waren noch seltener. Die meisten Einheimischen reisten zu Fuß – nur die Glücklicheren unter ihnen verfügten über ein Pferd oder Maultier – und auf Trampelpfaden. Hatte man die Hauptstadt Addis Abeba erst hinter sich gelassen, verlor sich der ausgetretene Pfad schon bald im Ungewissen.

Ich sah in diesen beiden Jahren so viel von Äthiopien, wie meine Verpflichtungen als Lehrerin es zuließen. Ich erklomm den Gipfel des höchsten Berges Äthiopiens, des 4620 Meter hohen Ras Dashen, befuhr mit dem Boot den von Krokodilen wimmelnden Awash und durchquerte das Rift Valley bis zu den Wüstenufern des Turkanasees, der früher Rudolfsee hieß. Ich besuchte die wichtigsten historischen Sehenswürdigkeiten, einschließlich der Ruinen von Aksum, wo einst die Nachfahren der Königin von Saba geherrscht hatten, der Märchenschlösser aus dem 15. Jahrhundert in Gondar und der Felskirchen von Lalibela. Einmal hatte ich mich sogar einer kleinen Gruppe von Paläontologen angeschlossen, die einen Tagesausflug zur Nilschlucht unternahmen, um nach fossilen Muscheln und Schnecken zu suchen. Die meisten dieser Ausflüge waren kurze Wochenendtrips gewesen, nur ab und zu hatte ich mir zwei Wochen Zeit dafür nehmen können. Im Frühjahr 1999, lud mich dann Oliver Payne, der Chefredakteur von National Geographic, ein, an einer von Nevada Weir geleiteten Expedition teilzunehmen – einer zweimonatigen Reise in eines der entlegensten und unzugänglichsten Gebiete Äthiopiens.

Der Blaue Nil? Natürlich wollte ich dorthin reisen.

Doch zunächst wollte ich eine Antwort auf eine Frage.

Während ich in Äthiopien lebte, zählte die Schlucht des Blauen Nils zu den gefährlichsten Regionen des Landes. Sie hatte diesen Ruf schon seit Jahren, ja sogar Jahrhunderten, wegen der zahlreichen Räuberbanden oder *shifta*, wie die Äthiopier sie nennen. Shifta verbargen sich in den Höhlen am Rande der Schlucht; sie stellten sich einem in den Weg und verlangten größere Geldbeträge, oder sie brachten einen um – oder beides. Während meines ersten Jahres in Äthiopien hatte ein junger Amerikaner versucht, die Schlucht zu durchwandern. Er wurde nie mehr gesehen. Niemand wusste, was ihm zugestoßen war, aber alle dachten das Gleiche: Die Shifta mussten ihm aufgelauert haben.

Wer oder was würde uns vor diesen Banditen schützen? Oliver konnte mir diese Frage nicht beantworten, ich würde direkt mit Nevada sprechen müssen.

Ich war Nevada noch nie begegnet. Sie gehörte nicht zum Fotografenteam von *National Geographic*, aber sie war bekannt wegen ihrer Reisen rund um den Globus und ihrer Fotos aus Asien, vor allem aus Vietnam. Ich rief sie noch am selben Nachmittag an, und sie informierte mich über die Details ihrer Expedition.

Ich mochte sie von Anfang an. Ihre Stimme besaß eine wohltuende Wärme, und sie lachte gern. Bisher war sie weder in Äthiopien noch in einem anderen afrikanischen Land gewesen, und sie fieberte diesem neuen Abenteuer entgegen. Von den Shifta hatte sie gehört, sie aber nicht für ein Problem gehalten. Auch Conrad Hirsh teile ihre Auffassung, setzte sie hinzu, ihr Kontaktmann in Äthiopien, der sich um alle logistischen Fragen kümmere und bereits einen großen Teil der Nilschlucht erkundet habe. Er würde auf der Flussstrecke unserer Expedition unser Hauptführer sein.

Conrad Hirsh! Das war fast zu schön, um wahr zu sein. Conrad sei ein langjähriger, enger Freund, erklärte ich Nevada. Die Aussicht, dass er unser Führer sein würde, versetzte mich in Hochstimmung. Ich hatte ihn kennen gelernt, als ich an der Universität von Addis Abeba lehrte, damals lebte Conrad schon seit mehr als einem Jahrzehnt in Äthiopien. Er war als Freiwilliger des Peace Corps gekommen und noch einmal für kurze Zeit in die Staaten zurückgekehrt, hatte aber festgestellt, dass er ohne Äthiopien nicht mehr leben konnte. Conrad, ein brillanter Mathematiker, verzichtete auf eine viel versprechende akademische Laufbahn, um Studenten an der Haile-Selassie-I.-Universität in Addis Abeba zu unterrichten und in dem Land zu leben, das er liebte. Er schrieb und sprach Amharisch wie ein Einheimischer und verfügte sogar über passable Kenntnisse in Ge'ez, dem äthiopischen Äquivalent der lateinischen Sprache. Später verließ er die Universität, um als Führer zu arbeiten und Wildwasser-Rafting-Expeditionen auf äthiopischen und anderen afrikanischen Flüssen zu leiten. Obwohl von eher schmächtiger Statur, war er stark, sehnig und mit den liebenswürdigen Umgangsformen eines Akademikers versehen. Inzwischen hatte er die Sechzig überschritten und war längst zur Legende geworden. Kaum jemand kannte das Land so gut wie er, kaum jemand war auch mit den entlegeneren Regionen Äthiopiens so vertraut. Wenn Conrad zuversichtlich war, dass die Shifta am Blauen Nil nicht länger ein Problem darstellten, dann brauchte ich mir ebenfalls keine Sorgen zu machen.

Nevada erläuterte mir ihre Pläne. Sie hatte vor, ein kleines Team zusammenzustellen, das mich, Conrad und seine äthiopischen Helfer, außerdem Kelly Shannon, einen Geschäftsmann und alten Reisegefährten, sowie zwei Bootsführer von Mountain Travel Sobek, einem Veranstalter von Abenteuerreisen, umfassen würde. *National Geographic* Television beabsichtigte außerdem, einen Kameramann, Mick Davie, mitzuschicken. Außerdem suchte Nevada noch einen Arzt oder Sanitäter, der über eine Ausbildung in Notfallmedizin verfügte. Wenn das Team vollständig war, würden wir uns Anfang September in Addis Abeba treffen und weiter nach Bahir Dar am Tanasee fliegen, wo der Blaue Nil seine 900 Kilometer lange Reise in den Sudan antritt. Im September würde die äthiopische Regenzeit zu Ende sein, in der im Monatsmittel gut und gerne 330 Millimeter Regen vom Himmel fallen konnten. Im oberen Teil der Schlucht würde der Fluss seinen höchsten Wasserstand erreicht haben und folglich unschiffbar sein. Wir würden dieses Teilstück stattdessen zu Fuß zurücklegen. Nevada schätzte, dass wir für die ersten 40 Kilometer ungefähr eine Woche brauchten. Diese Etappe würde direkt am Flussufer enden, wo uns ein Team mit Rafts und den Vorräten für die nächsten Monate erwarten sollte. Nevada wusste nicht genau, wie viele Wochen wir auf dem Fluss verbringen würden; sie wollte, dass genügend Zeit für Begegnungen mit Einheimischen bliebe, vielleicht könnten wir sogar in ihren Dörfern Station machen. Schließlich würden wir die sudanesische Grenze erreichen und dem Fluss kurz hinter dem Städtchen Bumbadi Lebewohl sagen.

»Wir werden versuchen, die ganze Strecke ohne Unterbrechungen zurückzulegen«, erklärte Nevada. »Zwar haben vor uns schon andere verschiedene Abschnitte des Stroms befahren, aber niemand war bisher ununterbrochen von der Quelle bis zur sudanesischen Grenze unterwegs, ohne Teilstrecken zu unterschiedlichen Jahreszeiten befahren zu müssen. Die Tour ist ziemlich ausgeklügelt«, fügte sie hinzu, in dem Bewusstsein, dass es Ende des 20. Jahrhunderts schwierig war, noch einen Winkel der Erde zu finden, an dem man nicht schon in irgendjemandes Fußstapfen trat.

Wie war sie eigentlich auf die Idee gekommen?

»Oh, im Grunde war es Kellys Idee«, antwortete sie. »Er hat sich fast ganz aus dem Berufsleben zurückgezogen und reist für sein Leben gern. Und er liebt es, sich ›Traumreisen‹ auszudenken.«

Sie wohnten beide in Santa Fe, New Mexico, erklärte sie, und träfen sich oft im Downtown Subscription Café auf eine Tasse Kaffee. Eines Tages habe er seinen Atlas mitgebracht, auf den Tisch gelegt und bei Äthiopien aufgeschlagen.

»Hast du schon mal an den Blauen Nil gedacht?«, habe Kelly sie gefragt, während er die Windungen des Flusses nachzeichnete. »Warum erkunden wir ihn nicht einfach?«

Schon wegen dieser Frage wusste ich, dass ich Kelly mögen würde, auch wenn ich noch kein einziges Wort mit ihm gewechselt hatte.

Es blieben nur drei Monate bis zu unserer Abreise. Ich würde mir einiges an Ausrüstung zulegen müssen, vor allem Insektenabwehrmittel und Sunblocker, da so nah am Äquator sowohl mit reichlich Insekten als auch mit sehr intensiver Sonneneinstrahlung zu rechnen sein würde. Außerdem wollte ich so viel wie möglich über die Nilschlucht und über die Forscher lesen, die sich vor uns dorthin gewagt hatten. Gewissermaßen als »Vorspeise« durchstöberte ich unsere Sammlung von Afrikaliteratur und fand ein Buch über den Nil, das 1966 bei *National*

Geographic erschienen war. Es behandelte hauptsächlich den Weißen Nil, den längeren der beiden Flüsse, aber es gab eine Luftaufnahme – eine einzige – des Blauen Nils. Ich sah sie mir an und erstarrte.

Die Aufnahme war verschwommen, als hätte der Fotograf durch einen blauen Nebel hindurch fotografiert. Man erkannte eine Reihe von hohen, abgerundeten Hügelkuppen, die sich neben dem Fluss erhoben. Es gab keine Städte, keine Dörfer, keine Menschen. Nur einen großen Fluss, der sich durchs Land schlängelte und in einem leeren Grenzgebiet verschwand. Im Vordergrund sah man eine schmale, zweispurige Straße, die sich durch heiß aussehende grüne Hügel bis hinunter zu einer Brücke wand und dann die andere Seite förmlich hochstürmte, als hätte sie es höchst eilig, diesem einsamen Fluss und seiner Schlucht zu entkommen.

Ich zeigte meinem Mann Michael McRae das Foto. Michael schreibt ebenfalls und steckte gerade mitten in den Vorbereitungen für eine eigene Expedition in eine isolierte Region Tibets. Reisen in entlegene Gegenden waren also nichts Neues für ihn, doch auch ihm verschlug es die Sprache, als er die Aufnahme betrachtete. Wir hatten beide den gleichen Gedanken.

»Das sieht nach totaler Wildnis aus, findest du nicht?«, fragte er schließlich. »Mir war nicht klar ...«

»Ja. Mir war das auch nicht klar, bis ich auf dieses Bild gestoßen bin. Aber es ist okay«, sagte ich, »besser gesagt, ich werde okay sein. Conrad leitet die Reise, er kennt das Land gut. Ich vertraue ihm.«

Michael nickte. Er kannte und vertraute Conrad ebenfalls.

»Du hast Recht. Wenn es jemanden gibt, der euch dort hinein- und wieder hinausführen kann, dann ist es Conrad. Ihr könnt euch glücklich schätzen, ihn dabeizuhaben.«

Tatsächlich schien die ganze Reise sich als ein einziger Glücksfall zu erweisen. Ich sehnte mich danach, wieder in Äthiopien unterwegs zu sein. Conrads Teilnahme bedeutete, dass es eine sichere und gut vorbereitete Expedition werden würde. Außerdem würden wir Zeit haben, unsere Freundschaft aufzufrischen und über den Wandel zu reden, den Äthiopien durchgemacht hatte. Diese Expedition war ein Geschenk des Himmels, etwas, das einfach geschehen sollte, und ich ließ mich ohne längeres Nachdenken darauf ein.

Zweites Kapitel

MENSCH, ICH WEISS NICHT, WAS ICH DAZU SAGEN SOLL ...«, antwortete Richard Bangs mir ein paar Tage später, nachdem ich ihm eine E-Mail über die Expedition am Blauen Nil geschickt hatte. Rich war ein guter Freund, und es lag auf der Hand, wegen des kommenden Abenteuers gerade ihn anzusprechen. In den 70er-Jahren war er mit ein paar Freunden nach Äthiopien gefahren, um eine internationale Wildwasser-Rafting-Company zu gründen, die sie nach dem ägyptischen krokodilsköpfigen Gott »Sobek« nannten. Ich hatte Richard (und über ihn Conrad) in Addis Abeba kennen gelernt, als er mit seinen Partnern gerade die größten Flüsse Äthiopiens in Angriff nehmen wollte, Omo, Baro, Awash, Tekeze und natürlich den Blauen Nil. 1974 hatte er mit einem kleinen Team 240 Kilometer auf dem Blauen Nil zurückgelegt, und eine andere Gruppe hatte ein Jahr später in Booten den oberen Teil der Schlucht unterhalb der Nilfälle durchquert. Es war ein Desaster gewesen. Bangs war in die Staaten zurückgekehrt, um sein Studium zu beginnen, und infolgedessen nicht dabei, als einer seiner engsten Freunde, Lewis Greenwald, ertrank. Lew war für Rich wie ein Bruder gewesen, und um ein Haar hätte sein Tod Richs Schwärmerei für Flussabenteuer ein Ende bereitet. Als Lew starb, lebte ich noch in Äthiopien. Seine Frau Karen – eine hübsche Person mit kastanienbraunem Haar, der der Tod ihres Mannes keine Ruhe ließ – kannte ich besser als ihn. Eines Tages fragte sie mich, ob meiner Ansicht nach »Knochen ein Leben nach dem Tode« hätten, und später marschierte sie zum Flussufer, wo das Team Lew begraben hatte, um seinen Körper zu bergen. Er war Jude gewesen, und sie wollte ihn auf einen jüdischen Friedhof verlegen und dort zur letzen Ruhe betten lassen.

Der Blaue Nil zählte nicht zu Richs Lieblingsflüssen, doch wie ich war er dem Zauber Äthiopiens erlegen, und ich dachte, er würde sich über meine Pläne freuen. Das Gegenteil war der Fall.

Rich wusste Bescheid über Nevadas Expedition. Wie mir machten ihm vor allem die *shifta* Sorgen. »Praktisch jede Expedition, die in den letzten 30 Jahren unter der Shafartak-Brücke [einer der beiden Autobrücken über den Fluss] durchzog, wurde angegriffen, und es gab mehrere Tote.« Außerdem war der Flussabschnitt, den er 1974 befahren hatte, »gelinde ausgedrückt alles andere als überwältigend ... keine unberührte Natur, keine Kultur, grauenhafte Hitze, keine Stromschnellen, monotone Landschaft ... Und auch wir wurden angegriffen (nicht mit Gewehren, sondern mit Steinen) ... Und überhaupt wird von Shafartak bis zur sudanesischen Grenze hinunter wahrscheinlich alles noch schlimmer. Nichtsdestotrotz«, so endete seine Nachricht, »übt das Wort ›Blauer Nil‹ eine ungeheure Anziehungskraft aus, und Conrad ist ein sehr vorsichtiger Mensch ... Lass es mich also wissen, wenn ich irgendwie behilflich sein kann, und wie du dich entscheidest.«

Richs Worte brachten mich durcheinander. Diese Reaktion hatte ich nicht erwartet, und ich rief ihn auf der Stelle an. Hielt er die Sache wirklich für so gefährlich?

»Ich bin mir nicht sicher. Es ist schwierig für mich, diesen Fluss nicht mit Tod und Sterben in Verbindung zu bringen, und ich will nicht noch einen Freund verlieren«, sagte er. »›Mein‹ Streckenabschnitt war einfach langweilig. Anders kann ich es nicht sagen.« Auch war er sich trotz des überschwänglichen Empfehlungsschreibens, das er für Nevada verfasst hatte, im Unklaren, was er von ihren Fähigkeiten als Expeditionsleiterin halten sollte. Rich wusste, dass er widerstreitende Gefühle vermittelte.

»Conrad war später dort als ich. Was hält er davon?«

Auch Conrad hatte ich in einer E-Mail von dem geplanten Abenteuer vorgeschwärmt, das er mit mir teilen sollte. Allerdings war er als Führer einer Flussfahrt in Madagaskar unterwegs, und ich hatte noch keine Antwort von ihm erhalten.

»Nun, ich würde fahren, egal was Conrad dazu meint«, sagte Rich. »Er geht auf Nummer sicher und weiß über alles, was auf diesem Fluss schief gehen kann, Bescheid. Er ist der beste Führer, den du für dort unten finden kannst.«

Rich tat sein Bestes, um unserem Gespräch zum Schluss eine optimistische Wendung zu geben, doch er hatte es dem Bauen Nil niemals ganz verzeihen können, dass er durch ihn Lew verloren hatte, und sogar in seinem herzlichen Auf-Wiedersehen schwangen Sorge und Unruhe mit.

Rich schlug mir vor, Jim Slade anzurufen, einen anderen alten Freund aus unseren Rafting-Tagen in Äthiopien. Jim war 1974 mit Rich den besagten Nilabschnitt hinabgepaddelt, und er war Teilnehmer der Expedition, bei der Lew umkam. Vielleicht hatte er eine andere Meinung.

Inzwischen lebt Jim zusamen mit seiner temperamentvollen Frau Barbara Bean auf einer kleinen Ranch in den östlichen Ausläufern der Sierra Nevada. Er war Gründungsmitglied von Sobek, und wie Rich hatte er mit dem Boot Ströme auf der ganzen Welt befahren, vom Bíobío in Chile bis zum Sambesi in Simbabwe. Flüsse und Flusscanyons kannte er wahrscheinlich besser als jeder andere, und er hatte zwei Streckenabschnitte des Blauen Nils erkundet. Was hielt er von dieser Expedition?

»Mmh, wahrscheinlich wirst du dich dort wohl fühlen. Ich würde fahren«, sagte Jim. Jim hatte ein leichtes Näseln in der Stimme und eine nachlässige Art zu sprechen. Man konnte sich gut vorstellen, wie er in einer Hängematte schaukelte, mit einer Hand die Fliegen verscheuchte und mit der anderen den Telefonhörer hielt.

»Tja, die Schlucht ist abgelegen, deshalb halten sich gerne Banditen dort auf«, meinte er in Bezug auf die *shifta*. »Sogar die Dorfbewohner sind ein bisschen aggressiv. Einige haben in den Siebzigern einen Hubschrauber abgeschossen, als die WHO [die World Health Organization

= Weltgesundheitsorganisation] versuchte, die Pocken auszurotten. Sie schickten ein Impfteam per Hubschrauber hin, und irgendwo in der Nähe des Blauen Nils schossen die Einheimischen ihn ab. Glücklicherweise kam niemand um. Das WHO-Team fragte die Leute, warum sie das getan hätten, und sie antworteten, sie hätten gehört, dass die [Pocken-]Spritzen sie in Moslems verwandeln würden. Du weißt ja, dass die Christen aus dem äthiopischen Hochland sich über solche Dinge den Kopf zerbrechen.«

Jim war von anderem Temperament als Richard. Beide Männer hatten Freunde verloren, die auf Flüssen oder in den Bergen tödlich verunglückt oder durch plötzliche Malariaanfälle ums Leben gekommen waren, doch Jim machte den Eindruck, als könnten ihm diese Verluste nichts anhaben. Ja, er hatte Lew sehr gemocht, ja, er konnte mir genau sagen, wie Lew gestorben war. Seine Stimme klang fest, und er beschränkte sich auf die Mitteilung von Tatsachen, sprach so, wie er meiner Vorstellung nach seine Kunden beriet, wenn eine lange Strecke mit Stromschnellen vor ihnen lag oder sich ein Sturm zusammenbraute.

Soweit ich wusste, hatte Jim niemals von sich behauptet, irgendwelche übersinnlichen Kräfte zu besitzen, doch er begann seine Erzählung mit der Erinnerung an einen Traum.

»Es war am zweiten Tag unserer Reise«, erinnerte er sich. »Am Tag vorher waren wir in ziemlich schweres Wasser geraten, Schwierigkeitsgrad V und VI. Ein paar Stromschnellen waren so heftig, dass wir die Boote trugen. In dieser Nacht hatte ich einen Traum. Er war sehr lebhaft, und noch ehe ich am nächsten Morgen aus dem Zelt kroch, schrieb ich ihn in mein Tagebuch.« Er las mir den Eintrag vor.

»Geträumt, dass mein Bruder stirbt und dass Lewis mein Bruder ist ... Hoffentlich kein schlechtes Omen oder ein Vorgeschmack auf kommende Ereignisse.«

»Zum ersten Mal im Leben hatte ich vom Tod eines Menschen geträumt, und ich schrieb es nur deshalb auf, weil es so seltsam war. Es brachte mich etwas aus der Fassung, weil ich schon öfter so intensiv geträumt hatte und diese Träume jedes Mal in Erfüllung gegangen waren.«

Jim las die Passage den anderen beim Frühstück am Lagerfeuer vor. Lew und Conrad waren dabei. Alle stimmten darin überein, dass der

Traum wirklich abstrus war, sahen aber keinen Grund, deshalb die Reise zu unterbrechen. Außerdem gab es tatsächlich keinen anderen Ausweg aus der von jäh abfallenden Wänden gesäumten Schlucht, als weiter den Fluss hinunterzufahren.

Sie brachen das Lager ab, bepackten ihre zwei Boote und legten ab. Es war Januar, das Wasser weit unter Septemberniveau, und vor ihnen lag eine weiterer Streckenabschnitt voller Stromschnellen. Ein Schwall Wasser warf das Boot, auf dem sich Jim befand, gegen die Wand des Canyons und brachte es zum Kentern. »Es war ein gefährlicher Moment«, schilderte Jim die Szene. »Lew und Conrad waren bei mir, und wir kamen gut durch.«

Sie entschlossen sich, das Lager frühzeitig aufzuschlagen und sich erst nach einem erholsamen Schlaf wieder auf den Kampf mit dem Wildwasser einzulassen. Am nächsten Tag ging es fast pausenlos so weiter: ein tosender Strudel nach dem anderen. Am frühen Nachmittag gegen zwei Uhr hörten sie vor sich das Tosen einer weiteren Stromschnelle und hielten an, um sie sich anzusehen.

»Es gab ganz schöne Turbulenzen«, sagte Jim, »und die Schlucht war wirklich eng. An einer Stelle teilte sich der Fluss und umspülte eine Insel. Es sah so aus, als kämen wir rechts am besten durch. Unser Boot fuhr als erstes, und ich steuerte. Lew, Conrad und John Yost [ein weiteres Sobek-Gründungsmitglied] waren bei mir im Boot.«

Die Mannschaft des zweiten Bootes stand am Ufer, um Jims Fahrt zu verfolgen. Er steuerte sein Boot in die gewählte Fahrrinne, doch der Fluss teilte sich erneut und trieb es in ruhigeres Wasser, das gegen die Felsen schwappte. Es bestand nicht die geringste Gefahr. Sie befanden sich in relativ ruhigem Kehrwasser, sodass sie die Möglichkeit hatten, sich umzusehen und das weitere Vorgehen zu entscheiden. Jim entschloss sich, das Boot in die Stromschnellen zurückzusteuern, schaffte es jedoch nicht, sich aus dem Kehrwasser beziehungsweise von den Felsen zu lösen.

»Deshalb beschlossen wir, dass alle Mann aufstehen und das Boot an der Felswand entlang abwärts schieben sollten«, sagte Jim. »Wir kamen gut voran, bis zu der Stelle, wo der Fels etwa acht Zentimeter vorsteht und uns das Schieben nicht mehr weiterhalf. Die Wand hielt uns auf, und währenddessen begann das Wasser das Boot mitsamt Besatzung an der Felswand hochzudrücken.« Um es abzufangen, kletterten sie auf den gegenüberliegenden Schlauch.

Es funktionierte nicht, und dem Team wurde klar, dass das Boot kentern würde, genau wie am Tag zuvor. Die Strömung würde es so lange hochdrücken, bis es umkippte.

»Wir waren gar nicht so weit vom Ufer entfernt. Conrad konnte es sogar im Sprung erreichen; er bekam nicht mal nasse Füße. Dann sprang John und landete in etwa 60 Zentimeter tiefem Wasser. Lew war als Dritter an der Reihe.«

Inzwischen hatte das Boot extreme Schräglage, und es war klar, dass Lew beim Springen in tiefem Wasser landen würde. Währenddessen hatte Gary Mercado, der im zweiten Boot saß, es geschafft, eine der Rettungsleinen zu packen. »Er hat die Statur eines Stiers«, sagte Jim, »und er hielt das Boot mit aller Kraft, damit es sich nicht losriss.«

Lew sprang seitlich über den Bootsrand, wo die Leine, die Gary hielt, im Wasser hing. Die Gischt schlug über seinem Kopf zusammen, und als er auftauchte, stand ihm die Angst ins Gesicht geschrieben. Es gelang ihm, uns zuzubrüllen, dass seine Schwimmweste sich im Seil verfangen hatte. Das Boot begann zu kippen, und Jim wurde mitgerissen; er fiel in den Fluss und tauchte direkt vor dem Bug wieder auf.

»Ich musste eine kleine Stromschnelle mit einer etwa anderthalb Meter hohen Kaskade durchschwimmen, sodass ich nicht wusste, was hinter mir vor sich ging. Lews Hilferuf hörte ich nicht. Ich hatte keine Ahnung, dass er festhing.«

Etwa 90 Meter hinter der Stromschnelle schwamm Jim zu einer winzigen Kiesbank am linken Flussufer. Seine Teamkameraden waren allesamt am rechten Ufer. Er sah das Boot kieloben auf ihn zutreiben. Offenbar hatte es eine Zeit lang in einem Strudel festgehangen. Jim fasste dies als willkommene Gelegenheit auf, den Helden zu spielen, schwamm auf das Boot zu, packte eine Leine, warf einen Arm über den Rumpf und zog es zurück auf die Kiesbank.

»Ich brauchte all meine Kräfte, um das Boot daran zu hindern, in die nächste Ansammlung von Stromschnellen direkt hinter der Flussbiegung zu schlingern«, fuhr Jim fort. »Ich vertäute es an einem Felsen. Als ich ein paar Minuten später aufblickte, sah ich John durch den Fluss schwimmen. Ich fand ihn sehr mutig, war sicher, er käme mir zu

Hilfe. Doch als er das Ufer erreichte, rief er in Panik: ›Lewis ist verschwunden. Hast du ihn gesehen?‹«

Sie suchten unter dem gekenterten Boot, ohne eine Spur von ihrem Freund zu finden. Erst später erfuhr Jim, dass Gary es nicht geschafft hatte, das Boot so lange festzuhalten, bis Lew sich befreit hatte. Die Gewalt des Blauen Nils hatte ihm die Leine – und den Freund – aus den Händen gerissen. Lew war, immer noch in der Leine hängend, durch die Stromschnelle geschleudert worden und dann verschwunden.

»Wir hatten keine Ahnung, ob er tot war oder noch lebte«, sagte Jim. »Doch jemand, der sich mit der Schwimmweste dermaßen verfangen hat, bietet normalerweise keinen sonderlich guten Anblick. Es kann so viel Schlimmes passieren. Wir hofften, dass er es trotzdem bis zum Ufer geschafft hatte.«

Das Team sammelte sich wieder, und während ein paar Leute das zweite Boot um die Stromschnellen herumtrugen, liefen andere, unablässig Lews Namen rufend, flussabwärts. Sie erhielten keine Antwort.

»Wir fanden ihn erst am nächsten Tag«, sagte Jim. »Er trieb in einem kleinen Wirbel. Die Schwimmweste hatte er immer noch am Leib, aber sie war über seine Schultern und seinen Kopf hochgezogen. Wahrscheinlich war er ertrunken, als er die Kaskade hinuntergezerrt worden war, und sein Körper hatte sich dann irgendwie befreit.

»Wir weinten. Lew war uns der beste Freund gewesen, den es auf der Welt geben konnte.«

Die Teammitglieder hatten keine Ahnung, wie viele Tage sie noch brauchen würden, um zu ihrem Etappenziel zu gelangen. Sie begruben Lew daher nicht weit entfernt von der Stelle, an der sie ihn gefunden hatten, in einer kleinen Senke gleich neben dem Blauen Nil. Sie bedeckten seinen Körper mit Steinen, zündeten ein kleines Feuer an und hielten eine einfache Begräbniszeremonie ab.

»Wir nahmen Abschied von ihm. Und dann brachten wir unsere Reise zu Ende.«

Bei ihrer kleinen Feier hatten sie nicht bemerkt, dass ein Hirtenjunge sie aus der Ferne beobachtet hatte. Ein Jahr später, als Lews Frau Karen nach dem Grab ihres Mannes suchte, konnte der Junge sie genau dorthin führen.

»Es war ein Unglücksfall, mehr ist dazu nicht zu sagen«, schloss Jim. »Was deine Expedition betrifft, so hatte ich keinerlei Träume oder Ahnungen, wenn dich das irgendwie beruhigt.« Er kicherte verhalten.

Auf seltsame Weise beruhigte mich das wirklich. Bis jetzt hatte also kein Mensch mit einem sechsten Sinn Absonderliches von uns geträumt. Ich verstand, dass Rich sich Sorgen machte, sah aber keinen Grund, meine Pläne zu ändern. Ich würde den eingeschlagenen Weg fortsetzen.

Ein paar Tage später traf eine Nachricht von Conrad ein. Sie entsprach ganz seiner Art, war klar, direkt, kurz und bündig. Bevor er nach Madagaskar aufgebrochen sei, erläuterte er, habe er mit einigen Sicherheitsbeauftragten einen großen Streckenabschnitt des Blauen Nils gecheckt, und alle Berichte, die er erhalten habe, ließen darauf schließen, dass es ruhig in der Gegend sei. Weder *shifta* noch Rebellentrupps hielten sich im Umkreis auf. Würde sich die Lage verändern, so würden wir uns entsprechend verhalten, sprich: unsere Reiseroute den Erfordernissen anpassen. Er hoffe, ich würde sie zum Blauen Nil begleiten.

Ich sandte ihm eine kurze E-Mail zurück: »Danke für die ermutigende Nachricht. Wir sehen uns im September in Addis Abeba.«

Auch Richard sandte ich eine Nachricht: »Conrad findet die Reise okay. Danke, dass du dir Sorgen machst, aber ich fahre an den Blauen Nil.«

Drittes Kapitel

DIE MEISTEN LEIDENSCHAFTLICHEN WELTENBUMMLER LIEBEN Landkarten. Ich jedenfalls kann mich genauso leicht in den gewundenen roten, blauen und grünen Linien einer Karte verlieren wie in einem guten Roman. Als ich in Addis Abeba lebte, verbrachte ich oft Stunden damit, anhand von Karten Wunschrouten durch Äthiopien zu planen, etwa zu den erhabenen Gipfeln und Hochebenen im fernen Norden mit ihren seltsamen, lockenden Namen wie »Simien-Gebirge«, »Amba Mekdela« und »Amba Geshen«. Letzterer war ein hoher, schmaler Tafelberg aus Sandstein, der förmlich gen Himmel schoss, als wäre er von unter der Erde hausenden Riesen aus dem Grund getrieben worden. Der Amba (das amharische Wort für »Tafelberg«) Geshen hat so jäh abfallende Felswände, dass die Herrscher des Altertums den Berg als Gefängnis genutzt hatten. Jeder männliche Verwandte, der auch nur den geringsten Anspruch auf die Thronfolge hatte, wurde auf dem Gipfel des Berges gefangen gehalten, um zu verhindern, dass er sich an politischen Verschwörungen beteiligen konnte. Erst wenn der Throninhaber starb, befreite man den zukünftigen Nachfolger von seinen silbernen Fußschellen und geleitete ihn den einzigen, scharf bewachten Pfad hinunter, der aus der Bergfestung führte.

Östlich von Addis Abeba lagen die sagenhafte, von Mauern umgebene Stadt Harar, in der einst Sultane regierten, und die weite Einöde der Afar-Wüste, in der sie noch 1974 herrschten. Nordwestlich der Hauptstadt erstreckten sich die grünen Hügel und Täler von Godscham, einer gebirgigen Region, in der Rinder, Schafe und Pferde weideten. Die Menschen in Godscham waren offensichtlich davon überzeugt, viel zu haben, für das sie dankbar sein oder das sie schützen mussten, denn Godscham war bekannt für seine vielen Kirchen, Priester, Mönche und Nonnen – und für seine Hexer und Zauberer. Es war ein Land des Überflusses, aber auch ein Reich der schwarzen Magie, und jeder Äthiopier, der sich hierher wagte, traf Vorsichtsmaßnahmen gegen den bösen Blick.

Mitten in diesem von Magie und Spiritualität geprägten Gebiet, in dessen Hauptstadt Bahir Dar am südlichsten Zipfel des Tanasees, sollte unsere Expedition starten. Ich breitete eine Äthiopienkarte auf meinem Schreibtisch aus. Da war der See. Wie eine blaue Träne lag er da, eingebettet in zerklüftete, khakifarbene Berge. An seinem tiefsten Punkt hatte der Kartograph eine kräftige blaue Linie gezogen. »Abbai Wenz« stand neben dieser Linie, die Worte »Blauer Nil« waren in kleineren Buchstaben und in Klammern gedruckt. Der Fluss verließ den See Richtung Osten, strömte in einer scharfen Biegung und über eine Strecke von mehr als 170 Kilometern nach Süden und beschrieb dann einen Bogen nach Westen, bevor er schließlich in nördliche Richtung der sudanesischen Grenze entgegenstrebte. Auf meiner Karte wies der Blaue Nil so viele Windungen und Krümmungen und so viele dünne blaue Zuflüsse und Nebenzuflüsse auf, dass er stellenweise als Lehrmaterial für eine Anatomielektion getaugt hätte: Dort ist die Arterie, dies sind die Venen und das die Kapillaren.

Als ich dem Lauf des Flusses mit den Augen folgte, stellte ich zu meiner Überraschung fest, dass etwas auf seinem über 900 Kilometer langen Weg in den Sudan fehlte: Staudämme. Wie hatte ein Fluss von dieser Größe und Kraft es nur geschafft, diesem Schicksal zu entgehen? Nahezu alle anderen vergleichbaren Ströme der Welt waren gedämmt oder zu Bewässerungszwecken über Seitenkanäle angezapft worden. Doch von einem kleinen Kanal unterhalb der Tisisat-Fälle abgesehen, der eine bestimmte Wassermenge durch ein Wasserkraftwerk leitete, floss der Blaue Nil ungehindert dahin, bis er die äthiopisch-sudanesische Grenze überschritt. Erst am Er-Roseires-Damm, etwa 90 Kilometer jenseits der Grenze, werden die Wasser des Nils in einem lang gezogenen Reservoir gestaut. Es schien merkwürdig, dass Äthiopien, ein Land, in dem verzweifelte Armut herrschte, keine Hilfe erbeten haben sollte, um sich die Kraft des Flusses nutzbar zu machen. Natürlich sind Dämme eine höchst zweischneidige Angelegenheit. Da ich im pazifischen Nordwesten der USA lebe, in einer Region, die ihre Erfahrungen mit schweren durch Dämme verursachten Umweltschäden gesammelt hat, sagte ich mir, dass die Äthiopier möglicherweise eine weise Entscheidung getroffen hatten, als sie beschlossen, keinen großen Staudamm am Blauen Nil zu errichten.

Natürlich machte das Fehlen von Staudämmen unsere Reise überhaupt erst möglich. Auch nach Millionen von Jahren war der Blaue Nil, zumindest in Äthiopien, ein großer, breiter Fluss, der ungezügelt durch das Land strömte. Das war eine Seltenheit und etwas, das zu erhalten sich lohnte. Trotzdem musste ich immer wieder daran denken, was es für die Äthiopier bedeutete, dass all dieses Wasser ungenutzt blieb. Hätten ein Staudamm und Bewässerungskanäle nicht einige der Millionen Äthiopier retten können, die in der furchtbaren Dürrekatastrophe von 1985 gestorben waren?

Ich kehrte zu meiner Karte zurück und folgte den trägen Mäandern des Blauen Nils weiter vom Er-Roseires-Staudamm durch die heiße sudanesische Tiefebene bis zu seinem Zusammenfluss mit dem Weißen Nil bei Khartoum, insgesamt eine Strecke von etwa 480 Kilometern. Nahe der sudanesischen Hauptstadt vereinigen die beiden Flüsse ihre Kräfte und werden zum Nil, der sich nun auf das 3000 Kilometer entfernte Mittelmeer zuwälzt.

Anders als sein wilder Bruder ist der Weiße Nil schon seit langem gezähmt. Ein Staudamm bei den Owensfällen in Uganda hemmt seinen Lauf, und ein künstlicher Kanal für Dampfer und Schiffe durchschneidet den morastigen Sudd, das ausgedehnte Überschwemmungsgebiet des Weißen Nils. Weiter nördlich, in Ägypten, fängt der Assuan-Staudamm die Fluten des Nils im Nasser-Stausee auf, und ein kürzlich fertig gestellter, 65 Kilometer langer Kanal leitet einen Teil der Wassermassen in die Wüste Sinai. All diesen Sammelbecken zum Trotz übte der Weiße Nil auf Forscher und Schriftsteller häufig die stärkere Faszination aus. Mit seinen ungefähr 3200 Kilometern von seinem Quellgebiet in Uganda bis Khartoum ist er der längere Fluss – der Blaue Nil überwindet nur etwa die halbe Distanz. Außerdem haftet der Entdeckung seiner Quellen – wie allen guten Entdecker- und Abenteurergeschichten eine Geschichte voller Strapazen und Rivalitäten, Intrigen und Leidenschaften – etwas Geheimnisvolles und Romantisches an.

Schon seit der Blütezeit des ägyptischen Pharaonenreichs hatte der Ursprung des Nils den Geographen Rätsel aufgegeben. Zwar war kaum etwas so verlässlich wie das regelmäßige Steigen und Fallen des Nilwasserpegels, aber wo der Fluss entsprang und weshalb er gerade im September, dem heißesten und trockensten Monat im ägyptischen Delta, über seine Ufer trat, blieb ein Rätsel. Natürlich wusste damals niemand, dass der obere Nil aus zwei Flüssen bestand, von denen jeder sein eigenes Quellgebiet hatte. Folglich glaubten die ersten Entdeckungsreisenden, dass sie die Nilquelle finden könnten, indem sie einfach flussaufwärts reisten. Die im Jahre 460 v. Chr. von dem griechischen Geschichtsschreiber Herodot unternommene Reise ist der erste überlieferte Versuch, dem Lauf des Flusses zu folgen. Herodot kam bis zum Ersten Katarakt in Assuan. Auch der persische Herrscher Kambyses II. unternahm einen Versuch. Er führte ein ganzes Heer in die Wüste, verlor die meisten seiner Männer und kehrte zurück, ohne die Quelle gefunden zu haben.

Vier Jahrhunderte nach Herodot entsandte der römische Kaiser Nero zwei Zenturien, die stromaufwärts marschierten, bis ihnen ein ausgedehnter grüner Sumpf – der Sudd – den Weg versperrte. Dort kehrten sie um. Andere Reisende erreichten schließlich Khartoum und berichteten von einer Wasserscheide, die den Nil in zwei große Ströme teile, einer dieser Flüsse habe die Farbe von Milch, der andere schimmere blau. Mit dieser Entdeckung war ein Teil des Rätsels gelöst. Einige Kaufleute und Entdeckungsreisende des Altertums gelangten noch weiter nach Süden und kehrten schließlich mit immerhin so vielen Informationen zurück, dass der Geograph und Astronom Ptolemäus im zweiten Jahrhundert nach Christus nach ihren Angaben eine Karte entwerfen konnte. Er zeichnete den Verlauf des Nils in einer langen, fast geraden Linie bis Khartoum, wo der Blaue und der Weiße Nil sich trafen. Von dort aus ließ er den Weißen Nil bis in das Herz Afrikas strömen und einem großen See entspringen, der wiederum von den Quellen einer Bergkette, den Lunae Montes oder Mondbergen, gespeist wurde. »Mondberge« war ein höchst passender Name für eine Gegend, in die kaum jemand seinen Fuß gesetzt hatte und deren Existenz wenige für möglich hielten. Praktisch gesehen hätte die Nilquelle ebenso gut auf dem Mond liegen können, denn die Suche nach ihr wurde als so vergeblich erachtet, dass jedem, der sich einer unmöglich scheinenden Aufgabe verschrieb, nachgesagt wurde, er suche die Quelle des Nils (*quaerer fontes Nili*).

Mehr als 1700 Jahre sollten vergehen, bis das Rätsel gelöst und Ptolemäus' Karte im Wesentlichen bestätigt wurde. Mitte des 19. Jahrhunderts war die Suche nach dem Ursprung des Weißen Nils laut Harry Johnston, einem britischen Forschungsreisenden, zum »größten geographischen Geheimnis seit der Entdeckung Amerikas« geworden. Um es zu lüften, stattete die britische Royal Geographic Society im Jahre 1856 Richard Burton mit den nötigen Mitteln aus. Burton, ein schneidiger, glutäugiger Soldat, der sich bereits einigen Ruhm erworben hatte, da es ihm gelungen war, als erster Europäer verkleidet Äthiopiens verbotene muslimische Stadt Harar zu betreten, bat John Hanning Speke, einen Freund und Kollegen, ihn auf seiner Nilerkundung zu begleiten. Das Schicksal fügte es, dass Speke zwei Jahre später alleine das Ufer des Viktoriasees (Nyanza) erreichte. Nachdem er über den See geblickt hatte, der so riesig war, dass man das andere Ufer nicht erkennen konnte, schrieb er: »Ich hatte keinerlei Zweifel mehr, dass der See zu meinen Füßen diesen interessanten Fluss hervorgebracht hatte, dessen Quelle der Gegenstand so vieler Spekulationen und das Ziel so vieler Forscher gewesen ist.« So überzeugt Speke von seiner Entdeckung war – Burton, der den benachbarten Tanganjikasee für die wahrscheinlichere Quelle hielt, widersprach ihm, und die beiden Männer gerieten in Streit. 1860 leitete Speke eine eigene Expedition zum Viktoriasee, um seine Vermutung zu beweisen. Inzwischen waren er und Burton zu erbitterten Feinden geworden, und als Speke 1864 nach England zurückkehrte, ließen sie sich auf eine öffentliche Debatte über die Quelle des Weißen Nils ein.

Speke war ein ruhiger Mann, der seine Meinung für sich zu behalten pflegte, und offensichtlich vertraute er niemandem an, was er von dieser Diskussion hielt. Zweifellos würde der eloquente Burton ein ernst zu nehmender Widersacher sein. Er focht mit der Zunge genauso unerbittlich wie mit dem Rapier, und viele hielten es schon für ausgemacht, dass Speke unterliegen würde. Wie das »Nil-Duell«, wie manche den Streit tauften, tatsächlich ausgegangen wäre, sollte keiner je erfahren: Am Nachmittag des Tages, an dem das Treffen angesetzt war, starb Speke an den Folgen einer Schusswunde, die er sich selbst bei der Jagd beigebracht hatte. Manche vermuteten, er habe den Freitod gewählt, um die öffentliche Demütigung einer vernichtenden Niederlage nicht ertragen zu müssen, doch nahe Angehörige, die den sterbenden Speke fanden, bestanden darauf, dass es sich um ein Missgeschick mit dem Gewehr gehandelt habe.

Zwölf weitere Jahre sollten vergehen, bis es dem Journalisten und Forschungsreisenden Henry Morton Stanley gelang, den Viktoriasee zu umrunden und zu beweisen, dass Speke – Nil-Duell hin oder her – tatsächlich Recht gehabt hatte. Hier war das riesige Binnengewässer, das Ptolemäus vor fast 2000 Jahren auf bloße Gerüchte hin gezeichnet hatte, und es lag in der Nähe der Mondberge, deren Quellflüsse den See speisten. Das Rätsel um die Quelle des Weißen Nils war endlich gelöst.

Dass die Quelle des Weissen Nils entdeckt worden war, lieferte jedoch keine Antwort auf die wichtigere Frage, die schon die Geographen des Altertums beschäftigt hatte: Was brachte die Wasser des ägyptischen Nils dazu, mit solch zuverlässiger Regelmäßigkeit zu steigen und die Wüste zu überfluten?

Als ich mich in historische und geographische Darstellungen vertiefte, stellte ich fest, dass der Blaue Nil die Antwort auf diese Frage gab. Er mochte der kürzere Fluss sein, aber er führte wesentlich mehr Wasser. Hydrologen schätzen, dass etwa 85 Prozent der Wasser- und Schlammmassen, die Ägypten erreichen, aus dem Blauen Nil stammen.

Interessanterweise wussten die Äthiopier das seit langem, zumindest einige Jahrhunderte, bevor die Europäer das Rätsel »lösten«. Aber ihr Wissen war – ebenso wie das Land – fast ein Jahrtausend lang für die Welt verloren, da die Nachbarländer sich dem Islam zuwandten und das junge christliche Königreich mehr und mehr in seine gebirgige Festung einschlossen. Vom 7. bis annähernd 16. Jahrhundert »schliefen die Äthiopier fast tausend Jahre lang, vergaßen die Welt, von der sie vergessen wurden«, wie der große Historiker Edward Gibbon in *Geschichte des Verfalls und Untergangs des Römischen Reichs* schrieb.

Während die Erforschung des Weißen Nils eine Geschichte voller Dramen und Intrigen ist, ist die des Blauen Nils eine Geschichte der Entschleierung. Der Schleier, der sich nicht nur über den Fluss, sondern auch über ein ganzes Königreich und sein Volk gelegt hatte, begann sich im 16. Jahrhundert zu heben, als der äthiopische Kaiser Lebna Dengel eine Delegation nach Portugal entsandte und seine christlichen Brüder um Beistand gegen die Bedrohung durch Muslime bat. Die Portugiesen halfen, die Angreifer zurückzuschlagen, doch anschließend gaben sie sich große Mühe, die orthodoxen (und für die Portugiesen auf undefinierbare Weise heidnischen) Christen zum Katholizismus zu bekehren. Sie hatten keinen Erfolg und wurden schließlich von einem anderen Herrscher hinausgeworfen, der entlang der Küste des Roten Meers Hafenbeamte dafür bezahlte, dass sie alle Europäer fern hielten, die es wagen sollten, das äthiopische Königreich zu betreten.

Doch zuvor besuchten zumindest zwei Jesuitenpater die Quelle des Blauen Nils auf dem Mount Gische. Nennenswerte Entbehrungen und Strapazen hatten sie dabei nicht zu erdulden. Geführt von ortsansässigen Agaw, die einen Geist in den Wassern des Nils verehrten, wanderten sie einfach durch eine hübsche Bergwiese hinauf zu den Quellen. Vater Pedro Páez, ein spanischer Jesuit, war der erste Europäer, der die Quellen zu Gesicht bekam. Er reiste mit dem äthiopischen König und seinem Heer und erbat sich einen Tag Urlaub, um die Quelle des Blauen Nils zu »entdecken«. »Am 21. April des Jahres 1618 ... erstieg ich den Ort und studierte alles mit äußerster Aufmerksamkeit«, schrieb Páez später. »Ich entdeckte zunächst zwei runde Quellen, jede ungefähr vier Handbreit im Durchmesser, und sah zu meiner größten Freude, was weder Cyrus, der persische König, noch Kambyses, noch Alexander der Große, noch der berühmte Julius Cäsar je hatten entdecken können. Die beiden Quellöffnungen haben ihren Abfluss nicht auf dem Hochplateau, sondern treten an seinem Fuße aus. Die zweite

Quelle liegt etwa einen Steinwurf westlich der ersten ...«

Eine weit farbigere Beschreibung verdanken wir einem anderen Jesuiten, Pater Jéronimo Lobo, der die Quellen 1629, also elf Jahre später, besuchte und das Glück hatte, das »götzendienerische« Verhalten der Agaw (die nur dem Namen nach orthodoxe Christen waren) angesichts ihrer heiligen Quelle beobachten zu können. »Einmal im Jahr ruft ihr Priester sie [auf dem Gipfel des Mount Gische] zusammen«, schrieb Lobo. »Nachdem er eine Kuh geopfert hat, wirft er deren Kopf in eine der Nilquellen, nach welcher Zeremonie jeder der Anwesenden eine oder mehrere Kühe opfert ... Die Knochen dieser Kühe haben bereits zwei Berge von beträchtlicher Höhe gebildet, die wohl ein hinreichender Beweis dafür sind, dass diese Völker den berühmten Fluss schon immer angebetet haben.« Anschließend hätten die Agaw ein Festmahl aus dem Fleisch der geopferten Tiere bereitet, berichtete Lobo weiter, und dann sei der Priester, nachdem er seinen Körper mit Rinderfett und Talg beschmiert habe, auf einen Strohhaufen geklettert. Man kann sich vorstellen, wie bestürzt der Pater war, als das Stroh angezündet wurde. Der Agaw-Priester jedoch zeigte sich nicht im Mindesten beunruhigt. Während die Flammen um ihn herum höher schlugen, hielt er den Umstehenden eine Strafpredigt und trat schließlich unversehrt aus den Flammen, was die Agaw in ihrer »Beschränktheit und ihrem Aberglauben« noch bestätigte, wie Lobo entrüstet feststellte.

Lobo konnte die Agaw nicht davon überzeugen, dass ihr Priester nichts als ein Zauberer war. Doch als er 1639 nach Lissabon zurückkehrte, tat er sein Bestes, um den Europäern beizubringen, weshalb die Wasser des Nils in Ägypten stiegen und fielen. Andere Autoren, schrieb er, hätten sich auf »Gebäude aus reinen Vermutungen« gestützt, wie starke Nordwinde und Schneeschmelzen, um etwas zu erklären, das in Wirklichkeit sehr einfach war: Es war der Niederschlag in Äthiopien, Regenmassen, die jedes Jahr zwischen Mai und Oktober in den hohen Bergen am Blauen Nil vom Himmel fielen. In der Regenzeit schwoll jeder Zufluss wie auch der Blaue Nil selbst an, und jeder Strom führt etwas von der Erde der äthiopischen Berge mit sich. Angeschwollen von Regenwasser und Schlamm, aber in seine enge, burggrabenähnliche Schlucht gezwängt, donnert der Blaue Nil in jedem Juni mit einer solchen Wucht nach Khartoum, dass er zeitweise sogar die Wasser des Weißen Nils zurückstaut. Von dort rauscht er dann weiter nach Ägypten, überschwemmt die Ufer mit dem Wasser, Schlamm und Geröll Äthiopiens und erweckt sie zu neuem Leben.

Die Äthiopier wussten, dass es ihr Fluss war, ihr Land, das Ägypten versorgte. Und spätestens im 11. Jahrhundert waren sich auch die Ägypter über diese Tatsache im Klaren. Als Dürren ihr Land verwüsteten, entsandten sie mit Geschenken beladene Delegationen zum äthiopischen Herrscher und baten ihn, den Fluss wieder zu beleben. Die äthiopischen Könige ihrerseits scheuten nicht davor zurück, den Blauen Nil als Waffe einzusetzen. Sie drohten damit, den Strom umzuleiten, wenn die Ägypter sie verärgern sollten; einige ließen Pläne für einen Kanal vom Blauen Nil zum Roten Meer anfertigen, um Ägypten so in eine Wüste zu verwandeln. »Der Nil wäre ein hinreichendes Mittel, um euch zu strafen«, schrieb Tekle Haymanot I. 1707 voller Zorn an den ägyptischen Kalifen, »da Gott dessen Quelle in unsere Hand gegeben hat, seinen Austritt und das Steigen seiner Fluten, auf dass wir selbiges lenken und euch Schaden zufügen können.«

Die Äthiopier veränderten den Lauf des Blauen Nils nie. 1999, fast 300 Jahre nach Tekle Haymanots Drohung, floss er so frei und ungehindert dahin wie eh und je.

Kein Abriss der Geschichte der Forschungsreisen zum Blauen Nil wäre vollständig, der nicht James Bruce erwähnte. Bruce, ein temperamentvoller Schotte mit leuchtend rotem Haar und ausgeprägtem Ego, war ebenfalls auf der Suche nach den Nilquellen. Er kam 1769 nach Äthiopien, und da er sich bei Hofe zu benehmen wusste, schloss er schon bald Freundschaft mit dem jungen Herrscher, dessen Wesir und der Königinmutter. Äthiopien war damals in etliche kleinere Kriege verwickelt, sodass Bruce seine Entdeckerpläne um mehrere Monate aufschieben musste. Endlich, im November 1770, brach er zu der Wiese mit den beiden Quellen auf. Er und ein griechischer Reisegefährte erhoben ihre mit Quellwasser gefüllten Trinkgefäße und brachten Trinksprüche auf König Georg III., allerlei Prinzen, Katharina die Große sowie eine hübsche Maid aus, die Bruce nach seiner Rückkehr nach Schottland zu ehelichen hoffte. Unklar ist, ob Bruce zu dieser Zeit wusste, dass die Jesuiten schon 150 Jahre vor ihm an den Nilquellen gewesen waren oder ob er lediglich beschlossen hatte, ihren Berichten keinen Glauben zu schenken. In seinem Buch *Zu den Quellen des Blauen Nils* verhöhnte er Páez und Lobo jedenfalls als Scharlatane und bestand darauf, dass er der erste Europäer gewesen sei, der sich bis zu diesem Ort vorgewagt habe. Historiker freilich bestreiten dies.

Auch wenn der äthiopische Herrscher Tekle Haymanot II. möglicherweise nicht ganz begriffen hatte, was die Quellen Bruce bedeuteten – welchen Ruhm er zu Hause zu ernten hoffte, wenn er ihre Entdeckung bekannt gab –, so merkte er doch, dass dieser seltsame, ungeschlachte Fremde ein leidenschaftliches Interesse an ihnen hegte. Also schenkte er Bruce die Quellen. »Teile Fasil [einem der königlichen Offiziere] mit, dass ich das Dorf von Gish [sic] und diese Quellen , die er so liebt, Yagoube [Bruces äthiopischer Name] und seinen Nachkommen für alle Zeit schenke. Sie sollen niemals unter einem anderen Namen im Deftar [Eintragungsbuch] erscheinen und ihm niemals genommen oder eingetauscht werden.«

Tekle Haymanot II. hatte Bruce ein großes Geschenk gemacht. Aber war es tatsächlich ein Geschenk »für alle Zeit«, wie der König angeordnet hatte? Wusste irgendjemand in Gische heute noch von Bruces Besitzanspruch? Verehrten die Agaw noch den Geist der Quellen? Erhob sich neben den Quellen immer noch ein Berg aus Rinderknochen, und gab es wohl noch immer einen Priester, der willens oder verrückt genug war, sich mit Fett beschmiert mitten in die Flammen zu stellen?

Unsere Expedition würde, wie Nevada mir erläutert hatte, nicht an den Quellen des Blauen Nils beginnen. Wir würden von dem Ort aus starten, den moderne Hydrologen für den Anfangspunkt des Flusses halten: der Schlucht unterhalb der Tisisat-Fälle. Ich hatte nichts dagegen einzuwenden. Aber wenn unsere Reise zu Ende war, würde ich noch einmal aufbrechen – zu dem Ort, der für die Äthiopier Quelle und Anfangspunkt des Blauen Nils darstellt.

Viertes Kapitel

Auch Nevada war angetan von dem Gedanken, sich die Quellen des Blauen Nils anzusehen, und wir kamen überein, gemeinsam hinzufahren, wenn wir den Flusstrip hinter uns hätten. Per Telefon und E-Mail hatten wir regelmäßig die verschiedenen Aspekte der Expedition erörtert. Nevada musste noch einen Sanitäter ausfindig machen, hatte jedoch einige viel versprechende Hinweise bekommen. Trotzdem konnte sie erst im August eine Entscheidung treffen, da sie fast den gesamten Juli als Führerin einer Fotosafari in Nepal unterwegs und somit unerreichbar sein würde.

»Ich werde gerade rechtzeitig zurück sein, um neu zu packen und nach Addis Abeba zu fliegen«, lachte sie.

Mein Terminkalender sah nicht viel besser aus. Ich brachte gerade ein Buch zum Abschluss und recherchierte gleichzeitig für einen Artikel über vom Aussterben bedrohte Frösche. Für diesen Bericht würde ich im Juli nach Panama und im August nach Texas fahren. Offenbar störte sich keine von uns beiden an zerstückelten Zeitplänen, vielleicht, weil wir uns allmählich daran gewöhnt hatten, aus halb gepackten Koffern zu leben. Wir waren immer auf dem Sprung, ein Flugzeug nach wer weiß wohin zu besteigen.

»Ich habe diese ganze Expedition praktisch per E-Mail organisiert«, meinte Nevada an einer Stelle – in einer E-Mail.

Auch ich wählte diese Möglichkeit, um wieder mit Conrad Kontakt aufzunehmen. Er musste Anfang Juli aus Madagaskar heimkommen. Daheim, das war für Conrad Nairobi, wo er mit der bekannten Elefantenforscherin Cynthia Moss, seiner langjährigen Lebensgefährtin, ein weitläufiges Haus mit großem Garten bewohnte. Es war nicht schwer zu begreifen, was dieses Domizil so anziehend machte. Als ich Conrad und Cynthia eines Tages zu Hause besuchte, fragte er, ob ich mit ihm zusammen Vögel beobachten wolle. Es war schon später Nachmittag, und ich fragte mich, wohin wir jetzt wohl noch fahren konnten, bevor die Nacht Kenias wunderbare Vögel verschluckte. »Oh«, sagte Conrad und lächelte mich verschmitzt an. »Wir beobachten nur die Vögel hier im Garten. Du wirst überrascht sein.« Und ich war es.

Bei der Erkundung ihres von dichten Hecken eingefassten Gartens erspähten wir innerhalb von einer Stunde Dunkelrote Amaranten, Blaukopf-Schmetterlingsfinken, prächtig gefärbte Stare und einige Arten metallisch schillernder Nektarvögel, die um einen Hibiskusbusch kreisten und ihre langen Schnäbel in die blassroten Blüten tauchten. Conrad deutete auf den Himmel über dem Wald hinter ihrem Haus, wo zahlreiche Rote Milane gen Himmel stiegen, und dann, als wir ins Gehölz vordrangen, wies er mit dem Kopf auf die unteren Äste eines Baumes. Ein in allen Regenbogenfarben schillernder Bananenfresser blickte sich verstohlen nach uns um und flatterte dann tiefer ins Dickicht. Bananenfresser sind scheue Vögel. »Wie schön«, sagte Conrad. »Sie lassen sich nicht allzu oft blicken.« Auch ich hatte in Kenia bis dahin nur einen oder zwei Bananenfresser gesehen und spürte, dass Conrad eine reelle Chance gewittert hatte, dieses Prachtexemplar zu Gesicht zu bekommen. Als ruhiger Mensch teilte er sich auf die ihm ureigene Weise mit: indem er anderen seine Welt mit ihren wunderbaren Naturschätzen zeigte.

Vielleicht ließen sich an den Quellen des Blauen Nils Vögel beobachten, schrieb ich in meiner Mail. Ich wolle mir nach der Tour mit Nevada zusammen die Nilquelle ansehen und hoffe, er würde dabei sein.

Conrads Antwort traf ein paar Tage später ein. Er war noch immer ganz erfüllt von der Flussreise in Madagaskar, die er gerade geleitet, den prächtigen Vögeln und Makis, die er dort gesehen hatte. Die Idee, die Nilquellen aufzusuchen, gefiel ihm, er glaubte aber nicht, teilnehmen zu können, da er direkt nach unserer Expedition eine Tour auf dem Omo führen würde. Seiner Ansicht nach war es einfach, einen einheimischen Führer für unseren Treck zu finden, da sich nicht viele Touristen in der Gegend aufhielten und die Leute für jeden Job dankbar waren. Er freue sich, mich im September zu sehen.

Danach herrschte Funkstille. Solange jeder von uns buchstäblich seiner eigenen Wege ging, klingelte kein Telefon, gab es keine E-Mails. Ich kam Ende Juli aus Panama zurück. Nevada kehrte Anfang August heim. Zu diesem Zeitpunkt hörte ich, dass Conrad krank, schwer krank sei. Kurz nach unserem Meinungsaustausch über einen möglichen Besuch der Nilquellen hatte er rätselhafte und Besorgnis erregende Symptome entwickelt: Schwindelanfälle, Gleichgewichts- und Sehstörungen. Die Ärzte in Nairobi diagnostizierten einen bösartigen Hirntumor. Conrad war nun in London zur Strahlentherapie und kämpfte um sein Leben. Er würde uns nicht als Führer an den Blauen Nil begleiten.

Diese Neuigkeiten verschlugen mir den Atem. Es war schier unmöglich – wie es immer unmöglich erscheint –, dass ein so kräftiger, quicklebendiger Mensch, der das Leben liebte, dermaßen leiden musste. Ich schrieb ihm sofort, wie Leid es mir tue und dass ich auf seine baldige Genesung hoffe. Ich versprach, nach unserer Tour auf dem Blauen Nil nach Kenia zu fliegen, um ihn zu besuchen. Eine Antwort erwartete ich nicht.

Doch der Tumor hatte Conrad nicht völlig außer Gefecht gesetzt. Am nächsten Tag schrieb er mir, dass die Behandlung gut anschlage und er sich auf meinen Besuch freue; er bestand darauf, dass ich bei ihnen zu Hause übernachtete. In der Zwischenzeit werde er sich mit »einer wichtigen Sache« hinsichtlich unserer Nilexpedition beschäftigen. »Unkraut vergeht nicht«, witzelte er. »Und es sieht so aus, als wäre das Projekt auf den Weg gebracht.« Er war am Boden zerstört, dass er nicht dabei sein konnte, und würde das freundschaftliche Zusammensein mit den anderen auf den Booten vermissen.

»ALS ICH HÖRTE, DAss MIKE BORCIK die Gruppe führen würde«, fuhr Conrad fort, »freute mich das für das Projekt, machte mich aber auch traurig, weil ich die Chance verpassen würde, wieder mit ihm zusammenzuarbeitenn [*sic*]. Habe seine Gesellschaft auf dem Omo-Trip vor 2 Jhren [sic] sehr genossen. Bleiben in Kontakt. alles Gute für Michael. Liebe Grüße, Conrad«

Die üblen Auswirkungen des Tumors machten sich in Conrads Nachricht bemerkbar. Das Schriftbild war unordentlich, ein Mix aus Groß- und Kleinbuchstaben; Abstände, Rechtschreibung und Interpunktion waren fehlerhaft. Ich stellte mir vor, wie er versuchte, sich auf den Bildschirm zu konzentrieren und mit einer Hand zu tippen, während die andere nutzlos neben ihm lag. Doch trotz der körperlichen Behinderungen und seelischen Erschütterungen, die seine Behandlung nach sich zog, tat er weiterhin alles, was in seiner Macht lag, »um zu ermöglichen, dass die Reise stattfand«, wie er Nevada in einer anderen Mail mitteilte.

Ich fragte Conrad nicht nach dem Tumor, doch seine Symptome erinnerten allzu stark an das Krankheitsbild einer Geschwulst, die den Bruder eines engen Freundes von mir umgebracht hatte. Er hatte noch sechs Monate gelebt.

Wieder dachte ich an Richard Bangs Bedenken in Bezug auf den Blauen Nil. Der Fluss habe mit Conrads Krankheit nichts zu tun, redete ich mir ein. Nachts in meinen Träumen jedoch schwoll der Blaue Nil zu etwas Schwarzem, Dunklem und Bedrohlichem an – zu einem Fluss des Todes und des Sterbens.

Wir stellten die Gruppe neu zusammen.
Sobald die Diagnose feststand, alarmierte Conrad James Ellsworth, den Leiter von Mountain Travel Sobek, informierte ihn über seinen Gesundheitszustand und schlug zugleich vor, den zweiten Bootsführer unserer Reise, Michael Speaks, auf der ursprünglich Conrad zugedachten Position als Land- und Flussführer einzusetzen. Ellsworth stimmte zu und bat daraufhin Michael Borcik, einen anderen professionellen Flussführer aus dem Mountain-Travel-Sobek-»Stall«, Speaks' ursprüngliche Aufgabe zu übernehmen. Außerdem leitete Conrad in die Wege, dass zwei einheimische Reisespezialisten, Maurizio (Mau) Melloni und Yohannes Assefa, für die Ausrüstung sorgten und die Logistik unserer Expedition managten.

Auch Nevada war bei ihrer Suche nach einem Sanitäter erfolgreich gewesen. Eine Frau aus Michigan, Kate Dernocoeur, würde uns begleiten. Sie war knapp über vierzig.

Jetzt waren wir zu acht: Nevada, ihr Freund Kelly, Mick, der Kameramann von *National Geographic*, Kate, die Sanitäterin, und die drei Bootsführer Michael Speaks, Mike Borcik und Bruce Kirkby. Conrads wichtigster äthiopischer Helfer Selalem Abera Woldegiorgis würde als Führer, Koch und vor allem Dolmetscher ebenfalls mit von der Partie sein.

Da wir im Internet-Zeitalter leben, lernten wir uns mithilfe kurzer E-Mails kennen. Wie ich erfuhr, war Kate Ausbilderin an einer Vereinigung für Notfallmedizin und Mutter einer dreizehnjährigen Tochter. Dies würde ihr erstes »großes« Übersee-Reiseabenteuer seit der Geburt ihres Kindes werden. Weder hatte sie bis dahin an einer Rafting-Expedition teilgenommen, noch war sie je in Afrika gewesen. Sie hatte aber zum Vail-Mountain-Rescue-Team gehört und sechs Jahre lang als Sanitäterin »in den Straßen von Denver« gearbeitet. Sie ließ sich nicht näher darüber aus, das war allerdings auch nicht nötig. Man braucht nicht ins Amazonasbecken zu reisen oder auf dem Nil Boot zu fahren, um Erfahrungen zu sammeln, die einen stark, gütig und widerstandsfähig machen.

Michael stammte aus Australien. Mit seinen 25 Jahren hatte er als Kameramann schon so viel Talent bewiesen, dass *National Geographic* Television ihn unter Vertrag nahm. Ein paar Jahre zuvor war er mit seiner Kamera durch Afrika gezogen: vom Kap der Guten Hoffnung bis nach Kairo. Das Filmmaterial, das er von dieser Reise mitbrachte, hatte ihm bei *National Geographic* Tür und Tor geöffnet. Sein letzter Auftrag hatte ihn ins kriegsgeschüttelte Bosnien geführt, und obwohl er es nie direkt ansprach, brauchte er offenbar Abstand von all dem Schrecklichen, das er gesehen hatte.

Bruce war Anfang dreißig und lebte in Calgary. Er war ein Outdoor-Freak und hatte für verschiedene Rafting-Companies gearbeitet. Auch hatte er – auf den Spuren des berühmten Forschers Wilfred Thesiger, dem er in London begegnet war – eine eigene Expedition ins Leere Viertel (die Wüste Rub' al Khali) geleitet. Nevada kannte Bruce und verbürgte sich für sein angenehmes Wesen und seine unkomplizierte

Art. Auf dem Boot war er ein Anfänger. Er würde sich als Bootsführer seine Sporen verdienen und sich als Micks Kamerassistent betätigen – was ihn trotz all seiner Erfahrung auf seltsame Weise auf der untersten Sprosse der Hierarchieleiter landen ließ. Dies würde seine erste Reise nach Afrika sein.

Mike Borcik war gerade mit dem Boot auf dem Colorado im Grand Canyon unterwegs, sodass wir keinen Kontakt zu ihm aufnehmen konnten. Was Conrad über ihn sagte, klang allerdings so, als lohne es sich, Mike kennen zu lernen. Laut Conrad war Mike mindestens einmal in Äthiopien gewesen, und das erleichterte mich. Die Äthiopier haben einige sehr eigentümlich Bräuche und Traditionen. Während sie es einem Fremden vielleicht verziehen, wenn er nichts über sie wusste und sich infolgedessen unpassend benahm, mochte ich sie nicht vor den Kopf stoßen. Mit Conrad als Führer hätte sich – das wusste ich – dieses Problem nicht gestellt. Vielleicht würde Mike Borcik nun in dessen Rolle schlüpfen und dem Team so banale Dinge empfehlen wie, dass man während der Mahlzeiten (oder gar in der Öffentlichkeit) weder rülpste noch furzte und sich Armen gegenüber, auf die wir unweigerlich treffen würden, großzügig verhielt. Äthiopien hat kein Wohlfahrtssystem. Deshalb wird von wohlhabenden Leuten – und als solche würden wir gelten – erwartet, dass sie den Kranken, Blinden, Lahmen und Mittellosen Almosen geben. Es muss keine große Summe sein, eine oder zwei Münzen genügen. Verhielten wir uns entsprechend freigebig, würde unser Ansehen in beträchtlichem Maß steigen und uns den Ruf einbringen, gute Christen zu sein – eine Auszeichnung, die in diesem streng orthodoxen Land nicht leicht zu erringen ist.

Conrads Assistent Selalem würde uns vielleicht auch in die äthiopischen Sitten und Gebräuche einführen. Von Jim Slade erfuhr ich, dass Selalem gut Englisch sprach und »ein netter Kerl« sei, »einer von der ruhigen Sorte«. Er war jahrelang Conrads rechte Hand gewesen, hatte mit ihm den Omo, den Takeze und den Awash befahren und Kunden auf den Gipfel des Ras Dashan geführt. Selalem nahm nicht an unserem »E-Mail-Zirkel« teil und war daher bislang wenig mehr als ein Name, obwohl ich gar nicht anders konnte, als ihn zu mögen, weil Conrad ihn angestellt hatte.

Michael Speaks, der Hauptführer, war Anfang vierzig und ebenfalls schon in Äthiopien gewesen. Er hatte 1996 sowohl an Richard Bangs Expedition auf dem Tekeze im Norden des Landes teilgenommen als auch den oberen Canyon des Blauen Nils befahren, den Streckenabschnitt, den wir zu Fuß zurücklegen würden. Ende August, als er eine E-Mail an das ganze Team versandte, um sich vorzustellen, lernte ich ihn besser kennen. Er hatte die E-Mail mit den etwas militärisch klingenden Worten »Mike_Speaks_Kommuniqué« betitelt. Die Nachricht selbst war ziemlich steif und ungeschliffen, was den Schluss nahe legte, dass er mit dem geschriebenen Wort nicht gerade auf gutem Fuß stand.

»Grüße«, begann Speaks. »Hier ein Kommuniqué zur Knüpfung einer Verbindung zwischen mir und allen Teilnehmern der Expedition zum Blauen Nil. So wie es aussieht, sind wir ein Team von 8 plus zwei Äthiopier ... Während die Logistik auf den Weg gebracht wird, kann eine Expeditionsankündigung formuliert werden, die, kurz gesagt, einfach als Versuch gewertet werden könnte, durch Nevadas Kamera und das Können unserer Autorin einen Blick auf diese Gegend zu werfen; das alles wird von Micks Digitalkamera dargestellt. Mein Hauptziel wird sein, die Organisation so zu unterstützen, dass wir diesen abgelegenen Fluss auch bei Hochwasser sicher hinunterkommen.«

Bei der seltsam vereinnahmenden Formulierung »unsere Autorin« stutzte ich, unschlüssig, wie ich reagieren sollte. Warum hatte er mich nicht namentlich genannt? Wahrscheinlich war es schlicht ein Versehen, oder er hatte meinen Namen gerade nicht parat gehabt. Ich wollte mich nicht ärgern, tat es aber doch und beschloss dann, dass eine solche Kleinigkeit es nicht wert war, Gedanken zu verschwenden.

Speaks legte im Folgenden die Details unserer Reise dar. Es kamen ungefähr 750 Kilometer Fahrt auf dem Blauen Nil plus eine 70- bis 80-Kilometer-Wanderung am oberen Streckenabschnitt auf uns zu, der in dieser Jahreszeit zum Raften zu gefährlich war. Mike Borcik würde am Fluss mit den Booten und der Rafting-Ausrüstung zu uns stoßen. Wir würden uns ranhalten müssen, um die Wanderung innerhalb von fünf Tagen und die Flussfahrt innerhalb von 22 Tagen hinter uns zu bringen. Er hoffe, wir würden mit leichtem Gepäck reisen, und wenn jemand Fragen habe, solle er sich an ihn wenden.

»OK, ich freue mich, euch alle in Addis, Bahir Dar oder an unserer Ablegestelle am Fluss zu sehen«, schloss er.

Alles in allem verwirrte mich die Nachricht, weil Speaks weder darauf hinwies, dass es sich um eine *National-Geographic*-Expedition handelte, noch darauf, dass Nevada organisatorisch die Fäden in der Hand hielt. Außerdem war der Zeitplan, den er aufgestellt hatte, sehr straff und ließ keinerlei Raum für Abstecher zu Dörfern, von denen Nevada und Conrad gesprochen hatten. Am meisten bekümmerte mich, dass der Teamgeist, den Conrad in das Unternehmen eingebracht hatte, fehlte. Hatten die Dinge sich geändert, weil Speaks erst in letzter Minute zum Hauptführer ernannt worden war und den Drang verspürte, sich durchzusetzen?

Speaks' Mitteilung führte dazu, dass ich mir Gedanken über die Beziehung zwischen Nevada und Mountain Travel Sobek zu machen begann. Fungierte Sobek lediglich als Ausstatter der Expedition? Die Nachrichten und Unterlagen, die die Company an die Expeditionsteilnehmer versandte, suggerierten, dass es sich um »ihre« Expedition handelte, um eine Entdeckungsfahrt unter ihrer Leitung. Im Laufe des Sommers hatte Moutain Travel Sobek uns regelmäßig mit Informationen darüber versorgt, was wir einpacken und welche Impfungen wir durchführen lassen sollten. Eine dieser Sendungen enthielt eine »Reisebeschreibung«, die sich in saloppem Reiseführerstil über unseren »Abenteuerurlaub« ausließ und Zeit für den Besuch der Sehenswürdigkeiten von Addis, etwa des Mercato, einplante. Diese Reisebeschreibung tat so, als wäre die Expedition Teil einer Pauschalferienreise.

Nevada ging der Ton dieser Beschreibung und der Urlaubsbroschüre ebenfalls auf die Nerven, und sie hatte Ellsworth gebeten, uns ab sofort mit solchem Material zu verschonen.

»Müssen wir in irgendeinen Reisebus steigen, wenn wir nach Addis kommen?«, fragte ich. »Wenn ja, werde ich auf diesen Teil des Trips verzichten. So zu reisen entspricht nicht meiner Vorstellung.«

»Nein, nein, nein, Ginny, ganz und gar nicht«, versicherte mir Nevada.

Nevada war froh, dass Michael Speaks für Conrad eingesprungen war und Mike Borcik teilnehmen würde. Beide Männer hätten Äthiopien-Erfahrung, konstatierte sie, und zu diesem späten Zeitpunkt könnten wir von Glück sagen, überhaupt jemanden zu finden, noch dazu Führer von ihrem Kaliber. Sie hatte zwar noch keinen der beiden kennen gelernt, war aber davon überzeugt, dass sie ihre Aufgabe meistern würden.

Das alles war sicherlich richtig, und ich legte mit dem Gefühl auf, dass wir uns glücklich schätzen konnten, dass die Reise nicht abgesagt worden war. Trotzdem spukte Speaks' Nachricht mir weiter im Kopf herum, und ich las sie noch einmal. Nein, es gab überhaupt keine Frage: Speaks sah sich selbst als derjenige, der das Sagen hatte. Seiner Ansicht nach gab er die Befehle, und wenn Nevada eine Rolle spielte, dann lediglich die der Fotografin.

Was mich betrifft, so war ich nicht kleinlich genug, mich an der Formulierung »unsere Autorin« wirklich zu stoßen. Oder doch?

Ich hatte keine Lust, die Tour mit Zweifeln an den Absichten unseres Reiseführers zu beginnen. Ich fragte Richard, was er über Conrads Ersatzmann wusste.

»Nun, er ist ein Outdoor-Aktivist, wie er im Buche steht«, sagte Rich. »Wenn er gerade nicht unterwegs ist, lebt er ohne Strom in einer Hütte in Alaska. Er hat bei unserer Tour immer einen kühlen Kopf behalten. Er ist kein begnadeter Analytiker, kein tiefsinniger Denker oder Intellektueller. Aber draußen ist er unschlagbar.«

Ob ich Tracy Johnstons Buch Tanz auf den Stromschnellen gelesen hätte, fragte Rich. »Es handelt von einer Flussexpedition, die Speaks vor ungefähr zehn Jahren in Neuguinea führte. Er ist der Held in ihrem Buch. Du solltest einen Blick hineinwerfen.«

Ich trieb ein Exemplar auf und las es fast in einem Zug. Johnston war eine geschickte und humorvolle Autorin, und sie hatte an einer Expedition teilgenommen, auf der alles schief gegangen war. Das einzig Gute war gewesen, dass Speaks die Verantwortung trug. Er führte eine Gruppe, die sich aus einigen völlig egozentrischen Models, einer ängstlichen Juristin, zwei überzeugten Umweltschützern und anderen Flussführern zusammensetzte, durch einen höllischen Canyon mit stechenden Pflanzen, stechenden Bienen, Platzregen, Gewächsen, deren Stängel faulten, und Stromschnellen, die so gewaltig waren, dass die Expeditionsteilnehmer Tage damit verbrachten, ihre Boote um sie herumzutragen. Es gab weder genug Zelte noch ausreichend Schlafsäcke oder Lebensmittel, und die Tour dauerte schließlich eine Woche länger als geplant. Sie überlebten dank Speaks. Natürlich kriegte er auch die Frau.

Johnston bewunderte Speaks. Er wusste, wo es langging, und war ein geschickter Bootsführer, und manchmal brachte er sie zum Lachen.

Mir war klar, dass es niemandem leicht gefallen wäre, in Conrads Fußstapfen zu treten. Speaks hatte nur wenig Zeit, um sich Gedanken über die Reise zu machen und sie vorzubereiten; bis jetzt war das Conrads Aufgabe gewesen. In seinem »Kommuniqué« hatte Speaks nachdrücklich darauf hingewiesen, dass er uns sicher den Fluss hinunterbringen wolle. Unzweifelhaft war dies sein Hauptanliegen. Urteilte man nach Johnstons Buch, würde es ihm gelingen.

Für die zwei Monate, die ich in Äthiopien verbringen wollte, packte ich zwei Tage lang. Conrad und Maurizio würden uns einen großen Teil der schweren Ausrüstungsgegenstände liefern, etwa die Boote, die Zelte, alle Lebensmittel und sämtliches Kochgeschirr. Eine der Sendungen von Mountain Travel Sobek enthielt eine Checkliste mit Dingen, die die Expeditionsteilnehmer mitbringen sollten. Beim Durchgehen ergänzte ich sie um einige Punkte und strich andere. Es war schwierig, für diese Reise zu packen. In den Bergen, wo wir vorhatten zu wandern, würde es wahrscheinlich kalt und nass werden, weil wir am Ende der Regenzeit aufbrachen. Das hieß, dass wir mit Regen rechnen mussten. Äthiopiens Berge sind hoch und liegen nahe am Äquator. Wenn die Sonne schien, würden wir schwitzen und nach Schatten lechzen. Ich türmte die Wanderausrüstung zu einem Stapel: Schuhe, Regenjacke und -hosen, Schirm (gegen Regen und Sonne), Sonnenhut und Sonnenbrille, eine große Tube Sonnencreme mit dem höchsten Lichtschutzfaktor, den ich hatte finden können, zwei Paar Trekkinghosen, zwei langärmelige Hemden, drei T-Shirts, ein warmes Fleece-Oberteil, Unterwäsche und eine Menge Socken. Ich packte auch ein Paar leichte lange Unterhosen ein, vor allem wegen der kalten Nächte im Gebirge.

Der Stapel für die Flussfahrt sah nicht viel anders aus, auch wenn ich ein paar kurze Sporthosen und einen Badeanzug hinzufügte, weil sie auf der Liste von Mountain Travel standen. Vielleicht konnten wir im einen oder anderen Seitenarm des Blauen Nils schwimmen. Mit den hübschen ziegelroten Shorts aus schnell trocknendem Material war es etwas heikler. Äthiopische Frauen laufen nicht in kurzen Hosen herum, erst recht nicht im konservativen Hochland, wo man von ihnen erwartet, die Oberschenkel bedeckt zu halten. Vielleicht würde ich die Shorts auf dem Boot tragen, dachte ich, obwohl mir der Gedanke an Sonnenbrand gar nicht behagte. Ich stopfte sie ganz unten in die Tasche.

Für unseren Aufenthalt in Addis Abeba nahm ich zwei Röcke und ein paar dazu passende T-Shirts und Blusen mit. Sie erinnerten mich an die Sonntagskleider von früher, mit denen man in die Messe ging, Kleider, die rein und fleckenlos bleiben sollten – und am Ende der Reise eine Wohltat sein würden.

Es gab noch mehr einzupacken: einen mit Hohlfasern gefüllten Schlafsack, Schuhe und Sandalen für die Flussfahrt, Wasserflaschen, Toilettenartikel, eine persönliche Erste-Hilfe-Ausrüstung (inklusive Tuben mit Insektenschutzmittel und Tabletten zur Malariaprophylaxe) und für mein Autorinnendasein einen Stoß gelber, wasserfester Notizbücher sowie normale Stenoblocks und ein paar Dutzend Kugelschreiber. Ich steckte einige extra große Kugelschreiber ein, weil ich mich daran erinnerte, wie begehrt solche Geschenke bei äthiopischen Kindern waren. Dazu kamen ein leichtes Fernglas, eine winzige Automatik-Kamera und eine Canon Elan mit mehreren Objektiven, ein paar Schweizer Schokoladenriegel für die Gebirgswanderung, zwei Flaschen Wein, die ich am Fluss mit den anderen zusammen trinken wollte, und Müsliriegel für Notfälle.

Irgendwie stopfte ich alles in einen riesigen roten Seesack, den mein Mann für seinen letzten »Ausflug« nach Tibet gekauft hatte. Meine Kameraausrüstung und das Fernglas wanderten nebst anderen Dingen, die ich nicht verlieren wollte – dem Wein, der Schokolade und den Malariatabletten –, in eine besondere Fotografentasche, die ich zusammen mit meinem Laptop mit ins Flugzeug nehmen wollte. Den Computer würde ich weder auf die Wanderung noch auf den Fluss mitnehmen. Doch ich konnte ihn davor und danach im Flugzeug und in meinem Hotel benutzen.

Am späten Nachmittag des 9. September war ich fertig mit Packen und stapelte meine Taschen bei der Vordertür. Mein Flugzeug würde am nächsten Morgen als erstes vom örtlichen Flughafen aus starten. Ich würde zuerst nach San Francisco und dann nach Chicago fliegen, wo ich einen Langstreckenflug nach Frankfurt erwischen musste. Dort würde ich nach ein paar Stunden Aufenthalt an Bord einer Lufhansa-Maschine die letzte Etappe nach Addis Abeba zurücklegen. Bei dem Gedanken, dass ich insgesamt 20 Stunden Flugzeit vor mir hatte, seufzte ich. Lange Flüge sind das Schlimmste am Reisen. Ich würde eingezwängt und unbequem sitzen und sehnte mich plötzlich nach einem Spaziergang. Michael hatte in seinem Büro im oberen Stockwerk gearbeitet, und ich rief nach ihm.

»Ich glaube, ich bin fertig; warum kommst du nicht runter?«

Schriftsteller leben zurückgezogen, zumindest wir. Wenn man sein Leben damit verbringt, Wörter zu produzieren, muss man nach unserem Dafürhalten diszipliniert sein. Diese Entdeckung ist nicht neu, entspricht aber der Realität. An den meisten Tagen sitzen wir nach dem Frühsport um neun Uhr morgens im Büro. Wir essen zusammen zu Mittag und gehen dann wieder nach oben, um weiterzuschreiben. Wenn wir um fünf oder sechs Uhr nachmittags noch nicht fertig sind, sorgt unsere Collie-Huskie-Mischlingshündin Quincie dafür, dass wir es werden. Sie liegt vor unserer Bürotür und winselt so lange lautstark, bis wir nachgeben.

Quincie saß nun bei mir, und sobald ich nach Michael gerufen hatte, begann sie mit dem Schwanz zu wedeln. Sie kannte alle Zeichen, die auf Aufbruch hindeuteten, von den großen Seesäcken bis zu den Packorgien, und hasste sie alle. Während ich Kleider zusammenlegte und meine Ausrüstung sortierte, lag sie direkt neben den Taschen und stierte in die Ferne – in der Hoffnung, dass ich irgendeine Möglichkeit finden würde, sie mit einzupacken.

Wir leben in einer Kleinstadt am Rand eines Waldes und brachen nun zu einem unserer Lieblingsspaziergänge auf. Ein erster kalter Hauch von Herbst lag in der Luft, und wir sprachen darüber, wie gut er uns tat. Die hiesigen Sommer sind heiß, und im September beginnen wir regelmäßig ihr Ende herbeizusehnen. Außerdem ist der Herbst mit seinen klaren, frischen Tagen, dem rot und golden gefärbten Laub, eine schöne Jahreszeit. Ich würde unseren Herbst vermissen. Ich würde unsere Spaziergänge vermissen.

Quincie lief vor uns her wie immer und verließ von Zeit zu Zeit den Pfad, um in einem Bach zu planschen oder in wilder Jagd nach einem Eichhörnchen den Hügel hinabzuhetzen. Michael und ich gingen Seite an Seite, ohne viel zu reden. Er hatte seine Geschichte im Kopf, und ich war mit meinen Gedanken bei der Packliste (hatte ich wirklich alles, was ich brauchte?). So war es schön, als er meine Hand nahm. Wir lächelten einander zu, und ich lehnte mich an ihn. Wir waren häufig getrennt unterwegs, in der Regel aber höchstens einen Monat. Zwei Monate Trennung zu ertragen würde schwer fallen, vor allem ihm. Ich würde mich in der Weltgeschichte herumtreiben und Abenteuer erleben, während er zu Hause blieb, wo der ewig gleiche Tagesablauf sehr schnell zermürbend wird, wenn man allein ist.

»Ich wünschte, ich würde fahren«, sagte Michael, als wir heimkamen und angesichts des frühen Aufbruchs zum Flughafen am nächsten Morgen schon mal die Taschen ins Auto luden.

»Ich auch«, sagte ich.

Dann fiel mir etwas ein. Da war noch etwas, das ich unbedingt einpacken musste. Ich rannte die Treppe hinauf, durchwühlte einen Stapel Fotos und zog das Bild heraus, das mich begleiten sollte: Es zeigte uns drei bei einer Langlauf-Skitour. Wir drücken Quincie an uns und lachen, und das Licht des späten Nachmittags schimmert golden in den Bäumen und auf dem Schnee. Ich hänge an diesem Bild, und fast hätte ich vergessen, es mitzunehmen. Ich steckte es in eine Plastikhülle und diese in meine Dokumententasche. Michael und Quincie würden mich zum Blauen Nil begleiten.

Fünftes Kapitel

Ich nutzte den langen Flug nach Äthiopien, um ein weiteres Buch zu lesen, *Lake Tana & The Blue Nile* von Major Robert E. Cheesman, der von 1925 bis 1934 britischer Konsul in Nordwestäthiopien gewesen war. Cheesman war Angehöriger des Imperial Service und – wie es von all jenen erwartet wurde, die sich für das britische Empire plagten – ein Mann mit vielen Talenten: Er war Soldat und Geometer, Naturkundler, Forschungsreisender und außerdem ein recht guter Sprachwissenschaftler. Er hatte in Indien, Irak und Saudi-Arabien gedient, im Auftrag des britischen Weltreichs saudiarabische Küsten- und Wüstengebiete kartographiert und in allen drei Ländern emsig Proben der heimischen Flora und Fauna sowie Mineralien gesammelt, die er vorschriftsmäßig dem Britischen Museum aushändigte. Arabien war seine Leidenschaft, und er hatte gehofft, an der ersten britischen Expedition in das Leere Viertel teilnehmen zu dürfen. Stattdessen wurde er nach Äthiopien versetzt. Doch seine Enttäuschung legte sich bald, als er die Karten des Landes studierte. Die neuesten, stellte er erstaunt fest, »zeigten den Verlauf des Blauen Nils als gepunktete Linie«, was nichts anderes hieß, als dass der Fluss noch nicht kartiert war. »Es schien fast unglaublich, dass ein derart berühmter Fluss, von dem außerdem der Wohlstand Ägyptens jahrhundertelang abhing, so lange hatte vernachlässigt werden können.«

Seit James Bruce sich 1771 selbst zum Entdecker der Quellen ernannt hatte, waren nur wenige Forscher am Blauen Nil interessiert. Im Jahr 1820 – Ägypten stand unter osmanischer Herrschaft – war es Frédéric Caillaud, einem französischen Forscher und Hansdampf in allen Gassen, gelungen, an einer türkisch-ägyptischen Invasion des Sudan teilzunehmen. Obwohl die Truppe mit 4000 Soldaten recht klein war, zog sie, ohne auf nennenswerten Widerstand zu treffen, stromaufwärts bis Khartoum und eroberte eine Siedlung nach der anderen. Auf dem Weg von Khartoum bis Fazughli an der äthiopischen Grenze richteten die Invasoren ihre Waffen gegen die Völker, die am Blauen Nil lebten, töteten diejenigen, die Widerstand leisteten, und verschleppten andere in die Sklaverei. In der Hoffnung auf reiche Beute in Fazughlis legendären Goldminen machten die Invasoren dort Halt. Die Minen erwiesen sich jedoch als Enttäuschung, und die sagenhaften Nuggets, die angeblich dort zu finden waren, als ein Mythos. Caillaud hatte davon geträumt, als reicher Mann zurückzukehren, aber stattdessen feststellen müssen, dass die einheimische Bevölkerung an den Ufern des Blauen Nils und seiner Zuflüsse lediglich Gold aus dem Flusssand wusch und den gesammelten Staub und die Splitter in Gänsekielen aufbewahrte. Diese Goldbehälter wurden gegen Salz, Gewürze und Stoffe eingetauscht.

Ismail Ali, dem habgierigen Kommandeur der Invasionstruppen, waren auf seinem Feldzug 30 000 Sklaven in die Hände gefallen. Vermutlich hatte er gehofft, auch in Äthiopien reiche Beute zu machen, da äthiopische Frauen viel Geld einbrachten (Samuel Baker hatte sie als »die schönsten Frauen weit und breit« bezeichnet), doch er kam nur bis zur Grenze. Dahinter ragte Äthiopiens Bergmassiv bedrohlich empor, ein einschüchternder Anblick für einen Bewohner des Flachlands, selbst für einen so skrupellosen Mann wie Ismail. Auch der Fluss, der in einer dunklen, unpassierbaren Schlucht verschwand, wirkte plötzlich furchteinflößend. Ismail kehrte um, und Caillaud ging mit ihm. Er hatte grobe Skizzen angefertigt, auf deren Grundlage Kartographen den Verlauf des Blauen Nils von Khartoum bis zur äthiopischen Grenze darstellen konnten. Jenseits dieser Grenze blieb der Fluss für Bewohner des Westens eine unbekannte Größe.

Weitere 80 Jahre vergingen, bis W. N. McMillan, ein wohlhabender amerikanischer Großwildjäger, beschloss, sich den Blauen Nil vorzunehmen. Im Jahr 1902 rüstete er eine Expedition aus, die beweisen sollte, dass der Fluss in Äthiopien schiffbar war und genutzt werden konnte, um Waren in den und aus dem Sudan zu transportieren. Ägypten und der Sudan standen inzwischen beide unter britischer Herrschaft, und Großbritannien war bestrebt, seine Kolonien durch Handel und Besiedlung aufzubauen. Schon wurden Güter und Passagiere per Schiene und Dampfer über die gesamte Länge des Weißen Nils befördert. Eine weitere Eisenbahnlinie verband den Fluss mit Port Said an der Küste des Roten Meeres.

Zu diesem Zeitpunkt hatten die europäischen Großmächte ganz Afrika – mit Ausnahme Äthiopiens – unter sich aufgeteilt. Die Italiener hatten Äthiopien zu erobern versucht, doch Menelik II. fügte ihnen 1896 bei Adua eine schwere und blutige Niederlage zu. Dieser überraschende Sieg (keiner anderen afrikanischen Nation war es gelungen, ein europäisches Heer vernichtend zu schlagen) veranlasste die Briten und Franzosen, Menelik einzubeziehen, als die Grenzen in Ostafrika neu festgelegt wurden. Da der äthiopische Kaiser sich bei den Verhandlungen nicht minder geschickt verhielt als auf dem Schlachtfeld, konnte er die Fläche seines Landes nahezu verdoppeln und fast bis zum Weißen Nil ausdehnen, indem er sich große Wüstengebiete im Süden und Osten einverleibte und die Völker, die im südwestlichen Tiefland lebten, unterwarf.

Menelik hoffte, diese Neuerrungenschaften würden das Herz Äthiopiens vor dem gierigen Zugriff der Fremden schützen. Großbritannien und Frankreich hatten jedoch andere Pläne: Sie wollten das Land durch den Bau eines Schienennetzes für den Handel erschließen. Außerdem verlangte Großbritannien eine verbindliche Zusage, dass Äthiopien sich in keiner Weise am Blauen Nil zu schaffen machen würde; ohne britische und ägyptische Zustimmung sollten dort weder Staudämme noch Kanäle oder Auffangbecken gebaut werden dürfen. Der Kaiser, der den Briten und Franzosen nicht mehr Vertrauen entgegenbrachte als den Italienern, ließ sich nur zögernd auf diese Forderungen ein.

In dieser von gegenseitigen Verdächtigungen und Misstrauen geprägten Atmosphäre wurde McMillan vorstellig. Er brauchte die Erlaubnis des Kaisers, um den Blauen Nil zu befahren. Menelik hatte den Blauen Nil oft genug gesehen und auch überquert, da er wie alle äthiopischen Herrscher mit großen Karawanen vom einen Ende seines Reiches zum anderen gezogen war, und er kannte die steile, enge Schlucht. Ein *ferenji* (weißer Fremder), der etwas so Törichtes im Schilde führte, würde kaum großen Schaden anrichten.

Nachdem er die Genehmigung in der Tasche hatte, scheute McMillan keine Kosten, um einen zweifachen Vorstoß zu wagen. Burchard H. Jessen, ein norwegischer Forscher, sollte von Khartoum aus auf einem kleinen, zwölf Meter langen Dampfboot stromaufwärts fahren. McMillan würde in Gegenrichtung mit einer zweiten Gruppe und drei Stahlbooten den Fluss hinunterfahren. Die Schiffe wurden in Einzelteile zerlegt und mit Kamel- und Maultierkarawanen von der äthiopischen Küste zu einer etwa 400 Kilometer vom Tanasee entfernten Stelle nahe der Mündung des Mugher gebracht, eines der größeren Zuflüsse des Blauen Nils. Die beiden Teams würden sich an der äthiopisch-sudanesischen Grenze treffen.

Jessen heuerte ein paar sudanesische Helfer an, und mit einer Mischung aus Glück und Verwegenheit gelang es ihnen, ihr Boot flussaufwärts und durch die größten Katarakte bei Er-Roseires (der Staudamm existierte damals noch nicht) zu manövrieren. Eine Stromschnelle bei Famaka erwies sich jedoch als unüberwindlich. Ein gutes Stück vor der Grenze machten sie Halt.

McMillan und seinem Team erging es noch schlechter. Ihre Fahrt auf dem Blauen Nil hatte nicht einmal einen Tag gedauert. »Auf den ersten paar Meilen«, berichtete Jessen, »lief alles glatt, bis sie einen verhängnisvollen Katarakt erreichten, der sich in Form einer S-Kurve um felsige Stellen zog. Dort scheiterte die Expedition.« Ein Boot kenterte, und ein zweites, beladen mit Lebensmitteln und Munition, sank. »Sie hatten nichts mehr zu essen außer einem Huhn und etwas Mehl«, schrieb Jessen voller Mitgefühl, »und da ... kein Dorf in der Nähe war, befanden sie sich in einer ernsten Notlage.« Die Männer errichteten ein behelfsmäßiges Lager unmittelbar am Ufer und schickten einen Boten, um Hilfe zu holen. Aber der Blaue Nil war noch nicht fertig mit ihnen. Mitten in der Nacht schnellte plötzlich ein Krokodil aus der Tiefe empor und schnappte nach einem der somalischen Helfer. Trotz einer zermalmten Hand und schwerer Kopfverletzungen gelang es dem armen Mann irgendwie, zu entkommen.

McMillan kehrte nach Europa zurück, um seine Truppe neu zu formieren. Auch angesichts dieser ersten Niederlage war er »unverzagt«, berichtete Jessen, und fest entschlossen, es mit besseren Booten noch einmal zu versuchen – nachdem Jessen den Fluss für ihn erkundet haben würde.

Bei seinem 1905 unternommenen zweiten Versuch startete Jessen in Famaka, dort, wo er zuvor hatte aufgeben müssen. Diesmal wurde er von H. L. Scott, einem amerikanischen Apotheker, und einem großen Gefolge begleitet, das aus 32 Männern, die meisten davon Sudanesen, einem Kamel, drei Maultieren und 65 Eseln bestand. In keinem seiner beiden Reiseberichte gibt Jessen Informationen über seinen persönlichen Hintergrund preis. Er ist schlicht ein Angestellter von Mr. McMillan, auf den er große Stücke hält. Bleibt zu hoffen, dass McMillan Jessen die gleiche Wertschätzung entgegenbrachte, einem Mann, der allen Entbehrungen zum Trotz kaum je die Geduld oder seinen Sinn für Humor verlor und immer ein Auge für die Schönheit des Landes hatte, das er durchquerte. So unterbricht er seinen Bericht, um eine spektakuläre Aussicht oder die süß duftenden Seerosen zu schildern, die die Ufer wie Teppiche bedeckten.

McMillan hatte ihn angewiesen, sich dicht am Ufer zu halten. Auf den ersten 80 Kilometern gelang ihm dies auch. Er schlug einen Pfad ein, der durch hügeliges, bewaldetes Gebiet führte. Es war April, vor dem Beginn der Regenzeit, und das Wasser war so klar, dass Jessen sogar einmal ein Krokodil ausmachen konnte, das in der Mitte des Flusses trieb. Unter der Wasseroberfläche waren Beine und Schwanz deutlich zu erkennen. Er schoss, doch er verfehlte das Tier.

Weiter stromaufwärts wand sich der Fluss in zahlreichen Krümmungen und war voller zackiger Felsen; es gab etliche kleinere Stromschnellen und dann eine fünf Kilometer lange Strecke mit großen, gefährlichen Katarakten. Jessen bezweifelte allmählich, dass es eine kluge Idee war, den Fluss überhaupt mit Booten befahren zu wollen, aber er machte weiter. Er war jetzt bei der engen, dunklen Schlucht und der

Bergkette angelangt, die Ismail zur Umkehr gezwungen hatten. Es gab keinen Pfad mehr, dem er hätte folgen können. Jessen hielt sich nahe am Ufer, indem er eine Schneise durch das Dickicht hieb oder von Fels zu Fels sprang. Er schickte seine Karawane voraus über die Berge, und zeitweise war er gezwungen, sich ihren Überlandmärschen anzuschließen. »Die Berge ... rückten näher und näher an den Fluss heran«, schrieb er, »und wo wir einen Blick nach vorn erhaschen konnten, zeigte sich, dass die Chancen, zügig voranzukommen, äußerst schlecht standen. Nichts als Felsen, Hügel und Berge.«

Jessen und seine Männer schleppten sich durch den Wald und die Berge hoch und wieder hinunter, immer auf der Suche nach einem Weg zurück zum Fluss. Kaum hatten sie ihn erreicht, erhob sich vor ihnen, unmittelbar am Ufer des Blauen Nils, ein weiterer Felsblock, und wieder waren sie gezwungen, sich einen Weg zu bahnen. War schon die Uferroute unerfreulich, so erwies sich der Wasserweg als weitere Tortur. Jessen schrieb, sie hätten einen Katarakt nach dem anderen gesehen, die meisten davon »zu jeder Jahreszeit zu gefährlich für Boote«.

Es gab »entsetzliche« Aufstiege, denen zahlreiche Tiere zum Opfer fielen. An einem einzigen Tag brachen Jessens Kamel und vier Esel zusammen und starben an schierer Erschöpfung. Im Laufe der nächsten Tage verendeten 20 weitere Esel infolge Übermüdung und Krankheiten oder weil sie den Halt verloren und in den Tod stürzten. Auch Jessen, Scott und ihre Männer litten Qualen. Nachts wurden sie von Moskitos, Nachtfaltern und stechenden Insekten geplagt, tagsüber fielen Ameisen und Stechfliegen über sie her. Ihre Kleidung hing wie Lumpen an ihnen herunter, ihre Stiefel waren nur noch Fetzen. Scott litt an Ruhr und wirren Fieberfantasien, und sie hatten kaum genügend zu essen, auch wenn Jessen gelegentlich eine Antilope oder ein Nilpferd erlegte. In Ufernähe begegneten sie Angehörigen des Oromo-Volkes, die Gold wuschen (das meiste davon würden sie als Tribut dem Kaiser übergeben), und manchmal konnten sie Kaliko und Perlen gegen Getreide und Hühner eintauschen. Auf ihren Bergrouten trafen sie gelegentlich auf Dorfbewohner der nilotischen Gumuz, denen sie so viele Nahrungsmittel wie möglich abkauften.

Die Gumuz waren jedoch scheu, und Jessen konnte nie sicher sein, welchen Empfang sie ihm und seinen Leuten bereiten würden. Es gab gute Gründe für den Argwohn der Gumuz. Jahrhundertelang waren sie versklavt worden. Wenn nicht ägyptische Araber aus den Tiefebenen einfielen, um Männer, Frauen und Kinder zu fangen, dann kam eine berittene äthiopische Streitmacht von den Bergen herunter mit der gleichen Absicht. Die ägyptischen Überfälle hatten stark nachgelassen, seit Ägypten und der Sudan britisches Protektorat geworden waren, doch die Äthiopier behielten die Gewohnheit der Sklavenjagd bei, obwohl Menelik auf Drängen der europäischen Diplomaten das halbherzige Versprechen gab, ihr ein Ende zu setzen. Die äthiopische Wirtschaft war zu jener Zeit eine Sklavenwirtschaft, und die herrschenden Klassen in den Bergen hielten sich Tausende, ja Zehntausende von Sklaven, die meist in den Tiefebenen entlang der äthiopisch-sudanesischen Grenze gefangen worden waren.

In seinem Buch nennt Jessen die Gumuz mit ihrem äthiopischen Namen »Shangallas«, was wörtlich übersetzt soviel wie »schwarze Neger« bedeutet. Die goldhäutigen Hochlandbewohner gebrauchten den Ausdruck in herabsetzender Absicht, aber Jessen scheint geglaubt zu haben, dies sei der Name, den die Gumuz sich selbst gegeben hätten. Er berichtet, dass er in einigen Shangalla-Siedlungen um Schutz vor einer marodierenden äthiopischen Bande ersucht worden sei, aber er war für solch eine Aufgabe nicht gerüstet und musste die Dörfer ihrem Schicksal überlassen. Einmal fanden einige Shangallas einen von Jessens Männern – einen Sudanesen – allein auf dem Pfad. Er war fieberkrank und hatte darum gebeten, in seinem eigenen Tempo nachkommen zu dürfen. Wahrscheinlich sah er wie ein arabischer Sklavenräuber aus, und die Shangallas nutzten die Gelegenheit, um eine alte Rechnung zu begleichen. Als der Sudanese nicht im Lager erschien, schickte Jessen einen Suchtrupp los. Man fand ihn schließlich, »aber er war von den Shangallas getötet worden, und sein Körper war entsetzlich verstümmelt«. Sie hatten ihn zweimal mit einer Lanze durchbohrt, ihm die Kehle durchgeschnitten, die Genitalien als Trophäe abgetrennt und Fleisch aus seinem Oberarm geschnitten, um es als Fischköder zu benutzen. Jessens Männer entdeckten einen Shangalla, der gerade mit diesem Köder fischte, aber »der Mörder« konnte fliehen. Es gab nur wenige Möglichkeiten, auf den Tod des Mannes zu reagieren. Jessen erwog kurz, als Vergeltungsmaßnahme einige Shangalla-Dörfer niederzubrennen, dann überlegte er, ob er den Mord den Äthiopiern melden sollte. Da er wusste, dass deren Strafexpedition zweifellos in einer groß angelegten Sklavenjagd enden würde, zögerte er.

Es gab keine Möglichkeit, den Tod des Mannes auf angemessene Weise zu sühnen. Vielleicht unterbrach Jessen deshalb seinen Bericht, um das Wenige, was er über den Toten wusste, festzuhalten – wie um dem ermordeten Kameraden die letzte Ehre zu erweisen. Sein Name, schreibt Jessen, war Samain Ali; er stammte aus Tadasi im Sudan; er war mohammedanischen Glaubens, seine Mutter hieß Howa; der Name des Vaters war nicht bekannt. Er war ungefähr 20 Jahre alt geworden. »Uns blieb nichts von ihm als eine Decke und einige baumwollene Kleidungsstücke.« An der Stelle, an der Samain Ali getötet worden war, teilte eine kleine Insel den Strom. Jessen taufte sie »Mordinsel«.

Die Expedition kam nur mühsam voran. Jessen fand es zunehmend schwieriger, McMillans Anweisung, sich nahe am Flussufer zu halten, zu folgen. Immer häufiger mussten er und seine Karawane sich die Berge hochkämpfen. Von oben konnten sie auf den Blauen Nil und seine gewundene Schlucht hinuntersehen. Einmal, als sie gerade einen Pfad erklommen hatten, der so steil anstieg, dass sie die Esel von ihrer Last befreien und die gesamte Ausrüstung bis zum Gipfel hinaufschleppen mussten, wurde Jessen mit einem wunderbaren Blick auf das Tal des Blauen Nils belohnt. Es »lag über eine Länge von etwa sechs bis acht Meilen ausgebreitet vor unseren Augen«, schrieb er, »und durch den Feldstecher konnte ich jede Einzelheit in seiner Umgebung erkennen.« Diese Einzelheiten waren ernüchternd. »Kein Wunder«, fuhr er fort, »dass die Eingeborenen sagten, es sei unmöglich, am Ufer entlangzugehen, und keine Menschenseele habe dies je getan. Der Fluss selbst ist ein einziger, ununterbrochener Katarakt, voller Windungen und Felsen, während die Ufer, jenseits derer sich Berge erheben, die steil und gefährlich wirken und nirgendwo sicheren Tritt gewähren, aus Ansammlungen von zerklüftetem, scharfkantigem Gestein bestehen.«

Jessen rechnete damit, auf das zweite, mit Booten ausgerüstete Team zu treffen, das McMillan zu der Stelle hatte schicken wollen, an der der Guder sich in den Blauen Nil ergoss. Sie würden sich aufs Wasser hinauswagen, wenn Jessen ihnen das Startsignal gab. Er war zwar noch vier Tagesmärsche von diesem Treffpunkt entfernt, aber er wusste bereits, wie seine Antwort lauten würde: Es wäre purer Wahnsinn, sich in einem Boot auf den Strom zu wagen.

In zunehmendem Maße erschien ihm schon der bloße Aufenthalt am Blauen Nil als ein Wahnsinn. Am folgenden Morgen bei Sonnenaufgang kamen 14 äthiopische Soldaten, alle bewaffnet, auf Maultieren ins Lager geritten. Sie seien vom Dorf des Ras (Fürsten) Mangesha, verkündeten sie, und hätten Befehl, Jessen zum Ras zu bringen, der sich zu dieser Zeit am Bure aufhielt, einem etwa 100 Kilometer entfernt gelegenen Berg. Jessen zeigte ihnen die Genehmigung des Kaisers, aber keiner der Männer – »ein finster wirkender Haufe Schurken« – konnte lesen. Ebenso wenig beeindruckte sie sein Einwand, dass der Kaiser sicherlich zornig werden würde, wenn sie ihn, Jessen, gefangen nähmen. Nach feudaler Tradition gehörte ihre Loyalität ihrem Ras, und sie versicherten Jessen, dass es nur eines Wortes von Mangesha bedürfe, um die ganze Bevölkerung gegen ihn aufzubringen. Immerhin kontrollierte der Ras dieses Gebiet als sein Lehen und kassierte unablässig Steuern und Tributzahlungen in Form von Gold, Elfenbein und Sklaven. Jeder, einschließlich der *ferenjocch* (weiße Fremde), hatte seine Abgaben zu leisten. Jessen gab nach.

Nach einem anstrengenden Zweitageritt erreichte er schließlich Mangeshas hölzerne Festung. Hinter vier hohen Toren befand sich, umgeben von einigen Lehmhütten, ein großes, turmähnliches Gebilde aus Holz und Bambus. Im diesem Gebäude lagen die Wohn- und Empfangsräume des Ras. Blau gestrichene hölzerne Pfeiler umrahmten das düstere Innere, wo der Ras in sphinxähnlicher Haltung auf einem niedrigen, mit türkischen Teppichen drapierten Podest lagerte. Ein Diener, in fließende weiße Gewänder gekleidet, geleitete Jessen zur Audienz. Dann fiel er auf die Knie, küsste dem Ras die Hand und warf sich auf den Boden. Jessen konnte sich nicht überwinden, es ihm nachzutun. Er schüttelte dem Ras einfach die Hand – und stellte zu seiner Erleichterung fest, dass dieser das offensichtlich nicht als Beleidigung auffasste.

Der Forscher musterte den Ras eingehend. Er registrierte, dass dieser »einen wohlgeformten Kopf und ebensolche Züge, einen gerade geschnittenen, festen Mund und eine recht breite Nase« hatte. »Aber seine Augen waren das Auffallendste an ihm. Sie waren groß, von grauer Farbe und lagen tief unter stark entwickelten Augenbrauen. Sein Gesichtsausdruck war streng und gebieterisch, und man sah sofort, dass er gewohnt war, dass seinen Befehlen Folge geleistet wurde. Und doch wirkte er, wenn er lächelte, wie ein freundlicher alter Gentleman, der seine besten Tage hinter sich und seine Leidenschaften gezügelt hatte.« Der Ras schien deutlich weniger an Jessen interessiert zu sein als dieser an ihm. Er ließ ihn durch einen Dolmetscher fragen, weshalb er gekommen sei und was er wünsche. Jessen antwortete, er sei auf Befehl der Männer des Ras hier. Augenblicklich sprang Mangesha auf und rief dem Diener, der Jessen begleitet hatte, mit ärgerlicher Stimme etwas zu, worauf dieser sich erneut zu Boden warf. Der Ras wandte sich wieder Jessen zu, entschuldigte sich und erklärte, das Ganze beruhe auf einem Missverständnis. Sollte das wahr sein? Jessen war skeptisch. Zumindest wurde er nun wie ein Gast und nicht mehr wie ein Gefangener behandelt, und der Ras war so freundlich, ihm etwas zu essen vorzusetzen und ihm für die Rückkehr zu seiner Karawane vier Maultiere zu überlassen.

Die Expedition setzte ihre Reise fort, und eine Woche später hatte sie den Fluss Guder erreicht. Da weder Europäer noch Boote in Sicht waren, beschloss Jessen, direkt nach Addis Abeba, dem Endpunkt der Expedition, weiterzuziehen. Dort fand er einen sehr kranken Mr. McMillan vor, der die Flussetappe seiner Expedition ein weiteres Mal abgeblasen hatte. Jessen hielt dies für eine weise Entscheidung. Er war vier Monate lang dem Blauen Nil gefolgt, und eines stand für ihn fest: Die Äthiopier hatten Recht. Der Blaue Nil taugte nicht zum Handelsweg zwischen dem äthiopischen Hochland und den ägyptisch-sudanesischen Ebenen.

McMillans Scheitern war das Startsignal für Cheesman. Seit Jessens Forschungsreisen hatten sich noch zwei Abenteurer in die äthiopische Region des Blauen Nils vorgewagt, jedoch nur kurze Beschreibungen der geographischen Beschaffenheit hinterlassen. Auf diese Weise war schon ein Viertel des 20. Jahrhunderts verstrichen, und der Verlauf des Blauen Nils war noch immer ungeklärt – »möglicherweise das einzige noch nicht erforschte Gebiet in Afrika«, wie Cheesman schrieb.

Chessman nutzte seine Chance und bat bei seinem ersten Treffen mit Ras Hailu, dem Gouverneur der Provinz Godscham, um die Erlaubnis, den Fluss erforschen zu dürfen. Ras Hailu hatte Cheesman als Vertreter der britischen Regierung einen prachtvollen Empfang in seinem Palast bereitet. Tausende von weiß gekleideten, bewaffneten Männern standen bereit, während äthiopische Hornisten in ihre Instrumente bliesen und Gumuz-Musiker aus den fernen Regionen am Blauen Nil ihren langen Bambushörnern unheimliche Töne entlockten. Die beiden Männer tauschten Geschenke aus: Der Ras schenkte seinem Gast Honig, Hühner, Eier, Bienenwachskerzen, ein Schaf und einen Jungbullen; der Konsul hatte Kaffee, Branntwein, Whisky und Obstkonserven mitgebracht. Der Ras saß auf seinem Thron, und Konsul Cheesman hatte auf einem hochlehnigen Stuhl zu seiner Rechten Platz genommen. Zunächst sprachen sie über Cheesmans Ernennung, dann fragte der Konsul, ob Ras Hailu die geplante Expedition unterstützen würde. Der Ras antwortete wie ein Amhara: Er halte die Reise für keine gute Idee, niemand, der sich in die Schlucht begebe, komme heil wieder zurück; weder zu Fuß noch in einem Boot sei es möglich, dorthin zu gelangen. Falls Cheesman an seinen Worten zweifle, könne er sich ja zur Schlucht begeben und sich selbst ein Bild machen. In der Zwischenzeit würde der Ras wegen der Genehmigungen mit den zuständigen Stellen in Addis Abeba telefonieren. Dass äthiopische Regierungsbeamte bezüglich der Expedition bereits Kontakt zu ihm aufgenommen und die Genehmigungen erteilt hatten, behielt er für sich. Stattdessen hatte er seine Kollegen in Addis Abeba gedrängt, ihre Entscheidung noch einmal zu überdenken. Er wollte nicht dafür verantwortlich sein, wenn der britische Konsul für immer in der Nilschlucht verschwand.

Ras Hailu gehörte zu den mächtigeren und fortschrittlicheren Äthiopiern. Er hatte sich nicht nur ein Telefon zugelegt, sondern sich kurz zuvor auch ein Automobil für seinen Palast am anderen Ende der Nilschlucht beschafft. Noch 1926, im Jahr von Cheesmans Besuch, gab es in Äthiopien weder Hauptverkehrsstraßen, die zum Fluss, noch Autobrücken, die hinüberführten. Der Wagen wurde also in Teile zerlegt, auf Maultieren von Addis Abeba und über den Blauen Nil transportiert und dann wieder zusammengebaut. Der Ras ließ Trassen für sein Fahrzeug durch die Außenbezirke seines Regierungssitzes schlagen, die er unermüdlich entlangfuhr, während berittene Diener auf jeder Seite neben dem Wagen hergaloppierten. Cheesman erlebte diesen Pferde-Auto-Korso mit – und das Befremden der Untertanen des Ras, die noch nie zuvor ein Automobil erblickt hatten und sich bei diesem Anblick »mit dem Gesicht nach unten zu Boden warfen ... und ihre Finger in die Erde krallten, mit weit offenen Mündern und dem Ausdruck äußersten Entsetzens auf ihren Gesichtern«.

Die Annäherung Äthiopiens an die moderne, von Europa dominierte Welt vollzog sich langsam und keineswegs reibungslos. Als Kaiser Menelik II. 1910 starb, erschütterte eine kurze, stürmische Unruheperiode das Land. Zwar folgte sein Neffe Lij Iyasu ihm auf den Thron, doch schon nach fünf Jahren erhoben sich die Fürsten gegen ihn, weil sie herausgefunden hatten, dass er heimlich zum Islam übergetreten war – in diesem christlichen Staat ein Akt des Landesverrats. Als Cheesman eintraf, saß Kaiserin Zawditu, Meneliks Tochter, auf dem Thron, aber in Wirklichkeit übte ihr entfernter Cousin, der Regent und Prinz Ras Tafari Mekonnen, die Macht aus. De facto war er bereits Kaiser, und als er 1933 tatsächlich den Thron bestieg, nannte er sich Haile Selassie I.

Äthiopien war noch immer eine Insel der Unabhängigkeit in einem Meer kolonisierter Staaten, und Ras Tafari Mekonnen zeigte sich entschlossen, diese Freiheit zu verteidigen. 1924 war er als der erste äthiopische Prinz nach Europa gereist und hatte Italien, Frankreich und England besucht. Außerdem hatte er erfolgreich für die Aufnahme seines Landes in den noch jungen Völkerbund geworben und sich im Gegenzug bereit erklärt, die Sklaverei in seinem Land abzuschaffen. Sein ganzes Streben galt der Entwicklung Äthiopiens, und als die britische Gesandtschaft in Addis Abeba vorschlug, am Tanasee einen Damm zur Gewinnung von Wasserkraft zu errichten, fand sie in ihm einen aufmerksamen Zuhörer. Natürlich benötigte man noch viel mehr Informationen über den Blauen Nil, und so erhielt Cheesman, Ras Hailus Sorgen zum Trotz, seine Forschungsgenehmigung.

Cheesmans Buch beginnt mit einem Vorwort, in dem er vom Verlust des Manuskripts berichtet – ein wirklich niederschmetterndes Erlebnis. Sechs Jahre lang hatte er daran gearbeitet, dann war er damit nach London gefahren und hatte es in einem Koffer in seinem Wagen eingeschlossen. Jemand stahl den Wagen, und trotz öffentlicher Appelle tauchten weder Wagen noch Manuskript je wieder auf. Also setzte sich Cheesman hin und schrieb seine Erlebnisse noch einmal nieder.

Schon diese Anekdote lässt ahnen, dass der Blaue Nil endlich seinen Meister gefunden hatte.

Anfangs glaubte Cheesman, ein liebenswürdiger Mann mit einem ordentlich getrimmten Schnurrbart und feinen Fältchen um die Augen, seine Kartierungspläne ließen sich ohne große Probleme in die Tat umsetzen. »Auf der Karte sah [die Reise] ziemlich einfach aus«, schrieb er. »Später, als sie sich als ein Wagnis entpuppte, das man nicht so ohne weiteres auf sich nimmt, wurde ich eines Besseren belehrt. Ich begriff, warum die Geheimnisse des Niltals so lange ungelöst geblieben waren.«

Wie Jessen wollte er dem Lauf des Flusses folgen, allerdings in entgegengesetzter Richtung, und wie Jessen musste er feststellen, dass dies unmöglich war, vor allem, wenn er den Fluss auch noch vermessen sollte. »Wenn man sich tief unten im Canyon des Blauen Nils befindet«, schrieb er, »kann man nichts als den Himmel sehen.« In den Tiefen der Schlucht konnte er die zum Vermessen notwendigen Orientierungspunkte nicht erkennen. Deshalb zog er mit seiner kleinen Maultierkarawane, seinem Assistenten und den Führern über die Hochplateaus und Berge und arbeitete sich, wo immer es möglich war, zum Fluss hinunter. Anschließend kletterte er wieder aus der Schlucht heraus, um sich neu zu orientieren. Die britische Gesandtschaft hatte ihn gebeten, auf mögliche Dammbauplätze zu achten, und so nahm er zusätzlich zu Taschenchronometer und Theodolit, die er für seine Vermessungsarbeit brauchte, auch ein Barometer zur Messung der Flusstiefe mit.

Mit Briefen des Regenten und der Provinzgouverneure ausgerüstet, hatte Cheesman nicht mit den gleichen diplomatischen Schwierigkeiten zu kämpfen wie Jessen. Und doch fand man in Äthiopien immer noch das feudale Gehabe und entsprechende Gewohnheiten, die es vertraut und fremd zugleich erscheinen ließen, als hätte man einen Schritt zurück ins französische Ritterzeitalter getan. Mit der Überquerung der von Portugiesen aus Ziegeln und Mörtel erbauten Brücke am Tanasee, unterhalb der Tisisat-Fälle, verließ Cheesman die Provinz Godscham und betrat die Provinz Begemder. Obwohl beide Provinzen in Äthiopien lagen, verhielten sich die Beamten an der Brücke so, als wolle Cheesman in ein fremdes Land einreisen. Jede Seite hatte ihre eigenen Beamten für die Zoll- und Passkontrolle, und auf beiden Seiten studierten die Beamten Cheesmans Papiere in aller Ausführlichkeit. Dann hielten sie einen weißen Baumwollschal vor ihn hin und durchschnitten das Tuch, eine Zeremonie, die noch aus der Zeit der Regentschaft König Fasiladas im 17. Jahrhundert stammte und die Macht des bösen Blicks brechen sollte.

Merkwürdigerweise hatten diese Schutzmaßnahmen aber einen gegenteiligen Effekt gehabt, schrieb Cheesman, weil sie die Gegend am Blauen Nil zu einer Zufluchtsstätte für *shifta* werden ließen. Regierungsbeamte hatten nämlich nicht das Recht, eine andere Provinz zu betreten, selbst dann nicht, wenn sie hinter einem Verbrecher her waren. Wenn Banditen in einer Provinz jemanden ausraubten, setzten sie einfach ans andere Ufer über und versteckten sich im Wald – sie wussten ja, dass niemand ihnen folgen konnte. Bis die Polizei in der neuen Provinz auf ihre Anwesenheit aufmerksam wurde, hatten sie sich bereits in aller Ruhe wieder auf die andere Seite begeben.

Raubzüge waren zu jener Zeit etwa so alltäglich wie Überfälle im New Yorker Central Park heute. Sogar der britische Konsul war nicht dagegen gefeit. Auf einer seiner Reisen kamen einige von seinen Männern zurückgerannt, um ihm mitzuteilen, dass die Shifta gerade seine Maultiere stahlen. Cheesman hatte drei sudanesische Polizisten bei sich, und gemeinsam galoppierten sie zum Schauplatz des Verbrechens. »Ich ritt nahe an die Banditen heran, die zu beschäftigt waren ..., um überhaupt Notiz von mir zu nehmen, und ich vergaß mein Amharisch und brüllte auf Englisch: ›Was zum Teufel tut ihr da?‹« Die Diebe ließen fallen, was sie gerade stehlen wollten, und warteten darauf, dass ihr Anführer das Wort ergriff. Zu Cheesmans Überraschung entschuldigte sich der Mann und erklärte, ihr Chef, der berüchtigte Bandit Shiguti, habe sie angewiesen, nur äthiopische, nicht aber europäische Karawanen auszurauben. Die Räuber traten zur Seite und ließen Cheesman und seine Maultiere vorbei, ohne ihnen auch nur ein Haar zu krümmen.

Cheesmans Reisen führten ihn durch einige der entlegensten Gegenden Äthiopiens. Die meisten dieser Gebiete hatte vor ihm noch kein Europäer betreten. Vom Hochland, in dem die orthodoxen Christen lebten, wanderte er hinunter in die zerklüfteten Hügel der Oromo- und Shinasha-Völker und noch weiter hinab in die weiten Täler der nilotischen Stämme und der heidnischen Gumuz, die in den 20 Jahren seit Jessens Reise von den Äthiopiern so oft ausgeraubt worden waren, dass sie ihre Dörfer verlassen hatten und über die Grenze in den sichereren Sudan gezogen waren. Dort, wo ihre Frauen hoch über dem Blauen Nil einst ihr Getreide zerstoßen hatten, fand Cheesman nur noch die Mahlspuren in den Granitsteinen. Unterwegs sah er dann und wann ein Rudel Löwen und einen heiligen Hügel, wo die Gumuz das Auge eines Löwen vergraben hatten, das sie vor den Sklavenjägern schützen sollte. Er beobachtete Hunderte von Flusspferden, die in stillen Tümpeln vor sich hin schnauften, und zahllose Krokodile, die schnell in die Sicherheit des Flusses zurückglitten. Es gab Antilopen in großer Zahl und Schwärme von Vögeln – Silberreiher und andere Reiher, Büffelweber und Sporengänse – in den Weidendickichten am Ufer. Er notierte sich ihre Namen und wandte sich wieder seiner Aufgabe zu, dem Lauf des Flusses zu folgen, der sich krümmte und verengte und weiter wurde und sich erneut verengte und sich von der Hochebene 1400 Meter tief durch Schichten von Sandstein, Kalkstein und Granit bis zu den weiten sudanesischen Ebenen ergoss. Zu Beginn seiner Reise hatte er voller »Staunen« am Fuß der Tisisat-Fälle gestanden und beobachtet, wie die Wassermassen des Sees wie durch einen Trichter in die »enge Rinne« der Schlucht gepresst wurden. Und am fernen Ende des Blauen Nils, nicht mehr sehr weit von der sudanesischen Grenze, hatte er genauso erstaunt – und enttäuscht – dagestanden: Der Fluss, den er zu bewundern gelernt hatte, war zu einem Bach geschrumpft, das andere Ufer nur noch einen Steinwurf entfernt.

Cheesman hatte in drei Jahren zwei mehrmonatige Reisen unternehmen müssen, umso weit zu kommen. Als er sich der Grenze näherte, wurde der Fluss wieder breiter, und dort stieß Cheesman auf eine Fahrspur, die nach Er-Roseires führte. Er kam zügig voran, bis zwei Autos herandröhnten. Seine Maultiere hatten genau wie Ras Hailus Untertanen noch nie ein solches Vehikel gesehen. Sie gingen sofort durch und verschwanden im Wald.

Alles in allem brauchte Cheesman acht Jahre, um sein Projekt zu vollenden. Am Schluss hatte er den Blauen Nil in Äthiopien nicht nur in seiner vollen Länge bereist, sondern auch nahezu vollständig kartiert. Es fehlten nur etwa 25 Kilometer (in diesem Abschnitt hatte der Rauch von Grasfeuern die Positionsbestimmung unmöglich gemacht). Er war dem Kleinen Blauen Nil von seiner Quelle am Mount Gische bis zu seinem Delta am Tanasee gefolgt und hatte ihn kartographiert, und er hatte den See umrundet und vermessen. Damit war er der erste Europäer – möglicherweise der erste Mensch überhaupt –, der die Peripherie des Sees erkundet hatte. Er hatte nach Äthiopiern gesucht, die diese Reise vor ihm unternommen hatten, aber er hatte niemanden gefunden, da das Seeufer zu drei Provinzen gehörte und eine Reise von Provinz zu Provinz damals einer Expedition in ein fremdes Land gleichkam. »[D]ie Menschen kennen das Land ihres jeweiligen Provinzgouverneurs. Schon eine kurze Reise aus diesem Gebiet gilt ihnen als ein Abenteuer, und wenn sie die Grenze passieren, fühlen sie sich, als hätten sie etwas Unrechtes getan«, schrieb er.

Cheesmans eigene Geisteshaltung war eher die eines liebenswürdigen Gastes. Er war würdevoll und neugierig, kühn und freundlich zugleich und brachte für die Einheimischen und ihre Gewohnheiten ein ebenso großes Interesse auf wie für den Blauen Nil. Laut Alan Moorehead war er der »erste wirkliche Geograph« des Flusses, und so war es nur angemessen, dass die Royal Geographical Society ihn 1936 für seine Leistungen mit der Patron's-Medaille auszeichnete.

Natürlich wurden später exaktere Karten angefertigt, insbesondere durch ein Team der amerikanischen Regierung, das die Schlucht in den 1960er-Jahren mit Helikoptern untersuchte und auf äthiopischen Wunsch nach geeigneten Stellen für den Dammbau Ausschau hielt. Doch Cheesmans Reisen hatten den Weg bereitet, und auch wenn wir uns anschickten, einen Fluss zu befahren, den er für unschiffbar gehalten hatte, würden wir noch immer in seine Fußstapfen treten.

Sechstes Kapitel

NACHDEM DAS FLUGZEUG EINE SCHLEIFE ÜBER DEN PYRAMIDEN gezogen hatte, landete es zu einem Zwischenstopp in Kairo. Ein paar Passagiere gingen von Bord, andere stiegen zu, und dann waren wir wieder in der Luft. Es war später Nachmittag, und durch mein Fenster hatte ich einen guten Blick auf den Nil, als wir Richtung Süden nach Äthiopien flogen. Der Fluss war von satt brauner Farbe, dunkel vor Schlamm und wand sich in ausladenden Kurven träge durch die Wüste. An beiden Ufern erstreckten sich schmale Grünstreifen, und hinter ihnen begann die gewaltige Einöde. Der Kontrast zu all dem Grün war frappierend. Selbst aus dieser Höhe wirkte es irgendwie beruhigend, den Nil zu betrachten. Tagaus, tagein wälzte sich ein greiser Strom durch ein uraltes Land – gleichgültig gegenüber allem, was an seinen Gestaden geschehen war: den Reichen, die aufstiegen und untergingen, den Kanonen, die einst Siege verkündeten, den Armeen, die flussaufwärts flohen, um einer Niederlage zu entgehen, den einsamen Wanderern auf der Suche nach etwas, das sie auf ein Stück Papier zeichnen konnten. Auch das Wasser, das mich tragen sollte, würde in ein paar Monaten hier angekommen sein, sich still bis in die Wüste ergießen und ihr Leben schenken, ungeachtet seines Ursprungs, ohne Erinnerung an meine Reise. So war der Lauf des Nils.

Wir flogen in eine purpurrote Dämmerung. Beim Untergehen warf die Sonne einen goldenen Strahlenkranz auf die Wüste und verabschiedete sich dann. Die ersten Sterne erschienen am Himmel, und in den Siedlungen flackeren die ersten Lichter auf. Dank ihrer konnte ich den Lauf des Nils noch eine Weile lang verfolgen. Die Leute, die am Fluss wohnten, zündeten ihre Lampen und Feuer zum Kochen an. Dann schlief ich ein.

Ein paar Stunden später landeten wir in Addis Abeba. Es war der 11. September 1999, etwa neun Uhr abends. Äthiopien hat ein eigenes System zur Berechnung der Tageszeit und einen eigenen Kalender, und für die Äthiopier an Bord war es drei Uhr abends an Neujahr 1992. Ich hatte sechs Stunden, zehn Tage, zehn Monate und sieben Jahre zurückgewonnen.

Alles war in Feierlaune, und ich war es nicht minder. Es war ein angenehmer Flug gewesen; ich war wieder in Äthiopien und auf dem Weg zu einem Abenteuer. Ich griff mein Handgepäck und reihte mich in die Schlange von Menschen ein, die das Flugzeug verließen. Viele Äthiopier kamen nach Hause, um die Ferien mit ihren Familien zu verbringen, und beim Balancieren von Gepäckbündeln und Kindern hörte ich sie einander leise »*Enkon le Adis Amet adersechu!*« wünschen, ein »gutes neues Jahr«.

Dann trat ich hinaus in die frostige Nachtluft auf die rutschfeste Treppe zum Terminal. Es nieselte, und die Leute beeilten sich, aus der feuchten Kälte wieder nach drinnen zu gelangen. Bis zur Abfertigungshalle, wo drei Beamte in Khakiuniformen in ihren verglasten Kabinen saßen und auf unsere Pässe warteten, waren es gut fünf Minuten Fußmarsch über Flure mit Linoleumbelag. Ich reichte einem der Männer meinen Pass, atmete tief durch und sagte in meinem verrosteten Amharisch leise »*Teanastellen* ... Guten Tag, möge Gott Ihnen Gesundheit schenken.«

Der Mann zog eine Augenbraue hoch, lächelte schwach über meine Begrüßung und stempelte meinen Pass. Ich kann es noch, dachte ich, ich konnte noch ein bisschen Amharisch.

Hinter der Passkontrolle befand sich der höhlenartig wirkende Gepäckraum. Die Leute rannten um die Wette, um Gepäckwagen zu ergattern, allerdings ohne ersichtlichen Grund. Offensichtlich gab es

Wagen im Überfluss. Ich steuerte einen von ihnen an die Gepäckrampe und schaute mich dann nach Kate Dernocoeur, unserer Mannschaftssanitäterin, um. Wir hatten uns kurz in Frankfurt getroffen, bevor wir an Bord gingen, doch sie saß relativ weit hinten im Flugzeug, während ich meinen Platz näher am Cockpit hatte. Kate war etwas größer als ich und hatte einen mittelbraunen Lockenschopf; es würde ziemlich leicht sein, sie in einer Menge überwiegend schwarzhaariger Personen ausfindig zu machen. Ich behielt die Gepäckrampe im Auge und schielte zugleich zu der Tür hinüber, die in die Abfertigungshalle führte. Wenige Minuten später zwängte Kate sich durch diese Tür, und als sie mich sah, strahlte sie über das ganze Gesicht.

»Das war ja einfach«, sagte sie.

»Ziemlich«, stimmte ich zu. »Gleich haben wir unser Gepäck und sind im Handumdrehen hier weg.« Wir hatten beide große Seesäcke, und kaum, dass wir sie mühsam auf unsere Karren gehievt hatten, hörten wir jemanden unsere Namen rufen. Ein Mann in Safarijacke kam auf uns zugeschlendert, ein spitzbübisches Grinsen im Gesicht und eine Zigarette in der Hand.

»Ich bin Maurizio – Mau«, verkündete er. »Ich schleuse euch hier durch«, sagte er und wies mit dem Kopf zur Zollabfertigung. Mau, ein äthiopischer Staatsangehöriger italienischer Herkunft, war in den Dreißigern, hatte sandfarbenes Haar und helle grüne Augen. Er sei unser hiesiger Expeditionsmanager und ein guter Freund Conrads, erklärte er uns auf Englisch, als er uns durch den Zoll winkte. Mit den Beamten sprach er Amharisch. »Das geht in Ordnung so«, sagte er mit einem Hinweis auf unsere voll gestopften Taschen und einem lässigen italienischen Achselzucken in Richtung der Beamten. Sie sahen nicht überzeugt aus, aber keiner hielt uns auf, und wir gingen zur Tür hinaus.

Die kühle Nachtluft erfasste uns von neuem, und ich zog meinen Pullover an, während Kate nach einer Jacke suchte.

»Das ist Afrika«, meinte sie verblüfft. »Ich war nicht darauf gefasst, dass es hier so kalt sein würde.«

»Darauf ist niemand gefasst«, erklärte Mau in stark akzentgefärbtem Englisch. »Aber Addis Abeba liegt hoch, weißt du – in etwas weniger als 3000 Meter Höhe. Wie viel ist das? Ungefähr 8000 Fuß? Außerdem ist hier noch richtig Winter, der Frühling fängt gerade erst an.

Und es ist Neujahr! Ein glückliches äthiopisches neues Jahr euch beiden!«

Mau bewegte sich ebenso schnell, wie er sprach, und in Windeseile hatte er uns, unser Gepäck und Ermes Kifle, einen äthiopischen Mitarbeiter, in sein Auto gezwängt und fuhr die Straße nach Addis Abeba hinunter. Ich versuchte auf vertraute Orientierungspunkte zu achten, aber es war schwierig, in der Dunkelheit und durch den Regen überhaupt etwas zu sehen. Die Straße, die vom Flughafen in die Stadt führte, säumten große Gebäude in westlichem Stil, mit Blech überdachte Bushaltestellen, in denen sich Trauben von Menschen in weißen Gewändern auf der Flucht vor dem Regen aneinander drängten, sowie kleine, von einer einzigen nackten Glühbirne beleuchtete Läden, deren Warensortiment sich auf Regalen stapelte. Auf einem freien Platz standen Jungen in Grüppchen um große Feuer herum. Sie lachten und tanzten in ihren kurzen Hosen im Regen.

»Das sind Meskerem-Feuer*, Neujahrsfeuer«, sagte Mau. »Wisst ihr, heute Abend muss jeder ein Feuer anzünden; so verlangt es die Tradition.«

Er bog in eine Straße mit Kopfsteinpflaster ein, hielt vor einem Eisentor und hupte. Auf der anderen Seite zog jemand das Tor auf; wir fuhren in den Hof und parkten.

»Gut, es ist so«, fuhr Mau fort, »fast alle, die an der Tour teilnehmen, werden sich hier treffen und gemeinsam zu Abend essen. Dann könnt ihr euch in euer Hotel begeben. In Ordnung?«

Maus Handy klingelte. Er wirkte genervt, antwortete aber scheinbar gut gelaunt auf Italienisch und winkte uns ins Restaurant. Dabei schaffte er es auch noch, sich eine Zigarette anzuzünden. Es war ein italienisch-äthiopisches Restaurant, das nach wohlriechenden Soßen, frisch gebackenem Brot, Pizza und Wein duftete. Parallel zu einer Wand waren ein paar Tische zusammengeschoben, an denen zwei amerikanisch aussehende Männer saßen. Mau rief ihnen zu: »Mike! Bruce! Hier sind wir. Ich hab' sie gefunden.«

Die beiden Männer standen auf und schüttelten uns die Hand. Allgemeines Lächeln. Eine kurze Vorstellungsrunde folgte: Mike Speaks und Bruce Kirkby. Bruce war groß und kräftig – er hat die Statur eines kanadischen Holzfällers, dachte ich – und trug sein blondes Haar zu

* Anmerkung der Übersetzerinnen: Meskerem ist nach dem in Äthiopien gültigen julianischen Kalender der erste Monat des äthiopischen Jahres. Er beginnt am 11. September und endet am 10. Oktober.

einem langen Pferdeschwanz zusammengebunden. Er ließ sich schnell, leicht und nachhaltig zum Lächeln bringen; es lag auf der Hand, weshalb Nevada ihn mochte. Mike war kleiner, unter einsachtzig, und seine Mundpartie erinnerte er an Lyle Lovett. Sein Haar war mausfarben und seine schmalen blauen Augen rahmte eine Art Fliegerbrille. Ein arabischer Schal mit roten Fransen hing ihm um Nacken und Schultern.

Mike schien unruhig; nervös öffnete und schloss er die rechte Hand. Er fühlte sich in seiner Haut nicht wohl und lehnte sich nicht gemütlich zurück, um zu lachen und zu plaudern, wie Bruce und Kate.

»Wo bleiben denn Nevada und Mick?«, fragte er Mau. Speaks sprach schleppend wie die Leute aus dem Süden und dehnte das »wo«, als habe es mehrere Silben. »Wir müssen die Gruppe zusammentrommeln.«

»Tja, ich hab' ihnen den Termin mitgeteilt. Sie müssten eigentlich hier sein«, antwortete Mau achselzuckend.

Ich war unschlüssig, was ich tun sollte. Ich war nicht im Geringsten hungrig, weil ich soeben im Flugzeug eine ausgiebige Mahlzeit zu mir genommen hatte, und spürte, wie sich jene totale Erschöpfung breit machte, die einen nach einem langen Flug befällt. Ich wollte Nevada kennen lernen und dachte mir: Bleib bloß lang genug wach, um sie zu begrüßen, dann kannst du ins Hotel.

»Ich möchte nicht unhöflich erscheinen«, sagte ich, »aber ich muss für eine Minute die Augen schließen.« Ich lehnte mich in meinem Stuhl zurück und kam erschrocken wieder zu mir. Mau brüllte, Stühle wurden zurückgeschoben, und eine weitere herzliche Begrüßungsrunde war im Gang. Nevada und der Kameramann, Mick Davie, waren eingetroffen. Sie waren in der Stadt gewesen, um die Meskerem-Feierlichkeiten zu filmen, und platzten fast vor Geschichten und Eindrücken.

Sie gingen um den Tisch herum, machten sich mit den anderen bekannt, schüttelten Hände und steckten uns alle an mit ihrer Energie.

»Hallo, Nevada«, sagte ich und streckte die Hand aus. »Ich bin Virginia.« Einen Augenblick lang sah sie verwirrt aus, dann lächelte sie und begann schließlich zu lachen.

»Ich dachte, du hättest blonde Haare«, sagte sie. »Ich meine, ich dachte, du wärst Kate!«

Auch ich lachte. »Nein, ich war niemals blond, immer brünett.«

Nevadas blondes Haar war mit einer ordentlichen Prise Grau durchsetzt, mit ihren blauen Augen schaute sie einen auf warme, beruhigende Weise an – sie hatte einen Fotografenblick. Sie war etwas kleiner als ich, und beim Lachen legte sie den Kopf auf bezaubernde Weise in den Nacken. Ein Paar goldene Halsreifen und winzige silberne Ohrringe verliehen ihr das exotische Aussehen einer Weltenbummlerin, und die Ringe an ihren Fingern – ein großer Türkis am Ringfinger und ein silberner Chevron-Ring am Daumen – lenkten den Blick auf ihre Hände. Es waren schlanke Hände mit zierlichen Knochen, und sie sahen aus, als gehörten sie einer Künstlerin.

Dann schüttelte ich Mick die Hand, der mich mit einem breiten australischen »Hello« begrüßte. Mick war klein, und mit seinem welligen blonden Haar und den großen blauen Augen sah er aus wie ein Model. Er war durch die Straßen von Addis gejagt, um einen Film über die abendlichen Festivitäten zu drehen, und brachte es kaum fertig, sich hinzusetzen. Am liebsten hätte er sich wieder hinaus in die Nacht gestürzt.

Die anderen Mitglieder unseres Teams, Mike Borcik und Kelly Shannon, würden wir in etwa zehn Tagen am Blauen Nil treffen, wenn wir die Wanderung hinter uns hatten.

Nachdem Nevada und Mick zur »Herde« gestoßen waren, entspannte sich Mike Speaks und erläuterte uns den Ablauf des nächsten Tages, während alle außer mir Abendessen bestellten. Mau und Nevada hatten einen Flug über die Schlucht des Blauen Nils organisiert, sodass wir die Gelegenheit hatten, uns anzuschauen, wie wild das Wasser auf unserer Strecke dahinschoss. Wir würden früh am nächsten Morgen starten. Für mich und Mick gäbe es Platz in der Maschine, unglücklicherweise aber nicht für Kate. Danach würden wir uns zum Lunch/Mittagessen treffen und unsere Taschen umpacken. Alles, was wir nicht brauchten, könnten wir in Maus Haus zurücklassen. Und am Morgen darauf würden wir nach Bahir Dar am Ufer des Tanasees fliegen – in aller Herrgottsfrühe.

Ich notierte mir den Tagesablauf und hob dann die Hand. »So gerne ich hier bei euch allen bleiben würde – ich brauche einfach eine Mütze Schlaf, wenn ich morgen früh um 6.45 Uhr in dieses Flugzeug steigen soll.« Die anderen nickten zustimmend, und Mau bot mir an, mich ins Hilton zu fahren, wo wir Zimmer reserviert hatten.

Als ich in Äthiopien lebte, war das Hilton das beste Hotel des Landes gewesen. Es besitzt schöne Gärten und einen kreuzförmigen Pool, in dem ich gelegentlich mit Freunden geschwommen war. Manchmal kam ich mit Amerikanern oder Freunden anderer Nationalität hierher, nur um dem Druck zu entgehen, der auf einem lastet, wenn man in Addis Abeba wohnt. Im Hilton bekam man Hamburger, Milch, die wie amerikanische Milch schmeckte, und richtige Eiscreme. Außerdem rief einem niemand »ferenji« hinterher. Das war es, was ich an Äthiopien so zermürbend gefunden hatte – der Fremdenhass. Man war und blieb eine *ferenji*, eine Fremde.

Das Hilton hat eine Menge Stockwerke und die schmal aufragende Gestalt eines jener typisch äthiopischen Tafelberge, die die Kaiser früherer Zeit als Gefängnisse nutzten. Einst setzte Kaiser Tewodros ein paar Missionare, Diplomaten und den britischen Konsul für ein paar Jahre auf dem Plateau eines Tafelberges fest. Daran dachte ich, als ich mit dem Aufzug hoch zu meinem Zimmer fuhr und aufs Bett fiel. Ich war zurück in Äthiopien und befand mich in einem der besten *Ferenjocch*-Hotels der Stadt, das vielleicht nur zufällig aussah wie Amba Magdala, wo Tewodros seine fremden Gäste untergebracht hatte. Oder waren das Gold, der Marmor und die steifen weißen Leintücher einem dieser sarkastischen amharischen Witze entsprungen? Ja, alle *ferenjocch* sind sicher hier, weggesperrt auf dem Amba Hilton. Und wir haben den Schlüssel.

Weil ich Mühe hatte einzuschlafen, probierte ich mich auf jede erdenkliche Weise zu entspannen. Tiefes Ein- und Ausatmen sollte die Tretmühle in meinem Kopf zur Ruhe bringen: Zu viele Gedanken an die bevorstehende Tour, meine Rückkehr nach Äthiopien und das Leben, das ich hier einst geführt hatte, spukten mir im Kopf herum. Die Äthiopier sind ein fatalistischer Menschenschlag – aber nicht in dem Sinne, dass sie alles für vorherbestimmt halten. Vielmehr hat jeder ein Schicksal, das sie *eddileh* nennen. Meine Freundin Rahel Fikre-Selassie, eine Urenkelin von Kaiser Haile Selassie, weist häufig auf Eddileh-Momente hin, in denen, so glaubt sie, etwas auf eine bestimmte Weise geschehen muss und keine andere Möglichkeit denkbar ist. Das ist nichts, was man bedauern müsste – wenn Rahel spontan ausruft: »Siehst du, es war deine Bestimmung!«, hört es sich vielmehr an, als mache sie gerade eine großartige, wunderbare Entdeckung. Es ist fast so, als würde man eines Wunders, eines Zeichens gewahr, als habe das Schicksal ins Leben eingegriffen, um einem etwas Seltenes und Unerwartetes zu schenken. Rahel hatte das schon oft erlebt. Sie musste vor dem Militär fliehen, das ihren Urgroßvater 1974 absetzte und die Regierung übernahm, fand jedoch Freunde und Verwandte, die sie sowie ihre Brüder und Schwestern wie durch Zauberhand nach Amerika in Sicherheit brachten – das war Schicksal. Es war das Schicksal, das es ihr Jahre später ermöglichte, nach Äthiopien zurückzukehren, um für ihre heiß geliebte Großmutter einen besonderen orthodoxen Gottesdienst abhalten zu lassen, und es war Schicksal, dass ihre andere Großmutter sich in einem Palast in Sicherheit befand, den die revolutionären Soldaten besetzt hielten. Es war sogar Schicksal, dass wir beide Freundinnen geworden waren. Und was meine Reise anbetrifft, so war auch sie selbstverständlich mein Schicksal.

Meine schläfrigen Gedanken kreisten um eine Erinnerung: einen Ausflug, den ich mit zwei Freundinnen – einer Äthiopierin und einer Amerikanerin – unternommen hatte, um einen Mönch außerhalb von Debre Markos aufzusuchen. Er stand im Ruf, ein Wahrsager zu sein, und Elfranesh, die aus Debre Markos stammte, hatte ihn zu ihrem persönlichen Berater erkoren. Sie befand sich unmittelbar vor ihrem Studienabschluss, und wann immer sie nach Hause fuhr, stattete sie dem Mönch in seiner Zelle einen kurzen Besuch ab. Er lebte unweit einer großen ländlichen Rundkirche in einer kleinen Hütte – tatsächlich war es ein Loch, das seitlich in einen Hügel gegraben, mit Wellblech verkleidet und gedeckt worden war. Wir stiegen den Hügel hinauf und warteten in einer Schlange, um ihn zu sehen. Der Mönch war betagt, verschrumpelt und litt an grauem Star, der ihn erblinden ließ. Er lag in seiner Hütte auf einer Strohmatte, die mit grobem Rindsleder bedeckt war. Ein weißer Turban verhüllte sein Haar, und ein kunstvoll gearbeitetes Bronzekreuz baumelte an einer schweren Metallkette um seinen Hals. Elfranesh beugte sich vor, um das Kreuz zu küssen, und stellte uns dann vor. Wir verbeugten uns und dankten ihm für seine Einwilligung, uns, zwei Ausländerinnen, zu empfangen. Er lächelte und musterte uns mit seinen trüben Augen. Er bat uns darum, dass wir uns tief zu ihm hinabbeugten, hob sein Kreuz und ließ eine Litanei von Segenswünschen auf uns niedergehen. Dann stellte er ein paar Fragen. Wie lange wir uns schon in seinem Land aufhielten und was wir hier machten. Elfranesh übersetzte unsere Antworten, und dann sagte er, er würde von uns träumen und uns am nächsten Tag unser Schicksal voraussagen.

Ich bin kein abergläubischer Mensch. Fast mein ganzes Autorinnenleben lang habe ich mich mit wissenschaftlichen Themen beschäftigt. Doch die Weissagung des Mönchs habe ich nie vergessen. »Dein Herz«, sagte er zu mir, »schlägt für Äthiopien, das äthiopische Volk und die äthiopischen Kinder. Du wirst für immer hier bleiben. Du wirst das Land nicht verlassen, und du wirst den Kindern helfen.«

In Wirklichkeit hatte ich das Land verlassen. Doch ein großer Teil meines Herzen war dort zurückgeblieben. Ein glücklicher Zufall hatte mich wieder nach Äthiopien geführt. War es *eddileh*, mein Schicksal, das eingegriffen hatte? Und wie würde ich den Kindern helfen?

Ich stellte meinen Wecker und bat zusätzlich das Hotelpersonal, mich telefonisch zu wecken. Wecker und Telefon klingelten fast gleichzeitig. Es war 5.45 Uhr. Ich zog einen Vorhang auf und schaute hinaus auf die Dächer von Addis Abeba. So nahe am Äquator ist es jeden Tag fast genauso lange hell wie dunkel. Der Sonnenaufgang würde noch weitere fünfzehn Minuten auf sich warten lassen, doch die Strahlen der Sonne tauchten den Horizont schon in zartes Rosa. Addis Abeba liegt auf mehreren niedrigen Hügeln am Fuß der Entoto-Berge, und das Hilton thront auf halber Höhe eines dieser Hügel über einer breiten, sechsspurigen Hauptverkehrsstraße, die durch einen dicht bewachsenen Mittelstreifen geteilt wird. Auf der gegenüberliegenden Straßenseite erhebt sich der Jubilee-Palast (heute Nationalpalast), der einstige Regierungssitz Haile Selassies. Von meinem Fenster aus konnte ich die Kronen den Palast säumender Bäume und die Dächer verschiedener Betongebäude sehen, die das Geschäftsviertel der Stadt kennzeichnen, und direkt unter mir die Gärten des Hilton. Die Straßenbeleuchtung war noch an, und ein rauchiger Dunst von den Neujahrsfeiern hing in der Luft. Schon stotterten die ersten Taxis den Hügel zum Hilton hinauf.

Ich zog mich schnell an, griff mein Tagesgepäck und ein Notizbuch und ging die Treppe hinunter. Mau und Mike waren schon da, und Nevada, Mick und Bruce kamen bald hinzu. Wir sagten uns kurz guten Morgen und folgten Mau dann zu seinem Land Cruiser.

»Am Flughafen kriegen wir Kaffee«, sagte Mau fröhlich. »Er wird uns allen beim Wachwerden helfen.«

Nevada und die anderen hielten sich schon fast eine Woche lang in Addis auf und hatten sich mittlerweile auf die äthiopische Zeit eingestellt. Für mich war es sechs Uhr abends, aber ich beschloss, nicht daran zu denken. Obwohl ich schlecht geschlafen hatte, war es Morgen, ich war aufgestanden und wollte mich wach halten für diesen Flug.

Wir fuhren den Hügel hinunter, passierten die verriegelten Tore des Palastes und gelangten zur ersten großen Straßenkreuzung am Masqal Square (Frühlingsplatz), wo während der Revolution viele öffentliche Machtdemonstrationen stattgefunden hatten. Im Jahr 1974, dem ersten Jahr des Umstuzes, hatte das Militärregime den Platz in Kai beziehungsweise Red Square umbenannt und Plakate so groß wie Reklametafeln von Marx, Lenin und Engels anbringen lassen. Diese drei bärtigen *ferenjocch* hatten fast zwei Jahrzehnte lang mit funkelndem Blick auf die Bürger von Addis Abeba gestarrt. Ich war froh, dass man sie entfernt und nicht durch die Konterfeis anderer übermenschlicher Helden ersetzt worden hatte. Die neue Regierung hatte dem Platz seinen ursprünglichen Namen zurückgegeben, der zu einer Stadt, die »Neue Blume« – Addis Abeba – heißt, wesentlich besser passt.

Keiner von uns war sehr gesprächig. Es war zu früh, wir brauchten alle zuerst einmal die versprochene Tasse Kaffee. Am Flughafen ging es nach den Neujahrsfeiern gemächlich zu. Mau brauchte eine Weile, um einen Angestellten von Ethiopian Airlines zu finden und ihn nach unserer Buchung zu fragen. Nein, es gebe kein Problem. Aber ja, wir würden ein bisschen warten müssen. »Nehmen Sie Platz«, sagte der Angestellte freundlich. »Machen Sie es sich bequem.«

Mau führte uns in eine Coffee-Lounge im oberen Stockwerk, wo die Belegschaft gerade die ersten Getränke braute. Wir schoben zwei Tische zusammen und setzten uns hin. Wie in vielen Entwicklungsländern hat man auch in Äthiopien ein anderes Verhältnis zur Zeit als bei uns. Sie vergeht langsamer; die Leute leiden nicht dauernd unter Termindruck. Ich sank in meinen Stuhl zurück mit dem Gefühl, dass unser Flug nach äthiopischem Zeitverständnis vonstatten gehen gehen würde.

Nevada und Bruce schienen gleichermaßen gelassen. Mick war immer noch aufgedreht, in einem fremden, exotischen Land zu sein, in dem es so viele wunderbare Dinge zum Fotografieren gab, und er fieberte danach, endlich loszufliegen. Mau zündete sich eine Zigarette an. »Eine schlechte Angewohnheit, ich weiß«, sagte er und fächelte den Rauch weg, »aber ich kann das Rauchen einfach nicht lassen. Ich hab's versucht.« Er lachte und stützte die Ellbogen auf den Tisch. Auch Mike Speaks schien nicht besonders unruhig zu sein. Er packte eine Landkarte von der Schlucht des Blauen Nils aus und studierte sie. Der Ober brachte jedem von uns eine kleine Porzellantasse, die randvoll mit espressoartigem äthiopischen Kaffee gefüllt war, und kam noch einmal wieder, um für Nevada Tee in einen großen Becher zu gießen. Ich persönlich war dankbar für den starken Kaffee – ich brauchte diesen »Schuss« – und trank ihn in schnellen, kleinen Schlucken.

Von der Lounge aus konnte man die Ticketschalter und den Eingang zum Terminal überblicken, und Mau sprang von Zeit zu Zeit auf in der Hoffnung, den äthiopischen Wachsoldaten zu erspähen, der uns auf unserem Flug begleiten sollte. Wir seien verpflichtet, einen solchen Sicherheitsbeamten mitzunehmen, erklärte Mau, weil Äthiopien mit Eritrea im Krieg lag. Unser Flug – und unsere Flussfahrt – werde uns durch militärisch sensibles Gelände führen. Der Wachsoldat werde sicherstellen, dass Nevada und Mick nichts filmten, was die äthiopische Regierung nicht fotografiert wissen wollte.

»Es ist der Grenzkrieg«, sagte Mau und sog ausgiebig an seiner Zigarette. »Er ist wieder aufgeflammt.«

»In den Staaten wird er als unbedeutendes Geplänkel dargestellt«, fügte Mike hinzu, »aber hier sieht man das anders.«

Ein paar Monate vorher waren eritreische Truppen in Äthiopien eingefallen und hatten eine Grenzstadt sowie ein 3000 Quadratkilometer großes dreieckiges Stück Land annektiert. Äthiopien hatte mit einer raschen, erfolgreichen Gegeninvasion geantwortet. Keine Seite würde nachgeben, und trotz aller Appelle der Vereinten Nationen bekämpften sich die beiden Länder mit jeder Waffe, derer sie habhaft werden konnten.

»Ich glaube nicht, dass es in erster Linie um die Grenze geht«, sagte Mau und äußerte damit eine Meinung, die ich von vielen Äthiopiern zu hören bekommen sollte. »Die zwei Anführer [Meles Zenawi, der Premierminister von Äthiopien, und Isaias Afewerk, der Präsident Eritreas], sind Cousins, wisst ihr. Sie kämpften Seite an Seite, zuerst, um Eritrea von Äthiopien zu befreien, und dann, um Äthiopien vom Derg, Äthiopiens Militärregierung, zu befreien. Jetzt können sie sich nicht mehr ausstehen. Also kämpfen sie.«

Das hörte sich an wie eine Geschichte über die lang zurückliegenden Kriege während Äthiopiens Fürstenzeit, bevor Kaiser Menelik II. das Land einte und dem Titel Negusa Negast, König der Könige, wieder einen Sinn verlieh. Jede Provinz hatte ihren eigenen Ras (Fürst), der wie ein König herrschte, und jeder Ras hatte seine eigene Armee. Menelik enthob die Fürsten ihrer Privilegien und erbaute dann, unter anderem als Symbol für die Zentralisierung der Macht, Äthiopiens neue ständige Hauptstadt Addis Abeba.

Meneliks Mannen hatten hoch zu Ross mit Hinterladern, Speeren und Schwertern gekämpft und sich mit Schilden aus Rhinozerosleder geschützt. Die äthiopischen und eritreischen Soldaten von heute attackieren einander mit modernen Kalaschnikows, Raketenwerfern, Landminen und Bombern. Beide Seiten waren außerordentlich misstrauisch, und Mau machte uns noch einmal begreiflich, dass wir uns glücklich schätzen durften, von offizieller Seite die Erlaubnis für unsere Expedition erhalten zu haben.

»Tatsächlich«, sagte er und drückte seine Zigarette aus, »arbeite ich noch daran, euch die letzte Genehmigung zu besorgen – die wichtigste. Sie ermöglicht euch, die Abbai-Brücke zu unterqueren«, die moderne Autobrücke, die die Provinzen Shoa und Godscham miteinander verbindet. »Das ist die Hauptstraße nach Norden, wo der Krieg tobt, und es ist der Hauptlieferweg. Alle Soldaten müssen über diese Brücke.«

Äthiopiens Soldaten hatten die Finger schnell am Abzug. Erst eine Woche zuvor hatte das Militär ein kleines Privatflugzeug einer südafrikanischen Gesellschaft abgeschossen, das die Grenze zwischen Eritrea und Äthiopien überflog. Es hatten sich mehrere Ausländer, insbesondere Belgier und Südafrikaner, an Bord befunden. Alle waren umgekommen.

»Meiner Ansicht hat sich der Pilot etwas merkwürdig verhalten«, sagte Mau. »Er hat sich nicht an die Flugroute gehalten. Über Eritrea ist er eine Weile verschwunden, als wäre er irgendwo gelandet.«

Den Äthiopiern musste es so vorgekommen sein, als hätten die Fremden den Eritreern in irgendeiner Weise Unterstützung zuteil werden lassen, möglicherweise in Form von Waffen. Sie forderten das Flugzeug nicht zur Landung auf, um den Piloten zu befragen; sie schossen eine Rakete ab und pusteten es vom Himmel.

»Wir müssen die Genehmigung in der Tasche haben«, schloss Mau mit einem leichten Funkeln in den Augen. »Wir wollen nicht, dass irgendwelche Soldaten auf euch schießen. Wie auch immer, ihr werdet in die andere Richtung unterwegs sein, euch vom Kriegsgebiet entfernen, also sollte die Genehmigung keine große Sache sein. Sie wird erteilt werden.«

Würde sie aber nicht erteilt, so wäre die Reise zu Ende. Es war sinnlos, ohne komplette Lizenz von der äthiopischen Regierung mit unseren feldgrauen Schlauchbooten in ein Militärgebiet vorzudringen.

»Wir sähen aus wie irgendeine Invasionstruppe, die den Nil herunterkommt«, sagte Mike. »Und ich bin sicher, dass jeder Soldat auf der Brücke sein Letztes geben würde, um ›Mutter Äthiopien‹ zu schützen.«

Inzwischen warteten wir schon länger als eine halbe Stunde auf unseren Piloten und den Wachsoldaten. Mike schaute ungeduldig auf die Uhr. »Meinst du nicht, dass es an der Zeit wäre, jemanden zu rufen?«, fragte er Mau. »Ich meine, für diesen Flug haben wir doch alle Genehmigungen.«

Ein schriller, fordernder Unterton lag in Speaks' Stimme, was mich angesichts seiner vielen internationalen Reisen und des Kriegszustands, in dem das Land sich befand, überraschte. Mau zuckte die Achseln. »Ja, gut, wir haben die Genehmigungen, aber der Pilot braucht noch die exakte Flugroute, und vielleicht sind sie ein bisschen knapp mit dem Personal, weil die Leute heute später kommen. Vielleicht hat der eine oder andere einen Kater. Immerhin war letzte Nacht die Neujahrsnacht.«

Nevada sagte nichts. Bis jetzt hatte sie es Mike überlassen, Anweisungen zu geben, und schien es zufrieden, dass er die Leitung übernommen hatte. Sie hatten eine Woche in Addis Abeba verbracht, um die Planungen für die Tour abzuschließen, und waren dabei vielleicht zu einer Übereinkunft über die Hierarchie gekommen. Am Abend würden wir zu einem gemeinsamen Abendessen zusammenkommen. Ich dachte – hoffte –, dass Nevada dann kein Blatt vor den Mund nahm und über ihre Rolle als Organisatorin und Leiterin dieser *National-Geographic*-Expedition sprechen würde.

Mau stieg die Treppe hinunter, um noch einmal zu überprüfen, was mit unserem Flug war, und kam plötzlich die Stufen wieder hochgesprungen. »Auf geht's! Packt euren Kram, der Pilot ist da!«, rief er uns zu.

Ein paar Minuten danach gingen wir an Bord der gecharterten Cessna und brausten die Rollbahn entlang. Wir hatten nur eine Stunde Verspätung.

Der Pilot, ein schlanker, vornehm aussehender Mann, flog kurze Zeit nach Norden und drehte dann nach Westen in Richtung Blauer Nil ab. Binnen weniger Minuten hatten wir die Hochhäuser von Addis Abeba hinter uns gelassen und schwebten über das zentrale Hochland Äthiopiens, eine Landschaft, die vom Regen saftig grün war. Unter uns drängten sich kreisförmig angeordnete, runde, strohgedeckte Hütten, um die sich die frisch bepflanzten Felder der Bauern wie die Strahlen eines Glorienscheins fächerförmig ausbreiteten. Wir überquerten Canyons und große Hochebenen, erspähten dann den Mugher, einen der Hauptnebenflüsse des Blauen Nils, der sich durch ein breites, felsiges Bett windet. Der Pilot flog den Mugher entlang und steuerte das Flugzeug anschließend über eine andere Hochebene und einen größeren Canyon mit blockförmigen Basaltwänden, über deren Ränder Wasserfälle in die Tiefe stürzten, und schließlich in die Schlucht des Blauen Nils.

»Das ist der Abbai«, verkündete er, »euer Fluss.«

Nevada zeigte mit dem Daumen nach oben, lächelte breit und wendete sich dann ihren Kameras zu. Sie wollte mit einer Luftaufnahme die immense Größe und die Erhabenheit der Landschaft unter uns einfangen. Hochebenen, Berge und Canyons in zarten, pastelligen Rot-, Creme und Pinktönen zogen sich bis zum Horizont in der Ferne, und in ihrer Mitte strömte der Blaue Nil dahin. Er hatte den Ton von Milchschokolade.

Mike Speaks hatte seine Landkarte griffbereit. »Okay, hier ist die Brücke«, sagte er und deutete auf eine Betonkonstruktion, die den Fluss überspannte. »Hoffentlich klappt's mit Maus Genehmigungen.«

Der Wachsoldat hatte sich auf unsere Seite des Flugzeugs begeben. »Keine Fotos, keine Fotos«, befahl er mit einem finsteren Blick auf Nevada und Mick. Wir hatten genug über äthiopische Soldaten gehört, um seinen Anweisungen Folge zu leisten, und die beiden senkten schnell ihre Kameras.

Der Pilot drehte nach links ab, sodass das Flugzeug in Schräglage geriet, und hielt flussabwärts auf einen Flussabschnitt zu, der als Black Gorge, Schwarze Schlucht, bekannt ist. Arne Rubin, einer der ersten Forschungsreisenden, denen es gelang, den Fluss mit dem Boot zu befahren, war 1965 mit einem Kajak von der Abbai-Brücke aus durch die Schlucht gepaddelt. Nur wenige Meilen von der sudanesischen Grenze entfernt, war er wieder an Land gegangen. In seinem Buch *Ensam med Blu Nilen* erwähnt der Schwede die Begegnung mit einer »Riesenwelle« etwas tiefer im Inneren der Schlucht, und Speaks wollte sich die Stelle ansehen.

»Ich muss mir auch Gedanken darüber machen, wo wir unsere Zelte aufschlagen können und frisches Trinkwasser finden«, sagte Mike. »Bei dem ganzen Schlick hier müssen wir nach klarem Wasser suchen. Und wenn wir in diesem felsigen Abschnitt nicht auf Strände stoßen, weiß ich nicht, was wir tun sollen – vielleicht Pritschen in die Bäume bauen.«

Unter uns zwängte sich der Fluss durch eine schmale Rinne zwischen jäh abfallenden Bergen hindurch. Sie hielten ihn fest umklammert, und als wolle er aus seinem Gefängnis ausbrechen, wirbelte er eine Folge von Wellen hoch, die Speaks »Heuhaufen« nannte. Steile schwarze Felsen verbargen die Uferlinie, und hinter ihnen erhob sich ein dichter, dorniger Akazienwald. Die Gegend wirkte nicht gerade einladend, und es überraschte mich nicht, dass sich hier weit und breit kein Dorf fand. Unser Pilot, der die Steuerung seinem Kopiloten überlassen hatte, sah das anders.

»Es ist unbewohnt!«, rief er aus. »Keine Menschenseele dort unten. Lauter gutes Land, und völlig leer. Wie gerne käme ich zurück, um nach einem geeigneten Platz zu suchen, wo ich mich als Bauer niederlassen könnte.«

Sein Pioniergeist gefiel mir, und ich sagte es ihm. »Wissen Sie, insgeheim wünscht jeder Äthiopier sich Grund und Boden für die Landwirtschaft«, erwiderte er. »Und das hier ist unerschlossenes Land.«

»Der Wasserpegel ist beträchtlich unter Höchststand«, sagte Speaks und wies auf eine weiße Linie auf den Felsen. »Das ist gut so; dann kochen die Stromschnellen nicht so hoch.«

Wir flogen weiter, den Blick auf Fluss und Landschaft geheftet, bis Speaks verkündete: »Okay. Das hier sieht aus wie Arnes Riesenwelle – ein gigantischer Katarakt.« Er schwieg eine Minute lang und beobachtete, wie die Wellen sich schäumend ihren Weg erkämpften. »Ganz rechts sieht es verheerend aus, links dagegen scheint es machbar, durch die große Welle. Wir werden geradewegs durch sie hindurchfahren: *Hey diddle, diddle, right down the middle.*« Speaks grinste breit.

Unser Erkundungsflug endete an der zweiten modernen Brücke über den Nil, von der Abbai-Brücke aus etwa 260 Kilometer flussabwärts. Der Pilot wendete, und wir flogen zurück. »Hier ist noch eine andere Stelle mit so vielen Stromschnellen«, sagte Speaks. »Schaut, wie das Wasser herumwirbelt, zuerst steigt es auf, und dann überschlägt es sich. Wenn eine solche Welle groß genug ist, kann sie ein Schlauchboot zum Kentern bringen, aber wie mir scheint, ist hier genug Platz zum Manövrieren. Ich habe gesehen, was ich sehen musste.«

Der Pilot hatte Nevada und Mick geholfen, die hintere Tür des Flugzeugs zu öffnen, und die beiden Fotografen lehnten sich so weit nach draußen, wie ihr Mut es erlaubte, um ihre Aufnahmen zu machen. Nevada wirkte frustriert. Sie wollte, dass das Flugzeug den Fluss kreuzte, statt parallel zu ihm zu fliegen. Wir versuchten ihren Wunsch weiterzugeben, und der Kopilot machte die Andeutung einer Schleife, doch offenbar nicht so, wie Nevada wollte. Sie zog sich von der Tür zurück und schaute kopfschüttelnd auf den Fluss hinab. Wir waren fast schon wieder bei der Abbai-Brücke, und ich hatte den Eindruck, dass sie die Aufnahme, die sie brauchte, nicht hatte machen können. Und die Flugzeit war um.

Ich sah wieder auf den Fluss hinunter. Ein stahlblauer Goliathreiher schwebte flussaufwärts, den Körper gestreckt wie ein Schwimmer. Gemächlich hoben und senkten sich seine Schwingen. Am nordwestlichen Ufer begann die Provinz Godscham. Der Blaue Nil umschloss sie wie ein Burggraben, und man konnte sich leicht vorstellen, dass einander bekriegende Könige und Fürsten den Fluss in der Vergangenheit als Barrikade genutzt hatten; sie konnten auf die Berggipfel zurückweichen und sich so sicher fühlen, als hätten sie hinter sich eine Zugbrücke hochgezogen. Die Ureinwohner Godschams galten selbst nach äthiopischen Begriffen als stolze, freiheitsliebende Menschen. In ihrer Abgeschiedenheit betrachteten sie sich als Hüter des alten, wahren Kaisertums; sie sprachen das vergleichsweise reinste Amharisch und waren Meister der Dichtkunst. Godscham war auch das Land der Zauberer und Magier – und das Land der *budas*, der Verfluchten mit dem bösen Blick, die nachts die Gestalt von Hyänen annahmen und auf der Suche nach Opfern im Dunkeln umherstreiften. Morgen würden wir mitten unter ihnen sein – unter Heiligen, Sängern und Zauberern.

Siebtes Kapitel

Unser Erkundungsflug hatte mir etwas besser veranschaulicht, worauf wir uns da einließen – und er hatte uns unmissverständlich klargemacht, wieso der Fluss nicht wie der Mississippi oder der Weiße Nil als Städteverbindung und Transportweg für Menschen und Waren diente. Es lag nicht an der Menge oder der Größe der Stromschnellen, sondern vielmehr an der Enge des Flussbetts. Es glich einer nassen, mit Steinen gespickten Rodelbahn, sogar jetzt, bei einem Wasserstand knapp unter Höchstniveau. Später im Jahr, ein paar Monate nach Ende der Regenzeit, würde ein stark gesunkener Pegel mehr Steinblöcke zum Vorschein bringen, sodass es noch schwieriger würde, auch nur ein Stück des Flusses mit einem gewöhnlichen Boot zu befahren. Kein Wunder, dass die Äthiopier im Blauen Nil eher eine Barriere als ein Verbindungselement sahen.

Auch die Landschaft wirkte außerordentlich schroff, selbst vom Flugzeug aus. Die engen Wände des Canyons würden die Hitze etwas abhalten; zugleich würden die schwarzen Felsen, die das Ufer bildeten, die Temperaturen in hochofenmäßige Höhen treiben. Wahrscheinlich würde es dort unten auch feucht sein, da es gerade erst aufhörte zu regnen. So nah am Äquator bedeuteten Hitze und Wasser in diesen Mengen, dass es auch Moskitos geben würde, und zwar jene, die den

Malariaerreger in sich trugen. Für die Hochlandäthiopier, die an kühle Temperaturen gewöhnt und nicht gegen Malaria immun sind, war dies, als bekämen sie gleich zwei Hammerschläge auf den Kopf. Auch dass der Fluss angeblich von unzähligen angriffslustigen Nilkrokodilen (*Crocodilus niloticus*) wimmelte, die Berichten zufolge die Größe von kleinen Dinosauriern erreichten, wirkte nicht gerade aufmunternd. Nein, für die Hochlandäthiopier gab es nur eine Möglichkeit, mit dem Blauen Nil fertig zu werden: ihn so schnell wie möglich zu überqueren und hinter sich zu lassen.

Über ungefähr 99 Prozent der äthiopischen Flüsse führen keine Brücken, nicht einmal solche primitivster Konstruktionsart. Gemäß den Büchern, die ich gelesen hatte, stellte dies für die Äthiopier ein geringeres Handicap dar, als man vermuten könnte. Brücken sind teuer, in solch unwegsamem Gelände schwierig zu errichten und werden leicht weggespült. Um den Fluss überqueren zu können, erfanden daher die einheimischen Kleinbauern vor langer Zeit ein Vehikel, das im Grunde genommen ein Schlauchboot war, das *jandi*. Sie bauten diese kleinen schwimmenden Barken aus den wasserundurchlässigsten Materialien, die sie zur Hand hatten: aus gegerbten Rindshäuten, die mit trockenem Gras ausgestopft und mit dichten Nähten geschlossen wurden. 1613 sah Pater Pedro Paez bei seinem Besuch am Blauen Nil Menschen Jandis benutzen, und zur Zeit Cheesmans, 300 Jahre später, waren sie noch immer in Gebrauch. Der Forschungsreisende Charles F. Rey überquerte in den 1920er-Jahren gemeinsam mit seiner Frau den Nil in einem solchen Boot.

»Sind Waren zu transportieren«, schrieb Rey über seine Fahrt, »so werden diese [ins Innere des Jandi] gebettet; sind Menschen zu befördern, so setzen sie sich im Schneidersitz obenauf oder lassen die Beine ins Wasser baumeln; in beiden Fällen schubsen und zerren Schwimmer das unhandliche Boot vorwärts, das taumelt und schlingert wie ein Dampfer im Ärmelkanal an einem unwirtlichen Tag. Es sieht viel schlimmer aus, als es ist«, fügte er hinzu, doch einige seiner Träger hatten so große Angst vor der Überfahrt, dass sie sich entschlossen, sich im Bootsinneren über den Fluss befördern zu lassen. »Wie sie dem Erstickungstod entgingen, ist mir ein Rätsel«, fuhr Rey fort. »Sie sahen natürlich ziemlich mitgenommen aus, als wir sie nach unserer Ankunft am anderen Ufer aus ihren Quartieren zogen.« Rey hielt das Jandi für die »primitivste Bootsart, die heutzutage in Gebrauch ist«, doch die Äthiopier wussten damit alles sicher zu transportieren, angefangen von Salz bis hin zu dem in seine Einzelteile zerlegten Auto Ras Hailus, das sie obenauf luden.

Bei höherem Wasserstand überquerten Äthiopier den Fluss auch, indem sie mit ihren Maultieren und dem restlichen Vieh einfach hinüberschwammen, nachdem sie ins Wasser gefeuert hatten, um die Krokodile abzuschrecken. Ein anderer Reisender berichtete, dass die Leute sich an den Schwänzen von Büffeln festgehalten hätten, die gezielt darauf dressiert worden waren, den Wassern des Nils zu trotzen. In größerer Nähe zum Sudan sah Cheesman ein grob gezimmertes Dory auf dem Fluss, doch auch dieses wurde einzig und allein dazu verwendet, Menschen von einem Ufer zum anderen zu transportieren. In der Trockenzeit, wenn die Wasser des Blauen Nils fielen, konnte man ihn an einigen Stellen durchwaten.

Es gab etwa ein halbes Dutzend solcher gut bekannter Furten oder Fährstellen, und die Pfade, die sich durch die Berge und Hochebenen zu ihnen hinunterschlängelten, waren infolge der zahlreichen Menschen und Tiere, die sie benutzten, so breit wie Landstraßen. Die Abbai-Brücke – die wir nicht hatten fotografieren dürfen und die aus Angst vor eritreischen Angriffen scharf bewacht wurde –, war an einer der bekanntesten Wegkreuzungen erbaut worden, die Shafartak genannt wurde. An dieser Stelle hatte die Schlucht des Blauen Nils wirklich die Ausmaße eines Flusstals: Sie war 30 Kilometer breit und mehr als anderthalb Kilometer tief. Für die Herrscher von Godscham war es, als hätten sie den Grand Canyon hinter dem Haus, und es lag in der Natur der Sache, dass sie an einer Brücke über die enorme Schlucht so gut wie kein Interesse zeigten. Die Lage änderte sich 1933, als der frisch gekrönte Kaiser Haile Selassie I. den Bau einer Autostraße befahl, die auf beiden Seiten des Canyons zur Furt führte. Er hatte bereits seine Schwierigkeiten mit Ras Hailu gehabt, dem Autofan und Herrscher von Godscham, der in eine Intrige zur Wiedereinsetzung des früheren, gestürzten Kaisers Lij Iyasu verwickelt war. Dieses Komplott brachte den verschlagenen Ras in eine Gefängniszelle; seine Freiheit war dahin, und mit der Abgeschiedenheit seiner Provinz war es nun vorbei. Ob er wollte oder nicht: Die Straße wurde gebaut und Godscham so mit Zentraläthiopien verbunden.

Cheesman wurde zufällig Zeuge der Entstehung eines Straßenabschnitts. Tausende von äthiopischen Kleinbauern mühten sich mit Pickel und Schaufel ab, um Felsen zu beseitigen und eine Piste zu formen, die sich in lang gezogenen Serpentinen bis zum Fluss hinunterwand. Zunächst transportierte ein großer Ponton, der an beiden Seiten des Ufers mit Winden vertäut war, Fahrzeuge über den Blauen Nil. Ein paar Jahre später, nach dem Ende des Zweiten Weltkriegs, wurde die heute noch existierende Bogenbrücke über den Fluss gebaut. Ein winziger Abschnitt des äthiopischen Blauen Nils war endlich im 20. Jahrhundert angekommen.

Doch niemandem war es je gelungen, den Fluss in seiner ganzen Länge mit einem Boot oder Floß zu befahren. Auf passionierte Bootssportler übte dieser jungfräuliche Zustand eine magische Anziehungskraft aus, und in den 1950er-Jahren entschlossen sich die ersten Forschungsreisenden seit McMillans gescheiterter Expedition, diese Herausforderung anzunehmen.

Diese modernen Abenteurer waren von ganz anderem Schlag als jene der Vergangenheit. Mittlerweile hatten die Fluggesellschaften damit begonnen, exotische Länder für alle Welt zu erschließen. Fantasiereisende, die einst im Lehnstuhl sitzend zufrieden in Schriften über Speke, Burton und Bruce geschmökert haben mochten, konnten nun selbst zu einem kleinen Abenteuerurlaub aufbrechen. Wie anders ließe es sich erklären, dass 1955 ein ziemlich unmögliches Quartett, das sich aus Schweizer und deutschen Naturisten – auch Nudisten genannt – zusammensetzte, beschloss, es mit dem Blauen Nil aufzunehmen?

Ein Paar bestand aus Herbert Rittlinger und seiner Frau Marianne, die er Aveckle nannte, das andere aus Rosie Mobius und ihrem Freund, einem gewissen Bob. In seinem Buch über diese Reise, *Schwarzes Abenteuer*, enthüllt Rittlinger an keiner Stelle Bobs Nachnamen. Tatsächlich liefert Rittlinger nur die allernotwendigsten Details über seinen Bootspartner: Bob sei Schweizer, Pilot bei der Luftwaffe und, es sei seine Idee gewesen, den Blauen Nil hinunterzufahren. Die beiden Pärchen wollten den Nil mit drei Faltbooten befahren, zwei Einern und einem Zweier. Auf ihre naive und etwas arrogante Art schienen sie die drohenden Gefahren nicht wahrzunehmen – trotz der zahlreichen Warnungen von Äthiopiern und Europäern, die ihnen in Addis Abeba von »Krokodilfeldern, Schiftas (Banditen), undurchdringlichen Sümpfen, Engen voller wimmelnder Schlangenleiber« erzählt hatten und ihnen rieten, »nur hohe Stiefel« zu tragen und »Stauferfett« mitzunehmen. Auch »Fieber, Lepra, Bilharziose und giftige Dämpfe im Abai-Tal« wurden ihnen prophezeit. Offenbar entwickelten sich die giftigen Dämpfe, wenn die Sonne die schwarzen Basaltfelsen erhitzte.

Außerdem war da noch »die Geschichte mit dem Ehepaar aus Wien«, das offenbar in den 30er-Jahren versucht hatte, den Fluss mit dem Kanu zu befahren. Der Mann steuerte sein Boot ungefähr ein Viertel des Weges den Fluss hinab bis zur Zweiten Portugiesischen Brücke (die auch »Zerbrochene Brücke« genannt wird, da der Bogen zwischen Mittelpfeiler und Nordufer während der italienischen Besatzung von äthiopischen Patrioten zerstört wurde). Nur neun Meter vom Ufer entfernt kenterte sein Kanu, und ein Krokodil riss ihn vor den Augen seiner Frau hinab in die Tiefe. Rittlinger und seine Kompagnons bekamen diese grausame Geschichte 27-mal zu hören.

Keine Warnung konnte sie von ihrem Vorhaben abbringen. Anscheinend hielten sie jede der Geschichten für eine Art Mythos oder Legende und ihre Reise für einen spaßigen, heiteren Vergnügungsausflug. Warum sie das alles täten, fragt Rittlinger stellvertretend für einen imaginären Leser. »Ach – hier fließt die Antwort leicht und frei aus meiner Feder: Weil es uns Freude machte!«

Sie hatten vor, von der Abbai-Brücke aus so weit wie möglich den Blauen Nil – eines der »abenteuerlichsten Gebiete im ›Herzen Afrikas‹ « – hinunterzufahren. Wie unser Team benötigten sie zahlreiche Genehmigungen von der äthiopischen Regierung, doch im Unterschied zu uns hatten sie die Papiere in der Tasche, als sie ihre Boote und ihre Ausrüstung an der Brücke ausluden. Danach standen sie ebenfalls unter scharfer Bewachung, und als sie ihre Kajaks zum Flussufer schleppten, kam ein Sergeant herbeigerannt und schrie: »*Abai yellum*« – Nicht den Blauen Nil! Er untersagte ihnen, die Boote einzusetzen, und da weder er noch seine Gefährten Amharisch lesen konnten, verstand er die Genehmigungen nicht. Rittlinger und sein Team saßen eine Woche lang fest, doch schließlich erteilte kein Geringerer als der Kaiser den Soldaten mündlich den Befehl, den Naturisten die Weiterreise zu erlauben. Rittlinger und seine Crew hatten ihre Faltboote aufgebaut am Ufer stehen lassen und konnten ohne weitere Verzögerungen ablegen. Es war Trockenzeit, der Wasserstand niedrig und der Fluss klar – und blau (nicht so schlammig, wie wir ihn bei unserem Flug gesehen hatten).

Nicht lange, nachdem sie abgelegt hatten, stießen sie auf die »ersten größeren Stromschnellen. Es war eine Lust, mit unseren flinken Kajaks durch Wirbel und Gischt zu jagen, und die klaren Wasser des Blauen Nils schlugen uns entgegen ... Sie waren herrliches, sprudelndes Wildwasser in der großen Hitze.« Die stark erhitzte Luft im Canyon war nicht im Geringsten giftig; tatsächlich fand das Quartett sie eher gesundheitsfördernd und konnte es »auch im Tale des Blauen Nils nicht unterlassen ..., nach alter Naturistenmethode einherzuwandeln«. Sie »spazierten außer mit höchst fragmentarischen Sandalen an den Füßen und oft nichts oder bestenfalls einer Kajakkappe auf dem Kopf wie Adam und Eva durchs wildeste Gelände.« Sie waren allein auf einem »harmlosen, bezaubernden, paradiesischen, idealen Fluss« und erforschten »die gewaltige Cañon-Landschaft des Blauen Nils«, der zu den »letzten Rätseln des Schwarzen Erdteils gehört«.

Es dauerte nicht lange, bis ihnen klar wurde, dass es mindestens einen Grund dafür gab, dass der Blaue Nil ein Rätsel geblieben war. Die Krokodile, vor denen sie gewarnt worden waren und die sie als Legende abgetan hatten, existierten wirklich. Und sie waren riesengroß. »Die ersten, die wir sahen – das waren aber zwei Exemplare, Herrschaften!«, schrieb Rittlinger; die ignorante Haltung, die er gewöhnlich an den Tag legte, hatte sich verflüchtigt. »Ich hätte nie gedacht, daß es so etwas überhaupt gibt. Die waren nicht nur länger, sondern auch breiter und höher als unsere Boote.« Einige maßen sechs oder sieben Meter. »Sie ragten an einer Geröllbank richtig quer in den an dieser Stelle höchstens dreißig Meter breiten Fluss«, der dort außerordentlich seicht war. Wollte das Team seine Reise fortsetzen, so musste es zwischen gefletschten Zähnen hindurch Spießruten fahren. Die Bootsinsassen schrien und klatschten mit den Paddelblättern aufs Wasser, und zwei dieser Kolosse glitten in den Fluss und tauchten ab. »Auf einmal waren sie spurlos, so still und so ohne jede Wasserkräuselung unter dem glatten ... Flußspiegel verschwunden«, schrieb Rittlinger, »dass wir an eine Halluzination glaubten. Mitten im hellen Tag glaubten wir, einer Halluzination zum Opfer gefallen zu sein. Mitten in der hellen Hitze kam uns alles ganz unheimlich vor.«

Obwohl sie die Krokodile nicht mehr sehen konnten, beschlossen die Kanuten weiterzupaddeln – über den Rücken der Panzerechsen hinweg. Und das gelang ihnen.

»›Siehst du‹«, sagte Rittlinger zu seiner Frau, »›die haben selber Angst und ducken sich. Wenn man ihnen nur richtig kommt, kriegen die einen Mordsschiß.‹ Danach fuhren wir über Hunderte von Krokodilen hinweg.«

Am nächsten Tag paddelten sie über weitere Krokodile, die ganze Zeit »singend, schreiend, grölend und trillerpfeifend«, um sie in Schach zu halten. Rittlinger gibt zu, dass die stummen Krokodile und ihre »glasig starrenden Augen« allen auf die Nerven zu gehen begannen. Und dann stießen sie auf ein Krokodil, das sich nicht so schnell einen Schreck einjagen ließ. Es schoss unter dem Boot seiner Frau hervor und brachte es fast zum Kentern. Sie hieb ihm das Paddel auf den Schädel, ein sinnloser Kampf »wie mit einem Zündholz gegen einen Drachen«. Nichtsdestotrotz wich das Krokodil zurück und tauchte wieder hinab in die Tiefen des Flusses.

Tapfer – oder verrückt – setzte das Team seine Fahrt fort. Rittlingers Bericht gibt keine klare Auskunft darüber, wie weit oder wie lange sie unterwegs waren, doch von nun an begleitete sie das »Herzklopfen vor glasig grünen Augen unter wulstigen Höckern« ständig. Als sie wieder angegriffen wurden, hielten sie an. Dieses Krokodil ging schnurstracks auf sie los – wieder auf das Boot von Rittlingers Frau. Mit einem lauten Knirschgeräusch packte es das Heck ihres Kajaks und hob es so hoch, dass sie nach vorne auf den Bug fiel. Einmal mehr war das Glück auf ihrer Seite. Als das Krokodil Aveckles Boot fallen ließ, kenterte es nicht, und sie geriet auch nicht in Panik; vielmehr begann sie wie eine Besessene auf das Ufer zuzupaddeln, sogar als »die Bestie ... mit fauchendem, weit aufgesperrtem Rachen noch einmal direkt neben ihr« auftauchte. Dann verschwand das Krokodil aus irgendeinem Grund aus ihrem Blickfeld, vielleicht, weil ihm der metallische Geschmack ihres Fußsteuers nicht gefallen hatte. Sie brachte sich auf eine Sandbank in Sicherheit und brach schluchzend zusammen. Als sie sich wieder gefangen hatte, beschwor sie die Gruppe weiterzufahren. Ihr Ehemann jedoch war es müde, mit ansehen zu müssen, wie seine Frau von Krokodilen attackiert wurde, und spürte ein paar Einheimische mit Maultieren auf, die sie und die Boote zurückbringen sollten nach Addis Abeba.

Später ließen Bob Namenlos und Rosie Mobius ihre Kajaks in der Nähe der Dabus-Einmündung bei der sudanesischen Grenze zu Wasser, wo es mehr Menschen und infolgedessen weniger Krokodile gab, und paddelten ohne weitere unglückliche Zwischenfälle nach Khartoum.

Vier Jahre später, 1959, beschloss ein weiterer Forscher namens Kuno Steuben, sich mit den Wassern des Blauen Nils einzulassenen. In gewisser Weise scheint er aus dem gleichen Holz geschnitzt gewesen zu sein wie Rittlinger. Er war ebenso idealistisch, ebenfalls Deutscher und hatte sich wie Rittlinger dem Nomadenleben verschrieben – obgleich nicht auf Nudistenart. Allerdings war er mit Anfang zwanzig jünger als dieser. Er war auf der Suche nach einem »Paradies auf Erden«, und obwohl er Rittlingers Bericht gelesen hatte, in dem es vor Krokodilen nur so wimmelte, und ihm in Äthiopien die gleichen Kassandrarufe zu Ohren gekommen waren, glaubte er sein Paradies in der Schlucht des Blauen Nils finden zu können.

In Addis Abeba begegnete Steuben niemandem, der seine romantische Anschauung teilte. »Der Blaue Nil gibt seine Geheimnisse nicht gerne preis«, warnte ihn ein alter Deutscher. Dieser Mann hatte den größten Teil seines Lebens in Ostafrika und Äthiopien verbracht und sah den Fluss und die Schlucht genauso, wie die Äthiopier es taten: als Ort, den es zu meiden galt. »Ihm stehen alle Mittel zur Verfügung, sich Eindringlinge vom Leib zu halten«, sagte er zu dem jungen Mann, »und wie den mythischen Hades bewachen ihn drachenähnliche Kreaturen sowie Insekten, die dich umbringen wollen. Immer ist es das Unerwartete, das einen scheitern lässt ...«

Steuben hatte nicht vor, sich von seinem Plan abbringen zu lassen, und im Januar 1959, nachdem er im Kasino von Addis Abeba genug Geld für seine Reise gewonnen hatte, startete er seine Nilfahrt von der Abbai-Brücke aus in Huckleberry-Finn-Manier – auf einem selbst gebauten, fünf Meter langen Floß, das er am Flussufer aus einem Dutzend Eukalyptusstämmen gezimmert hatte. Drei wasserdichte Ölfässer, die er vorn, achtern und in der Mitte befestigte, dienten zum Transport seiner Vorräte. Zum Steuern benutzte er einen langen Eukalyptusstab, obwohl das Floß so schwer war, dass er es gar nicht richtig lenken konnte. Stattdessen vertraute er sich selbst und sein Floß einfach dem Fluss an (nachdem er vor den Soldaten auf der Abbai-Brücke geflohen war, die ihn genauso wie Rittlingers Team aufgehalten hatten).

Von allen Befahrungen des Blauen Nils kann Steubens Fahrt sicherlich als die kühnste und romantischste gelten. Er hatte eine Schrotflinte und Angelhaken, ein Zelt und einen Schlafsack, Zündhölzer, Mehl, Salz, Zucker sowie Gewürze, Kochgeschirr, drei Flaschen Scotch, Bier und eine kleine Arzneitasche dabei; und mit diesem bisschen Vorrat und seiner schieren Kraft schaffte er es weiter den Fluss hinunter als jeder andere vor ihm. Mochte seine Unternehmung auch vollkommen verrückt erscheinen, so besaß er doch eine große Portion gesunden Menschenverstand und die Fähigkeiten eines Pfadfinders.

Wie der berühmte Pionier und Trapper Daniel Boone fuhr Steuben mit wachsamem Auge furchtlos den Blauen Nil hinunter, ein Bowiemesser an der Taille festgeschnallt. Sein Floß erwies sich als robust und stabil genug, um krachend seinen Weg durch die Stromschnellen zu nehmen, auch wenn es gelegentlich gegen die Felsen prallte. Er hatte es nicht eilig. Wenn er zwischen acht und 16 Kilometern pro Tag zurücklegte, war das viel, schon weil er über das ausgesprochene Talent verfügte, sich von dem zu ernähren, was das Land zu bieten hatte. Er schoss Antilopen, Federwild, Warzenschweine und Affen, die in seinem Kochtopf landeten, oder warf eine Angel aus und holte einen fetten Wels ein. Sonntags schlief er aus und unternahm kleine Wanderausflüge.

Zwei Wochen vergingen in dieser idyllischen Art und Weise, und selbst Steuben konnte kaum glauben, wie perfekt und traumhaft seine Reise sich gestaltete. »Die Krokodile, auf die ich stieß, waren wesentlich besser als ihr Ruf«, schrieb er später. »Insgesamt war ich überrascht, dass alles so einfach ging, und [die Fahrt] ähnelte eher einer Urlaubsreise durch einen Nationalpark als der ›Erstbefahrung‹ eines wilden Flusses in einem ›üblen, berüchtigten Land.‹ «

Vielleicht war es die Größe seines Floßes, das die Krokodile fern hielt. Einmal griffen ihn drei Krokodile gleichzeitig an, aber zwei drehten ab, und er erschoss das dritte, als es unter seinem Floß hervorkam. Manchmal tötete er Krokodile, um sie zu essen, und mit Rücksicht auf seine Brieftasche salzte er ihre wertvollen Häute ein, um sie nach seiner Rückkehr nach Addis Abeba zu verkaufen. Auch Nilpferde und Hyänen bereiteten ihm gelegentlich Kopfschmerzen, doch die bei weitem größten Schwierigkeiten verursachten ihm Menschen – die *shifta.*

Eines Nachts, als Steuben am Ufer in seinem Zelt schlief, stahlen Diebe alles, was er auf dem Floß und in den Ölfässern gelagert hatte. Er büßte die Hälfte seiner Ersatzpatronen, seinen Whisky, Kleidung, eine Menge Arzneimittel und Ersatzleinen ein. Einen Moment lang fühlte er sich niedergeschlagen, doch er hatte ja noch sein Floß, seine Schrotflinte und Vorräte genug, um wohlbehalten den Sudan zu erreichen.

Weitere drei Wochen verstrichen. Und dann spazierten eines Morgens vier junge Oromo in sein Lager. Einem von ihnen hing ein Vorderlader über den Rücken; alle trugen Speere, Pfeil und Bogen und Messer bei sich. Sie schienen zunächst recht neugierig, inspizierten Steubens weiße Haut und seine Aluminiumtöpfe. Er gab ihnen ein paar Angelhaken und bot ihnen Kaffee an. Sie ließen sich lächelnd an seinem Lagerfeuer nieder, und dann wurden ihre Mienen finster. Plötzlich griffen sie ohne jede Vorwarnung und ohne den geringsten Anlass an. Einer warf Steuben zu Boden, während ein anderer ihm einen Stich in die Seite versetzte. Doch Steuben packte sein eigenes Messer und fuchtelte wild damit herum. »Ich schäumte vor Wut, weniger, weil ich um mein Leben kämpfte, sondern vielmehr, weil die Eingeborenen sich offensichtlich die ganze Zeit über ihres Sieges sicher waren.« Für Steuben stand fest, dass sie das Gleiche wollten, was die Gumuz Jessens sudanesischem Träger abgeschnitten hatten: die Trophäe seiner Männlichkeit. Obwohl die Männer in der Überzahl waren, stach Steuben einen von ihnen nieder, hieb einem zweiten einen Stein ins Gesicht und traf einen dritten mit seiner Schrotflinte. Die Eingeborenen rannten davon in den Busch; Steuben taumelte auf sein Floß, nachdem er hastig sein Zelt und seine wenigen Habseligkeiten zusammengerafft hatte, und legte ab. Er blutete heftig aus seiner Wunde und wollte nur noch weg. Der Blaue Nil mochte ihn bringen, wohin er wollte.

An die Geschehnisse der folgenden Tage konnte Steuben sich später kaum erinnern. Er hatte mit dem Floß angelegt, sein Zelt aufgebaut, seine Wunde versorgt und war dann mit Fieber kollabiert. Die Wunde heilte nur zögernd, und langsam setzte er die Reise fort. Er stieß auf einen Bach mit Körnern und Klumpen von Gold und brachte die Energie auf, ein paar Tage mit Goldwaschen zu verbringen. Doch seine Wunde eiterte, und wieder bekam er Fieber. Als er aufwachte, befand er sich in einer Eingeborenenhütte auf einer Hochebene in weiter Entfernung vom Fluss. Die Dorfbewohner hatten ihn gefunden, geborgen und gesund gepflegt. Sie boten ihm die Tochter einer Familie als Ehefrau an, doch Steuben lehnte ab. Was er wirklich wollte, waren ein Maultier und ein Führer, und als diese ihm zur Verfügung gestellt worden waren, brach er auf, um den Rückweg zur Abbai-Brücke anzutreten. Er hatte eine Strecke von 257 Kilometern mit dem Floß auf dem Blauen Nil zurückgelegt und war dabei in Gebiete vorgedrungen, in die kein Weißer je einen Fuß gesetzt hatte. Sogar ihm schien das, was er erreicht hatte, schier unglaublich.

»Ich hatte dieses Gerede vom ›unberührten Land‹ niemals ganz ernst genommen, denn jeder, der irgendwann einmal die ausgetretenen Pfade verlässt, tönt von solchen unberührten, verborgenen Landstrichen. Doch seitdem ich eines gefunden und gesehen habe ..., bin ich überzeugt, dass es noch mehr solche Orte gibt. Vielleicht dauert es gar nicht lange, und ich gelange in einen wer weiß wie seltsamen oder abgelegenen Teil der Erde – doch ob ich wohl je in die Schlucht des Blauen Nils zurückkehren werde?«

Eines zumindest hatte Steubens Alleinfahrt bewiesen: dass der Blaue Nil mit einem Floß befahrbar war. Andere taten es ihm bald darauf nach, obwohl nicht alle soviel Glück hatten wie er. Ein italienischer Geologe startete Berichten zufolge 1961 in einem Kajak an der Abbai-Brücke zu einer Flussfahrt – und ward nie mehr gesehen. Im Jahr darauf legte ein Team aus Schweizern und Franzosen unterhalb der Brücke in zwei dreisitzigen Fiberglaskajaks ab. Sie waren gut ausgerüstet und hatten sich hinlänglich vorbereitet. Nur zwölf Kilometer vor ihrem Etappenziel nahe der sudanesischen Grenze wurden sie mitten in der Nacht überfallen. Zwei Expeditionsmitglieder, Henry Kadrnka, ein Weltklassekanute, und Dr. Stanley Walter, Olympiateilnehmer für die Schweiz, wurden im Schlaf erschossen. Die anderen flohen barfuß und versteckten sich zwischen den Felsen. Alle hatten Revolver bei sich, und ein paar schreckliche Minuten lang lieferten sie sich mit den Eindringlingen einen Schusswechsel. Dann wurde Freddy Weber, ein weiteres Gruppenmitglied, in den Hals getroffen und brach zusammen. Als die vier Überlebenden begriffen, dass sie alle umgebracht würden, wenn sie blieben, wo sie waren, stürzten sie sich mitsamt dem verletzten Weber in eines der Boote und flohen bei Nacht durch die Stromschnellen. Später stellte die äthiopische Regierung ihnen ein Flugzeug zur Verfügung, damit sie den Ort des Geschehens aus der Luft inspizieren konnten. Zelte, Boote, die Körper ihrer beiden Freunde – alles war verschwunden. Der Vorfall war dem Kaiser alles andere als angenehm. Er schickte eine Straftruppe der äthiopischen Armee los, die die Mörder festnahm. Sie wurden vor Gericht gestellt, verurteilt, zum Schauplatz des Verbrechens zurückgebracht und an Ort und Stelle gehängt.

Ein anderer Kanute namens Haas versuchte 1964, ganz allein den Fluss zwischen der Zerbrochenen Brücke und der Abbai-Brücke zu befahren. Am fünften Tag seiner Reise verlor er sein Boot und seine Ausrüstung, und ihm wird nachgesagt, dass er mit nichts als einer Badehose bekleidet nach Addis Abeba zurückkehrte. Die beiden Deutschen Klaus Denart und Gunther Kriegk ließen sich davon nicht abschrecken. Zwei Tag später legten sie mit ihren Kajaks an derselben Stelle ab und paddelten bis zur Einmündung des Didesa, eines der Hauptzuflüsse des Blauen Nils.

1965 stieß sich der Schwede Arne Rubin in seinem Kajak von der Abbai-Brücke ab und erreichte in der Rekordzeit von neun Tagen die sudanesische Grenze. Es war Rubins Bericht gewesen, den Mike Speaks auf unseren Erkundungsflug mitgenommen hatte.

Ein Jahr später ging Rubin mit seinem Freund Carl-Gustav Forsmark den oberen Flussabschnitt unterhalb der Tisisat-Wasserfälle an. Sie kämpften sich 24 Kilometer weit durch das Wildwasser, bevor sie aufgaben.

Schließlich nahm sich 1968 eine britisch-äthiopische Expedition vor, den Nil zu bezwingen. Unter der Führung von Captain John Blashford-Snell gelang es einem Team von 70 Soldaten und Zivilisten, die mit vier motorisierten Catarafts (doppelrümpfigen Metallbooten), drei aufblasbaren Schlauchbooten sowie Flugzeug und Funkgeräten »ausgerüstet« waren, fast jeden Nilabschnitt zu befahren – und sei er noch so klein –, auch die turbulente Strecke ober- und unterhalb der Tisisat-Wasserfälle. Es gelang ihnen deshalb, weil sie den Fluss in Sektionen unterteilten. Ein Team legte in den Metallbooten bei der Abbai-Brücke ab und erreichte ein paar Wochen später den Didesa; ein zweites Team überwand innerhalb eines Tages die 32 Kilometer reißenden Wildwassers direkt oberhalb der Tisisat-Fälle und brauchte anschließend fünf Tage, um die extrem heftigen Stromschnellen bis zur Abbai-Brücke zu bewältigen. Um manche Stromschnellen mussten sie das Boot herumtragen. Trotz ihrer militärischen Ausbildung und Ausrüstung verloren sie einen Mann; er ertrank, als er an einer Leine durch den Fluss geschleift wurde. Außerdem wurden sie – vielleicht aufgrund ihres martialischen Erscheinungsbilds – von Einheimischen angegriffen und lieferten sich zwei nächtliche Schießereien mit ihnen, fast genauso wie das schweizerisch-französische Team sieben Jahre zuvor, wenn auch an einem anderen Flussabschnitt. Diesmal wurde niemand getötet.

Teilnehmer der britisch-äthiopischen »Großer-Abbai«-Expedition verfassten den ausführlichsten Bericht über den Fluss und seine Stromschnellen, und die meisten von uns besaßen eine Kopie von Richard Snailhams Buch *The Blue Nil Revealed*.

Der Erfolg dieses »Sturmangriffs« setzte den individualistischeren Träumen anderer Abenteurer kein Ende. 1970 fuhren die beiden Deutschen Rüdiger Nehberg und Hinrich Fink in einem Fiberglasboot, das sie selbst entworfen hatten und das die Eleganz einer Badewanne besaß, von der Zerbrochenen Brücke aus den Fluss hinunter. Sie hatten Steubens Buch gelesen und lechzten nach einem ähnlichen Abenteuer. Sie bekamen, was sie wollten. In derselben Gegend, in der die britische Expedition angegriffen worden war, bewarfen junge Männer sie mit Steinen und ließen markerschütternde Schreie los. Sie schossen zurück und verwundeten einen der Angreifer, was diese nur in noch größere Wut versetzte. Die nächsten drei Tage waren die beiden Deutschen einem Hagel von Steinen, gebrüllten Beleidigungen und den Feindseligkeiten aufgebrachter Männer am Ufer ausgesetzt. Ein paar von ihnen wagten sogar den Versuch, zum Boot hinauszuschwimmen – im Glauben, es zum Kentern bringen zu können. Schließlich ließen die beiden diese »Region der wilden Stämme« hinter sich und erreichten die Abbai-Brücke, verloren dort jedoch ihr Boot, als es einen versunkenen Baum rammte.

1972 paddelten vier britische Kanuten in Kajaks vom Tanasee zur Abbai-Brücke. Sie wehrten Krokodile ab und wichen den Kugeln der *shifta* aus. Im selben Jahr schaffte es ein italienisches Viererteam in motorisierten Schlauchbooten von der Abbai-Brücke aus bis in die Nähe der sudanesischen Grenze.

Zwei Jahre später ruderten Richard Bangs, Jim Slade und Cherry Jensen in Schlauchbooten von der Zerbrochenen Brücke bis zur Abbai-Brücke und legten dabei binnen neun Tagen eine Strecke von 225 Kilometern zurück. Sie transportierten Vorräte für Scot Johnson, einen jungen Amerikaner, der die Nilschlucht durchwandern wollte. Johnson startete eine Woche früher als Bangs; zuvor hatten die beiden Männer vereinbart, dass Johnson an bestimmten Nebenflüssen entlang der Strecke Mitteilungen über sein Fortkommen hinterlassen sollte. Die ersten paar Tage fanden die Rafter alle Nachrichten von Johnson. Dann ruderten sie durch den Abschnitt der Schlucht, in dem das britische Team und zwei Deutsche angegriffen worden waren, und befanden sich plötzlich in der gleichen Situation. Über ihnen, am Rand der Schlucht, tauchte eine Gruppe wutschnaubender Männer auf und schleuderte scharfkantige Felsbrocken auf sie und ihre Boote hinunter. Bangs und Slade legten sich kräftig in die Riemen, um die Boote in Sicherheit und zurück in die Hauptströmung zu manövrieren. Noch ganz erschüttert von dieser Konfrontation, schlugen sie am Abend ihr Lager an der Einmündung des nächsten Zuflusses auf, wo sie Johnsons nächste Nachricht zu finden hofften. Sie fanden nichts. Sie suchten einige Seitenschluchten und weitere Nebenflüsse ab – vergeblich: Nirgends entdeckten sie eine Nachricht von Johnson. Er wurde nie mehr gesehen.

Ein Jahr später kostete der Blaue Nil Richard Bangs engem Freund Lew Greenwald das Leben. Bill Hammatt und Peter Antles, zwei weitere Amerikaner, wurden bei ihrem Versuch, von den Nilquellen am Mount Gische bis in den Sudan zu wandern, ebenfalls getötet. Offenbar griffen Banditen sie an und brachten sie um; ihre Körper wurden nie gefunden. Auch Rüdiger Nehberg und drei andere Deutsche bekamen bei ihrem dritten Anlauf, den Fluss zu befahren, Schwierigkeiten mit den *shifta*. Eines Morgens kreuzte eine Gruppe unfreundlich dreinschauender Männer in ihrem Lager auf. Einige waren bewaffnet, und plötzlich hob einer sein Gewehr und schoss Michael Teichmann, Nehbergs Kameramann, in den Hinterkopf. Auch die Deutschen waren bewaffnet; nach einem kurzen Kampf konnten sie fliehen. Die Polizei wurde angewiesen, sich an die Fersen der Mörder zu heften – diesmal allerdings kam der Befehl nicht vom Kaiser, denn diesen gab es nicht mehr.

Die letzte Serie tragischer Unfälle ereignete sich 1975, im zweiten Jahr nach der Revolution in Äthiopien. Ein großer Teil des Landes war in Aufruhr, und abgelegene Regionen wie die Nilschlucht drohten der Anarchie anheim zu fallen, als Aufständische und Rebellen die Stabilität des neuen Militärregimes testeten. Ich lebte seinerzeit noch in Äthiopien und konnte beobachten, wie das Land vom Kaiserreich in die Rebellion und dann in die Ungewissheit des Derg-Regimes schlingerte, eines Rates aus 120 Angehörigen der Streitkräfte, der gebildet worden war, um das Land zu regieren. Die Revolution – die Entthronung des Kaisers Haile Selassie I. – hatte sich nicht von heute auf morgen ereignet, sondern sich über mehrere Monate hingezogen. Sukzessive, fast träge, sägte eine Gruppe subalterner Offiziere am Thron des Kaisers, zog sich zurück, stieß wieder vor und sägte weiter.

Schließlich dröhnten am 12. September 1974 um sechs Uhr morgens zwei Panzer, gefolgt von einem dunkelgrünen Volkswagen, die Asphaltstraße zum Jubilee-Palast hinauf. Drei Offiziere traten in das Empfangszimmer des Kaisers. Wie gewöhnlich war er vor Tagesanbruch aufgestanden und trug die volle Militäruniform mit zahlreichen Bändern und Abzeichen auf der Brust.

Während der vorangegangenen neun Monate hatte das Militär den 82-jährigen Kaiser nach und nach seiner Macht beraubt. Es hatte viele seiner engsten Berater und Familienmitglieder inhaftiert, seine Paläste und Privatunternehmen verstaatlicht und ihn und seine Familie im

Radio und im Fernsehen als Diebe verunglimpft, die Millionen Dollar aus dem Staatsvermögen gestohlen hätten. Während er all diese Demütigungen ertrug, beharrte der Kaiser gegenüber seiner Familie darauf, dass seine Soldaten sich ihm gegenüber, gegenüber der Krone, gegenüber Äthiopien loyal verhielten. So stand er stolz und kerzengerade vor dem Offizierstrio und blinzelte oder zitterte auch nicht, als ein Offizier vortrat und die Proklamation verlas, die seine Absetzung beinhaltete. Das Einzige, was der Kaiser dazu sagte, war, dass er sich beugen werde, wenn es zum Wohle der Bevölkerung und Äthiopiens geschehe. Er folgte den Soldaten hinaus zum VW.

Dies war der einzige Moment, in dem der Kaiser zögerte. »Damit soll ich fahren?«, fragte er erstaunt. Er war immer in schwarzen Limousinen chauffiert worden. »Ja«, antworteten die Soldaten. Haile Selassie äußerte keinen weiteren Protest; er bückte sich, kletterte auf den Rücksitz des Wagens und wurde auf dem schnellsten Weg ins Hauptquartier der 4. Division gebracht.

Das alles war so ruhig, so friedlich abgelaufenen, dass ich mir nicht vorstellen konnte, was für entsetzliche Dinge sich noch ereignen sollten. Am Tag, an dem der Kaiser abgesetzt wurde, hielt ich mich weit entfernt von Addis Abeba in einer Stadt namens Jima nahe der Westgrenze auf. Die Universität war bis zum planmäßigen Beginn des Herbstsemesters noch eine Woche lang geschlossen, und ich war mit ein paar Freunden in einem Überlandbus in jenen fernen Teil Äthiopiens gefahren, in dem Kaffeeplantagen die Hügel mit Grün überzogen. Wir wohnten in einem kleinen Hotel, das von einer großen, ausdrucksvollen Oromo-Frau geführt wurde, die ihr Haar unter einem weißen, bestickten Turban verbarg und ein schweres Goldkreuz um den Hals trug.

Ich hörte nicht, wie die Soldaten an diesem Morgen im Radio das Ende der Herrschaft von Haile Selassie öffentlich bekannt gaben. Gegen 7.30 Uhr schlenderte ich in die Kaffeebar des Hotels. In den Tagen zuvor war ich öfter dort gewesen, und gewöhnlich saßen um diese Uhrzeit die Leute in Grüppchen an den Metalltischen und nippten Espresso aus kleinen Tassen. Die Bar war verlassen. Es lag eine seltsame Spannung in der Luft, und die Besitzerin wirkte erregt. Ich hatte vor, am späteren Vormittag nach Addis Abeba zurückzufahren, und fragte sie, ob sie die Abfahrtszeit des Busses wisse.

»Nein, nein ... kein Bus«, sagte sie, mit den Händen gestikulierend. Mit ihrer ganzen Körperfülle blockierte sie die Tür, die nach draußen führte.

»Ich verstehe nicht«, begann ich.

»Haile Selassie ... *Abakah*! ... Schluss«, sagte sie, nach einem englischen Wort suchend, um mir mitzuteilen, was passiert war.

»*Mut neh*? – Ist er tot?«, fragte ich und überlegte, ob er an einer natürlichen Ursache gestorben war oder ob seine Soldaten ihn umgebracht hatten.

»*Yellum*!« Ermutigt durch mein bisschen Amharisch, sprudelte sie eine Folge von Sätzen hervor, die mich nur noch mehr durcheinander brachten. Schließlich nahm sie das Bild des Kaisers von der Wand, warf es auf den Boden und zertrat das Glas des Rahmens.

»*Abakah*«, wiederholte sie. Sie rieb die Hände aneinander, als ob sie gerade eine schmutzige Theke abgewischt hätte.

Langsam dämmerte mir die volle Bedeutung ihrer Worte. Die Revolution war vollbracht, die neue Militärregierung hatte die Schließung aller Gebäude angeordnet, solange sie mit der Festigung ihrer Macht beschäftigt war, und jeder stand gewissermaßen unter Hausarrest. Plötzlich aufkommende Unsicherheit erschütterte mich wie ein kleines Erdbeben, und für ein paar Minuten raste mein Herz. Doch es war nichts zu tun. Ich kam nicht weg aus Jima; ich wollte Äthiopien nicht verlassen. Es war besser, dem Rat dieser Frau zu folgen, drinnen zu bleiben und einfach abzuwarten. Ich ging wieder in mein Zimmer, nahm mir ein Buch und kehrte zurück in die Bar, um eine Tasse Kaffee zu bestellen.

Ich las kein einziges Wort. Der Kaiser war abgesetzt, und hier saß ich mit meinen Freunden und der Hotelbesitzerin am Tisch und wartete auf den nächsten Informationshappen, auf das nächste Beben.

Als Haile Selassie gestürzt wurde, lebte ich bereits ein volles Jahr in Äthiopien. Als Amerikanerin war ich mir niemals darüber klar geworden, was ich von ihm oder seiner Regierungsform halten sollte. Mochte er auch ein wohltätiger Diktator sein, so hielt ich das Kaisertum doch für eine überholte, anachronistische Regierungsform. Ich sympathisierte mit meinen Studenten, von denen die meisten wie ich Anfang zwanzig waren. Sie luden mich zu einigen Treffen ihrer illegalen Studentenvereinigung ein – »illegal« deshalb, weil der Kaiser oder ein

Regierungsmitglied verfügt hatte, dass sich gleichgültig, wann und wo, nicht mehr als drei Studenten versammeln durften, um irgendetwas zu diskutieren. Doch der nördliche Teil des Landes wurde von einer gewaltigen Dürre und Hungersnot heimgesucht, was erst nach und nach ans Licht kam, als Tausende von bis auf das Skelett abgemagerten Jammergestalten aus dem Hinterland in die kleinen und großen Städte drängten. Die Studenten wollten für die Kleinbauern eintreten und das Geld, das die Regierung für ihre Universitätsfrühstücke ausgab, für die Versorgung ihrer hungernden Landsleute spenden. Daher hatten sie sich der Regierungsanordnung widersetzt und große Treffen in der Uni-Cafeteria abgehalten. Sie diskutierten dabei weder auf Amharisch (der Sprache des Kaisers) noch auf Tigrinya oder Orominya, der Sprache der Tigray oder Oromo, sondern in Englisch, einer neutralen Sprache, deren Ton niemanden verletzte. Vieles kleideten sie in marxistisches oder pseudo-marxistisches Fachchinesisch, als hätten sie alle zu viel in den Schriften von Che Guevara gelesen. Der Sinn ihrer Aufrufe, mit denen sie forderten, die »äthiopischen Industriekomplexe« den Massen zu übergeben, war in einem Land, in dem fast 99 Prozent der Bevölkerung Bauern waren, schwierig auszumachen. Doch dann sprachen einige von ihnen über die Belastung der Kleinbauern, die große Kluft zwischen den abwesenden reichen Grundbesitzern und den armen Bauern und über den schrecklichen Hunger der Massen. Ein junger Mann schilderte das Leid, das diese armen Äthiopier hinnehmen mussten, während ihr Kaiser wegschaute, besonders eloquent. »Es gibt nur einen Weg, diesem Zustand ein Ende zu bereiten«, schrie dieser Student. »Land für die Bauern! Land für die Bauern!«

Es war immer ein Gegenstand von hitzigen Debatten gewesen, ob der Kaiser die hungernden Massen ignorierte oder einfach nicht darüber unterrichtet war. Er war alt und wurde nach Auffassung mancher Zeitgenossen allmählich senil. Die volle Bedeutung seines Sturzes schien er niemals zu begreifen, nicht einmal, nachdem er im alten Palast Kaiser Meneliks inhaftiert worden war. Er lebte dort in einem Raum im Erdgeschoss mit Blick auf das graue, steinerne Menelik-Mausoleum, in dem einige Mitglieder der Kaiserfamilie einschließlich seiner eigenen Tochter, Prinzessin Tsehai, begraben lagen. Am 28. August 1975, ein paar Tage vor seinem 83. Geburtstag, wurde er tot in seinem Bett gefunden.

Ich war in Addis Abeba, als dieses Ereignis bekannt gegeben wurde. In jenen Tagen erscholl als Auftakt jeder Nachrichtensendung ein militärischer Trommelwirbel, dann folgte das Revolutionslied »Ethiopia Tikdem – Äthiopien über alles«. Es wurde von Kindern gesungen. Gewöhnlich verlas der Ansager anschließend eine Liste mit den Namen von Menschen, die am Tag zuvor wegen Verbrechen gegen das Vaterland verhaftet worden waren. Die Gefängnisse quollen über vor solchen »Kriminellen«. Viele hatte man bereits exekutiert; andere sollten bald getötet werden, und noch viel mehr würden jahrelang in ihren schmutzigen, dunklen Zellen dahinsiechen. An diesem Tag jedoch begannen die Nachrichten mit einer kurzen Mitteilung: Der Kaiser war am vorangegangenen Abend erkrankt, und seine Bewacher hatten die ganze Hauptstadt nach seinem Arzt abgesucht. Es war ihnen nicht gelungen, den Doktor vor Beginn der Ausgangssperre um 21 Uhr zu finden, und als der Diener Haile Selassies am nächsten Morgen das Frühstück brachte, stellte er fest, dass sein Herr tot war.

Über ein Begräbnis oder darüber, was mit dem Körper des Kaisers geschehen sollte, wurde kein Wort verloren – bis zum Ende des Derg-Regimes 26 Jahre später. Erst dann wurde Haile Selassies Körper aus einem tiefen, zubetonierten Loch unter Meneliks Palast geborgen. Major Mengistu, der Diktator, der an Haile Selassies Platz getreten war, hatte den Palast übernommen, und ihm wird nachgesagt, dass es ihm eine gewisse Freude bereitete, in einem Büro über dem Grab des Kaisers zu arbeiten. 1991, nach dem Sturz Mengistus und des Derg, erlaubte die neue Regierung Haile Selassies Angehörigen, seine Gebeine zu exhumieren; sie wurden in eine Gruft des Menelik-Mausoleums überführt. Im Sommer 2000 erhielt die Familie die Erlaubnis, den Kaiser mit einem offiziellen Staatsbegräbnis zu ehren, und der Leichnam wurde in der Sankt-Georgs-Kathedrale zur letzten Ruhe gebettet. Die Gruft hatte Haile Selassie selbst entworfen. Seine Frau, Kaiserin Menem, wurde neben ihm in einer identischen Gruft beigesetzt.

Haile Selassies Tod kam Mengistu und dem Derg gelegen, denn der Kaiser stand 1975 noch bei vielen Menschen in hohem Ansehen, mochte das Militär auch alles daransetzen, ihn zu verunglimpfen. Schließlich war es ihm gelungen, Äthiopien mit britischer Hilfe von den Italienern zu befreien, er hatte Schulen, Universitäten und Krankenhäuser gegründet und seinem Land eine führende Position innerhalb Afrikas verschafft, und dafür schätzte man ihn. Sein Tod ließ die Furcht der neuen Machthaber vor möglichen monarchistischen Revolten schwinden, sodass der Derg seine sozialistischen Pläne und Reformen – etwa die von den Studenten geforderte Befreiung der Kleinbauern von den Großgrundbesitzern – nun im Eiltempo umsetzte. Nunmehr durften nur diejenigen, die das Land bearbeiteten, es auch besitzen. Da die Kleinbauern jedoch weiterhin hohe Steuern zahlten, haftete den Verbesserungsmaßnahmen etwas Heuchlerisches an – der einzige Unterschied zu früher war, dass das Geld direkt in die Kassen der Zentralregierung floss. Solche Reformen machten dem Leid der Bevölkerung kein Ende.

In den nächsten 16 Jahren sollten hunderttausende Menschen dem roten Terror zum Opfer fallen, musste das Volk weitere, von den politischen Führern mit kaltblütiger Grausamkeit manipulierte Dürren und Hungersnöte sowie Kriege zwischen Äthiopien und Somalia beziehungsweise Äthiopien und Eritrea erdulden. Äthiopien gewann den Krieg gegen Somalia und verlor den gegen Eritrea. Und nicht lange nach dieser Niederlage stürzte auch die Regierung des Derg. Die Befreiungsarmee der Ethiopian Peoples Revolutionary Democratic Front übernahm das Kommando. Ihr Anführer war ein Meles Zenawi, der als Student Mitglied der verbotenen Studentenvereinigung gewesen war. Ich hatte das Land viele Jahre, bevor Meles zum Premierminister des neuen demokratischen Äthiopien gewählt wurde, verlassen. Doch ich fragte mich oft, ob er an den illegalen Treffen in der Universitäts-Cafeteria, bei denen ich zugegen gewesen war, teilgenommen hatte. War er derjenige gewesen, dessen »Land-für-die-Bauern«-Rufe ich so lebhaft in Erinnerung hatte?

Das Rad des Schicksals hatte sich gedreht und zuerst den Kaiser, dann die Militärführer, die ihn abgesetzt hatten, zu Fall gebracht. In dem Land, in das ich nun zurückkehrte, war ein ehemaliger Studentenrevolutionär Premierminister. Es gab keine Fürsten mehr in den Provinzen, keinen Kaiser, der sie zum Gehorsam zwang. Die 3000 Jahre währende Herrschaft der Nachkommen Salomos, zu denen auch der Löwe von Juda, der König der Könige, gehört hatte, war vorbei.

In den Jahren des Umsturzes war der Blaue Nil in der restlichen Welt wieder in Vergessenheit geraten. Erst in den späten 90er-Jahren fanden Abenteurer von neuem Interesse daran, auf seinen Wellen zu reiten. Mike Speaks führte eine solche Rafting-Tour. 1996 kämpfte er sich mit vier Mitfahrern in zwei Schlauchbooten durch das Wildwasser des oberen Schluchtabschnitts. Es war eine stürmische Fahrt, die Stromschnellen machten ihnen schwer zu schaffen. Eine Welle schleuderte ihr Boot gegen die Canyonwand. Es kenterte, und Speaks schwamm laut eigener Auskunft, »wie ich noch nie im Leben geschwommen war«. Auch das andere Boot kollidierte mit dem Fels. Es traf mit solcher Wucht auf, dass einer der aufgeblasenen Schläuche in sich zusammenfiel. Außerdem gab es Verletzte: Ein Mann prellte sich die Rippen, sodass sein Lungenflügel kollabierte; ein anderer erlitt schwere Quetschungen am Kopf, und seine Augen schwollen zu. Ein dritter brach sich das Becken. Um aus dem Canyon herauszukommen, blieb ihnen nichts anderes übrig, als weiter den Fluss hinunterzufahren – was sie dann auch taten.

Nun waren wir an der Reihe, all dem, was der Blaue Nil in der Bundesrepublik Äthiopien zu bieten hatte, mutig entgegenzutreten.

Achtes Kapitel

BAHIR DAR, DER ORT, AN DEM UNSERE REISE BEGINNEN sollte, liegt etwa 300 Kilometer nordwestlich von Addis Abeba am südlichen Ufer des Tanasees. Am Morgen unseres zweiten Tages auf äthiopischem Boden flogen wir mit einer Maschine der Ethiopian Airlines dorthin. Es war ein unruhiger Flug durch Wolken, aber über der Nilschlucht riss die Wolkendecke für kurze Zeit auf und erlaubte uns einen weiteren Blick auf den Strom, der sich tief in die gebirgige Landschaft geschnitten hatte. Dies war ein Abschnitt, den wir noch nicht gesehen hatten. Das Land stieg terrassenförmig an und leuchtete nach dem Regen smaragdgrün. Jeder der kleinen Flüsse und Bäche, die von beiden Seiten der Schlucht heranschäumten, um noch mehr Wasser und Erde in den Blauen Nil zu schwemmen, war rot von Schlamm – und es schien Hunderte dieser schimmernden Wasserläufe zu geben. Tatsächlich endet im Grunde genommen fast jeder äthiopische Bach oder Fluss im Nil.

Ich dachte an die Bemerkung, die Mau am Nachmittag zuvor beim Kaffee gemacht hatte: »Der Blaue Nil ist unersättlich. Ihr werdet es sehen, wenn wir in der Luft sind – er schluckt jeden kleinen Bach und die großen auch. Sie fließen alle in den Abbai.«

Mau, Kate und ich hatten eine kurze Rundfahrt durch Addis Abeba unternommen. Wir waren die sechsspurige Churchill Avenue hochgefahren, vorbei am weißen Gebäude der Stadtverwaltung, das mit seinen beiden Flügeln wie ein offenes Triptychon wirkt, einen Hügel hinunter, auf dem Gläubige die Mauer der Sankt-Georgs-Kathedrale küssten, und durch die von Gold- und Silberläden gesäumte Piazza, die im westlichen Stil gehaltene Haupteinkaufsmeile von Addis. Die Straßen waren voller Menschen, die halb westlich, halb äthiopisch gekleidet waren. Manche schienen ein Ziel zu haben, andere standen vor einem Kino Schlange oder lehnten an einer Hauswand und schienen auf irgendetwas zu warten. Man sah Trauben von lachenden Kindern, die Fangen spielten, und zerlumpte Bettler, die die Aufmerksamkeit wohlhabender Passanten auf sich zu ziehen versuchten. Es war eine quicklebendige, chaotische Szenerie – ganz so, wie ich sie in Erinnerung hatte, nur dass die Einwohnerzahl seitdem dramatisch gestiegen war. 1974 hatten etwa 30 Millionen Menschen in Äthiopien gelebt; inzwischen hatte sich ihre Zahl fast verdoppelt. Addis Abeba war auf etwa zweieinhalb Millionen Einwohner angeschwollen.

Als wir über die kleine Ras-Mekonen-Brücke fuhren, unter der der Kechene über steinigen Grund sprudelte, wandte ich mich um, um einen Blick in eine kopfsteingepflasterte Nebenstraße zu werfen. Ich konnte gerade noch die Ecke eines blauen Hauses erkennen, das sich hinter einer hohen Steinmauer verbarg. Dort hatte ich zwei Jahre lang gewohnt. Einen Moment lang erwog ich, anzuhalten und ans Tor zu klopfen, aber welchen Sinn hätte das gehabt? Die gegenwärtigen Bewohner würden nicht unbedingt Verständnis für meine nostalgischen Anwandlungen aufbringen. Das kleine Haus, in dem ich mit Frances Dakin gewohnt hatte, einer Freundin, die an der Universität Geologie lehrte und ein Schoßhündchen namens Wusha ihr eigen nannte (amharisch für »Hund«), stand noch immer – und das reichte mir.

Viele Äthiopier mögen Hunde nicht besonders, und die Aufmerksamkeit, die Frances ihrem gelbhaarigen Wusha angedeihen ließ, machte sie zu einer Zielscheibe des Spotts. Als ich sie kennen lernte, lebte sie schon sechs Jahre in Äthiopien. Solange Wusha noch ein Welpe war, hatte sie ihn häufig mit zur Universität genommen. Auch wenn das schon länger zurücklag, erinnerten sich viele Leute noch an diese in ihren Augen höchst seltsame Gewohnheit, und auf unserem täglichen Gang zum Campus rief ihr fast immer jemand zu: »Mistress!

Wo ist Ihr Hund?«, um anschließend in wildes Gelächter auszubrechen. Frances hatte es außerdem gewagt, mit dem Fahrrad zum Unterricht zu fahren, und obwohl sie auch diese Angewohnheit nicht lange beibehalten hatte, war sie keineswegs in Vergessenheit geraten. »Mistress!«, tönte es, »wo ist Ihr Fahrrad? ... Wo ist Ihr Hund? Mistress!« Frances war schüchtern. Immer wenn Leute mit Fingern auf sie zeigten und ihr etwas nachriefen, senkte sie den Kopf und kicherte nervös. Ich versuchte diese Vorkommnisse so gut wie möglich zu ignorieren und lief schweigend neben ihr her, den Blick nach unten oder starr geradeaus gerichtet.

Andere Leute machten sich ein Vergnügen daraus, auf das Offensichtliche hinzuweisen: dass wir Weiße und Ausländerinnen waren. »*Ferenji*!«, trompeteten sie so laut, dass die ganze Straße die Neuigkeit vernehmen konnte. Manchmal gingen Kinder neben uns her, die uns anstarrten, als hätten sie noch nie zuvor etwas so Schockierendes gesehen wie unsere weiße Haut, und »*Ferenji*! *Ferenji*! *Ferenji*!« riefen. Einmal schrie ich aufgebracht zurück: »*Habesha*!« Zu meiner Überraschung brachte dies meine Quälgeister zum Verstummen, obwohl ich keineswegs zu einem Schimpfwort gegriffen hatte. Habesha ist das amharische Wort für »Abessinier« und bedeutet soviel wie »Gemischtrassiger«. Der kleine Kerl, dem ich es zugerufen hatte, wirkte jedoch dermaßen geknickt, dass ich es nie wieder über die Lippen brachte. Außerdem schämte ich mich ein bisschen, denn selbst wenn das Wort keine Beleidigung war, so hatte ich es doch in dieser Absicht gebraucht.

Weiße waren und sind für Äthiopier immer noch ein echtes Schauspiel; mit dieser Tatsache hat man sich einfach abzufinden. Und taucht man gar zu fünft irgendwo auf – nun, dann ist man für die Äthiopier ein ganzer Zirkus. So jedenfalls wurde unsere Gruppe empfangen, als wir uns Bahir Dar anzusehen versuchten. Unser Steward hatte uns daran gehindert, die Stadt aus der Luft genauer zu betrachten, indem er uns 15 Minuten vor der Landung anwies, die Fenster zu schließen, worauf es im Flugzeug so dunkel wurde wie in einem Sarg. Dem Steward lag es allerdings fern zu versuchen, auf diese Weise unsere gedankliche Auseinandersetzung mit dem Jenseits zu fördern; er wollte Äthiopien schützen. Die äthiopische Luftwaffe startete zu den meisten ihrer Luftangriffe auf Eritrea von einem Stützpunkt aus, der in der

Nähe des Flughafens lag, und bei geschlossenen Fenstern war es uns kaum möglich, diese Aktivitäten auszuspionieren. Sie waren jedoch nicht zu überhören: Kaum hatten wir das Flugzeug verlassen, donnerten zwei Kampfjets in den Himmel. Dass die äthiopische Regierung unsere Expedition genehmigt hatte, konnte, so dachte ich nicht zum ersten Mal, entweder als Zeichen der Großzügigkeit interpretiert werden – oder als Beweis dafür, dass unser Schicksal ihr völlig gleichgültig war. Immerhin befanden wir uns mitten im Kriegsgebiet, die Front war kaum 600 Kilometer entfernt, und wir schickten uns an, uns in einen »Abenteuerurlaub« zu stürzen, wie Mountain Travel Sobek unser Vorhaben in den Vorbereitungsmaterialien genannt hatte. Zumindest einer der beiden Wortbestandteile passte.

Nachdem wir im Hotel Tana am Seeufer eingecheckt hatten, zwängten sich einige von uns in einen Landrover, um sich die Gegend anzusehen. Obwohl ich mir noch zu Hause geschworen hatte, dass ich an keiner Busrundfahrt oder ähnlichen touristischen Aktivitäten teilnehmen würde, tat ich nun genau das. Es wäre mir auch schwer gefallen, Nein zu sagen. Seit sich unsere kleine Truppe zu ihrem ersten Abendessen getroffen hatte, waren wir zu einer wirklichen Gruppe verschmolzen, genau wie Mike Speaks es wollte. Er hatte darüber gesprochen, wie wichtig es sei, die Stärken und Schwächen der anderen zu kennen und im Team zu arbeiten, wenn die Expedition ein Erfolg werden sollte – eine Philosophie, die theoretisch meine Zustimmung fand. Doch ich bin mit drei Geschwistern aufgewachsen und mit der rebellischen, unabhängigen Natur des zweitgeborenen Kindes geschlagen, und ich wusste, dass der Punkt kommen würde, an dem mir aus dem dauernden Gerede vom Teamgeist Probleme erwüchsen. Auf irgendeine Weise würde ich mir ein bisschen Raum für mein »Privat-Äthiopien« schaffen müssen –Augenblicke und Gedanken, die ich für mich behalten wollte und die darum kreisten, dass ich wieder in dem Land war, das ich liebte.

Bahir Dar liegt mit seiner Höhe von rund 1800 Metern über dem Meeresspiegel 600 Meter tiefer als Addis Abeba, und seine Luft ist feucht und tropisch. Gärten mit farbenprächtigen Bougainvilleen, üppigen Hibiskusbüschen und süß duftendem Jasmin umgaben unser Hotel, und unzählige Vögel – Nektarvögel, Webervögel und Rosenfinken – huschten von Blüte zu Blüte. Auch die Stadt selbst mit ihren breiten Boulevards und den von Palmen und Flammenbäumen beschatteten Straßencafés war schön. Ich war vor der Revolution einige Male hier gewesen und hatte die heitere, gelassene Atmosphäre immer gemocht. Vielleicht lag es an der tropischen Wärme oder daran, dass sogar die Äthiopier die Stadt als Urlaubsort betrachten – jedenfalls ging es hier insgesamt ein wenig gemächlicher zu als in Addis Abeba. Außerdem ist Bahir Dar, anders als die hügelige äthiopische Hauptstadt, eine flache Stadt, und man sah viele Menschen, die sich auf stabilen chinesischen Fahrrädern durch das Gedränge aus Taxis, Bussen und Lastwagen schlängelten.

Im Laufe der Jahre war Bahir Dar zu einem Wachstumszentrum der Provinz Godscham geworden, und Zeichen des Fortschritts fanden sich überall, in erster Linie in Form neuer Verwaltungsbauten. Wir fuhren an mehreren todschicken Gebäuden aus Glas und Stein vorbei und an Baustellen, wo Berge von Wackerstein darauf warteten, von Hand zu Bausteinen gehauen zu werden.

Die neuen Symbole des Fortschritts hatten die alten Traditionen jedoch noch nicht völlig verdrängt, und unser erstes Ziel war ein Dorf, in dem Papyrusboote gebaut wurden. Im Uferbereich des Tanasees gab es stellenweise dichte Papyrusbestände, und die Einheimischen formen aus den dicken Stängeln seit vielen Jahren ihre schwimmenden, kajakähnlichen *tankwas*. Diese Boote sind weit stabiler, als sie aussehen, und werden benutzt, um von riesigen Ladungen Feuerholz bis zu Vieh und Handelswaren nahezu alles über den See zu befördern – rund 65 Kilometer weit. Es ist noch keine 100 Jahre her, da wurden auch Sklaven, die man in den Tälern des Blauen Nils gefangen hatte, mit Tankwas ans andere Ufer und dann über einen Pfad durch die Berge und die Wüste bis zu einem Hafen am Roten Meer gebracht. Von dort aus wurden sie in Dhaus, arabischen Zweimastern, zur arabischen Halbinsel verschifft.

Das Dorf der Tankwa-Bauern liegt im Außengürtel von Bahir Dar. Über Palmenalleen und eine unbefestigte Straße erreichten wir die von Eukalyptusbäumen umgebene Siedlung aus strohgedeckten äthiopischen Rundhütten. Kaum hielt unser Wagen, war er schon von Kindern und Erwachsenen umringt, die uns neugierig beäugten. Zugegeben, auch wir waren neugierig, deshalb platzten wir ja auch mittags in ihr Dorf hinein. Es war schwer zu sagen, wer sich ungehobelter verhielt: unsere mit Kameras bewaffnete Truppe oder die Einheimischen, die ausgelassen »*Ferenji*! *Ferenji*!« riefen und ihre Kinder zu ermutigen schienen, ununterbrochen »*You*! *You*! *You*!« zu schreien und um Geld zu betteln.

Während meines letzten Aufenthalts in Äthiopien war ich nie in Gesellschaft so vieler *ferenjocch* gereist; entweder war ich mit äthiopischen Freunden oder mit einem oder zwei anderen Ausländern zusammen gewesen. Auch bei solchen Gelegenheiten war ich aufgefallen, aber nie hatte ich etwas erlebt, was auch nur annähernd der Hysterie ähnelte, der wir in diesem Tankwa-Dorf begegneten. Um Kate, Bruce, Mick und mich hatte sich ein Kreis aus Kindern und Erwachsenen gebildet, als wären wir Tiere im Zoo. Nevada hatte sich abgesetzt, um außerhalb der Menge nach Fotomotiven zu suchen. Ich tat es ihr nach und verließ den Kreis in entgegengesetzter Richtung. Ein paar kleine Jungen folgten mir, und ich kramte meine Anfängerkenntnisse in Amharisch hervor und erntete schallendes Gelächter. Dann sprach ein besonders mutiger Junge mich auf Englisch an. Jede Silbe sorgfältig artikulierend und mit rollendem »R« fragte er: »Mister? Wo dein Land?«

Da es mit seinen Sprachkünsten offensichtlich ebenso haperte wie mit meinem Amharisch, war es nun an mir, zu lachen, bevor ich antwortete: »Amerika.«

Meine jungen Freunde atmeten hörbar ein, und einer brachte heraus: »Oh. Amerika ist sehr gut.«

Ich lachte wieder. »Freut mich, dass du mein Land magst.«

Das war schon ein schwierigerer Satz, der für ratlose Blicke sorgte, und so schlug ich ihnen vor, noch ein bisschen mehr Englisch zu lernen, und gab jedem einen Kugelschreiber.

Der Kreis um Kate, Bruce und Mick hatte sich inzwischen zu zerstreuen begonnen, und zusammen gingen wir zu einer Hütte hinüber, in der ein paar magere Männer mit gebeugtem Rücken an einem Tankwa arbeiteten. Sie hielten inne, um uns zu begrüßen, und bedeuteten uns dann, näher zu kommen und ihnen zuzuschauen. Sie hatten getrocknetes Papyrusrohr zu Bündeln zusammengeschnürt und aus diesen Bündeln einen Schiffsboden mit schmal zulaufendem Bug geformt. Gerade befestigten sie weitere Papyrusbündel an den Seiten.

Trotz der lautstarken Reaktionen auf unsere Ankunft war offensichtlich, dass die Dorfbewohner an Fremde gewöhnt waren. Wahrscheinlich kam nahezu jede Reisegruppe, die sich in Bahir Dar aufhielt, auch in dieses oder in ein anderes Tankwa-Dorf. Solche Besuche waren in ökonomischer Hinsicht ein Segen: Die Dörfler erwarteten Geld dafür, dass sie sich von uns fotografieren ließen oder uns zeigten, wie man ein Tankwa baute. Ich konnte es ihnen nicht verdenken. Sie waren arm wie die Mehrheit der äthiopischen Bevölkerung, ihre Hütten waren aus Lehm, ohne Strom und fließendes Wasser; ihre Kleidung war abgetragen und geflickt; und ihre wenigen Besitztümer – ein paar hölzerne Schüsseln und Hocker, ein Eisenrost, um Brot über offenem Feuer zu backen, Körbe zur Aufbewahrung von Nahrungsmitteln – waren einfach und abgenutzt. Ein Äthiopier verdient im Durchschnitt 120 US-Dollar im Jahr, und wenn wir ein paar äthiopische Birr an unsere Gastgeber verteilten, waren alle zufrieden (ein Birr war umgerechnet acht US-Cents wert). Aber es gab eine Gruppenregel: Wir durften niemandem Geld geben, um die Kultur und die Wirtschaft der Region nicht zu zerstören. Diese Regel war zum ersten Mal in der »Abenteuerurlaub«-Lektüre aufgetaucht, die Mountain Travel Sobek uns zugeschickt hatte; Mike Speaks hatte sie dann beim Essen mehrfach wiederholt, und jeder schien entschlossen, sie zu befolgen.

»Nein«, sagten Bruce, Kate, Mick und Nevada, als unser Führer uns nahe legte, etwas Geld zu geben. Sie lächelten zwar freundlich und zuckten die Schultern, aber sie blieben dabei, nicht für unseren Besuch bezahlen zu wollen. Nicht dass die Armut der Dorfbewohner sie gleichgültig gelassen hätte, sie aktzeptierten lediglich die Reiseweisheiten und -regeln, die unser Ausrüstungslieferant aufgestellt hatte.

Ich jedoch akzeptierte sie nicht, und obwohl ich meine Brieftasche jetzt und hier nicht öffnete, wusste ich, dass dies irgendwann geschehen würde. Ich war wohlhabend, jeder Äthiopier würde das so sehen, und deshalb hatte ich zu geben. Das war hier soziales Gesetz. Man erzählte sich, dass, wann immer Kaiser Haile Selassie I. durch sein Land reiste, einer seiner Berater Münzen und Brot aus dem Fenster seiner Limousine warf. Als ich diese Geschichte zum ersten Mal hörte, war ich schockiert und bestürzt – so demütigend schien es mir, dass sein Volk im Straßenstaub nach Geld und Nahrung scharrte. Später, nachdem ich große Teile des Landes durchreist hatte, urteilte ich weniger streng über das Verhalten des Kaisers. Überall gab es Arme, Verkrüppelte und Blinde, aber es fanden sich keine Patentlösungen, um ihre Not zu lindern. Wenn also einige unter ihnen das Glück hatten, den Kaiser zu sehen, beglaubigte er dieses Glück gewissermaßen, indem er ihnen etwas schenkte.

Ich stellte mir vor, dass die Dorfbewohner uns auf diese Weise sahen: als Boten einer glückhaften Wendung in ihrem Leben. Es kam mir schäbig und gemein vor, ihnen das Geschenk zu verweigern, das eine Bestätigung dieses Glücks bedeutet hätte. Trotzdem ließ ich für dieses Mal, wenn auch widerstrebend, die Regel der Gruppe gelten.

Wir besuchten zwei weitere sehenswerte Orte: einen Straßenmarkt, auf dem dunkeläugige junge Mädchen hinter vorgehaltener Hand über uns kicherten und uns aufforderten, ihre schön geflochtenen, mit Rindsleder bezogenen Körbe zu kaufen (was wir gerne getan hätten, leider hatten wir keinen Platz mehr in unserem Reisegepäck), und eine Uferstelle, an der die Fischer ihre *tankwas* zu Wasser lassen. Einige Männer waren zum Fischen hinausgefahren. Sie balancierten ihre Bambuspaddel auf dem Schoß, während sie mit anmutigen Bewegungen ihre Netze auswarfen. Es war ein hübscher Anblick: die hohen grünen Papyrusstauden am Ufer, das sanfte Cremebraun der Boote, die sich im silbrigen Wasser des Sees spiegelten, und die Fischer, die ihre Netze auswarfen und einholten und wieder auswarfen, wie sie es schon seit tausend Jahren tun.

Am späteren Nachmittag teilte sich unsere Gruppe. Nevada, Mick und Bruce wollten die Nilfälle bei Sonnenuntergang fotografieren, während Kate und ich mit Mike Speaks und zwei äthiopischen Führern, Selalem Abera Woldegiorgis und Belie Abitew, loszogen, um uns den See von oben anzusehen – ein Ausflug, der uns auch einen ersten genaueren Blick auf den Blauen Nil ermöglichte.

Der Tanasee liegt in einem flachen Becken, das durch Berge und fruchtbare Ebenen mit schwarzer Erde begrenzt wird, und bedeckt eine Fläche von ungefähr 2500 Quadratkilometern. Er entstand vor etwa 30 Millionen Jahren, als ein vulkanischer Ausfluss das südliche Ende des Beckens blockierte. Genau dort liegt auch der Ursprung des Blauen Nils, und um dorthin zu gelangen, fuhren wir die kurze Strecke von unserem Hotel bis zu einer Autobrücke, die den Fluss überspannt. Träge treibt das Seewasser auf die Klippe aus Vulkangestein zu, erst wenn es dieses kleine Gefälle erreicht, fließt es ganz allmächlich schneller. Zwei mit Farn und Schilf bewachsene Inseln teilen die Strömung, und nur wenn man an ihnen vorbei flussabwärts blickt, entdeckt man eine Unterbrechung der Uferlinie – und diese Unterbrechung ist der Blaue Nil.

Der vom Regen angeschwollene, dunkelbraune Fluss umspülte die Wurzeln der großen Feigenbäume, die seine schlammigen Ufer säumten. Belie stammte aus Bahir Dar und erklärte uns, diese besondere Stelle sei ein heiliger Ort. Sonntags in der Morgendämmerung kämen die Menschen hierher, um dem Abbai, dem Geist des Flusses, zu opfern.

»Sie geben dem Abbai ein Huhn oder ein Schaf, wenn sie seinen Schutz brauchen oder gesund werden wollen oder sich ein Kind wünschen«, sagte Belie. »Es ist heiliges Wasser.«

So heilig, dass die Leute auch loszogen, um im Blauen Nil zu baden – eine Art Taufe – und sich Wasser abzufüllen. »Jeder, der aus Addis Abeba hierher kommt, nimmt Wasser für sich, seine Familie und seine Freunde mit nach Hause«, fügte er hinzu. »Meine Großmutter sagt, es kann alles heilen. Sie kommt jeden Tag aus der Stadt hierher, um zu baden und das Wasser zu trinken.«

Momentan herrschte Ruhe an diesem heiligen Ort, aber an bestimmten Feiertagen wimmelten Ufer und Brücke vor Menschen, die Hühnern und Schafen die Kehlen durchschnitten und ihre Gabe in den Fluss warfen. Wir überquerten die Brücke und damit auch die Grenze zwischen den Provinz Godscham und Begemder – ein Vorgang, der zu Cheesmans Zeiten spezielle Passierscheine und Zeremonien erfordert hatte. Kurz hinter der Brücke verließen wir die Asphaltstraße und bogen auf eine unbefestigte Straße ein, die parallel zum Fluss verlief. Weitere Feigenbäume, Akazien und der ursprünglich nicht in Äthiopien beheimatete Eukalyptus beschatteten die grasbewachsenen Ufer, zwischen denen der schlammige Nil Richtung Süden auf die Tisisat-Fälle zutrieb. Die Straße wand sich jetzt einen steilen Hügel hinauf, und genau unterhalb der verschlossenen Tore eines alten Palastes, der Haile Selassie gehört hatte und jetzt von der neuen

Regierung genutzt wurde, lenkte unser Fahrer den Wagen in eine Haltebucht.

Unter uns erstreckte sich der See bis zum fernen Horizont wie ein Binnenmeer.

Seine Wasser plätschern an die Ufer von rund 37 Inseln, von denen viele Kirchen und Klöster beherbergen, die teilweise aus dem 13. Jahrhundert datieren. Ihre Wurzeln reichen sogar noch weiter zurück, denn hier, im Becken des Tanasees, begann die Geschichte des äthiopischen Hochlands. Es ist eine seltsame Geschichte, in der sich die Legenden der Falasha, eines »verlorenen« Stammes Israels, mit denen der indigenen, sich von Flusspferden ernährenden Waito und später mit den Mythen und Legenden der Christen und Muslime vermischen. Belie deutete auf eine kleine Insel am östlichen Seeufer und erklärte uns, dort, neben einer Kirche, stehe ein Felsblock, an dem die heilige Jungfrau Maria, die Mutter Jesu, mit dem heiligen Kind auf ihrer Flucht von Palästina nach Ägypten gerastet habe. Mehrere hundert Jahre zuvor sei ein jüdischer Priester bei der Suche nach einem sicheren Platz für die steinernen Tafeln, die Moses auf dem Berg Sinai empfangen habe, auf diese Insel gekommen. »Das ist die Bundeslade«, erklärte Belie, »und sie ist heute noch in Äthiopien.« Die Lade sei 600 Jahre lang in einem Zelt auf Tana Kirkos aufbewahrt worden, schloss er, bis sie nach Aksum in eine Kirche gebracht wurde, wo sie sich, wie manche sagten, noch heute befinde.

Unmittelbar neben diesen wichtigen christlichen Stätten gibt es noch einige Waito-Dörfer. Die Waito gehören zu den Ureinwohnern dieser Gegend. Bis zur islamischen Invasion des Imam Ahmad Granj im 16. Jahrhundert hatten sie die Geister der Bäume und des Sees angebetet. Ahmad Granj bekehrte viele von ihnen zum Islam, tötete die Christen und verbrannte ihre Kirchen, Bilder und heiligen Bücher. Er fiel im Kampf gegen die vereinten Streitkräfte der Portugiesen und Äthiopier, die 1543 das christliche Äthiopien retteten. Sein Grab und das Grab seines Pferdes liegen jenseits des Sees im Lebo-Gebirge.

Auf anderen Inseln sollen Mönche dem Teufel entkommen sein, indem sie von einer hohen Felswand sprangen. Sie starben nicht. Ein Engel legte Fürbitte für sie ein, und den Mönchen wuchsen Flügel, dank derer sie sich in Sicherheit bringen konnten. Ein anderer Mönch soll ein so gottesfürchtiges Leben geführt haben, dass ihm Gewalt über alle Vögel und Tiere des Sees gegeben wurde. Er befahl den Krokodilen zu verschwinden, und bis heute gibt es keine Krokodile im Tanasee, obgleich sie unterhalb der Tisisat-Fälle sehr zahlreich vorkommen. Einige der heiligsten Kirchen auf den Inseln beherbergen die Knochen dieser Heiligen, in anderen befinden sich Skelette oder Mumien von als heilig verehrten Königen, etwa die des Zara Yaqob – der so viel für die Armen tat, dass noch nach seinem Tod sein Geist (in körperlicher Gestalt) sieben Jahre lang am Seeufer entlangwandelte und gute Werke vollbrachte –, aber auch die sterblichen Überreste von Tyrannen wie Tekle Haimanot, »dem Verfluchten«, der seinen Vater getötet hatte, um auf den Thron zu gelangen.

»Auf Daga Estifanos«, sagte Selalem, »würdet ihr auch unseren König Fasiladas sehen. Er baute die Paläste in Gondar. Aber ihr könnt nicht dorthin«, fügte Selalem traurig hinzu, »die Mönche verbieten Frauen den Zutritt zur Insel.«

»Das ist schon in Ordnung«, sagte ich. »Dieses Verbot gilt in manchen Klöstern. Ich hatte das gleiche Problem, als ich mir einige der heiligen Stätten von Aksum ansehen wollte.«

Selalems Gesicht hellte sich auf. »Du kennst Aksum?«

»Ich bin vor einigen Jahren dort gewesen, um mir die Obelisken und Kirchen anzusehen. Ich war auch in Lalibela.«

Bei der Erwähnung dieser äthiopischen Stadt, die berühmt ist für ihre fantastischen, aus den Felsen gehauenen Kirchen, ging ein Strahlen über Selalems Gesicht. »Lalibela, das ist meine Heimatstadt«, sagte er mit Stolz in der Stimme. »Kennst du Bete Gyorgis?«, fragte er dann. Die Georgskirche ist die schönste Felsenkirche Lalibelas. Sie ragt zwei Stockwerke hoch aus einer riesigen Grube empor und hat die Form eines griechischen Kreuzes. »Mein Großvater war dort Priester.«

Selalem sollte unser Hauptdolmetscher sein, und sein religiöser Hintergrund bedeutete, dass er eine ganze Menge über den orthodoxen Glauben, seine Bräuche und Legenden wusste. Er war ein gut aussehender junger Mann von ungefähr 30 Jahren mit eckigem Kinn und den großen Augen der Äthiopier, seine waren allerdings von kastanienbrauner Färbung. Er hatte ungefähr acht Jahre lang mit Conrad zusammengearbeitet und war seine rechte Hand geworden. Er kümmerte sich um Conrads Camping- und Rafting-Equipment, wenn dieser nicht da war, und half ihm bei der Planung und Leitung von Expeditionen. Conrad sei »wie ein Vater« für ihn, sagte Selalem, der sich große Sorgen um dessen Gesundheit machte, aber fest daran glaubte, dass die westlichen Ärzte ihn heilen würden. »Ich habe für seine Genesung zu meinem Heiligen gebetet, Wolde Gyorgis – Sankt Georg«, vertraute er mir an. »Ich denke, Conrad wird wieder gesund.«

Ich wusste nicht, was ich ihm darauf antworten sollte. Die Art von Tumor, die Conrad hatte, führte fast immer zum Tod. Ich wusste, dass er verzweifelt um sein Leben kämpfte. Selalem schien sich über die Schwere von Conrads Erkrankung nicht im Klaren zu sein; vielleicht glaubte er auch, weil Conrad in England gewesen war und sich einer Behandlung durch westliche Ärzte unterzogen hatte, sei seine Genesung sicher. Schließlich hingen Selalems Leben und sein Auskommen davon ab. Äthiopier nahmen den Ausdruck »Er ist wie ein Vater beziehungsweise sie ist wie eine Mutter für mich« eher wörtlich als metaphorisch, und indem er ihn gebrauchte, gab Selalem zu verstehen, dass seine Beziehung zu Conrad über das zwischen Angestelltem und Chef übliche Verhältnis hinausging. Conrad hatte ihm offenbar in einer Lebenskrise geholfen, wie ein Vater dies tun würde – er hatte sich um ihn gekümmert und ihm Schutz und Halt gegeben. Zum Dank brachte Selalem ihm die Loyalität, die Liebe und den Respekt eines Sohnes entgegen.

Conrad zu verlieren würde Selalems Leben zerstören. Vermutlich hatte ihm deshalb niemand mitgeteilt, dass sein »Vater« todkrank war. Ich sah mich auch nicht in der Lage, es ihm zu erzählen. Also lächelte ich und sagte, wir alle hofften, dass Conrad schnell genesen würde. Einer der Bootsleute, Mike Borcik, wollte in Nairobi einen Zwischenstopp einlegen, um Conrad zu besuchen, bevor er in der Woche darauf am Fluss zu uns stoßen würde. Um Selalems willen hoffte ich, dass Borcik uns gute Neuigkeiten bringen würde.

Selalem freute sich, als er hörte, dass ich in Äthiopien gelebt hatte und ein bisschen Amharisch konnte, und er versprach, mir mehr beizubringen.

»Du hast eine gute Aussprache«, machte er mir Mut, »und nach und nach fällt es dir wieder ein.«

Es gibt ein äthiopisches Sprichwort, das ich oft von meinen amharischen Freunden zu hören bekam, als ich mit ihrer Sprache kämpfte:

»*Kas-be-kas inkallu begru yehedelleh* – langsam, langsam kann sogar ein Ei auf seinen eigenen Füßen laufen.« Ich zitierte es und fügte dann hinzu: »Mein Ei hat noch nicht einmal Zehen.«

»Doch, doch, es hat Füße«, versicherte Selalem mir. »Es hat Füße!«

Wir lachten, und ich wusste, ich hatte einen Freund gefunden. Ich konnte viel von Selalem lernen: Er konnte mir von seinem Leben berichten und die Geschichten und Redensarten der Menschen erklären, unter denen wir uns aufhielten. Seine Heimatstadt Lalibela liegt im Gebiet der Wollo östlich des Tanasees. Während der Dürren und Hungersnöte der 70er- und 80er-Jahre gehörte diese Region zu den am stärksten betroffenen Gebieten. Vor meiner Abreise hatte Jim Slade mir erzählt, Selalem sei ein ziemlich stiller Typ und habe, anders als einige andere äthiopische Führer, mit denen Slade zusammengearbeitet hatte, die Zeit der Revolution und der folgenden Unruhen nicht richtig miterlebt. Es stimmte zwar, dass Selalem zu jung war, um sich an den Kaiser erinnern zu können oder an die Anfänge der Revolution oder den roten Terror, aber während der Dürrekatastrophe von 1984 war er ein Teenager gewesen und ein junger Mann, als das Militärregime, der Derg, stürzte. Wo hatte er gelebt, was hatte er während dieser Jahre getan? Wie kam ein Junge aus Lalibela dazu, in Addis Abeba für Conrad zu arbeiten? Ich war sicher, dass Selalem eine Geschichte zu erzählen hatte.

An diesem Abend assen wir im Restaurant unseres Hotels Pasta, Gemüse und Tilapia, einen afrikanischen Fisch mit wohlschmeckendem weißen Fleisch. In den kommenden Wochen würden unsere Mahlzeiten wesentlich eintöniger ausfallen, insbesondere frisches Gemüse würde schwer aufzutreiben sein. Doch das fiel kaum ins Gewicht, so sehr brannten wir darauf, endlich zum Blauen Nil aufzubrechen.

Als Mike Speaks einen Toast auf »unsere heroische Unternehmung« ausbrachte, stießen wir an, prosteten uns zu und lächelten. Aber angesichts der Tragödien und großen Schwierigkeiten, die viele unserer Vorgänger hatten erleben müssen, fragte sich jeder von uns insgeheim, wie heroisch unsere Reise wohl ausfallen würde.

Neuntes Kapitel

Die laue Luft und die verschwenderische Fülle von Blumen und Vögeln machen Bahir Dar zu einem der paradiesischsten Orte Äthiopiens. Während unseres Aufenthalts brach von Zeit zu Zeit ein startender Düsenjäger mit seinem Getöse den Frieden, doch dann war er verschwunden, und die Vögel fuhren fort zu singen, und eine Brise, die vom See herüberwehte, erfüllte die Luft mit dem Duft von Jasmin, Ingwer und Geißblatt. Kein Wunder, dass zahlreiche Äthiopier in diesem beliebten Ferienort Urlaub machten und ihre Tage damit verbrachten, in den Gärten in unmittelbarer Nähe des Sees unter den schattigen Mangobäumen zu sitzen.

Wenn sie gewusst hätten, was wir vorhatten, hätten sie mitleidig gelächelt und hinter unserem Rücken herzhaft gelacht. *Ferenjocch* benahmen sich oft ganz unerklärlich, beispielsweise gingen sie freiwillig lange Strecken durch holpriges und gefährliches Gelände, selbst wenn sie genug Geld hatten, um nicht nur Autos zu kaufen, sondern auch die Straßen zu pflastern, auf denen sie fuhren. Vernünftige Menschen traten keine einmonatige Reise in eine malaria- und banditenverseuchte Schlucht an. Aber schließlich hatten Ferenjocch sehr viel Ähnlichkeit mit verzogenen, zu mutwilligem Handeln neigenden Kindern, und es war zwecklos, sie von etwas abbringen zu wollen. Als wir am nächsten Morgen unser Hotel verließen, um zum Ausgangspunkt unserer Wanderung zu fahren, lächelten die Träger und die Hotelangestellten uns daher halb nachsichtig, halb melancholisch an. Wir befanden uns mitten im Paradies und kehrten ihm – freiwillig – den Rücken für eine Gegend, die der Hölle so nahe kam, wie ein Hochlandäthiopier sie sich nur vorstellen konnte.

Zweifellos war das die Meinung unserer 13 Träger. Sie waren mit Kalaschnikows, langen Schlagstöcken, die *dulas* genannt wurden, und Messern gut bewaffnet. Unser Hauptträger, Teno Amaschi, war Mitte fünfzig und hatte ein langes, schmales Gesicht und ergrauendes Haar. Er betrachtete uns etwas missbilligend, als wir vom Wagen sprangen, um ihn zu begrüßen. Mit einem kraftlosen Händedruck ergriff er unsere ausgestreckten Hände und wandte sich dann Selalem zu, um mit ihm zu besprechen, was ihm auf den Nägeln brannte: wie wir es schafften, unsere Ausrüstung auf die Esel zu laden, die er und seine Mannschaft mitgebracht hatten.

Teno und seine Männer trugen knielange Shorts sowie geflickte, kurzärmelige Hemden und hatten grüne oder weiße Baumwolldecken wie Togen über die Schulter drapiert. Die meisten von ihnen gingen barfuß, nur Teno hatte ein Paar schwarze Plastiksandalen an, und alle waren dünn. Arme und Beine waren abgemagert bis auf die Sehnen und Muskeln, und in ihren ausgemergelten Gesichtern traten ihre Augen und ihre hoch stehenden Wangenknochen umso deutlicher hervor. Ein paar Männer hatten weiße oder blaue Turbane um den Kopf geschlungen, und da alle dem christlichen Glauben angehörten, trug jeder eine dunkle Baumwollschnur, die *metab*, um den Hals – als Zeichen der Abgrenzung gegenüber den Heiden.

Unsere Träger – oder präziser: unsere Treiber und Führer – waren Godschamis und *ya wenz lijoch*, Kinder des Flusses. Sie stammten aus dem Ort Tis Abbai, was »Rauch des Nils« bedeutet, einer Siedlung, die sich am Oberlauf des Blauen Nils erstreckte, und hatten ihr ganzes Leben in unmittelbarer Umgebung des großen Wasserfalls verbracht, dem die Ortschaft ihren Namen verdankte. Um sie zu treffen, waren wir durch Tis Abbai hindurchgefahren, und Belie hatte auf den blauen Dunst des Wasserfalls hingewiesen, der hinter den Eukalyptus- und Akazienbäumen wie eine Rauchspirale in die Luft stieg.

Als Teno, Selalem und die anderen Führer unsere Ausrüstung in eselgerechte Portionen teilten, stieg unsere kleine Gruppe einen grasbewachsenen Bergpfad zum Fluss hinunter. Er führte steil bergab zu einer von mehreren aus Stein und Mörtel gefertigten Brücken, die portugiesische und indische Steinmetze im 17. Jahrhundert zu erbauen halfen. Darunter strömte der Fluss in einem engen, felsigen Bett wie kochende Schokolade dahin. Am anderen Ende der Brücke stand ein kleiner Junge und spielte auf einer Holzflöte. Die Töne verschmolzen mit dem Rauschen des Flusses, und als wir die Brücke, die die Provinzen Godscham und Begemder voneinander trennte, in Richtung Begemder überquerten, gab er wie zum Gruß einen kleinen Triller zum Besten.

»Mister! Mister!«, rief ein anderer kleiner Junge, der plötzlich an meiner Seite auftauchte. Kate und ich waren zusammen zu den Fällen hinuntergestiegen, und sie ging weiter, während ich anhielt, um das Kind zu begrüßen, das unbedingt meine Hand ergreifen wollte.

»Ich bin dein Führer«, verkündete der Junge. Er hieß Taddesse und sah aus, als wäre er kaum zehn, versicherte mir aber »*gobez*« (sehr stark) zu sein, und als Beweis rollte er seinen Ärmel auf und spannte die Muskeln an wie Muhammad Ali. Er würde nicht zulassen, dass ich auf dem Pfad ausrutschte und mich beim Fall in die heimtückischen Wasser des Nil zu Tode stürzte, versprach er.

Ich lachte und heuerte ihn an. Taddesse ergriff meine Hand und führte mich mit großer Umsicht den felsigen Pfad zum Aussichtspunkt über den Tisisat-Fällen hinauf. Junge Mädchen in abgetragenen westlichen Kleidern tauchten mit kleinen, handgefertigten Körben und hellen Webgürteln zwischen den Büschen auf. Ich schüttelte den Kopf, doch das schreckte sie nicht ab. Mit bloßen Füßen rannten sie umher wie Gazellen, hüpften mit ihren Kunstwerken über die Felsen bis zum Gipfel der Anhöhe hinauf und flehten mich an, irgendetwas zu kaufen.

Mit jedem Schritt schwoll das Tosen des Wasserfalls an, und schließlich erreichten Taddesse und ich bei unserem Marsch durch das hohe, grüne Gras den Schatten eines Feigenbaums. Da, am Horizont, erstreckten sich die Nilfälle – ein 450 Meter breiter Wasserstrom, der 45 Meter tief in einen scheinbar bodenlosen Abgrund stürzte. Alles, was man von oben sehen konnte, war die weiße Gischt, die beim Aufschlagen des Wassers auf die Felsen himmelwärts stob, sodass im Umkreis von 400 Metern eine Art Nieselregen auf Gräser, Farne und Schaulustige niederging. Jemand hatte ein großes Holzbrett als Sitzgelegenheit auf einen Felsen gelegt, und Taddesse griff in seine Gesäßtasche und zog ein weißes Blatt Papier heraus. Vorsichtig strich er die Falten glatt, breitete das Blatt auf das Brett und nötigte mich dann zum Hinsetzen. Ich gehorchte, amüsiert, dass er die Sorge hegte, ich könne mir das Hinterteil schmutzig machen – zumindest für den Anfang unserer Tour würde es sauber bleiben. Es war ein schöner Platz, um dazusitzen und den ewigen Regenbogen zu beobachten, der sich wie eine Bahn Seide über den donnernden Katarakt wölbte.

Taddesse deutete auf den Regenbogen. »Der Gürtel der heiligen Maria«, sagte er in seinem sorgfältig einstudierten Englisch. Die Jungfrau hatte den Gürtel den Äthiopiern, die ihr und ihrem Kind am Tanasee Zuflucht gewährten, als Geschenk überlassen. Wenn sich die Gastgeber um die heilige Familie nur halb so eifrig gekümmert hatten wie Taddesse um mich, wären sie wirklich rührend um sie bemüht gewesen. Mein junger Führer stand wie ein Leibwächter an meiner Seite, bereit, jedes andere Kind, das mir zu nahe kam, wegzustoßen, und hielt ein wachsames Auge auf die nahen Büsche, als ob sie Spionen oder gefährlichen Tieren als Versteck dienten.

Er trat jedoch zur Seite, als Belie, der zu unserer Gruppe gehörte, sich ebenfalls auf die Bank setzen wollte. Belie, ein stämmiger Kerl mit leicht hervortretenden Augen und einer Lücke zwischen den Schneidezähnen, hatte, selbst wenn er lächelte, etwas Düsteres und Bedrücktes an sich, und an diesem Morgen machten traurige Geschichten über die Gefahren, die uns drohten, ihm das Herz schwer. Sobald er sich darüber verbreitete, welche Last ein jeder zu tragen hatte, begann sich seine Griesgrämigkeit zu verflüchtigen. Am Schluss war er geradezu vergnügt. Ich jedoch wurde immer mutloser. Zunächst wies Belie auf den Hang, der zu den Felsen und zum Wasser hin abfiel, und ermahnte mich, auf dem nassen Gras vorsichtig zu sein. Schließlich seien drei *ferenjocch* hier ausgeglitten und zu Tode gestürzt, als sie an ihren Kameras herumfummelten. Ihre Körper seien nie gefunden worden. Er sah todernst aus.

»Und Äthiopier?«, fragte ich. »Sind irgendwelche Äthiopier hier gestürzt oder runtergesprungen?«

Belie nickte. »Ja, so mancher, der seine Liebe verheimlichen musste, ist hier runtergesprungen. Und ein Paar, dem die Eltern verboten hatten, einander zu lieben. Sie wollten fliehen und versuchten den Fluss zu überqueren – genau hier«, sagte er und zeigte auf die breite Stelle unmittelbar vor den Fällen, »doch ihr *tankwa* ist gesunken, und sie sind ertrunken.«

Noch viel gefährlicher seien jedoch die Dschinns, böse Geister, die in den wilden Wassern des Flusses lauerten. Sie lebten dort unten in den trüben Tiefen des Abbai mit guten Geistern Seite an Seite, sagte Belie. Ihre Haut sei tiefschwarz, sie hätten lange, spitze Klauen und sähen aus »wie Satan persönlich«.

»Die weiblichen Dschinns locken Männer ins Wasser«, erklärte Belie. »Sie bringen sie dazu, dass sie sich in sie verlieben, und wenn dann der Mann ans Wasser geht, ziehen sie ihn zu sich herab, bis er tot ist. Manche Dschinns können verschiedene Gestalten annehmen, sich zum Beispiel in eine Hyäne oder Schlange verwandeln; vielleicht werden sie dich nachts angreifen, doch du wirst sie niemals finden.«

»Gibt es überall im Blauen Nil Dschinns?«, wollte ich wissen.

»Ja, sie können überall sein. Sie beobachten dich, wenn du nicht aufpasst.«

Es hörte sich so an, als benähmen sich die Dschinns ganz ähnlich wie die *shiftas*, die in der Schlucht lauerten. Um uns gegen Letztere zu schützen, hatten wir Tenos Männer und ihre Kalaschnikows, doch was sollten wir gegen diese bösen Geister tun, die ihre Gestalt wechseln konnten?

Belie zuckte gleichgültig die Schultern. »Manche opfern ihnen ein Huhn, doch dafür ist heute nicht der richtige Tag«, sagte er. »Andere gehen zu einem *dabtera*, einem besonderen Priester. Er kann Zaubersprüche gegen sie aufschreiben. Aber du musst einen Termin ausmachen, wenn du ihn treffen willst.«

Offenbar mussten wir dem Dschinn ohne jeden Beistand gegenübertreten.

Belie sah sich nach den jungen Mädchen um. »Schau dir dieses Mädchen an«, sagte er und deutete auf ein ungefähr sechs oder sieben

Jahre altes Kind. »In dem Lederetui um den Hals hat es einen Schutzzauber.«

Das kleine Mädchen trug ein pinkfarbenes Kleid, das an der Schulter zerrissen war, und wich scheu zurück, als ich es anschaute. Um seinen Hals baumelten ein mit etwas Goldpapier eingefasstes Holzkreuz und ein dickes, würfelförmiges Etui aus dunklem Leder, das an einem Baumwollriemen befestigt war. Vater oder Mutter hatten das Mädchen zum *dabtera* gebracht – vielleicht, als es krank war oder die Furcht es ergriff, dass ihm etwas Böses widerfahrenen könnte. Wahrscheinlich hatte der Priester einige Sprüche aus der Bibel oder dem Gebetbuch auf ein Stück Leder geschrieben und eine magische Zeichnung hinzugefügt, dieses dann zusammen mit einem kleinen Stück Hyänenhaut zusammengefaltet und alles in den Lederbehälter gesteckt.

»Das kann gegen die Dschinns und die *budas* schützen, die Menschen mit dem bösen Blick«, sagte Belie.

Auch den *budas* waren wir also schutzlos ausgeliefert, und ich zog kurz in Erwägung, das Mädchen zu fragen, ob es uns seinen Zauber leihen würde, doch damit wäre uns nicht geholfen gewesen, da solche Amulette immer im Hinblick auf eine bestimmte Person angefertigt werden. Nein, wir würden uns – so gut wir konnten – mit diesen Geistern selbst auseinandersetzen und hoffen müssen, keinem *Buda* zu begegnen, denn *Budas* waren noch lästiger, weil es sie überall gab. Man konnte mit einem zusammenleben, einen zum Nachbarn haben oder durch einen unglücklichen Zufall einen auf dem Markt sehen und brauchte es noch nicht einmal zu merken – bis das Böse einen anfiel.

»Es ist einfach jemand, der einen bösen Geist in seinem Innern hat, und wenn er dich anschaut, kann dieser böse Geist dir Schaden zufügen«, erläuterte Belie. »Die Person selbst möchte dir nicht schaden.«

Als weiteren Schutz gegen die Geisterwelt und als Zeichen ihrer Zugehörigkeit zum christlichen Glauben hatte das Mädchen auf der Mitte der Stirn eine blaue Tätowierung in Form eines Kreuzes sowie zwei kleine Narben im Bereich der Augenbrauen. Viele Godschamis fügen ihren Kindern Schnittwunden an den Augenbrauen zu, weil sie glauben, dass es deren Augenlicht schützt. Außerdem finden sie es schön. Fast alle meine Godschami-Studenten hatten vernarbte Augenbrauen, und ich brauchte nicht lange, um sie anhand dieses oder anderer religiöser Zeichen einer ethnischen Gruppe zuordnen zu lernen. Wenn es schon für mich einfach war, diese Menschen auseinander zu halten, so musste es für einen Äthiopier noch einfacher sein, dachte ich oft. Tatsächlich waren die Äthiopier sich ihrer Gruppenzugehörigkeit sehr bewusst. Sie konnten blitzschnell Unterschiede ausmachen und waren in der Regel außerordentlich darauf bedacht, sich gegenüber anderen Gruppen abzugrenzen. Ihre Gesellschaft hatte die vielfältigsten Facetten und war nicht besonders geschlossen.

Belie beterachtete eingehend den Wasserfall. Es war fantastisch, wie diese Unmengen von brodelndem Wasser in der Sonne glitzerten und kleine gelb-blaue Vögel in den Regenbogen hinein- und wieder herausflitzten. Belie spähte nach etwas anderem. »Es gibt große Schlangen hier«, sagte er mit einem Anflug von Freude darüber, dass diese Mitteilung mich vielleicht beunruhigen könnte. »Ich glaube, ihr nennt sie ›Pit...‹« Er zögerte.

»Pythons«, sagte ich.

»Ja, Pythons. Riesenschlangen. Sie können sechs Meter lang werden und fressen alles: Affen, große Vögel, Kinder.«

Wie gerne hätte ich solch eine riesige Schlange gesehen, doch das sagte ich Belie nicht. Er wollte, dass ich bestürzt war, und in gespieltem Schrecken zog ich die Augenbrauen hoch.

Cheesman war bei seiner Expedition das Glück beschieden gewesen, zwei Pythons zu sehen. Eine davon hatte ihn fast umgebracht. Er kam im Mai 1926, der Jahreszeit, in der das Wasser des Blauen Nils am niedrigsten steht und der Wasserfall den Blick auf die Felskante aus Vulkangestein freigibt, über die sich die Tisisat-Fälle ergießen. Oberhalb des Wasserfalls kletterte er mit seinen Männern von Felsblock zu Felsblock, dann stiegen sie über die Klippe zu einer Sandbank hinter dem Katarakt ab, indem sie sich an Kletterpflanzen und Baumwurzeln entlanghangelten. Nur war eine Wurzel gar keine Wurzel, sondern der Schwanz einer Python. Der Mann, der danach griff, »fiel vor Angst fast hin ... und prallte heftig gegen mich«, schrieb Cheesman. Der Zusammenstoß hätte den britischen Konsul fast in den nassen Schlund der Tisisat-Fälle befördert. Die Männer schlugen auf die Schlange ein, bis sie tot aussah, und warfen sie dann auf die Felsen hinunter, wo sie bewegungslos liegen blieb. Doch als sie hinabstiegen, um sie zu suchen, war die Schlange verschwunden – wie ein Dschinn – Dämon.

Auch andere berühmte Nilreisende wie Pater Jerome Lobo und James Bruce hatten die Nilfälle besucht und auf derselben Anhöhe wie ich jetzt gestanden, um das gewaltige Schauspiel zu bewundern. Vielleicht hatten sie einen Führer wie Belie gehabt, der einen auf charmante Art neckte und es vielleicht ein wenig genoss, wenn er sah, wie es einem weltläufigen *ferenji* leicht unbehaglich wurde.

Ich schüttelte Belies dunkle Erläuterungen mit einem Achselzucken ab. Die Schönheit des Regenbogens und die freundliche Kinderbande wollte ich in meinem Herzen bewahren. Hier war das Tor zur Schlucht, für manche war hier sogar der eigentliche Beginn des Blauen Nils, und es schien mir passend, die Reise an einem Punkt zu beginnen, der wahre Liebende, verführerische Geister und kühne Männer angezogen hatte – und an dem Maria so dankbar ihren Gürtel zurückgelassen hatte.

Nevada, Bruce und Mick hatten die grosse Kaskade von möglichst vielen Standpunkten aus fleißig fotografiert. Der Blaue Nil hatte noch andere, kleinere Wasserfälle, aber nichts vergleichbar Großartiges zu bieten, und sie wollten sichergehen, dass sie die bestmöglichen Aufnahmen im Kasten hatten. Dann kam Belies Bruder Adane zu uns hochgelaufen. Es sei Zeit zu gehen, sagte er. Mike Speaks hatte ihn geschickt, um uns zu sagen, dass die Esel beladen waren und Tenos Männer sie bereits den Pfad hinabführten. Wir sollten aufschließen.

Der allzeit eifrig bemühte Taddesse sprang sofort an meine Seite und bot mir seine Hand, um mir beim Aufstehen von der Bank zu helfen. Anscheinend dachte Taddesse, weil ich eine *ferenji* war, müsse ich schwach sein. Diese Haltung war mir schon bei früheren Wanderungen in den ländlichen Gegenden Äthiopiens begegnet. Für gewöhnlich starrten einen die Kleinbauern völlig konsterniert an, unsicher, ob sie eine Trage bringen oder einen huckepack weiterschleppen sollten. Es konnte nicht angehen, dass jemand, der ganz offensichtlich der Oberschicht angehörte, längere Strecken zu Fuß ging. Die Frage »Missus, wo ist Ihr Auto?« war unvermeidlich. Manchmal brachte jemand ein Pferd oder ein Maultier herbei und nötigte mich zu reiten.

Ich gab Taddesse ein paar Birr für all die Aufmerksamkeiten, die er mir erwiesen hatte, besonders aber für dieses Blatt Papier, das meinen

Ein orthodoxer äthiopischer Priester segnet eine Frau mit Wasser aus den heiligen Quellen am Mount Gische. Viele Äthiopier sehen in den Quellen den Ursprung des Blauen Nils oder *Abbai Wenz* – des größten Flusses ihres Landes.

Südlich vom Tanasee donnern die Fälle des Blauen Nils – die *Tisisat*-Fälle („Rauchendes Wasser") – 45 Meter tief in einen schmalen Canyon. Unsere Expedition begann ihre einmonatige Trekking- und Rafting-Tour auf dem Blauen Nil bei diesem Aussichtspunkt über den Nilfällen.

PHOTOS VON NEVADA WIER

Zwei äthiopische Bauern begleiten Nevada und mich auf den Gipfel des 3180 Meter hohen Mount Gische. Im grünen Land von Godscham liegt die Quelle des Blauen Nils.

Sonnenuntergang am Tanasee. Zwei Fischer bringen auf den *tankwas*, den traditionellen Schilfbooten, ihr Vieh nach Hause.

Wie viele Hochlandbewohner Äthiopiens zeigt auch Mati Eich, eine Frau, die wir auf dem Markt von Sakhala kennen lernten, ihre Zugehörigkeit zur äthiopisch-orthodoxen Kirche mit einem Kreuz und einem Rosenkranz.

VIRGINIA MORELL

Flankiert von seinen Priestern, steht Mariegeta Birhane Tsige auf den Stufen der Michaelskirche in Gische Abbai. Mariegeta Birhane führte uns auf den Gipfel des Mount Gische und erzählte uns unterwegs, was er über den Blauen Nil wusste und welche Legenden sich um ihn ranken.

Hinter den Tisisat-Fällen zwängen sich die Wassermassen des Nils durch einen Canyon mit steil abfallenden Wänden. Er ist hier nur sichtbar als eine Linie dunkelgrüner Bäume. Wir jedoch folgten bei unserer Wanderung einem Pfad, der oberhalb des Flusses durch fruchtbares Ackerland führte.

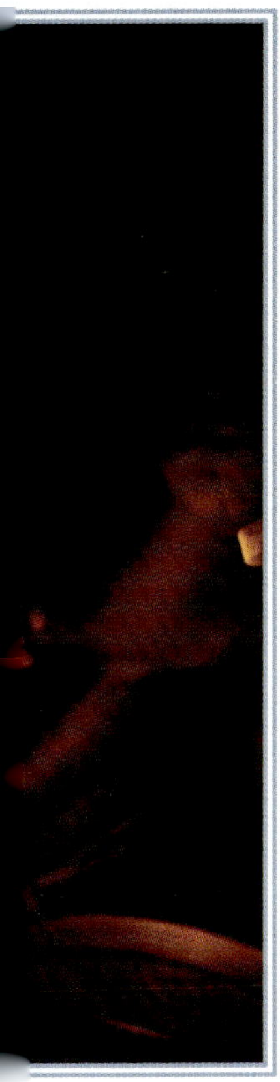

Kasawol Abate (ganz links) und verschiedene andere Träger und Wachen wärmen sich an einem Lagerfeuer am Wegesrand.

Einige Amharen aus dem Hochland hatten Angst vor uns und beobachteten uns argwöhnisch. Aus unseren hellen Augen mochte sie vielleicht der Blick eines *buda* treffen, eines bösen Geistes, den sie fürchteten. Diese junge Frau trägt Sicherheitsnadeln, Perlen und Lederamulette zum Schutz vor *budas*; die Tätowierungen auf ihrem Kinn weisen sie als verheiratet aus.

VIRGINIA MORELL

Selalem Abera Woldegiorgis, unser Chefdolmetscher, begrüßt einige Gumuz, die wir an einem tiefer gelegenen Flussabschnitt trafen.

bush, ein junger Niltramp, schloss sich unserer Trekking-Karawane für ein paar Tage an. Er war von Hun-
:n gebissen worden, sodass Kate, unsere Sanitäterin, zuerst einmal seine Wunden verpflasterte. Abush
rließ uns bei der Zweiten Portugiesischen (oder Zerbrochenen) Brücke und überquerte den aufgewühl-
n Fluss, indem er sich mutig an das Seil klammerte, mit dem er hinübergezogen wurde. Unsere drei
oote sind am gegenüberliegenden Ufer zu sehen.

Äthiopisch-orthodoxe Christen schmücken sich mit Stick- und Silberkreuzen, um ihre Religionszugehörigkeit zu zeigen. Amulette sollen sie vor bösen Geistern wie den *Dschinns* schützen, die in den Tiefen des Blauen Nils leben. Die Messing- und Silberringe weisen darauf hin, dass diese Frau verheiratet ist.

Atele Asseras, das Dorfoberhaupt von Abo Gedam, lässt den Blick über das Tal des Blauen Nils und das Gebi
Genet Jamariam – den Himmel Marias – schweifen. Atele Asseras hätte ein paar Jahre zuvor beinahe unse
ren Bootsführer Mike Speaks erschossen, weil er ihn und seine Rafter-Truppe für Invasoren hielt.

Hintern so zuvorkommend vor Ungemach bewahrt hatte, und ließ mich von ihm zurück zur Portugiesischen Brücke führen. Die Mädchen mit den Körben folgten mir dicht auf den Fersen, und schließlich gab ich nach. Ich kaufte einem Mädchen in einem dunkelgrünen Kleid einen kleinen, runden, aus rotem und grünem Stroh geflochtenen Korb ab, auf dessen Deckel eine kleine Schnecke befestigt war, und steckte ihn mit dem Gedanken, wie mitgenommen und verschlissen er am Ende der Reise aussehen würde, in meinen Rucksack. Dieser eine Kauf schien die anderen Mädchen zufrieden zu stellen; schließlich ließen sie von mir ab. Dann tauchte ein anderer Junge auf und bot mir einen abgenutzten, aus Olivenholz geschnitzten Spazierstock an, und auch diesen kaufte ich. Der Pfad war glitschig und an manchen Stellen schlammig, ein Wanderstock würde mir daher gute Dienste leisten.

Ich winkte zum Abschied und begann mit Belie und Bruce den Pfad hinunterzusteigen. Mike Speaks wartete etwas weiter vorne auf alle. Wir waren nun ungefähr drei Tage zusammen, und es war klar, dass Mike Speaks als Führer Indiana Jones nicht das Wasser reichen konnte, zumindest nicht, was die Kleidung betraf. Jeden Tag trug er dasselbe langärmelige Rippenshirt und gefiel sich darin, zu sagen, dass er es so lange tragen werde, bis es ihm in Fetzen vom Leib falle. Für die Wanderung hatte er das Shirt in ein Paar alte, fadenscheinige Shorts gesteckt, eine Schirmmütze auf den Kopf geklatscht und seinen pakistanischen Fransenschal wie einen Turban drumherum gewickelt – so ausstaffiert sah er aus wie ein armer Verwandter von Richard Burton. Er strahlte auch etwas von der Intensität aus, die Burton eigen war, und schielte nach dem Pfad wie ein ungeduldiger Familienvater. Ob alle im Anmarsch seien, wollte er wissen. Ich glaube, ja, sagte ich.

»Gut, ich will, dass wir alle zusammen den Pfad hinuntersteigen. Wir werden ein ganzes Stück weiter flussabwärts zu Mittag essen«, sagte er. Er sagte das in dem gleichen eindringlichen Ton, den ich an ihm bemerkt hatte, als wir auf den Piloten für unseren Erkundungsflug gewartet hatten.

Speaks' Nachlässigkeit bei der Wahl seiner Kleidung hatte offenbar nicht auf sein Zeitempfinden übergegriffen. Weil er sich an irgendeinen Zeitplan halten musste, hatten auch wir diesen zu befolgen, obwohl mir nicht klar war, worin der Grund für die Eile bestehen sollte.

Am ersten Tag würden wir laut Plan nur ein paar Kilometer gehen, und ich hielt es für selbstverständlich, dass die Gruppenmitglieder – vor allem Nevada, Mick und ich – ihr Tempo selbst bestimmten, um stehen bleiben, sich unterhalten oder Fotos machen zu können, wie ihre Arbeit es erforderte. Nevada hatte nicht, wie von mir erhofft, bei einem der Abendessen, die unserer Tour vorausgingen, das Wort ergriffen, um klarzustellen, dass es sich um eine Expedition von *National Geographic* handelte. Und ich hatte sie nicht nach ihrer Beziehung zu Mike Speaks gefragt, weil ich voraussetzte, dass sie sich für folgendes Arrangement entschieden hatte: Er würde sich um die Logistik kümmern, sodass sie sich auf das Fotografieren konzentrieren konnte. Da dies ihr erster Auftrag für das *National-Geographic*-Magazin war, stand sie unter enormem Druck und brauchte sich selbstverständlich nicht um die Organisation von Mahlzeiten, das Finden von Lagerplätzen oder die Suche nach Leuten zu kümmern, die vom Pfad abgewichen waren. Aber ich fragte mich schon, ob sie in Bezug auf die Frage, wo Speaks' Rolle als Hauptbootsführer endete und ihre als Expeditionsleiterin begann, nicht zu vieles als gegeben hinnahm.

Es passte mir nicht, wie Vieh den Pfad hinuntergetrieben zu werden, nicht einmal von jemandem in einem martialischen Araberschal, und ich begann mein eigenes Tempo zu gehen, um Abstand zwischen uns zu bringen. Belie kam mit, und Bruce folgte nicht weit hintendrein.

Es war ein wunderbarer Tag zum Wandern. Es war später Vormittag, am blauen Himmel blähten sich ein paar Wolken, die Luft war warm und feucht – und ich ging am Blauen Nil entlang. Kurz hinter der Portugiesischen Brücke hat der Fluss eine Rinne in den Basalt gegraben. Sie ist so tief und so eng, dass sie eher einer Rutschbahn gleicht als einem Flussbett. In der Trockenzeit ist der Nil hier nur knapp über zwei Meter breit, und man erzählt sich in dieser Gegend die Legende von einem Krieger, der just an dieser Stelle über den Nil sprang, einen Feind umbrachte und wieder zurücksprang. Selbst bei niedrigstem Wasserstand war dies kein geringes Kunststück, und der König erhob den Krieger für seine Tapferkeit in den Adelsstand. Heute jedoch würde niemand versuchen, einen Preis für das Überspringen des Blauen Nils zu gewinnen. Der Fluss war auf mindestens 15 Meter Breite angeschwollen und peitschte durch den schwarzen Basalt; dabei führte er Geröll, Äste und kleine Bäume mit sich und transportierte sie mit der Geschwindigkeit, der Kraft und dem heftigen Gerumpel einer Lokomotive durch die Stromschnellen in einen Bogen und weiter Richtung Sudan. »Dies ist der Kampf , den das Wasser gegen den Stein führt«, sagte ein alter Mann, den wir auf dem Pfad trafen, zu Belie und mir. »Im Moment ist der Abbai Sieger, doch bald wird er ermüden und eine Pause einlegen, während der Fels in der Sonne leuchten und härten wird.«

Der heroische Kampf des Abbai mit dem Felsen hatte nach Meinung von Geologen vor etwa 30 Millionen Jahren getobt, als Magma aus Rissen in der Erde quoll und das äthiopische Hochland als über anderthalb Kilometer dicke, heiße Lavaschicht überflutete. Mit der daraus entstandenen Gesteinsmasse könnte man den Grand Canyon vom Boden bis zum Rand füllen. Das ganze Schauspiel hatte eine Million Jahre gedauert – ein kurzes Augenzwinkern in der Erdzeit.

Der Basalt bedeckt Sand- und Kalksteinschichten, Sedimente eines Sees, der sich etwa vor 200 Millionen Jahren über Somalia und Äthiopien bis zum Sudan erstreckt hatte. Jahrtausende werden noch vergehen, bis sich der Blaue Nil in diese weicheren Gesteinsschichten vorgearbeitet und seinen Kampf gegen die Lava gewonnen hat. In der Zwischenzeit hält der Basalt den Fluss mit dem festen Griff eines Gefangenenwärters in Schach, indem er ihn zwingt, sich in einem großen Bogen um das zentrale Hochland zu krümmen.

Vulkanausbrüche formten auch die hohen und zerklüfteten Choke Mountains in Godscham und die Hügel und Hochebenen von Begemder, der Provinz, in der wir uns gerade befanden. Es war leicht, dem schwarzen, steinigen Pfad zu folgen. Die bloßen Füße Zehntausender Bauern hatten ihn ausgeformt. Er schlängelte sich über Felsen und durch nahe am Fluss gelegene Haine mit dünnen Bäumen. Es herrschte lebhafter Verkehr, ein steter Strom von Menschen stieg den Pfad hinunter zum Fluss und kam von dort herauf.

Diejenigen, die flussaufwärts zogen, hielten in der Regel auf die Verkaufsstände und die hellen Lichter von Bahir Dar zu, während jene, die flussabwärts unterwegs waren, ihre Geschäfte erledigt und ihre Errungenschaften – kleine Papiertüten mit Salz oder Zucker und Gefäße mit Speiseöl – in selbst gewebten Baumwolltüchern verstaut hatten. Sie waren auf dem Heimweg, und um zu ihren Höfen und Dörfern auf den Hochebenen und in den Bergen zu gelangen, mochten sie vier oder fünf Stunden oder länger brauchen. Sie gingen nicht gemächlich, sondern legten ein flottes Tempo vor, und auf ihren Gesichtern lag ein Ausdruck von Konzentration, der nur dann für Momente verschwand, wenn sie einen Blick auf Bruce und mich warfen. Dann sahen sie aus wie aufgescheuchte Rehe und starrten uns und unsere weiße Haut ungläubig an. Die meisten von ihnen hatten, wenn überhaupt, nur selten *ferenjocch* gesehen und mit Sicherheit noch keine weißen Fremden, die in der Gegend herumwanderten. Doch wir starrten sie ebenfalls an. Die meisten dieser Äthiopier waren Amhara wie unsere Führer – gut aussehende Menschen mit fein geschnittenen Gesichtern und großen Augen. Viele Frauen trugen bestickte weiße Baumwollkleider, die sie mit Gürteln zusammenhielten und die um ihre bloßen Fußknöchel raschelten. Um den Hals hatten sie silberne oder hölzerne Kreuze und längere Halsketten mit halbmondförmigen oder dreieckigen Silberamuletten, die sie von den schlimmen Auswirkungen des zunehmenden Mondes und vor dem bösen Blick schützen sollten. Die Männer waren ähnlich wie unsere Führer gekleidet; sie trugen knielange, grüne Shorts, alte Anzugjacken und handgewebte *shemmas*, die überall verbreiteten weißen Baumwollumhänge, und hatten weiße oder grüne Turbane um den Kopf geschlungen. Wir gingen an Menschen mit biblisch anmutenden Gesichtszügen vorüber – lange ovale Köpfe, hakenförmige Adlernasen –, die aussahen, als wären sie geradewegs dem Alten Testament entsprungen. Doch irgendwo am Weg waren sie auf einen Waffenhändler gestoßen, denn die meisten von ihnen hatten automatische Waffen bei sich – Kalaschnikows und G3 – und ihre Kampfstöcke.

Einige Gruppen hielten aus Neugier, wer wir waren und wohin wir wollten, zu einer kurzen Unterhaltung mit uns an, und ein Ehepaar begleitete uns zu unserem Treffpunkt fürs Mittagessen. Der Mann bombardierte Belie mit Fragen, während seine hübsche Frau zuhörte, ohne je den Blick vom Pfad zu heben. Nach allem, was sie wusste, konnte ein *buda* in mir wohnen. Es war sicherer, mir nicht direkt in die bräunlich-grünen Augen zu sehen.

Wir brauchten nicht lange, um die Esel einzuholen. Ein paar Lasten waren verrutscht, und Tenos Männer hielten von Zeit zu Zeit an, um sie wieder zurechtzurücken. Das Mittagessen bot ihnen eine weitere Gelegenheit, das Gepäck anders zu arrangieren. Selalem war mit Teno zusammen vorausgegangen; sie warteten auf uns in einem Hain, der einem Obstgarten glich. Kate war nicht weit hinter uns; dann traf Nevada ein – das übliche aufmunternde Lächeln auf den Lippen –, und Mick kam mit Mike Speaks. Da wir alle noch nicht mit der Lagerroutine vertraut waren, warteten wir, während Selalem Brot, Marmelade und Honig auf einer blauen Plane für uns ausbreitete. Es begann leicht zu regnen, sodass wir uns nicht lange mit Essen aufhielten. Danach griff sich jeder eine Orange und einen Müsliriegel für unterwegs. Teno wollte, dass seine Esel sich an die Spitze des Zuges setzten. Seine Männer trieben sie mit Schlägen aufs Hinterteil an, und mit einem Geräusch, das wie das Klimpern von Kleingeld in einer Spardose klang, trotteten sie mit unserer Ausrüstung den Pfad hinunter.

Mitunter wand sich der Pfad so dicht am Flussufer entlang, dass er bei hohem Wasserstand unter dem schlammigen Nass verschwand. Wir sprangen über schmutzige Pfützen oder machten große Schritte von Baumwurzel zu Baumwurzel. Die Einheimischen waren längst nicht so etepetete wie wir und patschten einfach barfuß durch das Wildwasser. Eine Gruppe von Frauen, die eine Unmenge Holz auf dem Rücken trugen, drängte hinter uns nach. Die armen Frauen brachen unter dem Gewicht fast zusammen, und Bruce schaute mich mitfühlend an.

»So viel würde ich nicht einmal einem Esel zumuten«, sagte er.

»Ich auch nicht«, stimmte ich zu. Solche Bilder sähe man in vielen Teilen Afrikas allzu oft, fügte ich hinzu und erzählte ihm von den alten Leuten, die behaupteten, Esel stünden in der sozialen Rangfolge höher als Frauen.

Bruce, Mick und Mike Speaks schleppten ihr Tagesgepäck, Bruce und Mick außerdem noch eine Kameraausrüstung. Alle drei waren schwerer beladen als Nevada, Kate und ich. Aus äthiopischer Sicht musste unsere Gruppe seltsam und »falsch« wirken, so falsch, wie diese Frauen mit ihrem Gepäck uns erschienen. Es lag nahe, sich vorzustellen, dass diese Menschen vom Land sich fragten, wie unsere schwer beladenen männlichen Begleiter uns schützen sollten. Meine äthiopischen Freunde hatten mir immer wieder erklärt, ein Mann müsse frei sein, um etwaige Diebe und wilde Tiere abzuwehren.

Glücklicherweise hatten wir den schwer bewaffneten Teno und seine Truppe bei uns. Sie waren Teil der Miliz ihres Dorfes, hatte Selalem mir beim Mittagessen erklärt, und von der Regierung dazu angehalten, die Waffen immer bei sich zu haben. Einer von ihnen, Kes Jeschambel Berhanu, war zudem Priester (das amharische Wort *kes* bedeutet »Priester«) und hatte außer seiner Kalaschnikow ein großes Messingkreuz an einer Metallkette umgehängt. Er wirkte wie ein bunter Vogel, aber offensichtlich nur auf uns. Fast alle Einheimischen, denen wir unterwegs begegneten, erkannten unseren schwer bewaffneten Priester und hielten an, um sich segnen zu lassen und sein Kreuz zu küssen. Er bot uns eine völlig andere Art von Schutz, und als eine andere Gruppe bewaffneter Männer den Pfad hinunterhastete, waren wir froh, ein zugleich grimmiges und heiliges Bild abzugeben.

Eine Frau, die einen Schal über den Kopf gezogen hatte, lief ein Stück des Weges neben mir her und stellte Belie viele Fragen. Sie schnalzte mit der Zunge, als er ihr erzählte, was wir vorhatten. »Vergesst nicht, dem Abbai Brot zu geben«, warnte sie mich. »Im Wasser haust ein böser Dschinn, der hinauflangen und dich packen kann.«

Ich dankte ihr für ihre Warnung und ließ den Blick über den Fluss schweifen. Nur wenige Schritte entfernt brauste er aufgebracht dahin, wie lange, schmutzige Finger klatschten die Wellen gegen jeden Felsen, den er passierte. Man konnte sich unschwer ausmalen, wie ein Finger hinauflangte, um einen ins Wasser zu ziehen, und gerne opferte ich dem Fluss meinen letzten Müsliriegel – in der Hoffnung, dass die Geister ihn ebenso schätzten wie Brot.

Jeder Schritt schien uns einem Ort näher zu bringen, an dem Geister mit den Göttern und Heiligen des Alten und Neuen Testaments konspirative Gespräche führten. Nicht lange nachdem ich den Abbai zu beschwichtigen versucht hatte, trat ich zur Seite, um eine große, verstört wirkende Reisegruppe vorbeizulassen. Vier Männer in schmutzigen weißen Gewändern trugen eine hölzerne Trage auf den Schultern. Darauf lag ein in Lumpen und handgewebte Decken gehülltes Kind. Seine Mutter lief neben ihm her, ununterbrochen jammernd und betend.

»Es hat Fieber, *weba*, Malaria«, erklärte Selalem. »Sie sind schon seit heute Morgen auf den Beinen. Sie sind unterwegs zur Klinik in Bahir Dar.«

Die Magie und die Zaubertränke der einheimischen Priester hatten versagt, und der Familie war nichts geblieben als dieser letzte Akt der Verzweiflung, der an die Geschichte von der Erweckung des Lazarus erinnerte – obwohl das Kind so schwach wirkte, dass ich daran zweifelte, dass es sich je wieder von seiner Trage erheben würde.

Ich hatte Selalem, Teno und die dicht hintereinander trottenden Esel eingeholt und ging die letzten 800 Meter mit ihnen gemeinsam zum Camp. Es war Nachmittag, und Selalem hatte eine von Akazien gesäumte Wiese als Zeltplatz ausgewählt. Nicht weit davon entfernt sprudelte ein klarer Bach über den Pfad, und nachdem wir die Zelte aufgeschlagen hatten, gingen wir jeweils zu zweit schwimmen und baden. Hinter unserem Lager erhob sich eine hohe, von Bäumen bedeckte Klippe; vor uns toste der Blaue Nil durch die dunkle Schlucht. Bei Sonnenuntergang stob ein Paar smaragdgrüner Bananenfresser auf und flog in die Bäume, und als ich sie durch mein Fernglas beobachtete, erspähte ich außerdem kleine Gruppen von Menschen. Sie hatten sich unter Büschen und Bäumen zusammengekauert und beobachteten uns. Die meisten von ihnen schienen Kinder zu sein, doch ich sah auch ein paar Turbane – Männer. Wahrscheinlich hatten sie Waffen. Als ich ihnen zuwinkte, duckten sie sich.

Es war etwas beunruhigend, so beobachtet zu werden, vor allem, wenn man Geschichten von anderen Angriffen kannte. Doch ich bemerkte, dass Selalem und die anderen Führer diese Menschen ebenfalls musterten und dann mit ihrer Arbeit fortfuhren. Die Einheimischen waren wahrscheinlich – und verständlicherweise – nur neugierig. Es kam nicht oft vor, dass eine große Karawane mit sechs *ferenjocch* in ihrer Nachbarschaft Halt machte – das war eine Art Reality-Show, die sich direkt vor ihrer Haustür abspielte, und das mussten sie sich ansehen. Als ich in Äthiopien gelebt hatte, hatte ich festgestellt, dass Einheimische einen immer fanden, egal wo man campte. Einmal hatten meine Freunde und ich unsere Schlafsäcke auf einer Plane auf der leeren, schlammigen Pfanne des Stephaniesees im südlichsten Zipfel des Landes ausgebreitet. Keine Menschenseele war zu sehen, doch als wir aufwachten, saßen zwei Männer mit Federn im Haar und Gewehren an der Seite neben uns. Sie hatten darauf gewartet, dass wir aufwachten und sie einluden. Wir boten ihnen Tee an, den wir mit zwei großen Esslöffeln Zucker gesüßt hatten, und nachdem sie die sirupartige Brühe getrunken hatten und uns ein Dankeschön zugenickt hatten, nahmen sie ihre Gewehre und schritten in die Wüste hinaus.

Die Einheimischen oberhalb unseres Lagers waren nicht mutig genug, um die Baumgruppe zu verlassen und zu uns herunterzukommen, und verschwanden, als die Dämmerung hereinbrach. Unsere Träger zündeten ein großes Feuer an und setzten sich mit geschulterten Gewehren darum herum. Sie würden die Nacht über abwechselnd Wache halten. Wir aßen ein einfaches Nudelgericht und wärmten uns am Feuer, während Speaks einen kleinen Vortrag über den Rest der Wanderung hielt.

»Pro Tag müssen wir neun bis zwölf Kilometer zurücklegen; das ist machbar«, sagte er. »Und übermorgen haben wir einen großen Fluss zu überqueren, einen der Nilzuflüsse. Wir werden dort anhalten, die Lage prüfen und uns dann abstimmen, wo wir hinüber können. Wir entscheiden von einem Tag auf den anderen, was wir machen.«

Ich beobachtete Nevada, während Speaks redete. Wie alle anderen hörte sie ihm zu, als sei er der Anführer, und stellte niemals eine seiner Äußerungen infrage. Dann sollte es so sein, beschloss ich. Sie hatte ihm diese Rolle übertragen, und obwohl ich mich durch den Ton, den er anschlug, beleidigt fühlte, würde ich den Mund halten. Es war einfacher so. Mir lag nichts an einer Konfrontation; ich wollte es auskosten, am Blauen Nil, in diesem Land und unter diesen Menschen zu sein. Ich würde mich an die Äthiopier halten, die Geschichten zu erzählen hatten.

Keiner von uns blieb lange auf. Ich litt noch ein wenig am Jetlag, machte meine Aufzeichnungen und kroch glücklich in meinen Schlafsack. Eine Weile lang lauschte ich noch den Geräuschen der Nacht: den leisen Stimmen unserer Führer am Feuer, dem Knistern, als ein weiteres Holzscheit in die Flammen geworfen wurde, und dem stetigen Dahinbrausen des Blauen Nils. Für den nächsten Monat, dachte ich, würde dies die Melodie sein, mit der ich einschlief und aufwachte: das Rauschen des Wassers auf seinem Weg in den Sudan.

Zehntes Kapitel

Unser Camp befand sich etwa 1200 Kilometer nördlich des Äquators, sodass sich unsere Tage fast genau in zwölf Stunden Tageslicht und zwölf Stunden Nacht teilten. Gegen sechs Uhr morgens ließen sich die ersten Vorboten der Morgendämmerung vernehmen, dann explodierte der Wald um uns herum förmlich von den hellen Rufen und dem Gesang tropischer Vögel. Schnell zog ich mich an und kroch aus meinem Zelt.

Mick war auch schon auf den Beinen. Er packte gerade seine Kamera in ihre Tragetasche und nickte mir zu. »Einen frischen und fröhlichen guten Morgen!«, rief er. Mick hatte immer eine von seinen farbigen Aussie-Wendungen parat. Lächelnd erwiderte ich seinen Gruß.

Fotografen pflegen im Morgengrauen aufzustehen, und kurz darauf kam auch Nevada zum Camp zurück. Sie hatte unten am Fluss den Sonnenaufgang fotografieren wollen.

»Hat's geklappt?«, fragte ich.

»Nun ja, es war nicht ganz das, was ich mir vorgestellt hatte, aber ich habe ein paar Aufnahmen im Kasten«, antwortete sie. »Ist es nicht einfach großartig, hier zu sein?«

»Und ob. Ich kann es immer noch nicht glauben. Wirklich ein hübsches Fleckchen hier.«

Ich spähte zu dem oberhalb unseres Camps gelegenen Wäldchen hinauf. Wieder hatte sich eine kleine Gruppe dort versammelt, um uns zu beobachten; ich winkte und ging dann zum Lagerfeuer hinüber, um mir Kaffee und eine Schüssel Getreideflocken zu holen.

Selalem und ein anderer Führer, Yergale Tilahun, kümmerten sich um das Feuer und den Kaffee. Mike Speaks stand in der Nähe und redete mit Bruce. Am Tag zuvor hatte ich mich ein wenig mit Yergale unterhalten. Er war ein eher kleiner Bursche von Anfang zwanzig und hatte ein rundes Gesicht mit den ausdrucksvollen, beweglichen Zügen eines Schauspielers. Zur Begrüßung pflegte er die Augenbrauen hochzuziehen, die Mundwinkel zu einem breiten Grinsen zu verziehen und einem dann die Hand hinzustrecken. Wenn er sich über etwas empörte, riss er die Augen auf, schürzte die Lippen und griff sich ans Herz. Sein Lachen war übertrieben laut, seine Gestik theatralisch. Sobald er sah, dass ich mich dem Feuer näherte, sprang er auf und goss mir mit demonstrativer Zuvorkommenheit und unter überschwänglichen Begrüßungen galant einen Becher Kaffee ein.

Ich lachte und bedankte mich, doch mir war nicht entgangen, dass Selalem bei Yergales Gekasper keine Miene verzogen hatte. Die beiden, mutmaßte ich, trugen wohl einen kleinen Konkurrenzkampf aus.

Es dauert nie lange, bis eine Gruppe von Menschen sich in Intrigen und Verwicklungen verstrickt. Schon nach dem ersten Tag der Wanderung begannen sich kleine Allianzen und Zweierkoalitionen zu bilden. Auch wenn wir uns alle höflich und rücksichtsvoll verhielten, versuchten doch jeder, innerhalb der Gesamtgruppe kleine Netzwerke zu knüpfen. Bis dahin hatte Yergale seine Zeit meist mit Nevada und Mick verbracht. Sie mochten ihn und seine theatralische Art. Sein Englisch war ein wenig flüssiger als das Selalems, und er hatte ein Talent für Komik. Maurizio hatte Yergale für uns ausgesucht, allerdings nur für die Trekking-Etappe unserer Expedition. Nevada und Mick sprachen aber bereits davon, ihn auch für die restliche Reise anzuheuern – ein Wunsch, der Selalems Position infrage stellte. Nun also versuchte Yergale sich bei mir einzuschmeicheln.

Yergale war wirklich komisch, das stimmte, aber etwas an ihm weckte meinen Argwohn – vielleicht war er ein wenig zu clever und sich dessen auch bewusst. Wenn wir uns für einen von beiden entscheiden mussten, würde meine Wahl nach wie vor auf Selalem fallen.

Belie, ein weiterer einheimischer Führer, war nicht mehr mit von der Partie. Offensichtlich war er nur für unseren Aufenthalt in Bahir Dar engagiert worden und hatte sich schon auf den Heimweg gemacht. Sein stiller und sympathischer Bruder Adane blieb jedoch bei uns. Allmählich lernten wir auch unsere Eseltreiber kennen, die an diesem Morgen schon etwas lockerer wirkten. Mick hatte einige Meter Film darauf verwendet, sie bei ihren Arbeiten rund ums Lager und bei der morgendlichen Wäsche zu filmen, und sie zum Lachen gebracht, indem er ihnen das Ganze dann auf seinem Kameramonitor vorspielte. Jetzt grüßten sie uns mit einem Lächeln und einer Verbeugung, manche schlugen sogar die Kapuzen ihrer Gewänder zurück, als zögen sie den Hut. Selbst Tenos sauertöpfische und missbilligende Miene hatte sich aufgehellt.

Zwei unserer Treiber waren Brüder, Kasawol und Adunya Abate. Sie sahen aus wie Anfang dreißig und konnten ein wenig Englisch, da sie die Dorfschule bis zur sechsten Klasse besucht hatten. In Kasawols Blick lag eine leise Kränkung, als rechne er stets damit, enttäuscht zu werden, während Adunya über ein sonniges Gemüt verfügte und gerne lachte. Kasawol hatte keine Hemmungen, sein Englisch zu erproben. »Sister! Gut?«, rief er mir zu, als ich auf mein Zelt zuging.

»Ja«, rief ich zurück, »mir geht's gut – *tiru negn.*«

Das war der passende Kommentar zum Beginn dieses Tages, unseres zweiten Tages am Blauen Nil.

Anderthalb Kilometer hinter dem Camp verliess der Pfad das Flussufer und wand sich einen steilen, landwirtschaftlich genutzten Hügel hinauf. In Äthiopien beginnt der Frühling nach der Regenzeit, und in den folgenden Tagen wanderten wir durch eine Landschaft, die vor Leben nur so strotzte: frisches, grünes Gras, gelbe Gänseblümchen, Felder mit sprießendem *teff* – einer Art Hirse – und Mais. Euphorbien und Sternjasmin, der sich um die Zweige der Akazien rankte, erfüllten die Luft mit ihrem Duft, und rot-schwarze Feuerweber schossen wie Feuerwerkskörper in den Himmel.

Der Pfad führte an runden, strohgedeckten Hütten und an Feldern mit *Teff* vorbei, die von niedrigen Steinmauern und Büscheln von

Wildblumen gesäumt wurden. Berge, die wie riesige Ozeandampfer aussahen, türmten sich zu beiden Seiten der Schlucht, und jedes flache Stück Land war ein Flickenteppich aus Feldern, die grün und golden in der Sonne schimmerten. Auf vielen dieser Felder hockten Männer, Frauen und Kinder in kleinen Gruppen und zupften Unkraut. Einige starrten uns an, andere erhoben sich und verbeugten sich grüßend drei- oder viermal. Ein Bauer hielt sein Ochsengespann an, ließ den Pflug stehen und lief zum Feldrain, wo er die Peitsche knallen ließ. Dann formte er die Hände zu einem Trichter und verkündete die Nachricht von unserer Ankunft im ganzen Tal. Andere rannten herbei, um uns die Hand zu schütteln und uns dicke Scheiben *injera* (Brot) anzubieten oder uns auf einen Kaffee zu sich nach Hause einzuladen.

»*Tenaistellegn*! Möge Gott euch Gesundheit schenken!«, riefen wir ihnen zu, wie unsere Führer es uns beigebracht hatten. »*Endemen adderachehu*! Guten Morgen!«

Einige begannen jedoch vor Angst zu zittern, als wir uns ihnen näherten. Ein junges Mädchen, das einen großen Wasserkrug auf dem Rücken trug, brach in Tränen aus.

»Sie hat noch nie einen Weißen gesehen«, erklärte Selalem uns. Sanft nahm er sie bei der Hand und redete leise auf sie ein. Er versicherte ihr, wir seien in guter Absicht gekommen und die Beschaffenheit unserer Haut sei nicht ansteckend. Sie blickte zu Boden, und ihre Tränen versiegten.

Gerne wanderte ich mit Teno und Selalem knapp hinter der Spitze unserer langen Karawane. Teno, der einen großen Teil seines Lebens damit zugebracht hatte, in diesen Bergen herumzuklettern, hatte den stetigen, mühelosen Schritt eines Bergsteigers. Er hatte sich einen schwarzen Regenschirm unter den Arm geklemmt, den er mittags aufspannte, um sich vor der Sonne zu schützen. Wenn ich neben ihm lief, bestand er darauf, dass ich seinen Regenschirm nahm.

»Er möchte, dass du ihn nimmst«, sagte Selalem dann, »das ist besser für dich.«

So schritt ich mit dem aufgespannten Regenschirm über dem Kopf hinter den beiden her und kam mir vor wie eine moderne Reinkarnation der Forschungsreisenden Mary Kingsley, die im 19. Jahrhundert in voller viktorianischer Montur durch Westafrika gezockelt war, sorgfältig beschattet von ihrem schwarzen Regenschirm.

Manchmal schloss ich mich auch Nevada und Mick an, die mit ihren Aufnahmen beschäftigt waren. Mick filmte besonders gerne alles, was unsere Reise schwierig und mühsam erscheinen ließ: wie wir uns auf schlammigem Pfad vorankämpften, nachdem es geregnet hatte, oder wie wir unsere Zelte bei Wind aufzuschlagen versuchten. Er pflegte mit geschulterter Kamera vorauszulaufen und »Wartet! Wartet!« zu rufen. Dann drehte er sich um, richtete das Objektiv auf uns und brüllte Befehle wie ein Regisseur. Nevada war das genaue Gegenteil. Sie vertiefte sich minutenlang in eine Szene, bevor sie zu ihrer Fotokamera griff und auf den Auslöser drückte. Menschen zu fotografieren war ihre Stärke, und oft blieb sie ein wenig zurück, um den Bauern, die wir unterwegs trafen, die Hand zu schütteln und dann, wenn sie wieder bei der Arbeit waren, Bilder von ihnen zu machen. Vor allem unsere Träger ließen sich gerne von ihr fotografieren. Mitunter benutzte Nevada einen Blitz, auf den sie anfangs mit Schreckensschreien reagierten. Die Brüder Kasawol und Adunya saßen ihr eines Morgens in ihren weißen Gewändern Modell. Bei jedem Klicken und jedem Blitz zuckten ihre Körper jäh zurück, als würde mit einem Maschinengewehr auf sie geschossen. Nevada ließ die Kamera sinken, damit sie sich wieder beruhigten, aber sie hatten gar keine Angst.

»Sie sagen: ›Mach so viele Fotos, wie du willst‹«, dolmetschte Yergale. Also hob Nevada die Kamera wieder, und die Brüder zuckten weiter, jedesmal wenn sie auf den Auslöser drückte.

Hin und wieder wanderte ich auch zusammen mit Kasawol und Kes Jeschambel, unserem kriegerischen Priester. Ich schätzte ihn auf Ende vierzig. Er wirkte freundlich und onkelhaft und balancierte beim Gehen gerne seine Kalaschnikow auf beiden Schultern. Wenn wir wanderten, versteckte er sein großes Messingkreuz unter seiner weißen Robe, doch morgens trug er es über seiner Kleidung, damit all unsere Träger und Führer sich verneigen und es küssen konnten. Mit einem Kopfnicken deutete er auf die Kirchen, an denen wir vorbeikamen, und sagte »*Bete* für Christen« – ein Haus für Christen. Die Gotteshäuser throhnten immer hoch oben auf schmalen Gebirgskämmen. Sie waren Jahrhunderte alt, rund, weiß getüncht und hatten meist ein

Blechdach, das in der Sonne blinkte und so unsere Aufmerksamkeit weckte. Manchmal kamen wir an Steinhaufen vorbei, die wie kleine Steinbrüche am Rand des Pfads lagen. »*Bete* für Christen«, wiederholte der Priester dann zu meiner Verwunderung und deutete mit einer Kopfbewegung auf die Steine. Selalem erklärte, dass sich irgendwo oberhalb des Tales oder auf einem fernen Gipfel, unseren Blicken entzogen, eine Kirche oder ein Kloster befand. Die Gläubigen wussten jedoch, dass dort eine Kirche stand, und konnten an den heiligen Stätten am Wegrand einen Stein niederlegen und ein Gebet sprechen.

Am frühen Nachmittag kam Kasawol auf der Suche nach mir den Pfad hochgelaufen. Wie begrüßten einander auf Amharisch und gingen eine Zeit lang schweigend nebeneinander her. Dann wandte er sich mir zu. Ein verletzter, empörter Ausdruck stand in seinen glitzernden Augen.

»Sister«, sagte er auf Englisch, und sein Kinn bebte. »Selalem und Yergale nicht gut. Sprechen falsch. Wir [haben] kein Essen. Yergale – er geben kein Essen. Sister! Du helfen uns.« Er tätschelte seinen mageren Bauch.

Sie wurden angelogen und bekamen nichts zu essen! Das waren schwere Anschuldigungen, und ich fragte mich, warum er sich damit gerade an mich gewandt hatte. Ich wusste, dass die Träger jeden von uns beobachteten und taxierten, zusätzlich zu der Hackordnung, die wir selbst aufgestellt hatten. Die wichtigste Frage für sie war, wer das Geld hatte. Speaks hatten sie vermutlich abgeschrieben, da er kaum besser gekleidet war als sie selbst. Nevada und ich trugen nicht nur hübsche Kleider und gute Schuhe, wir besaßen auch goldene und silberne Ohrringe und Armreifen, von unseren Kameras und Ferngläsern ganz zu schweigen; wir sahen aus wie Menschen mit Geld und Einfluss. Wir könnten mit den anderen *ferenjocch* über diese Ungerechtigkeiten sprechen.

»Asnalo. Das tut mir Leid«, sagte ich. »Ich werde mich darum kümmern. Keine Sorge.« Zunächst jedoch musste ich herausfinden, was genau er meinte und ob seine Darstellung der Wahrheit entsprach.

Kasawol nickte sorgenvoll und marschierte davon.

Als ich Selalem entdeckte, sprach ich ihn auf Kasawols Beschwerde an, verschieg ihm allerdings, dass dieser ihn der Lüge bezichtigt hatte.

Selalem wusste sofort, worum es ging; irgendetwas war tatsächlich gründlich schief gegangen. Offensichtlich gab es weder Nahrungsmittel für unsere Treiber noch Geld, um welche zu kaufen. Vielleicht hatte man Yergale nicht genügend Mittel zur Verfügung gestellt, oder er hatte sie für andere Dinge ausgegeben – jedenfalls hatten die Männer am Abend unseres ersten Nachtlagers die Dorfbewohner in der Nähe um Essen bitten müssen. »Es war nicht gut, dass ihr *ferenjocch* gegessen habt, und sie hatten nichts«, sagte Selalem.

Natürlich war das nicht gut gewesen. Bei unserer nächsten Rast berichtete ich Nevada und Mike Speaks Kasawols Leidensgeschichte. Auch wenn wir nie herausfanden, was mit dem Geld für das Essen unserer Träger geschehen war, mussten sie doch nie mehr um ihr Essen betteln.

Während unserer Trekking-Etappe begannen die Tage meist sonnig und warm. Es wurde zunehmend heißer, je höher wir über der Schlucht waren. Wenn wir die steilen Hügel hinauf- und hinunterkletterten, war der Blaue Nil nur noch ein fernes Brausen, ein schwarzer Riss in einer ansonsten grünen Landschaft. Gelegentlich fanden wir einen Aussichtspunkt, von dem aus wir einen genaueren Blick auf den Fluss werfen konnten, der zwischen den schwarzen Felswänden tobte wie ein missgelauntes wildes Tier.

Bei einem dieser Aussichtspunkte zeigte Mike Speaks uns den Abschnitt des Flusses, der ihm und seinen Kunden einen gewaltigen Schrecken eingejagt hatte. »Ich war wirklich dort unten in dieser Waschmaschine«, sagte er. »Seht mal, wie steil die Canyonwände sind. Selbst wenn das Wasser nicht so hoch steht, kocht und schäumt der Fluss hier genauso wie unterhalb der Tisisat-Fälle.« Sein Team hatte gehofft, die Stelle umtragen oder die Schlauchboote an Seilen durch diese heftigen Stromschnellen bringen zu können, doch es gab keine Flussufer. »Die einzige Lösung war, in die Boote zu steigen und das Beste zu hoffen.«

Dann kenterten ihre Boote, und es gab mehrere Verletzte.

»Es war ein schrecklicher Tag – deshalb legen wir diese Etappe zu Fuß zurück«, fuhr er fort. Dann lächelte er und hob den Arm, als wolle er einem Zug das Fahrtsignal geben.

»Huuhuu! Huu!«

Auf diese Weise pflegte Speaks uns zum Aufbruch zu rufen.

Wir schafften etwa elf Kilometer am Tag – nicht besonders viel, aber wir wanderten schließlich auch nicht Luftlinie, sondern kletterten eher die Falten einer gigantischen Ziehharmonika hinauf und wieder hinunter. Die Bergketten verliefen nämlich nicht parallel, sondern im rechten Winkel zum Blauen Nil, und da wir dem Flusslauf zu folgen versuchten, waren wir gezwungen, jeden dieser Berge zu erklimmen. In den Canyons zwischen den Bergketten flossen kleine Bäche und einige größere Flüsse. Die meisten dieser Wasserläufe konnte man ohne weiteres durchwaten, lediglich einer, der Wudjow (oder Encata, je nach Landkarte), stellte eine echte Herausforderung dar.

Speaks war schon mehrfach auf dessen Überquerung zu sprechen gekommen: »Wir werden dort Halt machen, einen Blick auf den Fluss werfen und dann entscheiden, an welcher Stelle wir ihn überqueren.« Er schätzte, dass wir den Wudjow irgendwann am Nachmittag des dritten Tages erreichen würden.

Dieser Tag begann wie immer mit viel Sonne, doch nach dem Lunch türmten sich dunkle Gewitterwolken über den Bergen auf, und kurz darauf wanderten wir durch strömenden Regen. Das Gleiche war uns am Tag zuvor passiert, als wir die Stelle erreichten, die Selalem und Teno für unser Lager vorgesehen hatten. Eine gute halbe Stunde lang kauerten wir, an ein paar Felsen gelehnt, unter unseren Regenschirmen, während pfenniggroße Regentropfen auf uns niederprasselten und der Wind heulte.

»Ich dachte, die Regenzeit sei vorbei«, sagte Bruce, von dessen Regenschirm das Wasser herabrauschte wie eine Miniaturausgabe der Tisisat-Fälle.

»Nun, vielleicht sind das die letzten Nachwehen«, entgegnete Speaks. »Wie auch immer, für uns ist das gut. Es bedeutet, dass der Abbai weiter Hochwasser führen wird. Die Wassermenge wird ausreichen, um uns bis in den Sudan zu befördern.«

Der Regen kühlte und befeuchtete die Luft, und als er schließlich aufhörte, leuchteten die grünen Felder und Berge wie die Smaragde von Oz.

Als der Regen diesmal über uns hinwegfegte, waren wir ungefähr noch anderhalb Kilometer vom Wudjow entfernt.

»Gut, dann machen wir hier Halt und errichten das Camp dicht am Fluss«, sagte Speaks. »Überquerung morgen früh.«

Wie die meisten Flüsse, die in den Blauen Nil münden, entspringt der Wudjow hoch oben in den Bergen. Er fließt durch die Hügel und Hochebenen von Begemder, fällt dann in einen V-förmigen Canyon und schießt in einer Reihe kleiner Wasserfälle und Kaskaden zu Tale, bis er sich in den Nil ergießt. Unser Pfad führte einen steilen Hügel hinunter bis zu einer grasbewachsenen Terrasse über dem Geröllbett des Flusses, eine Stelle, die etwa anderthalb Kilometer vor diesem Zusammenfluss lag.

An der Furt war der Wudjow ungefähr 30 Meter breit und so rot und schlammig wie der Blaue Nil. Er strömte mit hoher Geschwindigkeit dahin und sah recht tief aus. Teno und einige seiner Männer hatten ihn vor uns erreicht, und ein paar von ihnen standen bereits am anderen Ufer.

Speaks blieb stehen, als er Teno am gegenüberliegenden Ufer erblickte. Einen Moment lang wirkte er verwirrt, dann aufgebracht.

»Scheiße!« fluchte er. Dann stampfte er zu den übrigen Eseltreibern hinüber, die sich gerade anschickten, weitere Tiere durch den Fluss zu führen. Einige unserer äthiopischen Führer hatten sich bis auf die Unterwäsche oder komplett ausgezogen und bedeckten ihre Blöße züchtig mit einer Hand, als Nevada, Kate und ich näher kamen.

Speaks' Stimme nahm an Lautstärke zu. »Was zum Teufel hat er da drüben zu suchen?«, brüllte er Selalem und Yergale an. »Ich habe allen gesagt, sie sollen am Flussufer warten. Ohne meinen Befehl sollte niemand den Fluss überqueren. Sagt ihm, er soll zurückkommen.«

Selalem und Yergale wechselten Blicke, dann sahen sie zu Teno hinüber, der seinen Männern durch Zeichen zu verstehen gab, dass sie zu ihm kommen sollten. Selalem und Yergale riefen ihm zu, was Speaks befohlen hatte. Teno schüttelte den Kopf und schrie etwas zurück.

»Er sagt, wir müssen jetzt rüber«, dolmetschte Selalem. »Der Fluss steigt, weil es geregnet hat. Wir müssen sofort rüber. Morgen wird es vielleicht noch schlimmer.«

Speaks schüttelte den Kopf. »Mein Befehl lautete anders.«

»Ja, aber Teno sagt, es ist besser, wir gehen jetzt«, wiederholte Selalem geduldig.

Yergale nickte. »Teno kennt diesen Fluss. Wir sollten ihn jetzt durchqueren.«

In den wenigen Minuten, die wir am Flussufer standen, war das Wasser um fast acht Zentimeter gestiegen. Es überströmte schon das trockene Ufergeröll.

Speaks jedoch dachte gar nicht daran nachzugeben, bis er gesehen hatte, wie die Männer einen Esel hinüberführten. Das verzögerte zwar alles, aber niemand hatte Lust, weiter zu streiten. Adane und zwei weitere Führer führten den Esel bis zum Uferrand und dann in den Strom. Adane hielt sich dicht am Kopf des Tieres, dirigierte es in die richtige Richtung und redete ihm gut zu, bis sie die andere Seite erreicht hatten. Dann schwamm er mit kräftigen Zügen durch die roten Wellen zurück, die zusehends höher wurden, je stärker der Fluss anschwoll. Offenbar hatte es in den Bergen wie aus Kübeln gegossen, und dieses Wasser wallte nun wie eine Sturzflut auf uns zu.

Teno schrie wieder und schwenkte seinen Stecken in unsere Richtung.

»Wir sollen kommen – und zwar schnell«, sagte Yergale.

Auch wenn Speaks immer noch wütend aussah und die Zähne fest zusammenbiss, gab er schließlich nach. Man wusste nicht, was der Morgen bringen würde, und wenn wir den Fluss jetzt überqueren konnten, wie uns die Männer immer wieder beschworen, dann sollten wir das auch tun.

»Okay«, sagte Speaks. »Aber ich will, dass drei Männer mit jedem *ferenji* rübergehen.«

Kate ging als Erste, den Rock bis zur Taille hochgebunden. Zwei Führer packten sie an den Armen, ein weiterer stützte sie von hinten. Mit vorsichtigen Schritten und einem Stock als Hilfe war sie nach wenigen Minuten sicher am anderen Ufer angelangt. An der tiefsten Stelle, kurz hinter der Flussmitte, hatte ihr das Wasser gerade bis zur Taille gereicht.

Anschließend begleiteten Kasawol und Adunya mich hinüber. Es waren nicht unbedingt drei Männer nötig, um einem einzigen *ferenji* zu helfen, obwohl die Strömung stärker war, als ich erwartet hatte, und man schon nach ein paar Schritten bis zu den Oberschenkeln im Wasser stand. Ich hatte meine Boots anbehalten und fand leicht Halt – bis das Wasser nach etwa zwei Dritteln der Strecke plötzlich auf Brusthöhe stieg und mir die Beine wegzog.

»*Ayezoch! Ayezoch*!«, schrien Kasawol und Adunya und packten meine Arme fester. »Keine Angst, alles in Ordnung!«

Wir kämpften uns durch eine Reihe von Stromschnellen und stolperten schließlich das felsige Ufer empor. Kasawol und Adunya warteten nicht, sondern kehrten sofort um, um Nevada zu holen, während Bruce sich auf eigene Faust in die Fluten stürzte. Der größte Teil unserer Esel und Führer hatte schon das sichere Ufer erreicht. Teno stand neben mir und beobachtete angespannt, wie die beiden Brüder erst Nevada und dann Selalem herüberbegleiteten. Das Wasser war inzwischen um etliche Zentimeter gestiegen. Plötzlich schrie Yergale, der mit einigen Führern herübergekommen war: »Da!« und zeigte auf eine Stelle, wo das Wasser bereits an unseren Taschen und Vorräten leckte. Noch vor ein paar Minuten hatten sie in sicherer Entfernung vom Ufer gelegen, doch nun drohten sie weggespült zu werden.

»Das Wasser steigt zu hoch!«, schrie Yergale, als wir unsere Taschen in Sicherheit brachten.

Mick, Mike Speaks und Adane, die immer noch auf der falschen Seite des Flusses waren, schickten sich gerade an, ihn zu überqueren. Mick hatte bis zur letzten Minute gewartet, um alles zu filmen, und musste noch seine Kamera einpacken.

»Nicht kommen!«, brüllte Yergale zu ihnen hinüber. »Es ist zu tief, zu gefährlich!«

Speaks brüllte irgendetwas zurück, das wir nicht verstehen konnten. Sie waren noch immer mit ihrer Ausrüstung beschäftigt, und der Fluss stieg weiter.

Mick hängte sich sein Stativ über die Schulter, und Adane griff nach der Kameratasche. Untergehakt stieg das Trio ins Wasser. Sekunden später reichte es den Männern bis zur Hüfte und dann bis zur Brust. Auf halber Strecke begannen plötzlich alle drei gleichzeitig mit den Beinen zu schlagen. Sie hatten den Halt verloren und wurden von der Strömung abgetrieben.

»O nein!«, schrien Nevada und Kate.

Alles rief und brüllte durcheinander, und mehrere Führer rannten zum Fluss, in der Hoffnung, die Männer irgendwie zu erreichen. Doch die drei trieben vorbei, Mick und Mike wild strampelnd und Adane, den das Gewicht der Kameratasche nach unten zog, mit dem Kopf unter Wasser. Irgendwie gelang es ihm, das Gesicht nach oben zu drehen und nach Luft zu schnappen, einmal, zweimal, und im nächsten Moment erreichten sie eine flache Stelle und einen Felsen. Gerettet.

»Ich dachte schon, ich wäre auf dem besten Weg, den guten alten Nil-Stromschnellen mal wieder einen Besuch abzustatten«, sagte Mike Speaks, nachdem er ans Ufer getorkelt war. »Puhh!«

Mick sah bleich aus, und Teno, Kasawol und Adunya liefen zu ihm, umarmten ihn und küssten ihn auf die Wangen. Er setzte sich, um wieder zu Atem zu kommen. Adane ruhte sich ganz in der Nähe aus.

Teno ging zum Ufer hinunter, und ich folgte ihm, weil ich dachte, ich könnte ihm auch mit meinen beschränkten Amharisch-Kenntnissen verständlich machen, dass uns allen bewusst war, dass er die richtige Entscheidung getroffen hatte. Doch ich kam nicht dazu, auch nur ein Wort zu sagen. Als er mich entdeckte, fuhr er herum und ließ einen Hagel zorniger Worte auf mich niederprasseln. Mit blitzenden Augen zeigte er auf den Fluss und schüttelte den Kopf. Ich verstand nur hier und da ein Wort, aber es war klar, was er meinte. Wir hätten den Fluss überqueren sollen, sobald wir bei der Furt waren; durch die Verzögerung hätten wir beinahe einige Männer verloren.

Teno hatte allen Grund, wütend zu sein. Im Unterschied zu uns kannte er das Land, den Pfad, die Flüsse. Wenn ich die Worte hätte finden können, hätte ich ihm gerne gesagt, dass ich nicht wusste, warum wir nicht auf seinen Rat gehört hatten oder warum Mike Speaks ihn nicht um Hilfe gebeten hatte. Vielleicht verhielt es sich damit wie mit der Frage nach dem richtigen Weg – einem Witz zufolge können nur Frauen diese Frage stellen, weil das Gen, das einen dazu befähigt, an einer Tankstelle um Hilfe zu bitten, auf dem Y-Chromosom schlicht fehlt.

Ich murmelte: »*Asnalo* – es tut mir Leid«, und als ich Selalem sah, bat ich ihn, sich wortreicher bei Teno zu entschuldigen.

Teno zuckte die Achseln, warf sein Gewand über die Schulter und ging mit steifen Schritten und einem Gesichtsausdruck davon, der so verärgert und mürrisch war wie am Anfang der Reise.

Hinter uns hatten Kasawol und Adunya eine Tasche geöffnet und drei Brotlaibe herausgenommen. Sie brachen sie in Stücke, sprachen ein Gebet und warfen das Brot in den Fluss. Sie waren noch immer nackt und standen auf einem schwarzen Felsblock, die braunen Zehen fest in den Untergrund gekrallt, während sie dem Fluss ihre Gabe darbrachten.

»Sie danken den Geistern dafür, dass wir den Fluss durchqueren durften und dass sie uns am Leben gelassen haben«, sagte Selalem.

Die anderen Männer standen da und beobachteten, wie das Brot in die Stromschnellen fiel und Richtung Abbai fortgewirbelt wurde.

Sowohl Tenos Ärger als auch die Geisterzeremonie schienen Mike Speaks völlig kalt zu lassen. Er war mit seinem Gepäck und dem nächsten Abschnitt unserer Wanderung beschäftigt. Ich hatte mir vorgenommen, ihn zu mögen, und das gelang mir auch, wenn er eins seiner albernen Lieder sang oder uns mit einem alten Fernsehjingle aus den 50er-Jahren aufzuheitern versuchte. Aber er hatte auch eine unangenehme Sturheit an sich, die ihn manchmal unnahbar machte. Beim Lunch hatte er uns erzählt, dass eine seiner früheren Freundinnen ihn hatte überreden wollen, seine alten, abgetragenen Hemden durch ein paar neue zu ersetzen. Er hatte lieber die Freundin als seine Hemden abgelegt.

»Immerzu verlangen die Leute, dass ich mich ändere«, hatte er in seinem schleppenden Tonfall erklärt. »Aber ich ändere mich nicht. Das habe ich nie getan, und das werde ich auch in Zukunft nicht tun.«

Ich spähte voraus auf den Pfad. Teno war weit vorne, er bahnte sich gerade einen Weg durch die Stoppeln eines Maisfelds. Ich beschleunigte meinen Schritt und reihte mich schweigend hinter ihm ein.

Ein paar Stunden später erreichten wir die Stelle, wo unser drittes Lager aufgeschlagen werden sollte. Wie an den Tagen zuvor campierten wir am Rand eines kleinen Dorfs und waren bald umringt von einer Schar Bewunderer. Je weiter wir uns von Bahir Dar entfernten, desto scheuer und höflicher wurden die Menschen. Niemand rief mehr »*Ferenji*!« oder »*You*! *You*! *You*!« oder bettelte. Die Leute wollten sich lediglich den Zirkus anschauen, der gerade ins Dorf gezogen kam.

Wir lieferten ihnen eine gute Show – nicht nur, weil wir leuchtend gelbe Kuppelzelte mit ausgefallenen schwarzen Zeltstangen hatten; wir zogen auch wie Zauberer alle möglichen wundersamen Dinge aus unseren Taschen. Außerdem hatten wir Medikamente dabei, und Kate war so freundlich, jeden Morgen eine kleine Sprechstunde abzuhalten und Leute mit Schnitt- und Brandverletzungen, Bauch- und Kopfschmerzen zu behandeln.

Es gab in diesem Dorf ungefähr 20, von niedrigen Steinmauern umgebene Häuser, zwischen denen unbefestigte Wege verliefen. Eine Familie lud Nevada und mich ein, sie zu besuchen. Wir traten durch ein hölzernes Tor in eine Art Stall aus Lehm, in dem Hühner nach Getreidekörnern pickten. Drei Frauen – Mutter, Tochter und Schwiegertochter – standen auf der Schwelle des Hauses und beobachteten uns. Zwei Reihen blauer Tätowierungen führten wie eine Kette von einem Ohr um ihr Kinn herum bis zum anderen Ohr – das Zeichen, dass sie verheiratet waren. Sie trugen bestickte Kleider, Silberkreuze und Amulette, die sie gegen die *budas* schützen sollten, sowie Kupferarmbänder und Ohrringe. Auch Nevada Ohren zierten mehrere wunderschöne goldene Ohrringe, und die Frauen kamen näher, um sie zu betrachten. Sie wollten sich ebenso unser Haar und unsere Haut genauer ansehen. Die Tochter griff schüchtern nach meiner Hand und drehte vorsichtig meinen Arm, um die Unterseite zu betrachten. Meine Venen waren deutlich sichtbar und schimmerten blau – zweifellos schockierend für jemanden, der nie zuvor so weiße Haut gesehen hatte.

»Ich sehe bestimmt aus, als sei ich aus Glas«, sagte ich zu Nevada. »Sie können durch mich hindurchsehen.«

Die Tochter stieß einen leisen Schrei der Überraschung aus und strich sanft über meinen Arm. Nun gut, dann waren wir eben nicht nur Zauberkünstler aus dem Zirkus, sondern auch noch Missgeburten. Sie lächelten uns an – aber ich hatte das Gefühl, es war ein mitleidiges Lächeln. »Ihr Ärmsten ... so schreckliche Haut zu haben!«

Wir hatten unsere Zelte auf einem grünen, offenen Feld unterhalb des Dorfes aufgeschlagen. Unterhalb des Camps fiel das Land zur Nilschlucht hin ab, um auf der anderen Seite bis zu den hohen, terrassenförmigen Bergen von Godscham anzusteigen.

An diesem Abend aßen wir Ziegenfleisch, das die Männer über offener Flamme gegrillt hatten. Die Äthiopier lieben Fleisch, und nach der Flussdurchquerung waren alle in Hochstimmung. Wir saßen um das Feuer herum und nagten die Knochen ab. Dann fragte Selalem, ob einer der Männer für uns singen könnte. Sofort stimmte ein grauhaariger Träger einen lautstarken, rhythmischen Gesang an, während die anderen leise dazu sangen und summten wie der Backgroundchor einer Rockgruppe. Der Gesang wurde lauter und schneller, bis Kasawol und Adunya aufsprangen und zu tanzen begannen. Sie schüttelten ihre Schultern und stießen in schnellen, schlangengleichen Bewegungen mit den Köpfen nacheinander. Ihr Blick wurde glasig, der Gesang immer eindringlicher, bis er schließlich in einen schnellen Singsang mündete: »*Ehskiseta*h, *Ehskisetah, ehsk, ehsk, ehsk*«, dann abrupt endete, um wieder von vorn zu beginnen. Die Brüder kamen mit ausgestreckten Händen auf Nevada und mich zu. Wir sollten ebenfalls tanzen.

Nach vielen weiteren Gesängen und Tänzen verabschiedeten wir uns und ließen die Männer mit den Fleischresten und dem heimischen Bier allein.

Ich hatte mein Zelt direkt unterhalb eines kleinen Hügels errichtet, und auf dem Weg dorthin kam mir aus irgendeinem Grund der Gedanke: »Welch ein großartiges Versteck, um unser Kommen und Gehen zu beobachten.« Fast meinte ich, jemanden gesehen zu haben, der sich duckte, als ich näher kam, doch das war ziemlich unwahrscheinlich. Alle, denen wir bisher begegnet waren, waren uns freundlich gesinnt, außerdem hatten sie unser Lager bei Sonnenuntergang verlassen. Ich hatte in Äthiopien schon an Orten gecampt, an denen die Leute meinen Lagerplatz auch nicht für eine Minute aus den Augen gelassen hatten. Sich vor Zuschauern die Zähne zu putzen oder zu pinkeln war ziemlich gewöhnungsbedürftig. Sie konnten die gleiche Hartnäckigkeit entwickeln wie Fliegen auf einem faulenden Stück Fleisch. Egal, ob man zornig wurde oder lachte oder zu weinen begann – sie würden nicht gehen. In solchen Momenten kam ich mir vor wie das Exemplar einer seltenen Spezies – genau so hatte manch europäischer Biologe Volksstämme betrachtet, die in den entlegeneren Gegenden von Afrika lebten. Immerhin war ich nicht zu Demonstrationszwecken »gesammelt« und mitgenommen worden wie einige dieser bedauernswerten Menschen.

Die Nacht war kalt. Ich zog mir meinen Schlafsack über den Kopf und schlief kurze Zeit später ein.

Manche Geräusche wecken einen schlagartig. Noch bevor man richtig wach ist, weiß man, dass irgendetwas nicht stimmt. Als Erstes drang das wilde Getrappel von Eseln, die an meinem Zelt vorbeistürmten, in mein umnebeltes Bewusstsein. Hatte eine Hyäne sie angegriffen? Ich setzte mich auf. Menschen rannten und schrien etwas. Ich sah einen Blitz und hörte das laute Krachen einer Kalaschnikow. Ein Schuss, dann ein zweiter und dritter. Ich warf mich auf den Zeltboden, und mein Herz schlug bis zum Hals, als zwei weitere Schüsse durch die Nacht hallten. Während ich mich so eng wie möglich an den Boden presste, dachte ich an einen Bergsteigerfreund und seine Frau, die im Schlaf in ihrem Zelt in Afghanistan erschossen worden waren.

Meine Gedanken rasten. Hatte sich jemand hinter diesem Hügel versteckt? Griffen die *shifta* uns an? Man hörte immer noch Schreie, aber keine Schüsse mehr, und wir riefen uns gegenseitig aus unseren Zelten. Waren alle okay? Was um Himmels willen war geschehen?

Es sei nur ein Eseldieb gewesen, erklärte Selalem. Er war entkommen, hatte aber seine Beute zurücklassen müssen.

Ich öffnete den Reißverschluss meines Zeltes und starrte hinaus in die Nacht. Kasawol und Adunya kamen herbei, sie riefen und gestikulierten. Auch Mike Speaks hatte sein Zelt verlassen und lief mit einer Taschenlampe auf und ab. Niemand war verletzt, alles war in Ordnung. Ich legte mich wieder hin, aber mein Herz hörte minutenlang nicht auf zu rasen. Ich hatte noch nie zuvor gehört, wie eine Kalaschnikow oder irgendeine andere automatische Waffe abgefeuert wurde, außer im Film. Hier war ich nah genug am Geschehen gewesen, um nicht nur die Schüsse zu hören, sondern auch das grelle Blitzen des Mündungsfeuers zu sehen.

Ein Eseldieb, redete ich mir zu. Kein *Shifta.* Unsere Männer hatten geschossen. Es ist nichts passiert, wiederholte ich im Geiste wieder und wieder, ich kann beruhigt weiterschlafen. Aber ich wälzte mich nur herum und war froh, als endlich der Morgen graute.

Auch die Dorfbewohner waren mit dem ersten Morgenlicht auf den Beinen. Sie wollten wissen, was passiert war.

Das wollten wir alle. Einige Zeit nachdem die Feier beendet war, hatte sich ein Mann ins Lager geschlichen und sich mit einer Eselstute davongemacht. Er hatte sie unterhalb des Hügels angebunden und war anschließend in aller Dreistigkeit zurückgekommen, um auch noch ihr Fohlen zu stehlen. Dann waren die Esel in Panik geraten und herumgaloppiert, unsere Männer waren aufgewacht und hatten zu ihren Gewehren griffen.

»Sie wollten ihn nur treffen, nicht erschießen«, sagte Selalem, während Kasawol so tat, als ziele er mit seiner Kalaschnikow auf einen imaginären Feind. Er hatte zwei Schüsse abgefeuert, sein Bruder einen.

»Aber sie hätten ihn erschießen sollen«, klagte ein Dorfbewohner. Andere bestanden darauf, dass der Mann »sicher nicht von hier« gewesen sei, »unter uns sind keine Diebe«.

»Wahrscheinlich«, meintte ein anderer Mann mit blauem Turban und einem kupfernen Piratenring, der in seinem Ohr glitzerte, »war es ein Geist. Ein Teufel aus dem Gihon, der die Gestalt eines Diebes angenommen hat. Deshalb konntet ihr ihn auch nicht erschießen.«

»Der Gihon?«, wandte ich mich fragend an Selalem.

»So heißt bei ihnen der Abbai, der Blaue Nil«, erklärte er.

Ich hatte zwar gelesen, dass einige Äthiopier diesen biblischen Namen gebrauchen, aber noch nie gehört, dass jemand den Fluss tatsächlich so nannte. Der Name geht auf die vier Flüsse zurück, die einst im Garten Eden entsprangen. Der Gihon floss laut dem Ersten Buch Mose »um das ganze Land Kusch« [Äthiopien], und in seinen Wassern lebte ein König, erfuhr ich nun, der ebenfalls Gihon hieß.

Die Frauen, die wir am Abend zuvor getroffen hatten, waren beunruhigt, weil ein Geist versucht hatte, uns anzugreifen. »In manchen Nächten kommt Gihon mit seinen Lichtern an die Oberfläche«, sagte die Mutter, die ihr schön geflochtenes Haar mit einem weißen Schal bedeckt hatte. »Wenn er euch sieht«, warnte sie, »greift er euch vielleicht an, also müsst ihr wegsehen.« Es gab auch kleine Teufel in der Tiefe, die ihre Gestalt verändern konnten wie unser Eseldieb. Ein Brotopfer könnte diese Dschinns vielleicht fern halten.

Selalem nickte und sagte: »Das lässt sich machen.« Später jedoch erklärte er mir, er glaube nicht, dass der Dieb ein Geist gewesen sei. »Das sagen diese Leute nur, um mitreden zu können.«

Dass Selalem die Vermutung der Dorfbewohner abtat, hieß nicht etwa, dass er ihren Glauben und ihre Sorgen hinsichtlich der Geisterwelt nicht teilte. Am Tag zuvor hatte er mir erzählt, er habe gesehen, wie sich Männer und Frauen seiner Heimatstadt in *budas* verwandelt hätten. »Sie verhalten sich wie Hyänen«, hatte er gesagt. »Sie laufen auf allen vieren und heulen und schnappen nach einem. Es ist furchtbar.«

Manche hätten durch Beweise der Zuneigung, durch gutes Essen und Leckerbissen und durch die Segenssprüche der Priester von ihrem Leiden erlöst werden können. Aber andere seien gestorben, nachdem sie Fieber und Zuckungen und Schaum vor dem Mund bekommen hätten.

Vielleicht hatten sie in Wirklichkeit an Tollwut oder an einer anderen Krankheit gelitten, vermutete ich . Selalem schüttelte den Kopf.

»Nein. Es war der Buda.«

Ich fragte ihn, ob er befürchte, auch hier auf solche Menschen oder irgendwelche Geister zu treffen.

»Nein«, erwiderte er und berührte das kleine Holzkreuz, das er an einer Kette aus Metall um den Hals trug. »Ich habe meinen Gott. Er wird mich beschützen.«

»Du brauchst ebenfalls keine Angst zu haben, Ginny«, fügte er hinzu. »Dir wird nichts passieren.« Dann lachte er. »Weißt du, dein Name ... er klingt wie unser Wort ›Dschinn‹. Hast du vielleicht einen kleinen Teufel in dir?«

»Warum nicht?«, entgegnete ich und ging auf seinen scherzenden Tonfall ein. »Vielleicht schützt uns mein Name aber auch.«

»Das glaube ich auch«, sagte Selalem.

Gleiches mit Gleichem zu bekämpfen war eine der simpelsten Zauberformeln überhaupt. Gegen die »Dschinns« des Blauen Nils hatten wir meinen Namen, »Ginny«, aufzubieten.

Elftes Kapitel

Mein Magen bereitete mir Probleme. Er hatte tags zuvor schon angefangen, verrückt zu spielen, und nun rumorte es darin wie wild, während wir einen Pfad bergan stiegen und das Dorf hinter uns ließen. Ich ließ das Mittagessen ausfallen und knabberte stattdessen an einem Müsliriegel herum, um wenigstens etwas zu mir zu nehmen. Mick ging es ebenfalls nicht besonders. Er rannte nicht mehr voran, um uns zu filmen, sondern stapfte in der unerträglichen Mittagshitze mit teigigem Gesicht still neben uns her. Hin und wieder verlief der Pfad eben, sodass das Gehen leichter fiel. Meist war er jedoch steil und steinig und führte durch unzählige Stoppelfelder. Sie waren staubig und fühlten sich wie ein holpriges Waschbrett an, und als ich sah, dass Teno, der uns weit voraus war, immer noch über abgemähte Getreidefelder wanderte, verließ mich meine Zuversicht. Auch während meiner früheren Reisen hatte es immer wieder Situationen gegeben, die eisernes Durchhaltevermögen erforderten. Um solche Momente zu überstehen, hatte ich mir ein Mantra zu Eigen gemacht: »Auch dies wird vorübergehen.« Ich nahm einen kleinen Schluck Wasser, legte den Kopf in den Nacken, wiederholte mein Mantra und erklomm den Hügel durch die Stoppeln. Später bekam Bruce Mitleid mit mir und trug zusätzlich zu seinem eigenen auch mein Tagesgepäck den letzten langen Anstieg unserer Tagesetappe. Wieder haben wir zehn Kilometer hinter uns gebracht, dachte ich, als ich mich erschöpft zu Boden sinken ließ. Jetzt sind es nur noch acht Kilometer. Dann legen wir mit unseren Booten ab und lassen den Blauen Nil für uns arbeiten.

Bereits wenige Minuten nach der Ankunft unserer Karawane tauchten einige Dorfbewohner auf, angeführt von einem drahtigen Mann in weißem Gewand und mit einem dunkelgrün und blau gestreiften Turban. Er war wie unsere äthiopischen Führer barfuß und mit einer Kalaschnikow bewaffnet. Während er uns die Hand gab, ließ er Selalem übersetzen, dass er Atele Asseras heiße und Häuptling dieses Dorfes, Abo Gedam, im Gebiet Genet Jamariam sei. Atele hatte eine direkte, fröhliche Art und wollte alles über uns und den Grund unserer Reise wissen. Er hörte aufmerksam zu und hieß uns willkommen, als sei er der Leiter der örtlichen Handelskammer, aber kein Kriegerhäuptling mit einer Kalaschnikow über der Schulter. Dann räusperte er sich. Er freute sich, dass wir gekommen waren und natürlich konnten wir unsere Zelte aufstellen, aber vorher musste er unsere Genehmigung sehen. Mike Speaks kramte einen dicken Stapel Papier aus einem Plastikbehälter, den er in seinem Rucksack aufbewahrte.

Für unsere Reise im kriegsgeschüttelten Äthiopien hatten wir für jede Region, die wir durchquerten, von verschiedenen Ministerien Genehmigungen besorgen müssen: vom Zoll, vom Ministerium für Kultur und Information, vom Außenministerium, von der Polizei, vom Ministerium für Telekommunikation sowie vom Verteidigungsministerium. Maurizio, der in Addis Abeba für die Logistik unserer Expedition zuständig war, hatte viele Wochen damit zugebracht, diese Genehmigungen zu beschaffen. Er hatte auch für uns an die Tourismusbehörde Äthiopiens geschrieben und deren Verantwortliche hartnäckig gebeten, weitere Briefe zu schreiben, um die eigentlichen Genehmigungen zu erhalten. Selbst die amerikanische Botschaft hatte für uns ein Schreiben an General Tsadkah, das Oberhaupt der äthiopischen Armee, verfasst, dessen Text sinngemäß lautete: »Bitte erschießen Sie unsere Staatsbürger nicht.« Die Briefe und Genehmigungen, die wir mit uns führten, waren in dem unverwechselbaren amharischen Alphabet geschrieben, mit dem Stern der Demokratischen Bundesrepublik Äthiopien gestempelt und mit der Unterschrift des zuständigen Beamten versehen. Darüber hinaus besaßen wir ein allgemeineres Schreiben von der Tourismusbehörde, das eine Liste unserer Namen und Aufgabenbereiche bei *National Geographic* enthielt und die Art unserer Reise und ihren Nutzen für Äthiopien darlegte. Die Menschen, denen wir begegnen würden, wurden darin gebeten, uns »jedwede Unterstützung« und »Gastfreundschaft« zu gewährleisten.

In der Vergangenheit, als noch königliche Karawanen durch das Land zogen, hatte man von den Einheimischen erwartet, dass sie ihren Gästen alle Annehmlichkeiten boten – Essen, Getränke und Unterkunft. Viele Reisende erzählen, dass Bauern mit Körben voller Fladenbrot (*indschera*), mit Eiern und Honigwaben, mit Kisten voller Hühner, Säcken voller Kaffeebohnen, Krügen mit Gerstenbier (*tella*) und Flaschen mit Met (*tedj*) in ihren Camps Schlange standen. Die Bauern wurden für ihre Großzügigkeit nicht bezahlt. Gastfreundschaft zu gewähren, war einfach Brauch. Bereits als Cheesman in den späten 20er-Jahren seine Expedition in der Schlucht begann, befahl Ras Hailu den Bauern in Godscham, sich dem britischen Konsul gegenüber so gastfreundlich zu verhalten. Cheesman lehnte dies ab; er wollte den Menschen nicht zur Last fallen. Es ist in Äthiopien jedoch schwierig, ein Geschenk zurückzuweisen, ohne beleidigend zu wirken, besonders, wenn es sich um Essen und Getränke handelt. Besorgt, dass seine Geschenke möglicherweise nicht ausreichten und der Ras ihn deshalb bestrafen würde, suchte ein Häuptling eines Tages das Zelt des Konsuls auf, um sich zu erkundigen, warum dieser die Entgegennahme seiner Gaben verweigert hatte. Waren die Hühner nicht fett genug, war das Brot alt? Wollte der Konsul vielleicht die drei prächtigen schwarzen Kälber statt der kleinen roten, die ihm die Dorfbewohner dummer- und unhöflicherweise angeboten hatten? Der Konsul zeigte sich sehr erschrocken, entschuldigte sich vielmals und nahm die zuerst angebotenen Geschenke in Empfang.

Atele stand neben Selalem, um das Empfehlungsschreiben von der Tourismusbehörde zu lesen. Er verfolgte jedes Wort mit dem Finger und artikulierte die Silben sorgfältig. Dann sah er auf. Natürlich dürften wir hier unser Lager aufschlagen, erklärte er. Es freute ihn, dass wir sein Dorf dafür ausgewählt hatten. Und dann nahm er auf die Worte

»jedwede Unterstützung« Bezug und fragte, wie er und die Dorfbewohner uns wohl helfen konnten. »Wenn wir *indschera, tella* oder *tedj* brauchen, müssen wir ihn nur fragen«, übersetzte Selalem. »Das Dorf steht uns zur Verfügung, und sie werden uns alles Notwendige zu Essen bringen.«

Der Frühling hatte Einzug gehalten, das Getreide hatte gerade zu sprießen begonnen, was bedeutete, dass die Dorfbewohner noch von den letzten Resten der Vorjahresernte lebten. Die wenige Nahrung, die sie hatten, waren sie jedoch bereit, mit uns zu teilen – mit uns, einer großen Reisegruppe aus wohlhabenden Mitgliedern. Ich fühlte erneut Scham in mir aufsteigen und dachte an den ersten Abend unserer Wanderung, als Teno und seine Treiber uns beim Essen zugesehen und wir ihnen nichts angeboten hatten. Wir würden Ateles Großzügigkeit selbstverständlich nicht in Anspruch nehmen, aber wir ließen ihn über Selalem wissen, dass wir ihnen gerne *indschera* und Fleisch abkaufen würden.

Wenn er uns schon nicht mit Essen versorgen dürfe, antwortete Atele, würden wir ihm vielleicht die Ehre erweisen und ihn am nächsten Tag auf einen Kaffee besuchen kommen?

Natürlich würden wir das tun.

Dies war das schönste Lager der ganzen Wanderung. Selalem hatte einen Platz auf einer abgerundeten Klippe mit Blick auf die Schlucht ausgewählt. Die Aussicht war in alle Richtungen so grandios, dass man gut verstehen konnte, warum diese Region Genet Jamariam – Marias Himmel – genannt wurde. Ein sanftes Wolkenband in Zartrosa und Blau verlief den Fluss entlang direkt über dem Canyon. Die Berge und Terrassen auf beiden Seiten wirkten, als hätte sie jemand in grünen Samt gehüllt. Es war ein großartiges, biblisch wirkendes Bild wie in einem mittelalterlichen Gemälde. Man konnte sich leicht vorstellen, wie Maria und ihre Engel auf dem Wolkenteppich vom Himmel herabkamen, während die Heiligen auf den Berggipfeln ins Horn bliesen und unten kleine Schriftrollen flatterten, um die Ankunft der Gottesmutter anzukündigen. Dies war ein Ort zum Träumen und Beten. Früher, so erzählte uns Atele, hatte einmal eine Gruppe von Mönchen in den Wäldern oberhalb des Dorfes gelebt. Das Dorf war nach ihnen benannt worden: Abo Gedam, das Kloster der Heiligen.

Seit mehr als einem Jahrtausend lebten und beteten die Menschen hier und bestellten ihre Felder, und dennoch hatte sich das Land nicht zähmen lassen: Es war bäuerlich, himmlisch und wild zugleich.

Auf der anderen Seite der Schlucht gab es einen Felsvorsprung, und Yergale rief plötzlich: »Seht mal, Gorillas! Große Gorillas!«

»Nee«, meinte Mike Speaks mit einem flüchtigen Blick durch sein Fernglas. »Paviane.«

»Auf jeden Fall sind sie so groß wie Gorillas«, beharrte Yergale.

Wir griffen alle zu unseren Ferngläsern. Es waren tatsächlich Paviane, *Papio anubis*, eine in Ostafrika beheimatete Art. Einige der Männchen hatten lange Mähnen, weshalb Yergale sie in seinem Enthusiasmus wahrscheinlich für Gorillas gehalten hatte, die in Äthiopien nicht heimisch sind. Die Primaten schlenderten unbekümmert am Rand des Felsvorsprungs entlang. Dabei wiegten sie ihre Hüften von einer Seite auf die andere, als wollten sie ihre Überlegenheit Menschen gegenüber zur Schau stellen. Wahrscheinlich hatten sie gerade die Ernte eines armen Bauern geplündert und machten sich nun auf den Heimweg, um zu rülpsen und zu schlafen.

An diesem Abend blieb ich nicht lange auf. Mein Magen hatte sich immer noch nicht beruhigt, und so trank ich eine Tasse Rindfleischbrühe, aß ein paar Cracker und legte mich aufs Ohr.

Mike Speaks hatte den nächsten Tag zum Ruhetag erklärt, da wir das Flussufer nicht vor dem Nachmittag des darauf folgenden Tages erreichen mussten. Ich war froh um diese Pause. Meine Beine schmerzten, und der Bazillus, den ich mir offenbar eingefangen hatte, bereitete mir Übelkeit.

Unsere Zelte waren wie große gelbe Gänseblümchen auf der grünen Wiese zerstreut. Außerdem besaßen wir noch ein großes blaues Zelt, in dem wir aßen, wenn es regnete, und in dem die äthiopischen Träger und Führer sich in ihren weißen Gewändern zum Schlafen eng nebeneinander zusammenrollten. Sie wärmten sich gegenseitig und leisteten einander Gesellschaft, während wir anderen jeweils allein schliefen. In der äthiopischen Kultur pflegen Männer engen Körperkontakt zueinander, halten sich oft an den Händen oder hängen wie Liebhaber aneinander. Das sind sie jedoch keinesfalls. Ihre Zuneigung sei rein brüderlich, sagen sie, und sie wären schockiert, wenn wir mehr darin sähen. Adane und Yergale saßen oft wie Buchstützen aneinander gelehnt zusammen. Selalem suchte diese Nähe nicht. Während der gesamten Reise blieb er auf Distanz zu diesen Männern von Godscham, und dies besonders zu Yergale.

Yergale spielte ständig den Clown. So manchen Morgen kam er aus dem Zelt und hatte sich einen somalischen Sarong wie eine römische Toga um die Brust gewickelt und Stachelschweinborsten oder gefleckte Perlhuhnfedern kunstvoll ins Haar gesteckt. Wenn ihm dieses Kostüm langweilig wurde, zog er Khakihosen und ein T-Shirt an, wickelte den Sarong zu einem Turban und schwang eine der Kalaschnikows der Treiber über dem Kopf – das war der Terroristenstil. Seine Shows begleitete er stets mit einem breiten Grinsen und einem kleinen Tanz, und Mick und Nevada wuselten um ihn herum, um seinen Auftritt festzuhalten. Er hatte es aufgegeben, mich beeindrucken zu wollen, wahrscheinlich deshalb, weil ich oft zusammen mit Selalem wanderte. Manchmal konnte man uns *ferenjocch* mit einem Haufen Hundeknochen vergleichen, dachte ich – man musste sich um uns streiten, um uns kämpfen und uns aufteilen.

An diesem Morgen trug Yergale den Sarong wie Haremshosen – er hatte ihn um die Taille gewickelt und zwischen seinen Beinen hochgeschlungen. Er stand am Feuer und sah sehr schick aus, als er heißes Wasser für unseren Kaffee ausschenkte. Selalem machte Rühreier und servierte sie mit dicken Scheiben getoasteten Brots sowie Töpfen mit Marmelade und Honig. Es roch alles sehr gut, aber ich nahm nur eine kleine Portion und ging zu den anderen *ferenjocch*, die in einer Reihe dasaßen und auf Marias Himmel blickten.

Ich hatte etwa die Hälfte meines Frühstücks gegessen, als ich einen kleinen Jungen bemerkte, der etwas abseits von uns stand und uns zusah. Er war etwa elf Jahre alt, ungewaschen und steckte in einem schmutzigen Gewand. An den Rückseiten seiner Beine klafften blutige Wunden. Mit einer Hand umklammerte er einen langen Stock und musterte uns aufmerksam, aber aus sicherer Entfernung. Wir hatten in allen Dörfern Kinder gesehen. Sie sammelten sich normalerweise um uns und beobachteten mit offenen Mündern jede unserer Bewegungen. Sie waren arm in dem Sinne, dass sie schmutzige, zerrissene Kleidung trugen und bereits mithalfen, den Lebensunterhalt der Familie zu bestreiten. Das Leben im Freien – sie hüteten das Vieh, jäteten Unkraut auf den Feldern und holten Wasser – hatte ihre Gesichtshaut rissig und spröde gemacht. Sie waren häufig dreckverschmiert, und Fliegen schwirrten um ihre wässrigen Augen, aber im Grunde sahen sie gesund, wohlgenährt und geliebt aus. Sie lachten und kicherten ständig und zogen ihre Gewänder übers Gesicht, wenn man sie ansprach.

Dieser Junge war anders. Er ähnelte einem Bettelmönch, und ich fragte mich zuerst, ob er wohl ein *kolo-temari* war, ein Junge, der den Beruf des Priesters erlernte. In einer bestimmten Phase ihrer Ausbildung müssen die Priesterschüler auf Wanderschaft gehen, um Essen betteln und für die, die ihnen helfen, beten. Unserem kleinen Besucher fehlte dafür jedoch die Betteldose, und er sang nicht, um eine Mahlzeit zu bekommen. Aber seine Augen sagten alles.

Ich stellte meinen Teller mit den halb fertig gegessenen Eiern auf den Boden und schob ihn in seine Richtung.

»*Na*«, sagte ich. »*Belah* – Komm. Iss.«

Er rührte sich nicht. Ich schob den Teller noch etwas weiter und forderte den Jungen auf, näher zu kommen. Schließlich bewegte er sich langsam, als ob er Angst hätte, ich könnte ihn austricksen und den Teller zurückziehen oder ihn schlagen, auf das Essen zu. Dabei ließ er mich, die anderen *ferenjocch* und unser Team nicht aus den Augen, wie ein Hund, der auf Schläge gefasst ist.

Selalem rief ihm etwas zu, um ihn zu ermutigen, das Essen zu nehmen. Äußerst vorsichtig setzte sich der Junge hin, nahm den Teller und schlang sekundenschnell alles bis zum letzten Happen hinunter. Ich schmierte ihm noch ein paar Scheiben Brot mit Honig und richtete ihm eine Schüssel mit Haferbrei. Er aß alles restlos auf und trank zwei Tassen Tee mit Zucker.

Erst jetzt lächelte er. Er ging zum Lagerfeuer und setzte sich zu unseren Männern. Selalem löcherte ihn mit Fragen.

»Er heißt Abush«, übersetzte er, »und er sagt, er sei ein Waisenkind – keine Mutter, kein Vater – und komme aus der Provinz Wollo. Er ist schon fünf Tage unterwegs. Er war ganz da oben«, sagte Selalem und wies mit einer Kopfdrehung auf den Berg hinter uns, »und da sah er unsere Zelte. Er dachte, es sei vielleicht eine Hochzeitsfeier, wo er etwas zu essen bekommen könne.«

Abush war zu Fuß aus seinem Dorf in Wollo aufgebrochen. Einmal wurde er von jemandem mitgenommen, aber den größten Teil der Strecke hatte er zu Fuß zurückgelegt. Er war durch Bahir Dar gekommen, und die Stadt hatte ihm gefallen. Hätten die Leute dort sich nicht so gemein zu ihm benommen, wäre er gerne dort geblieben. Sie hatten mit Stöcken nach ihm geworfen, um ihn zu vertreiben. Also hatte er sich wieder auf den Weg gemacht. Manchmal gaben ihm die Bauern zu essen, manchmal jagten sie ihn aber auch weg. Ein großer Hund hatte ihn tags zuvor angegriffen. Daher rührten die Verletzungen an den Beinen; es waren Hundebisse.

Kate nahm ihn mit, um seine Wunden zu säubern und zu versorgen. Da erklärte Selalem: »Wisst ihr, der erzählt uns nicht alles. Er sagt, er komme aus einem bestimmten Dorf in der Nähe von Lalibela. Aber das ist meine Heimat, und es gibt dort kein Dorf mit diesem Namen. Er hat ein Geheimnis.«

Unterhalb von Abo Gedam plätscherte ein klarer Bach, und nach dem Frühstück liefen wir hinab, um uns zu waschen. Dies war das erste Bad seit einigen Tagen. Abush ging zunächst ein paar Schritte hinter mir wie ein Page, dann wurde er mutiger, stapfte neben mir her und nahm meine Hand. Wie lange war es wohl her, dass jemand nett zu ihm gewesen war? Er war ein kleiner Christenjunge in einem christlichen Land, und dennoch hatte jemand einen Hund auf ihn gehetzt – und das hier, in Marias Himmel.

Später besuchten wir Atele Assera auf einen Kaffee. Abush wich wieder nicht von meiner Seite, er hatte offenbar Angst, mich aus den Augen zu lassen. Er setzte sich auf einen Stein außerhalb von Ateles Hof und wartete.

Ateles Hütte war wie die meisten ländlichen Behausungen in Äthiopien rund, aus Eukalyptusstämmen und Lehm gebaut, und hatte ein strohgedecktes Dach. Drinnen brannte an einer zentralen Feuerstelle ein kleines Feuer, rundherum standen mehrere kleine, hölzerne Hocker. Da dieses Feuer und der Eingang die einzigen Lichtquellen darstellten, erinnerte das Innere der Hütte an die dunklen Gemälde Rembrandts. Langsam gewöhnten sich meine Augen an das schwache Licht, und so konnte ich entlang der Wände Bänke aus modelliertem Lehm ausmachen. Auf ihnen waren gegerbtes Rindsleder und Baumwolldecken ausgebreitet. Hinter dem Feuer befanden sich mehrere große Körbe und riesige Tongefäße sowie weiteres, kleineres Geschirr. An eine Wand hatte jemand eine Reihe von Kreuzen gezeichnet, und gleich daneben hingen einige aus Stroh geflochtene Kreuze. Atele begrüßte uns beim Hereinkommen einzeln mit Händedruck und lud uns ein, Platz zu nehmen. Seine Frau Zenev saß neben dem Feuer auf einem kleinen Schemel und lächelte schüchtern, als Atele uns vorstellte. Sie trug ihr bestes Kleid: Es war aus tiefblauer, selbst gesponnener Baumwolle gefertigt und wurde in der Taille mit einem hell gestreiften Gürtel zusammengehalten. Sie war gerade mit dem Waschen der Kaffeebohnen in einer Metallpfanne fertig geworden und stellte die Pfanne nun auf das Feuer, um die Bohnen zu rösten.

Man geht heute davon aus, dass der Kaffee ursprünglich aus Äthiopien stammt. Wilde Kaffeepflanzen findet man in den Bergen der südwestlichen Provinz Kaffa, nach der das Getränk angeblich benannt wurde. Die alten Krieger bereiteten kleine Kuchen aus den Bohnen und aßen sie, um daraus Energie und Ausdauer für Gewaltmärsche zu schöpfen. Möglicherweise brühten sie die Kaffeebohnen auch schon auf. Im Laufe der Zeit hatte sich das Kaffeetrinken zu einer Zeremonie mit vielen Ritualen und Bräuchen entwickelt, der eine große soziale Bedeutung beigemessen wurde. In ihrer höchsten Form ist diese Zeremonie heute beinahe ebenso kompliziert wie die in einem japanischen Teehaus.

Als die Bohnen geröstet waren, stand Zenev auf und blies uns den rauchigen Duft zu. Das wirkte auf uns wie das Läuten der Glocke auf Pawlows Hund. Selbst wenn wir zuvor nicht an Kaffee gedacht hatten, so weckte dieser warme, schwere Geruch nun den sehnlichen Wunsch, eine Tasse davon zu trinken.

Zenev schaufelte die Bohnen in eine Holzschale, stampfte sie mit einem Stößel, füllte das Pulver anschließend in eine schwarze Kaffeekanne aus Ton und übergoss es mit einem Strahl kochenden Wassers. Dann stellte sie die Kanne beiseite, um den Kaffee ziehen zu lassen, und warf einige Harzstücke in die Pfanne, die ihr Haus mit dem Duft von Weihrauch und Myrrhe erfüllten. Nun holte sie kleine Porzellantassen hervor, stellte sie auf ein Holztablett und goss jedem von uns Kaffee ein. »Möchtet ihr Zucker oder Salz?« fragte Yergale, der zum

Übersetzen mit uns gekommen war. »Die Bauern bevorzugen den Kaffee mit Salz, und sie trinken neun Tassen am Tag. Deshalb leiden sie so oft unter Gastritis, wisst ihr.«

Ich wandte meinen Blick zu Yergale. Manchmal mochte ich ihn wirklich gern, und dies war einer dieser Momente. Er war ein junger Mann aus einer Stadt in einem entlegenen Winkel Äthiopiens und hatte trotz dieser Isolation so lange und intensiv Englisch gelernt, dass ihm ein Wort wie »Gastritis« geläufig war und er es richtig aussprechen konnte. Andererseits essen Äthiopier mit Vorliebe rohes Rindfleisch und leiden deshalb häufig unter Bandwürmern und Parasiten. Vielleicht war es daher klug, das Fremdwort für eine Magenverstimmung zu lernen, wenn man seinen Lebensunterhalt mit der Betreuung von ausländischen Touristen verdienen wollte.

Wir weigerten uns alle, unseren Kaffee mit Salz zu trinken, und bevorzugten ihn stattdessen mit Zucker oder schwarz – was unsere äthiopischen Gastgeber schockierte. »Zu bitter«, meinte Yergale mit einem entsetzten, säuerlichen Gesichtsausdruck. Im Westen mag es recht abwegig erscheinen, den Kaffee mit Salz zu trinken. Im Hochland Äthiopiens, wo Salz und Zucker gleichermaßen rar sind und daher ein Kropf keine Seltenheit ist, gilt salziger Kaffee als Delikatesse. Salzbarren, die in der Wüste Danakil im Nordosten gewonnen und als *anole* bezeichnet wurden, dienten in den 20er-Jahren in ganz Äthiopien als Währung, bis Kaiser Haile Selassie in den 30er-Jahren die Bank von Äthiopien gründete und das Papieräquivalent zum Dollar, den Birr, einführte.

Während der gesamten Kaffeezeremonie stellte Atele ununterbrochen Fragen, wobei er ein Mädchen im Kleinkindalter in seinen Armen wiegte. Sie sei seine Tochter aus der vorherigen Ehe, erklärte er. Ihre Mutter war leider gestorben, und er hatte wieder geheiratet. Sie nannten das kleine Mädchen Nafkote, was in etwa so viel bedeutet wie »Die ich vermisse und nach der ich mich sehne«, weil sie damals schluchzend zum Bett ihrer toten Mutter gelaufen war.

Wie viele Stunden wir täglich in unserem Land arbeiteten, wollte Atele wissen. Und ob wir mit dem Auto oder mit dem Flugzeug nach Äthiopien gekommen waren.

»Es überrascht ihn zu hören, dass zwischen Amerika und Äthiopien ein großer Ozean liegt«, sagte Yergale. »Die meisten Leute hier auf dem

Land haben nämlich keinen blassen Schimmer von Addis Abeba und sogar von Bahir Dar, geschweige denn von den Vereinigten Staaten. Er hat das Wort ›Amerika‹ schon einmal gehört, aber nicht gewusst, dass es ein Land ist. Das Wort wird manchmal von der Regierung gebraucht, wenn Sachen verschenkt werden; sie sagen dann: ‚Das ist von Amerika.' Weil ihm Amerika jedoch kein Begriff war, bedeutete das gar nichts für ihn. Jetzt weiß er, dass es ein Land mit Menschen ist. Er sagt, wenn er noch ein junger Mann wäre, würde er gerne dorthin reisen.«

Atele war nicht ganz so unbedarft wie einige der übrigen Dorfbewohner. Er hatte schon einige Male die Lichter von Addis Abeba gesehen und in der Nähe der Stadt auch schon Traktoren entdeckt. Da er sein Land mit einem Handpflug und einem Ochsen bestellte, leuchteten ihm die Vorteile eines Traktors ein. »Er hätte gerne eines Tages einen Traktor«, übersetzte Yergale.

Auch für das bei uns übliche Essen interessierte sich Atele. Yergale benutzte Wörter, die seit der Besetzung durch die Italiener zum amharischen Wortschatz gehörten, etwa »Makkaroni« und »Pasta«.

Atele machte angesichts dieser dürftigen Ernährung eine etwas betretene Miene, bis Mike Speaks das Wort »Fleisch« einwarf. Yergale übersetzte *sega*, und unser Gastgeber begann zu strahlen. Sega und *indschera*, das aus dem hirseähnlichen *teff* gebackene Brot, stellen die Lebensgrundlage der Äthiopier dar. Menschen, denen diese Grundnahrungsmittel fehlen, sind zu bedauern.

Als ich einmal mit dem Bus einen Ausflug in die von Mauern umgebene Stadt Harar unternahm, kam ein äthiopischer Geschäftsmann mit mir ins Gespräch. Er stellte ganz ähnliche Fragen wie Atele, und ganz besonders interessierte ihn, ob wir in Amerika *Indschera* aßen. »Nein«, sagte ich und schüttelte den Kopf. »In Amerika isst niemand *Indschera.*« Dem Äthiopier wären fast die Augen aus dem Kopf gefallen. Er schrie: »Wovon leben Sie dann?« Er hatte Mitleid mit mir und bestellte in der Mittagspause einen riesigen Teller Brot für mich. Ich glaube, er wollte mich für all die traurigen indschera-losen Jahre entschädigen.

Nun betraten zwei weitere Männer Ateles Haus. Der eine war sein Nachbar, der andere sein ältester Sohn, ein Junge im Teeniealter. Sie gaben uns die Hand, setzten sich auf eine der weiter entfernten Bänke und versuchten so zu tun, als wäre es vollkommen normal, sechs *ferenjocch* auf einen Kaffee im Haus zu haben.

»Wir haben vor euch hier noch nie einen *ferenji* gesehen«, bemerkte Atele. »Wir haben bisher nur Bilder von Weißen gesehen, auf denen die Gedärme und offene Bäuche zu sehen waren«, fügte er hinzu. Er meinte Bilder von toten italienischen Soldaten, die während der Besetzung aufgenommen worden waren. »Noch nie konnten wir einen aus der Nähe betrachten.«

Atele war nicht der erste Äthiopier, der die Italiener erwähnte. Niemand hatte offenbar diese bittere Zeit in der Geschichte Äthiopiens vergessen. Mehr als einmal auf unserem Marsch mussten wir kleinen Gruppen bewaffneter Männer, die uns misstrauisch beäugten, versichern, dass wir nicht zu einer Invasionstruppe gehörten.

»Einen von euch habe ich schon mal gesehen« fuhr Atele fort. Er deutete auf Mike. »Du warst unten auf dem Fluss in einem Boot, und ich dachte: ›Was ist das, marschieren nun diese Italiener ein?‹ Ich hatte dich schon im Visier«, sagte er mit einem Blick zu seiner Kalaschnikow, die an der Wand lehnte. »Ich wollte auf dich schießen, aber dann hast du gewinkt.«

»Oh«, meinte Mike, »wie gut, dass meine Mama das nicht hört.«

Wir lachten und schlürften unseren Kaffee – und beschlossen, besser auch weiterhin jedem zu winken, der vorbeikam.

Abush war nicht der Einzige gewesen, der an diesem Morgen von einer Stelle weit oben auf den Plateaus und in den Bergen auf unsere Zelte hinuntergeschaut hatte. Ein kleiner Trupp wachsamer Milizionäre hatte dies ebenfalls getan und marschierte am frühen Nachmittag desselben Tages in unser Camp. Es sah nach Ärger aus. Es waren insgesamt sechs Männer, drei waren mittleren bis höheren Alters, die drei anderen zwischen 20 und 30 Jahren alt. Vier hielten Kalaschnikows im Arm, einer der jüngeren Männer hatte ein Transistorradio. Die älteren Männer trugen Turbane und alte Jacketts und hatten Tücher um die Schultern geschlagen. Die jüngeren Männer waren eher westlich gekleidet, sie trugen lange Hosen, bedruckte T-Shirts und

Armbanduhren. Die *mateb*, die Kreuzanhänger, verrieten, dass sie Christen waren, die meisten hatten jedoch arabische Gesichtszüge: magere Gesichter, gekrümmte Nasen und schmale schwarze Augen. Die vergessenen Nachkommen des Dschihad von Ahmad Grang im 16. Jahrhundert, dachte ich, oder einer vorübergezogenen Salz- und Sklavenkarawane.

Keiner von ihnen lächelte. Sie standen in einer Reihe und starrten uns mit eisigem Blick an. Da trat ihr Führer hervor – einer der älteren Männer mit Turban. Er hatte ein breites Gesicht, volle Lippen und eine beachtliche Zahnlücke. Mike Speaks, Selalem und Yergale schüttelten ihm die Hand; wir übrigen bildeten einen kleinen Halbkreis um die Gruppe und verhielten uns ruhig. Der Mann sagte, er stehe der Miliz in der Hauptstadt des Bezirks Genet Jamariam vor, und drehte dabei seinen Kopf kurz in Richtung der Hügel in der Ferne. Er wollte unsere Reisegenehmigungen sehen. Selalem erklärte, dass wir sie bereits dem Häuptling, Atele, gezeigt und dieser sie anerkannt hatte. Atele, entgegnete unser Besucher, sei lediglich ein lokaler Häuptling.

»Ich bin vom Bezirk, und ich muss Ihre Genehmigungen sehen«, erklärte er.

Mike kramte wieder den Plastikbehälter hervor und gab Selalem einige Briefe. Er und Yergale nahmen die Papiere und setzten sich neben den Milizführer, der sich auf dem Boden niedergelassen hatte. Vielleicht war es die Kalaschnikow, die ihm etwas Herrisches verlieh, aber er sah uns mit einem Hochmut an, als wären wir lästige Ameisen, die ihren Weg in seinen Picknickkorb gefunden hatten. Sein Blick sagte uns, dass er uns mit seinem kleinen Finger zerquetschen konnte. Einer der dunkeläugigen jungen Männer stand in einiger Entfernung neben ihm. Er blickte mich an, und mich fröstelte. Seine Augen waren von Zorn erfüllt, sein Blick war eiskalt. Ich flüsterte Nevada zu: »Sie könnten uns umbringen, wenn sie wollten.« Sie nickte.

Der Milizführer war mit unseren Papieren nicht zufrieden. Er weigerte sich, die Schreiben des Polizeipräsidenten, der Tourismusbehörde und des Verteidigungsministeriums zu akzeptieren. Selalems Stimme wurde etwas lauter. Er schob dem Führer erneut eine Genehmigung hin, die dieser abermals abwies. Nun meldete sich Yergale zu Wort.

Der Milizführer schüttelte den Kopf und erging sich in langen Reden. Yergale kam zu uns. »Er möchte, dass ihr – oder zumindest Mike Speaks – mit ihm zu ihrer Polizeistation geht. Er möchte ein Telegramm nach Addis Abeba schicken und sich die Gültigkeit eurer Genehmigungen bestätigen lassen.«

Mein Blick wanderte zu den Bergen, aus denen unsere Besucher gekommen waren. Bis zu ihrer weit entfernten Stadt und der Polizeistation waren es sicher sechs bis acht Stunden Fußmarsch.

Selalem diskutierte weiter, manchmal mit sanfter Stimme, dann wieder in ärgerlichem Tonfall. Er schien keine Angst vor diesen Männern zu haben. Mike Speaks saß neben ihm – als moralische Unterstützung, nahm ich an – denn weder er noch wir anderen *ferenjocch* konnten hier viel ausrichten. Wenn sie darauf bestanden, dass wir zur Polizeistation gingen, dann würde uns nichts anderes übrig bleiben.

Die Verhandlungen gingen eine lange halbe Stunde weiter. Ich wartete immer noch auf ein Lächeln eines dieser Milizionäre, als Zeichen dafür, dass sie uns zumindest als menschliche Wesen ansahen. Ich wartete vergebens. Nachdem weitere 20 Minuten verstrichen waren, kam der schwarzäugige Kerl, der uns solche hasserfüllten Blicke zugeworfen hatte, auf mich zu und fragte leise und in hervorragendem Englisch: »Haben Sie Ihre Arbeit hier beendet? Dann können Sie gehen.«

Ich brachte stotternd hervor, dass wir einen Ruhetag eingelegt hatten und gleich am nächsten Morgen weiterziehen würden.

»Es ist besser, wenn Sie jetzt gehen«, erwiderte er. Und er lächelte.

Wir waren also doch menschliche Wesen. Ich lächelte ebenfalls und erklärte, dass es uns sehr hart ankäme, jetzt, wo die Sonne so hoch stand, weiterzuziehen. Er nickte verständnisvoll.

»Können Sie da unten in der Wüste wandern?«, fragte er und zeigte auf die Schlucht.

»Ich kann das nicht«, fuhr er fort, »da ist es zu heiß für mich.«

Die anderen Männer, selbst der Milizführer, hatten ebenfalls zu lächeln begonnen. Selalems Stimme klang nun sanft, beschwichtigend. Sie baten um Wasser und Tee, und gleich darauf stillten sie ihren Durst.

Ich fragte Yergale, was das Problem gewesen war.

»Na ja, ihr habt nicht die richtige Genehmigung. Ihr habt die Genehmigung, dort drüben in Godscham zu reisen, auf der anderen Seite der Schlucht. Aber ihr habt keine Genehmigung für einen Aufenthalt hier in Begemder. Deshalb wollten sie nicht, dass ihr hier zwei Nächte bleibt. Sie wollten, dass ihr geht. Aber jetzt sagen sie, dass dies bis morgen Zeit hat.«

Es war die alte bekannte äthiopische Furcht vor Fremden. Ihnen durfte man niemals trauen. Man konnte sie willkommen heißen, ihnen etwas zu essen und zu trinken anbieten, aber im Grunde war man froh, wenn sie wieder gingen.

Etwas später kam Yergale erneut zu mir und flüsterte: »Selalem hat einen großen Fehler gemacht. Einen großen Fehler! Er hat ihnen 100 Birr gegeben.«

100 Birr, etwas mehr als acht US-Dollar. Es war vielleicht nicht richtig, die örtlichen Beamten zu bestechen, aber irgendwie hatten diese Bürgerwehr-Soldaten mit den Turbanen ohnehin eher nach Banditen als nach Gesetzeshütern ausgesehen. Ich war der Meinung, Selalem hatte genau das Richtige getan, indem er sie mit Geld köderte. Nachdem er es ihnen zugesteckt hatte, warteten sie nicht länger. Sie warfen ihre Tücher über die Schultern, nahmen ihre Waffen und verschwanden in den Bergen wie einst die *shifta*.

Abush blieb die Nacht über bei uns. Er setzte sich zu den Männern an das Feuer und aß aus ihrem Gemeinschaftstopf Indschera und Fleisch. Wir hatten ihm auch ein Mittagessen gegeben, und er glich längst nicht mehr dem verdrießlichen, bekümmerten Kind, das am Morgen bei unseren Zelten aufgetaucht war.

Abush hatte ein rundes Gesicht, dunklere Haut und Augen als unsere äthiopischen Führer und Wimpern, die so gerade und dick waren, dass sie kleinen Bürsten glichen. Wenn er lächelte oder sprach, sah man, dass seine weißen Zähne unregelmäßig geformt waren und hervorstanden. Er war der Mittelpunkt des Interesses am Lagerfeuer und plauderte ausführlich über sein Leben und seine Pläne, während Selalem und die anderen Führer versuchten, ihm seine Geheimnisse zu entlocken.

»Ich sagte ihm, dass ich wüsste, dass er uns nicht die Wahrheit erzählt«, meinte Selalem. »Es gibt kein Dorf wie das von ihm beschriebene. Ich drohte ihm: ›Wenn du es uns nicht erzählst, musst du für dein Abendessen bezahlen.‹ »Selalem lachte leise. »Vielleicht ist er ja von zu Hause weggelaufen.«

Abush wich den Fragen aus. Sein Magen war gefüllt, er hatte neue Freunde und Beschützer gefunden, und seine Vergangenheit interessierte ihn nicht. Er wollte uns etwas über seine Zukunft erzählen.

»Er sagt, er sei ein Reisender wie wir«, verkündete Selalem und kicherte.

»Und er möchte ganz Äthiopien sehen.«

»O ja«, fügte Yergale hinzu. »Er ist ein Reisender: der perfekte Billigurlauber.«

»Er möchte Geld verdienen«, warf Selalem ein. »Er möchte als Schuhputzer in Addis Abeba arbeiten und meint, da würde er Geld machen und dann ein Haus, ein Bett und eine kleine Frau haben.«

»Oh, er hat große Träume«, sagte Yergale und machte eine ausladende Handbewegung. »*Große* Träume.«

Abush schnatterte weiter; er ignorierte das Lachen der Männer und genoss es gleichzeitig. Er stattete seine Traumküche aus, beschrieb den Brenner, den er kaufen würde, den großen Schmortopf, die Messer, die Servierschüsseln und die Körbe. »Ich hätte eine Schale zum Zerstoßen des Kaffees, eine hübsche schwarze Kaffeekanne und acht Kaffeetassen«, fügte er hinzu. Es gäbe eine kleine Dose für Zucker und eine für Salz, und er und seine kleine Frau würden jedem, der vorbeikäme, Kaffee ausschenken.

»Und danach«, stichelte Yergale, »wird er Präsident. Der hat Pläne!«

Warum auch nicht, dachte ich. Armer Abush – »keine Mutter, kein Vater, er ist ein armer Kerl«, hatte einer der Träger ihn beschrieben –, seine großen Träume kosteten ihn ja nichts.

Am Nachmittag hatte einer unserer jüngeren Träger, ein Junge um die 16 namens Maru, mich gefragt, ob ich Abush mochte.

»Ja«, hatte ich gesagt und mich gefragt, worauf er mit seiner Frage hinauswollte.

»Ich mag ihn nicht«, erwiderte er und hob seine Nase ein Stück höher. »Er ist schwarz, und er ist hässlich«.

Das Wort »hässlich« betonte Maru, indem er es in die Länge zog.

Ich ignorierte diese Bemerkung und fragte, warum dieser Waisenjunge nicht bei einer der Kirchen Unterstützung suchen könne.

»Oh, er ist zu jung, um die Kirche zu küssen«, antwortete Maru. Ich verstand nicht. Vielleicht meinte Maru, meiner Ansicht nach sollte Abush zu einem *kolo-temari*, Priesterschüler, werden. Dazu war Abush noch zu jung. Die orthodoxe Kirche nimmt jedoch Waisenkinder auf, was auf dem Land allerdings schwierig ist, da sie weder über die entsprechenden Einrichtungen noch über die finanziellen Mittel verfügt.

Und womöglich wollte Abush gar nicht in ein Waisenhaus. Vielleicht war er ja davongelaufen, um diesem Schicksal zu entgehen, und hatte es stattdessen vorgezogen, sich als Landstreicher durchzuschlagen.

Ich wusste, dass wir Abush nicht weiter mitnehmen konnten, dennoch reizte mich der Gedanke. Wie ein äthiopischer Huckleberry Finn wäre er durch die Lande gezogen. Aber ich hatte gesehen, wie Mike Speaks' Nackenmuskeln sich anspannten, als ich Abush etwas zu Essen gab. Er würde nicht zulassen, dass Abush mit uns kam. Das brauchte ich ihn nicht erst zu fragen.

Daher wollte ich für Abush wenigstens das Mindeste tun, das in meiner Macht stand. Ich würde ihm Geld geben, damit er sich eine Schuhputzkiste kaufen konnte. Er war zu einem kleinen Teil meines *eddileh*, meines Schicksals, geworden, das der Mönch mir vor so langer Zeit vorausgesagt hatte.

Zwölftes Kapitel

Am nächsten Morgen wartete Abush vor meinem Zelt. Ich begrüßte ihn auf Amharisch und führte ihn dann zum Frühstück am Lagerfeuer, wo sich Kasawol und mehrere andere Führer bereits zusammengefunden hatten. Im Gegensatz zu Maru schien Kasawol unser Waisenkind zu mögen, oder er billigte zumindest unsere Absicht, Gutes zu tun. Er rückte ein Stück weiter, damit Abush sich neben ihn setzen konnte.

Nach dem Frühstück brachen wir rasch unsere Zelte ab und luden unsere Ausrüstung ein letztes Mal auf die Esel. Atele Asseras und einige andere Dorfbewohner kamen, um sich zu verabschieden.

»Kommt mal wieder«, sagte Atele. »Ihr seid uns stets willkommen.«

Der Gedanke, nach Genet Jamariam zurückzukehren, gefiel mir trotz der Flegel, die uns hier einen Besuch abgestattet hatten. Beim nächsten Mal wäre ich auch im Besitz einer Genehmigung für Begemder, obwohl ich das leise Gefühl hatte, dass unsere ungebetenen Gäste sich etwas anderes ausdenken würden, um uns um eine »Steuer« zu erleichtern – auch dann wenn wir die entsprechenden Papiere vorzeigten.

Die heutige Strecke würde kurz sein – nur acht Kilometer – was mir sehr entgegen kam. Ich war meine Magenprobleme noch nicht losgeworden und hatte nur wenig gegessen. Ich hatte mich die letzten Tage von Suppe, Crackern und Toast ernährt und meinen Gürtel bereits ein Loch enger geschnallt. Ich wollte nicht jammern, dachte aber dennoch, dass ich Hilfe brauchen würde, und fragte deshalb Adane, ob er mein Tagesgepäck tragen konnte.

»Ja, ja«, sagte er und hievte es auf seinen Rücken. Er wandte sich nach unserem Priester um und wechselte kurz ein paar Worte auf Amharisch mit ihm. »Der *kes* wird sich um dich kümmern.«

Einer der Träger gab Abush eine kleine Tasche, die er tragen sollte. Er griff höflich mit beiden Händen danach und strahlte. Er war Teil unserer Karawane. Da zog Mike Speaks den Griff seiner imaginären Zugpfeife – »Huh!! Huuh!« – ,und schon waren wir unterwegs.

Der Weg blieb nun ein Trampelpfad; keine Getreidestoppeln mehr, durch die wir hindurchstapfen mussten. Wir wanderten an den Hängen entlang und steuerten dabei in Bögen auf die Schlucht zu. Der Frühling war hier in vollem Gange, und wir kamen an Feldern mit gelben Masqal-Gänseblümchen und kornblumenblauem Flachs vorbei. Hoch gewachsene Pfefferminze, rosa Winden und buschige wilde Möhren wiegten sich in der Sonne. Schwalbenschwänze mit türkis-schwarzer Zeichnung und Dutzende kleinerer, marineblauer Schmetterlinge flatterten umher. Sämtliche Insekten schienen sich nur für Fressen und Sex zu interessieren, und die Luft war erfüllt von dem Summen, Brummen und Schwirren der Bienen, Heuschrecken und Käfer.

Ich trottete den anderen hinterher und stolperte ein paarmal, was mich sehr ärgerte. Unser Krieger-Priester griff stets nach mir, um mich zu stützen.

»Ayezoch, ayezoch«, beruhigte er mich. »Das wird schon wieder.«

Das wusste ich, aber ich hasste es trotzdem, mich so schwach zu fühlen, und beschloss, Kate nach einem stärkeren Mittel als Ersatz für die Pepto-Bismol-Pillen zu fragen, die ich bisher geschluckt hatte. Ich musste meinen Appetit wieder finden.

Abush ging es blendend. Er schlenderte mit flatterndem, schmutzigem Gewand und vollem Magen neben Kasawol oder Selalem her. Zumindest im Moment hatte er keine Sorgen, »no worries«, wie Mick sich gerne ausdrückte.

Der Pfad schwenkte schließlich in einer scharfen Biegung dem Fluss entgegen. Wir befanden uns wieder am Rand der Schlucht, und da war der Blaue Nil, böse, rot und wütend. Sein lautes, heiseres Tosen drang zu uns hoch und verschluckte die Insekten- und Vogelgeräusche. Wir hatten den Fluss während unseres Trips jede Nacht gehört, aber immer als fernes, gleichmäßiges Gurgeln. Hier klang der Blaue Nil jedoch genau so, wie er aussah: wie ein großer, reißender Fluss, der Hochwasser führte. Es krachte, donnerte und dröhnte, und hätten Holzbalken darüber gehangen, wären sie vom Fluss zum Klingen gebracht worden wie ein Windspiel.

Eine Reihe scharfer Kehren schlängelten sich den Hügel hinunter, und nach einer Biegung erspähten wir, auf was wir am meisten gehofft hatten: die drei Rafts. Mike Speaks war ein Stück vor mir gegangen und hielt nun inne, um den Anblick zu genießen.

»Das da drüben ist mein Zuhause«, sagte er. »Mein Raft. Ich kann es kaum erwarten, hinzukommen.«

Zwei Rafts waren grau, eines war orange. Sie waren an den schwarzen Felsen des gegenüber liegenden Ufers festgebunden, etwas unterhalb der Zweiten Portugiesischen Brücke oder Zerbrochenen Brücke. Wie die Brücke, die wir unterhalb der Tisisat-Wasserfälle überquert hatten, war auch diese Brücke im 17. Jahrhundert von Portugiesen und Indern im Auftrag von König Fasiladas gebaut worden. Ihre fünf Steinbögen überspannten einst den Blauen Nil, in den 30er-Jahren rissen jedoch äthiopische Patrioten den mittleren Bogen mit Hacken, Schaufeln und ihren bloßen Händen in dem verzweifelten Versuch nieder, die einmarschierenden Italiener aus Godscham fern zu halten. Bei der Zerstörung ließen 40 Männer ihr Leben, als der mittlere Bogen zusammenbrach. Sie wurden vom Fluss fortgespült und ertranken. Als Vergeltung für die Demolierung der Brücke erschossen die Italiener in einer nahe gelegenen Stadt ein halbes Dutzend weiterer Männer. Die vorrückenden Truppen führten viele Bombenangriffe auf Godscham, und sie vergifteten Tausende von Menschen in Addis Abeba und anderen großen Städten mit Gas. Und obwohl dies alles 70 Jahre her war, konnte niemand diese Gräueltaten vergessen. Die Menschen sprachen darüber, als wäre es gestern gewesen. Es war kein Wunder, dass bei Atele Asseras und einigen der anderen Milizionäre, denen wir begegnet waren, der Finger etwas nervös zum Abzug zuckte, wenn sie einen *ferenji* sahen – sie waren entschlossen, sich nie mehr Ausländern auszuliefern.

Je näher wir dem Blauen Nil kamen, desto mehr hörte es sich an, als näherten wir uns dem Strand von Malibu, an dem eine winterliche Brandung donnerte. Der Fluss war eng in den Canyon gezwängt und klatschte gegen das Fundament der Brücke, als wäre er entschlossen, das Werk der Patrioten zu vollenden. Wir gingen hinunter zur Brücke, wo sich noch mehrere andere Reisegruppen versammelt hatten. Die Brücke wurde auch jetzt noch benutzt, obwohl sie zerbrochen war. Die Menschen verließen sich nun auf ein dickes Seil und starke Männer auf beiden Seiten, die sie und ihre Habseligkeiten hinüberhievten. Alles, vom Getreidesack bis zu Hühnerkisten und Kalaschnikows, wechselte auf diese Weise die Flussseite. Und so taten dies auch alle, die nach Godscham wollten, sogar eine Mutter mit einem winzigen schlafenden Baby auf ihrem Rücken.

»Ich kann nicht hinsehen«, meinte Yergale, und hielt sich die Augen zu, als die Frau ihren Weg antrat. Alle rundherum schienen den Atem anzuhalten, während sie und ihr Baby über den weißen, schäumenden Stromschnellen baumelten, unter denen der Gihon und der Dschinn wohnten. Aber weder sie noch die Männer zauderten, und so ging sie schon bald sicheren Fußes auf der anderen Seite der Brücke weiter – ihr Baby schlief immer noch fest auf ihrem Rücken. »Maria und Jesus sei Dank«, sagte Yergale und bekreuzigte sich.

Hinter uns hatten Teno und seine Männer am Ende unseres Zuges ihre Esel unter schattigen Akazien zusammengetrieben. Sie begannen, unsere Ausrüstung abzuladen, während Teno, Kasawol und Adunya mit Mike Speaks über ihre Bezahlung diskutierten. Kasawols Augen funkelten, und er hatte wieder diesen Blick, der zu sagen schien: »Ich kenne dein betrügerisches Herz.« Es gab Differenzen, erklärte Selalem, weil sie für drei Tage angeheuert worden waren, unsere Wanderung aber fünf Tage gedauert hatte. Sie wollten mehr Geld. Dies leuchtete mir und den anderen *ferenjocch* ein, und so wurde der Streit rasch beigelegt. Die drei Äthiopier erhoben ihre Hände, als wollten sie sich ergeben, und lächelten. Speaks zählte das Geld ab.

Ein bei der Brücke stationierter Polizist kam zu uns. Er habe gehört, dass unsere Männer auf jemanden geschossen hatten – den Eseldieb – und müsse einen Bericht aufnehmen. Wie viele Schüsse wurden abgegeben? Wer hatte geschossen? Kasawol und Adunya traten zu ihm, um mit ihm zu sprechen.

Anschließend wollten plötzlich alle unsere Männer fotografiert werden, jedoch freilich nicht als Eseltreiber. Sie waren Milizionäre und posierten wie die schneidigen, erbitterten Krieger, die sie ja eigentlich waren, und richteten ihre Kalaschnikows auf imaginäre Feinde, während Nevada ununterbrochen auf den Auslöser drückte. Selbst unser Krieger-Priester mischte mit und blickte böse und drohend in ihre Linse.

Und gleich darauf sagten wir ihnen auch schon Lebewohl. Teno hielt eine kurze Abschiedsrede und erklärte uns über Yergale, er sei froh, dass wir unser Ziel friedlich und ohne Probleme erreicht hätten. »Ihr seid gute Freunde für uns geworden«, sagte er, »und wir haben gut auf euch aufgepasst. Nun ist unsere Pflicht getan, und wir sind traurig, Abschied nehmen zu müssen. Aber ihr seid in unseren Herzen.« Danach kreuzte Teno seine Hände und legte sie auf die linke Brust. Yergale tat es ihm gleich. Er verließ uns ebenfalls. Seine Bemühungen, Selalem auszustechen (falls dies tatsächlich seine Absicht gewesen war), waren nicht erfolgreich gewesen. Er ging genauso nach Hause wie Adane. Einer nach dem anderen machten sie sich auf den Weg über die Seilbrücke und winkten uns ein letztes Mal zu. Sie würden auf der anderen Seite die Schlucht hinauf und in eine Stadt namens Mota wandern. Dort würden sie einen Bus nach Tis Abbai nehmen. Maru und einer der anderen Führer würden die Esel denselben Weg zurücktreiben, auf dem wir gekommen waren.

Ich war traurig, dass sie gingen. Sie hatten mich zurück in den Bann Äthiopiens gezogen, und da wollte ich verweilen. Ich war unsicher, was diese nächste Etappe unserer Expedition uns bringen würde – aber sie würde sicherlich ganz anders werden. Wir würden von nun an keine Gruppe einiger *Ausländer* und vieler Äthiopier mehr sein. Stattdessen würden wir eine Gruppe einiger *ferenjocch* und weniger – zweier – Äthiopier, Selalem und Ephrem Abdi Wayis, bilden. Ephrem Abdi Wayis war ein weiterer Helfer, der am anderen Ufer auf uns wartete.

Die Gruppendynamik begann sich bereits zu ändern.

Sämtliche etwaigen Unklarheiten darüber, wer der Verantwortliche war oder wer die Anweisungen gab, wurden rasch beseitigt. Mike Speaks erhob seine Stimme und rief uns zusammen.

»Okay. Es ist heiß hier unten, und wir werden eine Weile warten müssen. Also behaltet eure Hüte auf dem Kopf, trinkt viel Wasser und macht eure Köpfe, Hüte und T-Shirts nass. Achtet darauf, euch mit genügend Wasser zu versorgen. Bleibt im Schatten. Habt ein Auge auf eure persönlichen Wertsachen. Es sind hier viele Leute unterwegs. Bruce und ich gehen rüber und holen die Boote. Selalem, du musst aufpassen – du musst die Seile auf dieser Seite auffangen. Das Paddeln wird hart und anstrengend.«

Er sprach jeden Satz aus, als handelte es sich um eine eigenständige Ankündigung, dann ging er mit Bruce über die Brücke.

Auf der anderen Seite des Flusses hatten wir bereits Maurizio entdeckt. »Ich habe gute Nachrichten«, brüllte er durch das Dröhnen des Flusses. »Ich habe die letzte Genehmigung!«

Das war nicht nur eine gute, sondern eine hervorragende Nachricht. Wir brauchten diese Genehmigung, um unter der nächsten Brücke, der großen, modernen Abbai-Brücke, hindurchpaddeln zu dürfen. Diese Brücke war zu dieser Zeit aufgrund des Krieges zwischen Äthiopien und Eritrea schwer bewacht. Ohne diese Genehmigung hätten wir unsere Reise nicht bis zum Sudan fortsetzen können. Wir brachen zusammen mit Mau quer über den Fluss in lauten Jubel aus.

Außerdem erblickten wir am anderen Ufer unsere beiden restlichen Teammitglieder: Mike Borcik, einen Bootsführer, und Kelly Shannon, Nevadas Freund aus Santa Fe.

Unsere Teamkameraden auf der anderen Seite des Blauen Nils hatten noch allerhand zu tun, und nachdem ich eine Weile zugesehen hatte, wie die Menschen den Fluss überquerten, setzte ich mich unter eine große Euphorbie und widmete mich meinen Notizen. Abush war auf der Brücke, und seine Augen weiteten sich jedes Mal, wenn jemand nach dem Seil griff, um den Fluss zu überqueren. Er wandte sich mir mit einem Lächeln zu und sagte etwas, aber unser Dolmetscher Selalem war nicht in der Nähe. Ich nahm an, Abush wollte auch versuchen, die Brücke zu überqueren. Ich hatte mir schon vorgestellt, dass wir uns hier trennen würden – aber erst am nächsten Morgen. Es sprach nichts dagegen, dass er eine weitere Nacht mit uns verbrachte und sich noch einmal satt aß. Auf diese Weise konnte ich ihm auch heimlich ein paar Birr zuschieben. Im Moment war es unmöglich, ihm etwas zu geben, weil so viele Äthiopier um uns herum waren. Jemand würde etwas merken, und entweder würden sie dann bei mir betteln oder versuchen, ihn auszurauben.

Ich tätschelte ihm die Schulter. »*Ishi.* Okay. Aber warte noch. Du kannst morgen gehen.« Ich hoffte, dass er mein dürftiges Amharisch verstanden hatte. Es schien so. Er nickte und drehte sich dann um, um wieder bei den mutigen Brückenüberquerungen zuzusehen.

Speaks brauchte nicht lange, um mit seinem Boot wiederzukommen. Er manövrierte es geschickt durch die großen Wellen, während alle anderen auf beiden Seiten des Flusses innehielten, um zuzusehen. Anschließend paddelte Mike Borcik mit seinem Boot herüber, vertäute es mit Selalems Hilfe und kletterte dann über die großen schwarzen Felsen hoch zu uns. Er war stämmig, hatte eine scharf gekrümmte Nase und war geschniegelt wie ein frisch rasierter Soldat. Überdies war er flott angezogen, er trug ein weißes Hemd und dunkle Shorts und einen weißen Panamahut über seinem dunklen Bürstenschnitt. In seinem rechten Ohr blinkte ein silberner Stecker, der ihm zusammen mit dem Hut eine eher lässige Ausstrahlung verlieh. Borciks Haut war tiefbraun, als hätte er soeben eine andere Rafting-Tour hinter sich. Das war auch der Fall – er kam gerade vom Colorado. Er schüttelte uns die Hand und erzählte uns von den Schwierigkeiten, die er, Mau und Ephrem damit gehabt hatten, die Rafts und die Ausrüstung hinunter an das Flussufer zu bringen. Ein plötzliches Gewitter war aufgekommen, das alle durchnässt hatte und den Nil bedrohlich anschwellen ließ.

»Es machte den Fluss noch mürrischer, als er ohnehin schon war«, sagte Mike Borcik mit einem Lachen.

Borcik hatte auch Neuigkeiten von Conrad für uns. Er hatte auf seinem Weg nach Äthiopien einen Zwischenstopp in Nairobi eingelegt und einen Tag mit Conrad verbracht. Selalem stand ganz in der Nähe, und ich rief ihn zu uns.

Borcik schüttelte den Kopf. »Ich sage es ungern, aber Conrad sieht schlecht aus. Er ist um 20 oder 30 Jahre gealtert und wirkt jetzt wie ein alter Mann. Und er hat Probleme mit seinem linken Bein und dem linken Arm. Er muss jetzt am Stock gehen.«

Ich konnte mir das kaum vorstellen. Conrad als alter, verkrüppelter Mann? Das schien mir unmöglich.

Selalem hatte offenbar nicht ganz verstanden. Er war einfach glücklich, dass Mike Borcik »seinen Vater« gesehen hatte. Das bedeutete für ihn, dass es Conrad gut ging. Er war in Nairobi und erholte sich.

»Es tut ihm sehr Leid, dass er nicht hier sein kann«, fuhr Borcik fort. »Er wollte diese Tour unbedingt machen.« Borciks Stimme wurde schwächer.

»Er lässt dich grüßen«, fügte er hinzu. »Und dich auch, Selalem.«

»Du hast Conrad gesehen, das ist gut«, entgegnete Selalem. »Das freut mich.«

Borcik nickte. »Dann lasst uns mal sehen, was es hier noch zu tun gibt.«

Wenig später paddelte Bruce mit seinem orangefarbenen Raft über die Wellen und brachte Kelly mit. Wieder stellten wir uns alle vor. Kelly war groß, dünn und hatte helle Haut und blaue Augen. Er war das genaue Gegenteil von Borcik. Außerdem war er ein schon etwas älterer Herr, um die 65, schätzte ich. Und er war angezogen wie ein erfahrener Flussfahrer, trug ein T-Shirt, schnell trocknende Shorts und Teva-Trekking-Sandalen. Er hatte ein freundliches Lächeln und fragte sofort nach Nevada.

»Sie ist oben auf der Brücke und macht Fotos«, sagte ich.

Er lachte. »Ich dachte mir schon, dass sie irgendwo mit ihrer Kamera unterwegs ist.«

Plötzlich tauchte Mike Speaks auf. Er kletterte auf einen großen Stein, damit wir ihn alle hören konnten: »Okay. Ich möchte unsere kleine Bande wieder zusammenbringen. Ich würde mich freuen, wenn sich unsere kleine Bande sammeln könnte.« Er hatte diese Anweisungen offenbar schon Nevada und Mick gegeben, denn gleich darauf kamen sie zu unserer Versammlung.

Wir standen still da und warteten.

»Okay«, sagte er. »Wir sind nun alle zusammen, und alles läuft bestens.« Dann unterbrach er sich kurz, er war ungewohnt unsicher. »Okay. Ich denke, wir müssen nur so weitermachen wie bisher: cool bleiben und auf unsere Sachen aufpassen. So, dann könnt ihr jetzt wieder gehen und euch euren Aufgaben widmen.«

Nevada kochte sichtlich. »Ich war bereits dabei, mich meinen Aufgaben zu widmen«, sagte sie knapp und machte auf dem Absatz kehrt.

In dieser Nacht mussten wir unser Lager auf dem Eselpfad errichten. Alles hatte etwas länger gedauert und war später geschehen, als Mike Speaks es geplant hatte. Also gingen er, Selalem und Ephrem den Pfad entlang und suchten mehr oder weniger ebene Stellen, wo wir die Zelte aufschlagen konnten. Mir machte das nichts aus, aber Speaks schien zunehmend nervöser zu werden. Das geschah stets, hatte ich herausgefunden, wenn wir in die Nähe von größeren Gruppen von Äthiopiern kamen. Aber es war bereits später Nachmittag, und immer weniger Reisende wollten den Fluss überqueren. Wir würden schon bald allein sein.

Nach dem Passieren der Brücke waren viele Reisende auf die Felsen oberhalb der Brücke gestiegen. Nackt setzten sie sich in die aufsprühende Gischt, während andere das Wasser des Blauen Nils über ihre Köpfe gossen.

»Sie werden getauft«, erklärte Selalem. »Sie nehmen auch heiliges Wasser für ihre Familien mit.«

Durch unsere Gruppe wurden einige dieser religiösen Aktivitäten unterbrochen, weil die Leute bestaunten, was die wenigsten von ihnen jemals zuvor gesehen hatten: nicht nur weiße Menschen, sondern auch noch Boote auf dem Blauen Nil.

»Sie sehen wie Flugzeuge aus«, sagte ein kleiner, drahtiger Milizionär namens Kassa Mongenet zu Selalem über unsere paddelbetriebenen Gefährte. »Das ist *tarik* – ein großes historisches Ereignis!«

Ich dachte, Kassa wäre nur ein Milizionär wie die vielen anderen, denen wir begegnet waren, aber Selalem sagte: »Nein, nein, er kommt mit uns.« Mau hatte ihn angeheuert – ihn und seine Kalaschnikow – nachdem er von unserem Ärger mit dem Eseldieb gehört hatte. Kassa lebte in einem Dorf außerhalb von Mota, wo er einen Hof bewirtschaftete. Er hatte eine Frau und drei kleine Kinder, aber er hatte spontan alles stehen und liegen lassen, um mit uns zu kommen. »Er ist ein bisschen beunruhigt«, sagte Selalem.

Kassa saß auf einem Felsen und schaute auf die Boote hinunter, seine Waffe ruhte auf seinen Knien. Er könne schwimmen, meinte er, aber er wisse auch, dass in diesem Wasser Teufel seien. Misstrauisch beäugte er die braune, brodelnde Oberfläche.

Das Gepäck mit unserer individuellen Ausrüstung für den Fluss lag in einer Biegung des Pfades aufgestapelt, und während wir noch auf das warteten, was als Nächstes passieren sollte, fragten mich ein paar Kinder, ob sie das Gepäck für uns hinunter zu den Zelten tragen dürften. Sie wollten jeweils einen Birr (acht US-Cents) für diesen großen Job, also willigte ich ein.

Sie hatten gerade zwei Taschen zu den Zelten geschleppt, da kreuzte auch schon Mike Speaks auf.

»Wer hat ihnen den Auftrag gegeben?«, bellte er.

»Ich«, sagte ich. »Sie wollten helfen und ...«

»Ich bin derjenige, der hier die Anweisungen erteilt, und ich möchte nicht, dass dieses Gepäck schon bewegt wird.« Er hob beide Taschen hoch und trug sie zurück an ihren ursprünglichen Platz. Die beiden Kinder stoben davon wie aufgeschrecktes Jungwild.

»Entschuldigung«, sagte ich. »Ich dachte, das könnte hilfreich sein.«

Er hörte nicht zu. Er hatte sich umgedreht und lief schon wieder weg. Ich rief die beiden Kinder zurück und gab ihnen das versprochene Geld. 20 Minuten später ordnete Speaks an, das Gepäck hinunter zu den Zelten zu tragen.

Überall auf dem Eselpfad lag unser Zeug verstreut: Taschen, Kochutensilien, ein Tisch zum Kochen. Man musste sich einen Weg zwischen den Sachen und den Leuten hindurch bahnen, aber alle waren verständnisvoll und höflich. Ich hatte gerade meine Ausrüstung in meinem Zelt verstaut und war auf dem Weg zum Essbereich, als Nevada kam. Kate stand ebenfalls in der Nähe. Sehr selten waren wir drei Frauen bisher unter uns gewesen, und ganz offensichtlich hatte keine von uns etwas gegen ein Schwätzchen einzuwenden.

»Ich muss das einfach loswerden«, sagte Nevada halb flüsternd zu mir. »Ich kann Mike Speaks nicht ausstehen.«

»Mir geht er auch auf die Nerven«, sagte ich mitfühlend.

»Niemand sagt mir, was ich zu tun habe«, fuhr sie fort. »Das ist etwas, was ich nicht leiden kann.«

»Ich auch nicht«, sagte ich.

Erleichtert, weil wir offenbar einer Meinung waren, brachen wir in Gelächter aus. Ich hatte nicht bemerkt, dass sie und Mike Speaks schlecht miteinander auskamen – vielleicht, weil ich meist mit Selalem oder Teno gewandert war – aber offenbar war Speaks' Anweisung, dass Nevada sich zur Gruppe begeben sollte, nicht die erste gewesen. »Er sagt mir die ganze Zeit, wie ich meine Bilder zu machen, meine Tasche zu packen und nach meiner Ausrüstung zu sehen habe. Ich muss ihm aus dem Weg gehen.«

Nevada hatte, so erzählte sie uns, selbst mehrere Jahre als Flussführerin gearbeitet und auch als Leiterin von Fotoexpeditionen. Sie kannte sich auf diesem Gebiet aus, hatte Reiseerfahrung, wusste mit anderen Teilnehmern umzugehen und konnte auf sich selbst aufpassen.

»Vielleicht verunsichert ihn das«, vermutete ich.

»Das Letzte, was ich auf dieser Tour gebrauchen konnte, war irgendein egozentrischer Macho von einem Flussführer. Genau deshalb habe ich damals mit den Flusstouren aufgehört«, sagte sie.

»Sein Gehabe lässt sich schnell durchschauen.«

Sie meinte, Mike Borcik würde uns viel besser liegen, und schlug vor, am nächsten Morgen in sein Boot zu steigen. »Ich brauche jemanden, der mich dorthin paddelt, wo ich hin muss, um meine Fotos zu schießen«, sagte sie. »Und dann nehmen wir noch Selalem mit, er kann dir was über Äthiopien erzählen.«

Das klang nach einem klugen Plan. Wir würden Speaks einfach aus dem Weg gehen und uns unserer Arbeit widmen.

Kate hatte kein Wort gesagt. Sie sah verwirrt aus, dann überrascht, schließlich leicht erschrocken. Sie würde sich nicht an unserem Aufstand beteiligen.

In all dem Trubel hatte ich Abush aus den Augen verloren. Es war später Nachmittag, bald würde die Dämmerung über uns hereinbrechen, und ich fragte mich beim Aufbrühen einer Tasse Tee laut, wo er wohl steckte. Nevada und Mick antworteten beide auf einmal.

»Oh, er hat uns verlassen.«

»Er hat vor mindestens einer Stunde die Brücke überquert«, fuhr Nevada fort. »Er wollte einfach dieses Seil ausprobieren, aber er hatte fürchterliche Angst. Er weinte und schrie und hing an meinem Hals. Ich wusste nicht, ob er jemals loslassen würde.«

Meine Stimmung sank. Ich hatte keine Gelegenheit gefunden, ihm das kleine Geschenk zu geben, das ich für ihn geplant hatte. Bruce hatte ihm auch etwas Geld für die Schuhputzkiste geben wollen. Er sah ebenfalls enttäuscht aus.

Ich lief den Eselpfad hinab und stieß auf Selalem.

»Siehst du Abush irgendwo da drüben?«, fragte ich ihn.

Wir suchten mit den Augen das Ufer nach ihm ab, sahen uns die Leute an und hielten Ausschau nach einem verlassenen Kind in einem schmutzigen Gewand. Selalem pfiff und winkte dann.

»Da ist er!«, schrie er und pfiff dann noch einmal und erregte damit Abushs Aufmerksamkeit.

Abush rannte sofort hinunter zu den Felsen und rief uns etwas zu. Er fing an zu weinen.

»Er denkt, unsere Rafts seien Autos«, sagte Selalem, »und er möchte, dass wir mit einem zurückkommen und ihn holen. Er hatte gedacht, er könnte in einem der Boote mitfahren, aber sie ließen ihn nicht.«

Armer Abush. Die Männer, die die Menschen über die zerbrochene Brücke gezogen hatten, waren nach Hause gegangen. Er war gestrandet und wieder auf sich allein gestellt. Es war unmöglich, ein Raft stromaufwärts durch diesen Mahlstrom zu paddeln, und ebenso unmöglich war es, ihm dies durch das Getose des Nils zu erklären.

»Sag ihm, er soll dort drüben jemanden suchen, bei dem er bleiben kann, und wir schicken ihm morgen etwas zu essen und ein paar Geschenke«, sagte ich, immer noch in der Hoffnung, unserem Waisenkind irgendwie helfen zu können.

Da wurde einer der Polizeibeamten auf uns aufmerksam und lief hinunter zu Abush. Selalem schrie dem Beamten zu, er solle unserem jungen Freund helfen. Er nickte und legte den Arm um ihn. Abush ging mit dem Polizisten weg, sein Gewand rutschte ihm über die Schulter, seine Verbände flatterten ihm um die Beine.

Ich habe Abush nie wieder gesehen.

Dreizehntes Kapitel

Wir wurden von den Morgenrufen der Felsentauben, Finken und Rotschwänze – und vom steten Tosen des Blauen Nils geweckt. Mike Speaks brannte darauf, auf den Fluss zu kommen, und schon bald hatten wir unser Lager abgebrochen, unsere Ausrüstung einschließlich Kassas Kalaschnikow in wasserdichten Taschen verstaut und Kameras, Notizbücher und Ferngläser in wasserundurchlässigen Behältern oder alten Munitionskisten verschlossen. Dann rief er uns zusammen. Wir saßen auf den großen Felsbrocken am Ufer, während er uns Sicherheitsanweisungen für den Fluss erteilte.

»Die Schlucht ist hier sehr eng, wie ihr seht«, begann Speaks, »deshalb gibt es viele Pilze*, Wasserpolster und große, starke Wellen, die über die Felsen schießen. Das ist die Eigenart des Blauen Nils. Ich werde nun noch einmal einige Situationen durchsprechen, vor denen wir uns in Acht nehmen müssen.«

Wir würden auf Krokodile treffen, erklärte er uns. Einige dieser Tiere könnten aggressiv werden, und er wollte nicht, dass sie in unsere Boote bissen – weil dies zu einem Leck und möglicherweise zum Untergehen des Boots führen würde, wir hatten also Paddel an Bord, um den Reptilien eins überzubraten. »Ihr könnt sie auch benutzen,

*Anmerkung der Übersetzerinnen: Ein Pilz ist eine von unten nach oben gerichtete, die Wasseroberfläche durchbrechende Strömung. (siehe J. Baur, H. Hahn, P. Holz: Grundlagen des Kanusports, Stuttgart, 1977, S. 400)

um euch angreifende Nilpferde vom Leib zu halten oder beim Manövrieren zu helfen, wenn wir in den Wellen festsitzen.«

Die meisten Rafting-Unfälle passierten beim Einsteigen in die Boote oder beim Aussteigen oder beim Wandern an Land. Wir sollten also vorsichtig gehen und einander unterstützen. Auf den Booten seien die Passagiere – wir – »beweglicher Ballast. Ihr könnt euer Gewicht verlagern, um die Bewegungen des Boots auszugleichen. Und das tut ihr immer dann, wenn ich – oder Mike [Borcik] oder Bruce – ›High Side‹ rufen.«

Er rechnete nicht damit, dass jemand von uns über Bord ging, aber falls dies dennoch passieren sollte, hätten wir zu winken und zu rufen: »›Hallo, hier bin ich!‹ In dieser Strömung fällt das Schwimmen sehr schwer, wir werden euch deshalb einen Wurfsack mit einem Seil darin zuwerfen. Haltet das Seil, lasst den Sack los, dreht euch mit dem Rücken zum Boot und legt das Seil über eure Schulter, damit wir euch in das Boot ziehen können.«

Wir sollten bei unserem Raft bleiben im Fall dass es kenterte, und durften unsere Schwimmwesten niemals ausziehen. Falls jemand Pech hatte und unter das Boot geriet, war das ein »schlechter Platz. Versucht euch bäuchlings am Boot entlang hochzuziehen und keinesfalls, darunter hervorzuschwimmen.« Speaks meinte jedoch, dass wir wohl den Fluss hinunterkämen, ohne dass Boote umkippten und jemand schwimmen musste. Und falls doch jemand baden ging, sollte er seine Füße möglichst nach vorn strecken, um die Wucht einer Kollision mit den Felsen abzufedern. »Wenn ihr in den Wellen seid, müsst ihr euch zuerst darauf konzentrieren, wieder Luft zu bekommen, und dann schwimmen, schwimmen, schwimmen. Strengt euch an, als wären es die Olympischen Spiele.«

Auch wenn wir uns sicher auf den Rafts befänden, sollten wir uns, wenn wir in die großen Wellen gerieten, so verhalten, als würden wir uns »auf den Feind zubewegen. Ihr werdet euch ihnen entgegenlehnen, sie werden euch ins Gesicht klatschen, und eure Nasen werden auf den vorderen Schläuchen des Boots aufschlagen. Haltet eure Köpfe besser unten. Das Boot bewegt sich nach vorn, trifft auf die Welle, und ihr klatscht dagegen, bumm!« Er schlug seine Hände zusammen. »Es schleudert euch hoch und dann über Bord.«

»Wenn ich ›High Side‹ schreie, will ich, dass ihr so schnell wie möglich zum flussabwärts gerichteten Ende des Boots springt, dorthin, wo der Feind ist. Dieses Wasser kann ein Boot um einen Felsen wickeln wie Alufolie um eine Kartoffel, und das möchte ich vermeiden. Ich denke, im Großen und Ganzen wird es, wie die Äthiopier sagen, *chigger yellem* – kein Problem – werden. Wir sind eine gute, starke Truppe, und alles läuft bestens.«

Speaks hob die Fäuste zu seinen Schultern wie zu einem doppelten Gruß der Black-Power-Bewegung. »Okay. Gehen wir.«

Er sprang von seinem Felsen herunter und lief zu Nevada, die angefangen hatte, ihre Kamerakisten zu Mike Borciks Boot zu tragen. »Ich fände es großartig, wenn du, Ginny und Selalem heute Morgen mit mir im Boot fahrt«, sagte Speaks.

Nevada war einen Augenblick sprachlos. »Mmh ... okay.«

Vielleicht versucht er, die Sache wieder ins Lot zu bringen, dachte ich. Ich lächelte Mike an, als ich zu seinem Raft ging, und sagte: »Das wäre großartig, *Captain Speaks.*«

Ich sagte es halb im Spaß und halb, um die beiden Mikes (Speaks und Borcik) voneinander zu unterscheiden. Speaks machte dies offenbar nichts aus, und so behielt ich »*Captain Speaks*« für den Rest unserer Reise als meinen Spitznamen für ihn bei.

Speaks zeigte Nevada und mir, wo wir unsere Kamerakisten und Dinge wie Sonnenschutz verstauen konnten, an die wir auf die Schnelle herankommen mussten. Dann machte Selalem die Leinen los und sprang an Bord. Nachdem es nicht mehr angebunden war, zitterte das Boot einen Moment lang, als fühlte es zum ersten Mal die Kraft des Nils. Speaks griff nach den Paddeln, lehnte sich zurück und zog. Ein Schlag, zwei, ein dritter, eine kleine Drehung – und schon waren wir wie jedes andere in das schlammige Wasser des Nils geworfene Treibgut auf unserem Weg in den Sudan.

Es wurde eine rasante Fahrt. Der Fluss war dunkel und produzierte sechzig bis neunzig Zentimeter hohe Wellen mit hellen Schaumkronen, über die wir hinwegpeitschten. Schlammige Gischt und Wasser peitschten ins Boot und klatschten gegen uns, und das tat gut. Der

Morgen war heiß und das Wasser kalt, und dass es schmutzig war, kümmerte mich nicht.

Die Canyonwände ragten steil zu beiden Seiten auf, der schwarze Basalt war angeordnet wie senkrecht gestapelte Holzbalken, die ein Riese benutzt hatte, um das Kliff abzustützen. Stachlige und schlangenförmige Euphorbien wanden sich über die Kante der Schlucht, und durstige Feigenbäume ließen ihre braunen Wurzeln zum Wasser des Flusses hinab wie lange, dicke Strohhalme.

Ich sah Nevada an und lachte. »Wir sind hier. Wir haben es geschafft.«

Sie lachte ebenfalls und drehte sich dann um, um ihre Kameras wegzupacken. Sie hatte ununterbrochen Fotos geschossen, als die beiden andere Boote ablegten. Es war etwa elf Uhr, und das rauchige Blau des Morgens hatte sich in grelles Licht verwandelt. Es war nicht die Art von Licht, die Fotografen bevorzugen.

Ich wollte Nevada auf irgendeine Weise dafür danken, dass sie all dies auf die Beine gestellt hatte. Soviel ich wusste, hatte sie der Gruppe gegenüber nie etwas von der Arbeit erwähnt, die sie auf sich genommen hatte, um unser Abenteuer zu ermöglichen. Dies war wahrscheinlich auf ihre fast buddhistisch zu nennende Sensibilität zurückzuführen, die ich an ihr entdeckt hatte. Sie zog nicht gerne die Aufmerksamkeit auf sich und neigte auch nicht zum Egoismus, wie sie es bezeichnen würde. Ihr Ziel war es gewesen, den Blauen Nil zu erkunden und die Menschen zu fotografieren – und das tat sie.

Gerade in diesem Moment ertönte Speaks' Stimme. Wir waren etwa fünf Minuten vom Ufer entfernt, und er hatte das Boot gedreht, sodass wir in Fahrtrichtung saßen. Auf diese Weise konnte er die vor uns liegenden Stromschnellen besser sehen. Er tauchte die Paddel mit kraftvollen, runden Bewegungen ins Wasser. »Nun haben wir das Hochland hinter uns gelassen und sind endlich weg von den Dörfern und den Menschen. Wir werden nichts mehr mit ihnen zu tun haben.«

Was meinte er mit »nichts mehr mit ihnen zu tun haben«? Ich schaute Nevada an.

Wir trugen alle Sonnenbrillen, daher war es schwierig zu sagen, was jeder Einzelne dachte. Ich wusste, dass sie sich auf keine Konfrontation mit Speaks mehr einlassen wollte, schon gar nicht jetzt, nachdem wir gerade abgelegt hatten. Wir würden später darüber reden.

Wir fuhren einige Kilometer flussabwärts, bis Speaks den anderen Booten Zeichen gab. Er hob seinen linken Arm und deutete über dem Kopf auf einen hübschen Kiesstrand, an dem sich ein Süßwasser führender Bach in den Nil ergoss. Sauberes Wasser. Selalem sprang ans Ufer, um unser Raft an den Felsen festzumachen, und Nevada und ich schnappten unsere Seife und liefen zum Bach.

Wir hatten seit Abo Gedam zwei Tage zuvor nicht mehr baden können, und meine Haut war ölig und schmutzig von Dreck, Schweiß und Rauch. Durch das Waschen im sandigen Wasser des Nils, wie ich es heute Morgen getan hatte, wurde der Schmutz nur auf dem Körper verschmiert. Kelly hatte Recht, als er meinte, dass wir bald zu »Schlammmenschen« würden, wenn wir nur im Blauen Nil baden könnten.

Wir gingen wenige Meter am Bach entlang, bis wir einen donnernden, silbernen Wasserfall erreichten. Wir stürzten uns mitsamt Kleidung hinein und setzten uns darunter, um das kalte Wasser auf uns niederprasseln zu lassen. Der Wasserfall dröhnte und krachte, und ließ seine harten, kalten Strahlen auf unsere Rücken trommeln. Ich ging zurück zum Ufer, rieb meine Kleider und meinen Körper mit Seife ein und stürzte mich erneut ins Nass, um den Schaum abzuspülen. Ich war nicht blitzsauber, aber das würde ich auf der ganzen Tour nie sein – dafür würde die nächste Welle, die mich im Blauen Nil erwischte, schon sorgen.

Selalem und Ephrem waren unten bei den Booten geblieben und hatten die großen Wassercontainer aus den Rafts genommen, um sie mit frischem Wasser zu füllen. Sie schöpften das kühle Nass mit einem Eimer aus dem Bach und pumpten es anschließend durch einen Filter in die Kanister, um es von möglichen Parasiten und Bakterien zu reinigen. Speaks gab noch einige Tropfen Jod hinzu, um alles abzutöten, was den Filter möglicherweise überlebt hatte.

Es war heiß in der Schlucht. Die Sonne brannte auf die schwarzen Felsen herab, sodass sie schimmerten wie ein auf Hochglanz polierter schwarzer Cadillac. Meine Kleider und mein Haar waren knochentrocken, als wir wieder bei den Booten ankamen. Ich öffnete meine Wasserflasche, trank sie bis auf den letzten Tropfen aus und füllte sie mit frischem Wasser aus einem Container auf.

Selalem und Ephrem kannten einander von Addis Abeba. Ephrem war jünger, etwa 25, und größer. Er hatte die langen Gliedmaßen eines Basketballspielers. Sein Kopf war ebenfalls lang und kantig und erinnerte an die langgesichtigen Priester auf den Gemälden in einigen äthiopischen Kirchen. Er war kein Amhara wie Selalem, sondern Oromo. Das Volk der Oromos, was soviel bedeutet wie »die Starken«, war im späten 13. Jahrhundert in das Hochland Äthiopiens gezogen. Sie waren große Krieger, wie ihr Name schon sagt. Stück für Stück nahmen die Oromos das Gebirge, die Hochburg der Amhara, ein, und bewegten sich auf diese Weise jedes Jahr ein bisschen mehr in Richtung Norden. Sie waren kulturell sehr anpassungsfähig und übernahmen von jeder Gegend, durch die sie kamen, einige Bräuche. Oromos konnten Heiden, Christen oder Muslime sein; sie konnten Fischer, nomadische Viehhirten, Händler oder Bauern sein. Die Amhara waren im Gegensatz dazu fast ausschließlich Christen und Bauern. »Wenn ich sage, dass ich ein Amhara bin, bedeutet das gleichzeitig, dass ich orthodox bin«, hatte mir ein Freund einmal erklärt.

Ephrem war schüchtern. Er sprach seine Sprache, das Orominya, sowie Amharisch und Englisch, aber er unterhielt sich nur ungerne mit uns. Er verstand uns und lächelte, wenn wir mit ihm sprachen. Aber normalerweise erwiderte er nur selten etwas.

Kassa, unser neuer »Beschützer«, wirkte noch unsicherer. Er saß auf dem Seitenrand eines der Boote, seine Kalaschnikow auf den Knien, und beobachtete unsere Gruppe. Ich lächelte und fragte ihn in der Straßensprache von Addis Abeba: »*Taddesse*? – Lebst du noch?«

Er zuckte zusammen und lachte kurz. »*Amharinya tichelalish*? – Sprichst du Amharisch?«

»*Tinish bicha* – nur ein bisschen.«

Aber es genügte, um ihm ein Lächeln zu entlocken. Die anderen Mitglieder unseres Teams taten ebenfalls ihr Bestes, damit Kassa sich bei uns wohlfühlte.

Wir setzten die Boote wieder ins Wasser ein, fuhren aber nur noch ein paar Kilometer und legten dann für ein leichtes Mittagessen an einem weiteren Kiesstrand mit Wasserfall an. Vom gegenüber liegenden Ufer rauschte ebenfalls ein Wasserfall. Er schoss in einer glatten Rinne aus Kalkstein herunter, die akkurat wie ein Vorhang gefältelt war. Darüber saß auf einem alten Baumstumpf ein Pärchen der weißköpfigen Schreiseeadler) in seinem Horst. Wir dachten zunächst, sie beobachteten uns, bis einer der beiden Vögel sich in die Luft erhob, in den Fluss tauchte und mit einem dicken Fisch in den Krallen wieder emporstieg.

Wie bei unserer Wanderung ging es weiter Richtung Südosten. Speaks benutzte sein tragbares GPS-Gerät (GPS: Global Positioning System), um die Flussgeschwindigkeit zu bestimmen: etwa 16 Kilometer die Stunde. »Das habe ich nicht erwartet«, sagte er. »Wir haben einen ziemlichen Zahn drauf.«

Den ganzen Nachmittag über zwängte der Blaue Nil sich durch den schmalen Basalt-Canyon. Das Wasser des Flusses wirkte regelrecht zusammengepresst und schleuderte kurze, kabbelige Wellen hoch, über die wir unbeschwert hinwegfegten. Diese kleinen Serien von Stromschnellen mündeten stets in mehreren Strudeln mit großem Sog, die unsere Boote hilflos flussabwärts trudeln ließen. Ich kann euch jederzeit packen, schien der Fluss uns zu sagen, und euch wie Gummienten herumwerfen. Kassa misstraute dem wirbelnden, dunklen Wasser und musterte es eingehend, als suche er nach dem Eingang zur Hölle. Aber es war helllichter Tag, der Himmel strahlte in klarem Blau über den schroffen Canyonwänden, und wenn der Nil tatsächlich Dämonen beherbergte, würden sie uns sicher gerne passieren lassen.

Viel wahrscheinlicher war, dass uns von oben Gefahren drohten. Vom Rand des Canyons konnte man uns bereits sehen, lange bevor wir jemanden entdeckten. Wir waren ein leichtes Ziel für jeden, der mit finsteren Absichten hoch oben am Rand der Schlucht lauerte. Wir kannten die Geschichten: die beiden Schießereien zwischen dem britischen Team unter Blashford-Snell und den *shifta*, das Verschwinden der amerikanischen Wanderer, die Bootsreisenden, die mit Steinen beworfen worden waren, und andere, die durch Schüsse ums Leben gekommen waren. Und wir wussten, dass viele der Dorfbewohner Kalaschnikows besaßen und nicht zögerten, diese zu benutzen. Schließlich hätte unser Freund Atele Asseras beinahe Mike Speaks erschossen. Wie würden die Einheimischen reagieren, wenn sie drei Boote mit acht weißen Ausländern flussabwärts fahren sahen?

Den ersten Vorgeschmack bekamen wir, als wir kurz nach dem Mittagessen hinter einer Biegung Menschen am Rand der Schlucht entlanglaufen sahen. Sie klatschten und tanzten und jubelten uns zu.

»*Kondscho*! – Ihr seid schön! *Gobes*! – Ihr seid tapfer! *Melkam gouso*! – Gute Reise!«

Ihre Rufe und ihr Trällern begleiteten uns flussabwärts. Soviel Wohlwollen und unschuldige Freude hatten wir nicht erwartet. Wo waren die Kugeln, Steine und Diebe?

»Ihr seid *tarik* – Geschichte – für sie«, sagte Selalem. Er benutzte Kassas Ausdruck, um uns zu erklären, wie wunderbar und ungewöhnlich unsere Reise für die ländliche Bevölkerung war, die unser Vorbeikommen so begeistert gefeiert hatte. »Sie werden euch nie vergessen.« An diesem Tag schafften wir 25 Kilometer. Der Nil wand sich in engen Schleifen durch den Canyon, erst nach links, dann nach rechts, wühlte sich an einigen Stellen unter den Klippen durch und wusch an anderen Höhlen und Bögen aus. Hunderte klarer Bäche und Wasserfälle schossen über die Wände herab in den Fluss, an einigen wucherte ein Dickicht aus Farn und hohem Schilf – ein Anblick wie in den Tropen. Im Gegensatz dazu wirkte der nackte Fels des Canyons schroff und abweisend. Nicht ohne Grund hatte der zornige junge Milizionär mit den dunklen Augen, der zu den Rüpeln von neulich gehörte, bei Genet Jamariam den Boden der Schlucht als Wüste bezeichnet. Gelegentlich kamen wir an breiten Sandbänken vorbei, und auf einer davon entdeckten wir unser erstes Krokodil. Aber es war nur ein kleines Exemplar, das sofort in die Sicherheit des Wassers zurückglitt.

Wenig später öffnete Nevada eine ihrer wasserdichten Kisten. Sie hatte mir erzählt, sie habe sich um ein Iridium-Satellitentelefon gekümmert. Aber da ich sie bei der Wanderung nie hatte telefonieren sehen, nahm ich an, dass sie keines hatte auftreiben können. Dort in ihrer Kiste lag jedoch ein schwarzes Gerät, das aussah wie ein überdimensionales Mobiltelefon. Sie nahm es ohne viel Aufhebens in die Hand. Unsere Boote befanden sich wie Autoscooter in einer engen Formation, und sie fragte: »Wen sollen wir anrufen?«

Der Gedanke, mit jemandem zu telefonieren, während man in einem Schlauchboot den Blauen Nil hinunterpaddelte, brachte uns zum Lachen. Selalem schüttelte den Kopf. »Kann das denn wahr sein?«

»*Ginny*«, sagte Nevada, »an der Westküste muss es ungefähr sieben Uhr morgens sein. Möchtest du Michael sprechen?«

»Darf ich?«

»Natürlich, wir rufen ihn an.« Sie wählte unsere Nummer. »Es klingelt«, sagte sie und reichte mir das Telefon.

Es läutete dreimal, dann war Michael am Telefon. »Hallo, Schatz!«, schrie ich.

»*Ginny!*«, rief er überrascht zurück.

»Ich rufe vom Blauen Nil an, es geht uns gut, und wir haben soeben unser erstes Krokodil gesehen«, sagte ich.

»Ihr seid auf dem Blauen Nil? Jetzt gerade?«

»Ja. Wir treiben den Blauen Nil hinunter.«

Die Verbindung war schlecht. Es hörte sich an, als telefonierte man mit jemandem auf dem Mars, unsere Stimmen wurden ständig leiser und wieder lauter, aber wir schafften es, ein kurzes Gespräch zu führen. Zu Hause sei alles in Ordnung, berichtete Michael. Die Rosen blühten immer noch, und unser Hund und unsere Katze vermissten mich. Anschließend versuchte ich, ihm von dem Eseldieb und der Schießerei zu erzählen, aber gerade, als ich die fünf Schüsse erwähnte, war die Leitung plötzlich tot. Unser Satellit überquerte nun einen anderen Teil des Globus. Ich gab Nevada das Telefon zurück.

»Das war nicht gerade die beste Stelle, um das Telefonat zu beenden«, sagte ich. »Aber ich glaube nicht, dass er sich allzu große Sorgen machen wird. Er hat sich sicher schon gedacht, dass alles gut ausging«, fügte ich hinzu und wusste gleichzeitig in meinem tiefsten Innern, dass Michael wahrscheinlich krank vor Sorge war. Ich konnte ihn zurückrufen, wenn ich bereit war, die Gebühren – fünf US-Dollar pro Minute – zu bezahlen, was mir ein angemessener Preis schien.

»Wir müssen mit dem Anrufen warten, bis der Satellit in unsere Zone zurückkommt«, sagte Nevada. »Wir können heute Abend versuchen, noch jemanden anzurufen.«

Das Telefon konnte außerdem kurze Textnachrichten empfangen. Dies war praktisch für Neuigkeiten von Maurizio in Addis Abeba.

Es war ein komisches Gefühl, von diesem abgelegenen Flecken Erde aus Kontakt mit jemandem aufgenommen zu haben. Ich hätte ebenso gut auf dem Mond gewesen sein können, und ich dachte an die Astronauten, die sich auf ganz ähnliche Kommunikationsmittel verließen, um mit dieser Welt und mit ihren Lieben die Verbindung aufrecht zu erhalten. Es war, als hinge man an einer Nabelschnur, allerdings an einer, die sehr fein und hauchdünn wie Seide war. Mit ein wenig Glück würde unser Telefon hoffentlich nur witzig und nützlich, aber nie notwendig sein.

Unser Lager schlugen wir in dieser Nacht auf einer schmalen Sandzunge entlang eines fast ausgetrockneten Wasserlaufs auf, der in einen kleinen Sumpf mündete. Diese Stelle gehörte nicht gerade zu den hübschesten Plätzen, die wir passiert hatten, aber es war schon später Nachmittag, und Speaks wollte, dass die Zelte aufgebaut wurden. Kurz zuvor hatte er den üblichen Ablauf erklärt, den wir einhalten sollten, wenn wir einen Strand zum Campen erreichten: Ketten zum Entladen der Boote bilden, die Zelte aufschlagen, die Küche einrichten, etwas Warmes trinken. Auf diesem Strand war nicht viel Platz, um sich auszubreiten, deshalb stellten wir unsere kuppelförmigen Zelte dicht gedrängt im Zickzackmuster auf.

Wie Captain Speaks es angekündigt hatte, waren wir nicht in der Nähe von Dörfern oder Menschen. Zum ersten Mal auf unserer Reise hatten wir keine Gäste im Lager. Speaks machte sich offenbar nicht nur Sorgen wegen der *shifta*. Beim Mittagessen hatte er von einem Lager in diesem Abschnitt der Schlucht erzählt, das sie 1996 bei einer Tour aufgeschlagen hatten. Zwei Hochlandäthiopier, ähnlich denen, die wir in den anderen Dörfern getroffen hatten, waren in ihr Camp gekommen. »Sie sprachen sehr freundlich mit uns«, erzählte Speaks. »Einer aus unserer Crew und ich schnitten gerade Gemüse für das Abendessen. Dazu benutzten wir zwei Messer. Wir legten sie einen Augenblick ab, um nach dem Feuer zu sehen, und als wir uns umdrehten, waren die Messer weg.« Verschwunden waren auch ihre beiden Besucher.

War dies der Grund dafür, dass Speaks immer nervös wurde, wenn Äthiopier unser Camp aufsuchten; war er am Eselpfad, als viele Äthiopier auf ihrem Weg zur Brücke an uns vorbeikamen, deshalb so beunruhigt, und hatte er deshalb auch nicht vor, in der Nähe von Dörfern zu übernachten? Er bekannte sich war nicht offen zu der Ansicht, alle Äthiopier seien Diebe, doch zumindest für einen kurzen Moment hatte sich der Schleier gelüftet.

Ich wollte Speaks nicht stärker provozieren, als Nevada es schon tat. Und ich wusste, dass es keinerlei Eindruck auf ihn machte, wenn ich erzählte, dass ich auf meinen Campingtouren in Äthiopien bisher nie Probleme mit Diebstahl gehabt hatte. Er neigte ohnehin nicht dazu, andere Leute nach ihrer Meinung oder um ihren Rat zu fragen. Er hatte eine schlechte Erfahrung gemacht und sich seine eigene Meinung gebildet. Es würde schwierig für Nevada und mich werden, ihn zum Nachgeben zu bewegen (auch wenn – und das irritiert mich noch heute beim Schreiben dieser Zeilen – *wir* diejenigen waren, die ihn über *National Geographic* engagiert hatten). In seinen Augen waren wir die Teammitglieder, und er war unser Führer.

Es gab nicht viel Privatsphäre im Camp, und Geflüster am Lagerfeuer wäre unhöflich gewesen. Nevada und ich diskutierten Speaks' Weisung an diesem Abend nicht. Stattdessen saß ich bei Selalem und Kassa und fragte Kassa nach den Sprichwörtern, die die Männer von Godscham kannten. Kassa war stolz darauf, ein Godschami zu sein, ein Mann, der in der Region geboren worden war, die sich als die Wiege der äthiopischen Kultur sah. Das Sprichwort, das er singend zum Besten gab, brachte uns zum Lachen: »*Abayna Tana tetaletew bemeret /Abay achenefer yeGojam gorabet* ... Der Tanasee und der Abbai machten ein Wettrennen, doch der Abbai war schneller, denn er ist ein Godschami!« Kassa hatte eine gute Stimme, und er sang das Sprichwort in einer weichen, heiteren Melodie – bis er zu diesem Stichwort kam. Da fiel seine Stimme ab, und er bellte es heraus – *YeGojam*! – wie ein Politiker beim Wahlkampf. Ich fragte ihn, ob er uns etwas über die Budas, die Menschen mit dem bösen Blick, erzählen konnte. Gab es diese Menschen in Godscham nicht in Hülle und Fülle?

»Er sagt ›Nein‹«, übersetzte Selalem. »Das sagen die Leute nur, weil sie neidisch auf Godscham sind. Er sagt, er kennt auch dazu ein Sprichwort.«

Kassa sang wieder. »*Gojami buda no/Bleshiyawrashew/ Sewun sew sibelow/ Yet honish ayeshew* ... Die Leute sagen, der Buda sei ein Godschami. Die Godschami aber sagen: ›Warum sagt ihr das? Hat schon einmal jemand gesehen, dass ein Auge eines Mannes einen anderen Mann frisst?‹ «

»Das sagen sie, wenn etwas Schlimmes passiert«, erklärte Selalem. »Sie sagen, ›*Alyegn yebelowal* – Die Augen haben dich gefressen.‹ Manchmal sagen die Eltern, wenn du ein Kind anschauen möchtest:

›Nein, denn *alyegn yebelowal.*‹ Sie möchten nicht, dass das Kind von deinen Augen gefressen wird.«

Und wie stand es mit den Schmieden und Gerbern?, wollte ich wissen. Dachte man nicht von ihnen, sie besäßen den bösen Blick schon deshalb, weil sie bei ihre Arbeit Eisenerz und Tierhäute in andere Dinge verwandelten?

»Das war der alte Glaube«, erklärte Selalem. »Aber die neue Regierung versucht dies zu ändern. Wenn heutzutage ein Schmied Buda genannt wird, kann er Beschwerde bei der Regierung einreichen.«

»Aha, es gibt also eine Anti-Buda-Diffamierungsliga«, witzelte Mike Borcik, der ganz in der Nähe saß und sich offensichtlich für die Geschichten interessierte.

Die Oromos, zu denen Ephrem gehörte, wurden früher auch als »Gallas« bezeichnet. Dies ist ein amharisches Wort und bedeutet »Immigrant« oder – direkter – »Barbar«. Auch »Galla« ist nicht nur aus der Mode gekommen, sondern es gilt verständlicherweise als Beleidigung, und niemand würde es in gehobener Gesellschaft öffentlich benutzen. (Zu Beginn unserer Reise hatte ich den Ausdruck ein- oder zweimal verwendet, weil es zu Haile Selassies Zeiten die ganz normale Bezeichnung für die Oromos gewesen war. Selalem schauderte jedes Mal und schüttelte den Kopf. »Ahhh, verwende dieses Wort nicht. Es ist nicht gut für sie.«)

Irgendwie hatte es die »political correctness« geschafft, sich ihren Weg bis zum Blauen Nil zu bahnen – oder zumindest hatte sich eine größere Sensibilität durchgesetzt bezüglich Worten und Handlungen, die so sehr verletzen konnten, dass sie eine tiefe Kluft in der Gesellschaft hinterließen. Die Kaiser Menelik und Haile Selassie hatten mit Gewalt eine Nation geschaffen. Sie vereinten all die verschiedenen Völker, Kulturen und Religionen, indem sie sie vereinnahmten und unterdrückten. Es gab Stimmen, die bezweifelten, dass das Land ohne einen König als Zentrum, der diese Völker unter Kontrolle hielt, überleben konnte. Es hatte Eritrea verloren sowie beinahe einen großen Teil seines südöstlichen Gebiets an Somalia abtreten müssen. Selbst heute noch, erklärte mir Selalem, gab es eine Gruppe von Oromos, die sich mit Somali-Äthiopiern zusammengeschlossen hatte, um einen eigenen Staat zu gründen. Sie starteten in regelmäßigen Abständen An-

griffe im gesamten Süden des Landes. Die Regierung ging manchmal gegen sie vor. Doch was Addis Abeba wirklich wollte, war, ein Land zu erschaffen, in dem sich alle Menschen, unabhängig vom ethnischen Hintergrund und der Religion, als Äthiopier fühlen konnten.
»Das haben wir in Amerika auch versucht«, sagte ich.

Und im Kleinen war es auch das, was wir auf dieser Reise versuchten: miteinander auszukommen, trotz der unterschiedlichen Hintergründe und Erfahrungen, trotz unserer Sorgen, Bedürfnisse und Ängste.

Speaks war zu den Rafts gegangen, um zu überprüfen, ob sie richtig verzurrt waren, und um sicherzustellen, dass sie nicht weggeschwemmt werden konnten. Außerdem prüfte er den Pegelstand des Nils. Er war etwas angestiegen, seitdem wir unser Lager aufgeschlagen und kaum anderthalb Meter von unseren Zelten entfernt im seichten Wasser geplanscht hatten. »Ich gebe euch Bescheid, wenn wir unser Camp überstürzt abbrechen müssen«, sagte er. »Ich glaube nicht, dass das der Fall sein wird, aber ich werde es im Auge behalten.«

In solchen Momenten, wenn die Möglichkeit einer Bedrohung durch die Naturgewalten bestand, schien Speaks sich überaus wohl zu fühlen. Er bewegte sich geschmeidig wie ein Athlet sowohl an Land als auch auf seinem Raft, und sein Körper und sein vorspringendes Kinn vermittelten ein Selbstvertrauen, das zu sagen schien: »Ich bringe euch da durch.« Das war sein Auftrag: seine »kleine Bande«, wie er uns gerne nannte, sicher und unbeschadet diesen Fluss hinunter und durch dieses Land zu bringen – und für ihn bedeutete das gleichzeitig, die unberechenbaren Menschen zu meiden. Und genau dort lag der Grund für unseren Konflikt. Nevada und ich hatten einen anderen Auftrag: eine Story zu liefern. Wir mussten mit den Menschen in Kontakt treten und begrüßten jede zufällige Begegnung und jede Gelegenheit zu einem Dorfbesuch, die sich uns bieten würde. Durch unsere unterschiedlichen Aufträge hatten wir gegensätzliche Vorstellungen von unserer Reise, und es war unklar, wie wir diesen Konflikt lösen würden.

Doch im Augenblick saßen wir an diesem sandigen Strand direkt am Nil und hatten all das vorerst vergessen. Wir waren freundlich, höflich und aneinander interessiert. Wir taten das, was Speaks von uns erwartete: Wir bildeten ein Team.

Kurz vor neun Uhr abends kroch ich in mein Zelt. Drinnen war es drückend heiß, und ich öffnete den äußeren Reißverschluss und die Klappen vor den Moskitonetz-Fenstern. Kate hatte mir eine kurze Antibiotikumkur verordnet, um meinen Darm zu kurieren, und ich hatte es immerhin geschafft, zum Mittag- und Abendessen etwas zu mir zu nehmen. Es war noch nicht hundertprozentig in Ordnung, aber ich war auf dem Weg der Besserung.

Ich zog mein Notizbuch hervor und zählte die Tage. Wir waren erst eine Woche unterwegs. Es kam mir vor wie ein Jahr. Die Zeit konnte das – sich ausdehnen wie ein Gummiband, wenn sie prall gefüllt war mit Ereignissen, neuen Orten, Menschen und Sensationen. Das war einer der Gründe, warum ich es so liebte, in exotischen Ländern unterwegs zu sein. Man konnte wieder lernen zu staunen und Ehrfurcht zu empfinden.

Für Michael daheim war die letzte Woche andererseits bestimmt genau so verlaufen – wie eine Woche allein zu Hause. Wir waren schon lange genug verheiratet und oft genug getrennt gereist, um zu wissen, dass es uns sofort aus dem Gleichgewicht brachte. Es tat mir Leid, dass unsere Telefonverbindung ausgerechnet an dieser kritischen Stelle des Gesprächs, als ich gerade die Schießerei erwähnt hatte, unterbrochen worden war. Er war zu Hause, und nun machte er sich auch noch Sorgen. Und ich lag auf meinem Schlafsack, verschwitzt und voller Sand, und lauschte den letzten pfeifenden Tönen einer Eule, dem fernen Quaken von Fröschen und dem Schwirren der Insekten hier am Ufer des Blauen Nils. Ich war weit weg von zu Hause – wie auch Nevada, Kate, Kelly und der Rest unseres Teams. Wir waren alle weit weg von zu Hause.

Vierzehntes Kapitel

Am nächsten Morgen machten wir uns um kurz nach neun Uhr auf den Weg. Nevada und ich wechselten mit der Erklärung, dass wir alle Bootsführer kennen lernen wollten, in Mike Borciks Boot. Selalem kam mit uns, und Kate, Kelly und Kassa stiegen in Mike Speaks' Raft. Mick und Ephrem fuhren wie am Tag zuvor in Bruces Boot mit.

Nevada, Mick und ich hatten zuvor ein kurzes Gespräch geführt. Da Mick ebenfalls im Auftrag von *National Geographic* hier war, wollte Nevada ihn auf unsere Seite ziehen. Er sollte uns helfen, Speaks von seiner Order abzubringen, dass der Kontakt mit den Menschen hier unter allen Umständen zu vermeiden war. »Ich brauche Menschen – Äthiopier – auf meinen Fotos«, betonte sie. »Und Ginny braucht sie für ihre Story.« Mick nickte. Er drehte einen Film über die Expedition und Nevadas Rolle als führende Fotografin, und natürlich würde er sie unterstützen. Er wollte ebenfalls Szenen mit Menschen aufnehmen. »Ich werde auch mit Mike Borcik sprechen«, versprach Nevada. »Ich kann ihn bestimmt dazu bewegen, sich für uns einzusetzen.«

Borcik, so erfuhren wir an diesem Morgen, während wir den Fluss hinuntertrieben, war in Mittelkalifornien aufgewachsen und hatte die typische Gelassenheit der Menschen von der Westküste. Er war bescheiden und nicht leicht aus der Fassung zu bringen, und wie Nevada es bereits vorausgesagt hatte, kamen die beiden wunderbar miteinander klar. Darüber hinaus hatte er Verständnis für unsere Arbeit und versprach, die Sache mit Speaks zu besprechen.

Es war ein schöner Morgen, und die Sonne brachte sämtliche Rot-, Braun- und Grauschattierungen im Wasser zum Leuchten. Die Canyonwände säumten in scharfem Kontrast den Fluss und verliehen dem Bild Textur und Tiefe. Nevada hatte ihren Spaß. Sie stand direkt hinter Borcik auf einer hölzernen Abdeckung über einem der großen Lebensmittelbehälter, bat ihn, mal hierhin und mal dorthin zu paddeln, und verwendete ein Teleobjektiv, um die beiden Boote vor uns auf ihrer Reise stromabwärts einzufangen. Sie hatte ihre Kamera auf Serienbildschaltung eingestellt und war in einem solchen Rausch, dass Selalem lachen musste.

»Ach, das ist alles so gut hier«, sagte Nevada und ließ ihre Kamera für einen Augenblick sinken. »Wenn jeder Tag so gut wie der heutige wird, gehen mir bald die Filme aus.« Sie warf ihren Kopf zurück und lachte über sich selbst.

Später, als die Sonne höher stand und das Licht grell geworden war, setzte Nevada sich neben mich und erzählte mir, dass Mick Schwierigkeiten hatte, sich an das Raften zu gewöhnen.

»Sein Adrenalinspiegel ist immer noch etwas hoch, seit er im Kriegsgebiet in Bosnien war«, sagte sie. »Der gestrige Tag hat ihm ziemlich zugesetzt. Er klagte darüber, dass es ihn verrückt macht, nur passiv im Boot zu sitzen.«

»Na ja, ich hoffe, wir können ab und zu doch anlegen und wandern oder Menschen treffen«, sagte ich. »Aber ich weiß, was er meint. Hier zu sitzen ist wirklich eine sehr passive Angelegenheit.«

Ich nutzte die Zeit auf dem Boot, um meine Notizen auf den neuesten Stand zu bringen und den Fluss und das Land genauer zu betrachten. Wir trieben einen Abschnitt mit leichtem Gefälle hinab und verloren langsam, aber stetig an Höhe. Die Szenerie wechselte ständig. Speaks hatte uns an diesem Morgen versprochen, dass wir ein Gebiet erreichen würden, das er wegen seiner atemberaubenden Schönheit die »Gorgeous Gorge« nannte, eine der schönsten Passagen auf dem Teil des Flusses, den er 1996 befahren hatte.

Bevor wir dorthin kamen, machten wir Halt an einem Bach, um unsere Kanister zu füllen und zu baden. Dieser Bach war flaschengrün und durchfloss eine Schlucht mit einem breiten Kiesstreifen. Wir wateten einige Zeit durch sein kühles Wasser und fanden immer wieder Becken, in denen wir planschen und schwimmen konnten. Einmal entdeckte ich beim Blick nach unten einen Schwarm winziger Fische, der furchtlos zwischen meinen Beinen umherschoss.

Wie in den meisten Teilen des Gebiets, durch das wir bisher gereist waren, wurde auch in der Region oberhalb des Canyons und auf beiden Seiten der Nilschlucht viel Ackerbau und Viehzucht betrieben. Mais schien die am häufigsten angebaute Feldfrucht in diesen niedrigeren Lagen (900 bis 1200 Meter) zu sein, und ein Großteil der Menschen, die uns vom Ufer aus zuwinkten und zuriefen, waren Bauern oder deren Kinder, die ihre Felder bestellten oder das Vieh hüteten. Wir hatten gerade die Rückkehr zu unseren Booten angetreten, als uns ein runzliger, grauhaariger Mann entgegenlief. Er war barfuß und trug eine hölzerne Axt in seiner linken Hand. Mit der Rechten klopfte er sich unterm Laufen auf die Brust. Er rief uns etwas zu.

»Er bittet uns, stehen zu bleiben«, übersetzte Selalem. »Er möchte uns kennen lernen.«

Wir warteten also. Er hatte uns schnell eingeholt, starrte uns verwundert an und hielt sich vor Staunen beide Hände vor den Mund. »Er ist äußerst überrascht, euch zu sehen«, lachte Selalem. »Er sagt, er sei ein Wunz Sew, ein Flussmann, und er fragt sich, ob ihr auch alle Männer seid. Ich erklärte ihm, dass diese drei da Frauen seien.«

Diese Antwort entlockte dem alten Mann einen weiteren Ausruf der Überraschung. Wie konnten Frauen Hosen tragen, fragte der Flussmann, während er unsere langen und kurzen Hosen musterte. Wir sollten die Beine spreizen und es ihm beweisen. Nevada zeigte sich gutmütig und gewährte ihm stattdessen einen Blick in ihren Ausschnitt. Aber selbst dann, erklärte er Selalem, könne er nicht verstehen, wie eine Frau Hosen tragen könne.

Unser Besucher war von kleiner, sehr schmächtiger Statur, seine Haut war wettergegerbt und sein Körper von jahrelanger Feldarbeit gezeichnet. Seine Shorts und sein Hemd bestanden aus zusammengestückelten Stofffetzen und erinnerten an eine zerlumpte Patchworkdecke. Er zeigte auf seine Kleidung und schüttelte dabei verzweifelt den Kopf.

»Er sagt, er wohne da oben, drei Stunden Fußmarsch entfernt«, erklärte Selalem und zeigte auf einen fernen Hügel. »Aber er ist hierher gerannt, um uns zu treffen, denn vor einigen Jahren hatten Freunde von ihm *ferenjocch* wie euch auf dem Fluss gesehen, und die Touristen hatten ihnen T-Shirts gegeben. Er freue sich so, euch zu sehen, sagt er, denn heute sei sein Glückstag. Er würde euch gerne eine Ziege schenken, dann könntet ihr ihm vielleicht ein Hemd dafür geben.«

Wir umringten diesen kleinen Mann, und ich dachte, einer der Männer würde ihm sein T-Shirt geben. Ich trug ein dünnes Hemdchen und ein langärmeliges Shirt darüber, um mich vor der Sonne zu schützen, und sah keine Möglichkeit, etwas davon auszuziehen. Abgesehen davon wollte er vielleicht gar kein Hemd von einer Frau – auch nicht von einer Frau, die Hosen trug. Keiner unser männlichen Teamkollegen machte jedoch Anstalten, sein T-Shirt abzutreten. Vielleicht war es die direkte Art gewesen, in welcher der Alte danach gefragt hatte, jedenfalls schien Mike Speaks sofort abzublocken.

»Er muss uns keine Ziege geben, und wir können nichts von dem ausziehen, was wir am Leib tragen«, erklärte er. »Und alle anderen Klamotten sind unten im Raft verpackt und festgebunden.« Er werde nichts ausladen.

Speaks bot dem Flussmann stattdessen etwas Garn, Nadeln und Angelhaken an.

Der alte Herr nahm die Geschenke an, schüttelte aber den Kopf. »Er sagt, damit könne er nichts fangen«, erklärte Selalem zu den Angelhaken. »Sie seien zu klein; und eine Frau zum Nähen habe er auch nicht.« Wir waren in der Nähe der Region, in der die britische Expedition in die beiden großen Schießereien mit den *shifta* verwickelt gewesen war, und um das Thema zu wechseln, fragte ich, ob er etwas über Banditen hier in der Gegend gehört habe. Nein, hier in Begemder hielten sich keine Shifta auf, übersetzte Selalem die Worte des Alten. »Er sagt, möglicherweise gibt es welche in Godscham, auf der anderen Seite des Flusses.«

Kassa stand bei uns und empörte sich sofort, als hätte ihn jemand persönlich angegriffen. »Nein«, ließ Kassa Selalem wissen. »Auch in Godscham gibt es keine Shifta.«

Kassa und der Flussmann beharrten so stur darauf, dass ich mich fragte, wie sie sich so sicher sein konnten. War es einfach nur ihr Stolz? Die Briten waren gleichzeitig von beiden Seiten des Flusses überfallen worden, und zwar von großen Horden bewaffneter Männer, von denen einige sogar zum Angriff geblasen hatten. Natürlich, das lag nun mehr als drei Jahrzehnte zurück, und Äthiopien hatte sich seitdem sehr verändert, aber ich konnte mir nicht vorstellen, dass die Aufgabe der Shifta-Tradition eine dieser Veränderungen gewesen war.

Diese Tradition hatte immerhin Jahrhunderte überdauert.

Und wie stand es mit wilden Tieren, erkundigte ich mich weiter. Verlor er viele Tiere an Leoparden oder Löwen?

»Löwen gibt es hier keine, sagt er. Aber manchmal sieht er Leoparden, und außerdem leben hier Hyänen und Schakale. Er hat eine Medizin, um die Hyänen und Schakale auszurotten.« Der Flussmann griff in seine Hemdtasche und zog ein Stück blauen Stoffs heraus, in dem die »Medizin« eingewickelt war: Plastikfläschchen, von denen wir annahmen, dass sie Strychnin enthielten. »Er bekommt sie vom Staat, und er hat schon viele Schakale damit getötet.«

Der Alte brachte das Gespräch wieder auf seine eigenen Interessen. Er schlug sich an die Brust und fragte erneut nach einem Hemd. »Er sagt: ›Schauen Sie sich meine Kleider an. Bitte geben Sie mir ein Hemd‹«, übersetzte Selalem.

Inzwischen hatte Mick begonnen, unseren Besucher und uns zu umrunden und uns mit seiner Videokamera zu filmen. Er filmte eine Weile, dann hörte er auf und spielte einen Teil des Films für den Flussmann ab, der abermals ins Staunen geriet. Dieses Mal legte er beide Hände auf seinen Kopf und stieß mehrere schrille Schreie aus. Wir mussten lachen.

Mick hoffte offenbar, ihm einen weiteren Gefühlsausbruch oder eine andere Reaktion abringen zu können, denn nun begann er, mit dem Mikrofon (das in eine Fellhülle gewickelt war) vor dem Gesicht des Alten herumzufuchteln, als wäre es eine Ratte. Dabei imitierte er die Laute eines Nagetiers.

Der alte Mann blieb unbeeindruckt. »Er sagt, du könntest ihm mit diesem Ding keine Angst einjagen«, übersetzte Selalem.

Mike Speaks hatte sich abgewandt und ging zurück zu den Booten. Kurz darauf folgten ihm die anderen und ließen unseren Besucher wutschnaubend zurück. Ich war noch unsicher, was ich tun sollte, da sah ich, wie er eine Bewegung machte, die ich schon einmal gesehen hatte. Er hob seinen Arm und wollte gerade spucken – ein Zeichen dafür, dass er uns verfluchen würde.

»Sag ihm, er soll warten«, sagte ich zu Selalem. »Was können wir ihm geben?«

»Vielleicht zwei oder drei Birr«, meinte Selalem. »Nicht viel. Das ist okay.«

Ich war im Begriff, die Gruppenregeln zu verletzen, indem ich ihm Geld gab. Und es war unmöglich, es unbemerkt zu tun. Ich schaute niemanden an, sondern ging geradewegs zum Raft, öffnete die kleine wasserdichte Dose, in der ich mein Notizbuch und meine Brieftasche aufbewahrte, und zog ein paar Birr hervor. Ich ging zurück zu Selalem, wobei ich die Augen sämtlicher *ferenjocch* in meinem Rücken spüren konnte, und gab ihm die Scheine.

Selalem drückte dem Flussmann das Geld in die Hand. Dabei sagte er: »Danke für Ihren Besuch; es hat uns gefreut, Sie kennen gelernt zu haben. Nehmen Sie dieses kleine Geschenk zum Abschied.«

Der alte Mann sah verwirrt aus. »Birr?«, sagte er. Er hatte nicht nach Geld gefragt. Er war kein Bettler. Er hatte nur das Glück, unsere Boote zu sehen und dachte, dies wäre sein Glückstag. Stattdessen war er in eine Horde von Geizhälsen geraten, von denen ihn einer auch noch zum Narren halten wollte.

Selalem lächelte wieder. »Es ist ein kleines Geschenk. Wir danken Ihnen und möchten uns nun von Ihnen verabschieden.«
Der Alte schüttelte seinen Kopf, murmelte ein ratloses »Danke« und trollte sich.

Wir stiegen wieder in unsere Boote, und niemand sagte oder fragte etwas.

»Er war den ganzen Weg hierher gerannt, um uns zu sehen«, versuchte ich, Nevada mein Verhalten zu erklären. »Wir konnten ihn nicht mit leeren Händen gehen lassen.« Sie sah mich nur skeptisch an. Eine Weile fühlte ich mich wie der verräterische und sich selbst verachtende Marlon Brando in dem Film *Meuterei auf der Bounty* und hätte mir nichts sehnlicher gewünscht als eine Kabine unter Deck, um mich zurückzuziehen und zu verstecken.

Es ist eine Kunst, in Gruppen mit anderen zurecht zu kommen, und diese Kunst beherrschte ich nicht – jedenfalls nicht in Bezug auf manche Teilnehmer dieser Expedition. Ich wollte mich nicht dafür entschuldigen, dass ich die Regeln gebrochen hatte, und ich verstand nicht, warum Speaks sich nicht öfter von Selalem über die Gepflogenheiten der Menschen in diesem Land aufklären ließ.

Etwas weiter flussabwärts änderte die Schlucht ihr Aussehen: Speaks rief uns zu, dass dies der Abschnitt war, der ihm so gut gefiel – die »Gorgeous Gorge«. Auf der linken Seite – der Seite, die zu Begemder gehört – war die Schlucht eher unspektakulär und offen, die Felsen waren hier nur niedrig. Auf der rechten Seite jedoch, der Seite von Godscham, zog sich weiterhin eine eindrucksvolle, gebogene Basaltwand dahin. Sie bildete ein jäh abfallendes Felskliff, das hier und da von Feigenbäumen, Moosen und Epiphyten bewachsen war und von einer Höhe von etwa 20 Metern auf mehr als 30 Meter anstieg. Felsentauben gurrten hoch oben auf den Klippen, Fischadler zogen ihre Kreise, und jeder Busch und Strauch, der über den Fluss hing, beherbergte unzählige Nester von Büffelwebern. Die Webervögel waren mit der Paarung und dem Nestbau beschäftigt und schossen wie große goldene Bienen durch das Ufergebüsch.

Die hohe Felswand setzte sich einige Kilometer lang fort. An einer Stelle entdeckten wir zwei Höhlen, eine dreieckige und eine halbrunde, die möglicherweise einst als Behausungen für Eremiten gedient hatten. Die einzige Möglichkeit, die Höhlen zu erreichen, bestand offenbar darin, sie von einem Boot vom Wasser aus zu erklimmen oder ein Seil von den Klippen herabbaumeln zu lassen. Einige Mitglieder der britischen Expedition von 1968 hatten die Höhlen erkundet und dort schwarze Tonscherben und Überreste alter Körbe gefunden. Sie hatten ihre Schätze jedoch beim Überfall der Banditen verloren. 1974 waren Richard Bangs und Jim Slade ebenfalls in die Höhlen geklettert und hatten einen unversehrten schwarzen Tontopf gefunden. Bangs brachte ihn zum Institut für Äthiopien-Studien in Addis Abeba, um ihn analysieren zu lassen. Dort erhielt er lediglich die Auskunft, dass Töpferwaren dieser Art bereits seit sehr langer Zeit gefertigt würden.

Wir hielten in der Nähe der Höhlen zum Mittagessen. Der Himmel hatte sich zugezogen, und wie auf unserer Wanderung wurden wir von einem kurzen, plötzlichen Regenguss überrascht.

»Was ist nun mit dieser Regenzeit?«, nörgelte Bruce, während er sich eine Regenjacke anzog.

»Kassa meint, sie kann noch einige Tage dauern«, erklärte Selalem. Eigentlich hatten wir gar nichts gegen den Regen. Er kühlte die Schlucht ab und wusch die Schmutzschicht von unserer Haut, die ein fester Bestandteil des Lebens auf dem Blauen Nil zu sein schien.

Wir hatten für unsere Flussreise nun einen Rhythmus gefunden und setzten unsere Fahrt durch die grandiose Schlucht nach dem Essen fort. Dabei kamen wir in den Genuss einiger großer Wellen und überraschender Duschen. An einer Stelle ragten zwei Basalttürme wie bröckelnde Schornsteine mehr als 35 Meter hoch aus dem Fluss empor, und hinter der nächsten Biegung tauchten wir in eine Welt ein, die an den Grand Canyon erinnerte. Oberhalb der Schlucht lag eine Terrassenlandschaft, und wie wir bereits zuvor beobachtet hatten, wurde auch hier jede ebene Fläche landwirtschaftlich genutzt.

»So muss der Grand Canyon in der Zeit der Anasazi ausgesehen haben«, sagte ich zu Nevada. »Wie viel Arbeit das für die Bauern sein muss.«

Die ganze Feldarbeit wurde mit Handpflügen und Ochsengespannen verrichtet – für die Bewässerung sorgte der Regen. Manchmal sahen wir Männer mit breitkrempigen Strohhüten bei der Arbeit auf ihren Feldern. Sie winkten und riefen uns zu. Dann ließen sie ausgedehnte Rufe in abwechselnd höheren und tieferen Variationen, die sicher über große Entfernungen zu vernehmen waren, die Schlucht hinab ertönen, um den Hörern unsere Ankunft anzukündigen.

»*Kondscho*! *Kondscho*! *Kondscho*! (Ihr seid schön!)«, riefen zwei kleine Jungen mit Ziegenfellen um die Schultern aus, als wir vorbeirauschten. Ganz in der Nähe standen einige Männer am Ufer und machten eine Art Tramperzeichen – sie bewegten ihre Hände in der Luft, als wollten sie uns signalisieren, langsamer zu fahren und anzuhalten. Sie wollten, dass wir sie mitnehmen, erklärte uns Selalem. Wir fuhren jedoch im Hauptstrom. Es hätte ein hartes Stück Paddeln bis zum Ufer bedeutet, und natürlich konnten wir nicht stoppen, um sie an Bord zu nehmen. Mike Borcik schlug eine Antwort vor: »Sag ihnen, bei diesem Flugzeug gibt es keinen Rückwärtsgang.«

Wir winkten den aufdringlichen Bauern und zuckten mit den Schultern, während Selalem eine amharische Version von Borciks Antwort hinüberschrie.

An den Hängen und Hügeln zwischen den Feldern wuchs ein Dickicht aus Büschen und Bäumen.

Eine häufig vorkommende Art war der eichenähnliche Kossobaum, dessen Samen, wie Selalem uns erklärte, bei der Kaffeezeremonie als Weihrauch verbrannt werden. Seine Blätter färbten sich gerade rot und golden, was den Hügeln trotz der zartgrünen Frühlingstriebe der Getreidefelder ein herbstliches Aussehen verlieh. Entlang der Klippen nahe dieser Wälder erspähten wir kleine Horden Grüner Meerkatzen mit unterseits grau-weißem Fell. Sie beobachteten uns ganz kurz und flüchteten dann aufgeregt schreiend in die Sicherheit der Bäume.
Mit jedem Kilometer wurde der Fluss breiter. Beim Ablegen hatte seine Breite etwa 60 Meter betragen, jetzt war sie jedoch auf mindestens 90 Meter angewachsen. Der Blaue Nil ließ nun den harten, schwarzen Fels der Schlucht hinter sich. Er grub sich seinen Weg zum alten mesozoischen Meeresboden hinunter und brachte dabei Schichten von rotem Sandstein und rosa Kalkstein zum Vorschein. Diese Felsen waren weicher, sodass der Fluss leichteres Spiel hatte, ein breiteres Bett für sich aushöhlte und seine Umgebung in Felswände und Plateaus verwandelte, die den hohen Treppenpyramiden der Maya glichen. Breite Sandsteinbänder zogen sich oben an den Felswänden entlang, und an einigen Stellen waren diese Wände zu langen Bögen und Höhlen erodiert. Nun erstreckten sich am Fluss auch breite, sandige Uferstreifen, auf denen häufig Krokodile dösten, die wie alte, verwitterte Baumstämme wirkten. Die meisten waren klein, etwa 1,20 Meter lang, und schlank. Die drei bis sechs Meter langen Ungeheuer, von denen andere Nilreisende berichtet hatten, ließen auf sich warten. Sobald sie uns wahrnahmen, flüchteten die Krokodile stets ins Wasser, wobei sie mit ihren übergroßen Echsenkörpern eine überraschende Geschwindigkeit an den Tag legten. Sie wirkten zwar klein und schläfrig, der Raubtierinstinkt in ihren Bewegungen und das kalte, schlangenartige Funkeln in ihren Augen waren jedoch unverkennbar. Wie böse

Dschinns tauchten die Reptilien gleichzeitig in die dunklen Tiefen des Nils ab.

Etwa um zwei Uhr nachmittags beendeten wir unsere Tagesetappe und legten an einem der breiten (krokodilfreien) Sandstrände oberhalb der Mündung des Bashilo in den Blauen Nil an.
Der Bashilo und seine Schlucht waren beinahe ebenso groß und breit wie der Blaue Nil und dessen Schlucht, und die massiven Sandsteinbögen und Felswände vor dem Nil und die riesigen Plateaus, die sich in allen Richtungen auftürmten, boten einen Anblick, der so herrlich maskulin anmutete wie Teile des Wilden Westens. Dies war John-Wayne-Land.

Ein großer, ausladender Feigenbaum warf seinen Schatten auf den Sandstrand, an dem wir unsere Rafts vertäut hatten, und wir schlugen unsere Zelte oberhalb und hinter dem Baum auf. Das Hinterland erhob sich zu einem Plateau, auf dem sich die braunen Blätter einer verkümmerten Maisernte in der Sonne wiegten. Hinter dem Plateau wölbte sich einer der großen Bögen, an denen wir vorbeigetrieben waren, empor, und Speaks verkündete, dass er diesen genauer erkunden wolle. Das klang nach einem spannenden Abenteuer, und fast alle wollten ihn begleiten. Ich blieb widerstrebend zurück. Meine Hungerkur forderte ihren Preis, und ich fühlte mich noch nicht stark genug, eine schwierige, schnelle Klettertour durchzustehen.

Kassa und Ephrem gingen ebenfalls nicht mit, und Kate wanderte nur bis zum Plateau mit, das ihrem Bericht zufolge eine grandiose Aussicht auf beide Canyons bot. Ich beschloss, diesen Ausflug vielleicht in der Dämmerung zu versuchen, wenn es kühler wurde.

Kate und ich unterhielten uns nach ihrer Rückkehr vom Plateau eine Weile. Sie war das eifrigste Mitglied unserer Gruppe und stets bereit, mit anzupacken, wenn Speaks eine Aufgabe erledigt haben wollte. Sie war immer die Erste in der Reihe beim Entladen der Boote und beim Aufschlagen der Zelte und auch sehr bereitwillig, wenn es darum ging, ihr medizinisches Wissen den Menschen zugute kommen zu lassen, denen wir auf unserer Reise begegneten. In den Bergen, erzählte sie mir, hatte sie sich für ihre improvisierten morgendlichen Sprechstunden rasch ein System ausgedacht. Sie half denen, für die sie wirklich etwas tun konnte. Die Patienten mit harmloseren Beschwerden

Am achten Tag unserer Reise schlugen wir unser Lager auf einem sandigen Uferstreifen unweit der Mündung des Bashilo in den Blauen Nil auf. Melese Menescha, der für die medizinische Versorgung eines Dorfes im westlichen Hochland von Godscham zuständig ist, schwamm über den Fluss, um uns kennen zu lernen.

Ungefähr 190 Kilometer hinter der Zweiten Portugiesischen Brücke gerieten wir in Wildwasser und hatten einen Riesenspaß beim Ritt durch die Wellen.

Auf seinem Weg vom äthiopischen Hochland bis zur etwa 860 Kilometer entfernten Grenze zum Sudan windet sich der Blaue Nil durch eine menschenleere Region. Sie ist so abgelegen und zerklüftet, dass der Fluss bis in die späten 1920er-Jahre unkartographiert blieb. Unserer Expedition gelang es 1999 als erste, den Fluss in seiner ganzen Länge zu befahren.

Äthiopische Bauern vom Volk der Borana blicken nach Westen über die Nilschlucht in Richtung Godscham. Wir trafen viele Borana-Viehhändler. Sie durchschwammen mit ihren Tieren den Blauen Nil und trieben sie dann auf der anderen Seite die Schlucht hinauf und weiter zu den Märkten im Hochland von Godscham.

Einige Borana beten hoch über dem Blauen Nil in einer Moschee in Debat.

Nachdem wir die Hälfte der Strecke zurückgelegt hatten, verließen wir das Hochland und gelangten in das Land der Gumuz. In dem Dorf Botuma verbirgt sich eine kurz vor der Niederkunft stehende Frau hinter einer Matte aus Palmblättern. Eine Hebamme leistet ihr Beistand. Im Vordergrund ist die Großmutter der Gebärenden zu sehen.

In Meten bliesen zwei Gumuz-Gruppen ihre *duwas* (Hörner) für uns in einem freundschaftlichen Wettstreit. „Mein Mädchen ist das wohlgeformteste und schönste von allen", trompeteten sie.

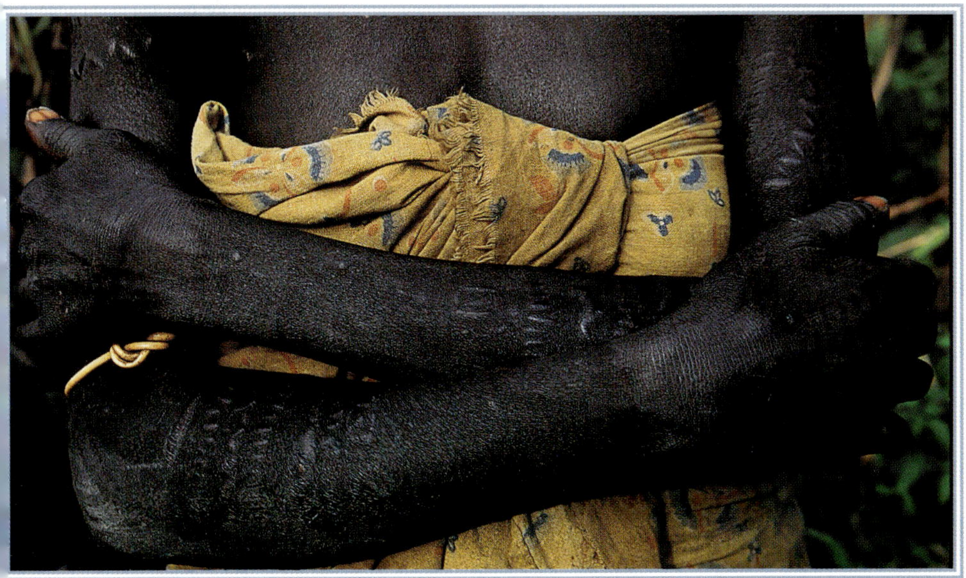

n vergangenen Zeiten trugen die Gumuz kaum Kleidung und schmückten sich stattdessen mit Narben-nustern wie diesen. Doch mit einer entsprechenden Regierungsverordnung wurden Kleider zur Pflicht, nd das Einritzen von Schmucknarben ist unter den jungen Leuten selten geworden.

Ein Gumuz-Junge mit den Waffen seiner Begleiter – Gewehren, Pfeil und Bogen und einem Speer –, die davongestürzt waren, um zu Hause *duwas* zu holen und dann für uns zu spielen.

Nach unserer Flussfahrt verbrachten Nevada und ich ein paar Tage an den Quellen des Blauen Nils bei Gische Abbai. Dort luden uns die Priester der Michaelskirche ein, an einem Trauergottesdienst für eine verehrte Nonne und Priesterin teilzunehmen, die kurz zuvor gestorben war.

iele Äthiopier opfern dem *Gihon*, dem Geist des Blauen Nils. In Gilgel Abbai bereitet eine Frau für
evada und mich zu diesem Zweck Kaffee zu. Der Kleine Blaue Nil (oder Gilgel Abbai), wie die Äthiopier
n nennen, entspringt bei Gische Abbai. Wie einige andere Flüsse mündet er zunächst in den Tanasee und
hwillt erst danach zum richtigen Blauen Nil an.

Nur wenige Kilometer von der sudanesischen Grenze entfernt halten wir an, um Dorfbewohner von Libet zu fragen, wie weit es noch bis zu unserem Ziel Bumbadi sei. „Ihr seid fast da", sagten sie uns. Ungefähr eine halbe Stunde später waren wir angekommen.

Der Kleine Blaue Nil mündet in den Tanasee. Bevor Nevada und ich dorthin gelangten, zogen wir in großem Bogen durch Äthiopien – genauso wie der Blaue Nil.

wie etwa Kopfschmerzen schickte sie wieder weg, und denen, die wirklich ernsthaft erkrankt waren, riet sie, sich in Bahir Dar behandeln zu lassen.

»Meine Güte, ich hätte ganz anders gepackt, wenn ich gewusst hätte, was auf mich zukommt«, meinte Kate. »Ich bin jetzt viel schlauer, als ich es vor drei Wochen war.«

»Was meinst du damit?«

»Na ja, ich hätte viel mehr Arzneimittel gegen Magenbeschwerden mitgebracht, mehr Antibiotika. Dinge, die hier wirklich helfen könnten. Und von allem viel mehr. Ich dachte, ich würde nur unsere kleine Gruppe behandeln und nicht das ganze Niltal.«

Wir lachten.

»Ich bin es gewöhnt, jemanden zu behandeln, und dann auch zu sehen, wie er sich erholt«, fuhr Kate fort. »Aber hier habe ich keine Ahnung, wie es den Patienten danach ergeht. Wie Abush. Seine Beine sahen am letzten Tag ziemlich gut aus. Die Wunden werden wohl heilen.«

Wir sprachen es nicht aus, hofften aber beide, dass er sich durch seine Bisse nicht mit Tollwut angesteckt hatte.

In unserem Feigenbaum tummelten sich viele Vögel – Grasmücken, Finken und die leuchtenden, rot-schwarzen Oryxweber. Ich überließ das Fernglas zunächst Kate, die die Vögel beobachten wollte, und richtete es anschließend auf die Schlucht gegenüber. Bei unserer Ankunft hier hatten uns Menschen zugerufen, und ich wollte wissen, ob ich sie irgendwo erspähen konnte. Zuerst entdeckte ich ihr Vieh – Rinder und Ziegen. Die Tiere bewegten sich hangaufwärts in engen Serpentinen, die offenbar vom Flussufer bis zu dem oberhalb der Schlucht gelegenen Plateau, fast 100 Meter höher, führten. Dann sah ich ein dunkles Strichmännchen von einem Mann direkt am Rand der Schlucht. Er schaute in meine Richtung, also hob ich meinen Arm und winkte. Er winkte zurück. Wir sahen einander an. Auch auf seiner Seite des Canyons ragten Felswände und -bögen empor, und so wandte ich meinen Blick dorthin, denn ich wollte nicht, dass er sich beobachtet fühlte. Nach ein paar Minuten richtete ich mein Fernglas wieder auf diesen Mann. Jetzt führte er seine Tiere durch dichtes Buschwerk entlang des Plateaus. Ich fragte mich, welche Entfernungen er jeden Tag auf diese

Weise zurücklegen musste. Es schien kein Dorf in der Nähe zu liegen, und wir hatten tatsächlich bis jetzt noch nicht eines gesehen. Wir bekamen gelegentlich Menschen zu Gesicht, einzeln oder in kleinen Gruppen. Überall gab es Höfe und manchmal auch ein paar Tiere, aber keine Häuser oder größere Siedlungen. Niemand schien entlang des Blauen Nils zu leben.

Es war paradox. All unser Verdruss über Mike Speaks' Anordnung war möglicherweise absolut unnötig. Vielleicht gab es hier gar keine Dörfer oder Menschen, bei denen wir unsere Lager hätten aufschlagen können. Ich lehnte mich gegen die Klappstühle, die wir jeden Abend aufstellten, und schloss die Augen. Da saß ich nun an der Mündung des Bashilo in den Blauen Nil, dachte ich und lachte in mich hinein, und ich war zufrieden.

Ein paar Stunden später kehrten die Wanderer zurück. Sie hatten es bis zu dem Bogen geschafft, obwohl der Pfad an einigen Stellen durch Unmengen von Pflanzen mit spitzen Stacheln und Dornen verlaufen war. In Nevadas Hose steckten so viele dieser spitzen Stacheln, dass sie wie ein schlechtes Pelzimitat aussah. Der Bogen war in Wirklichkeit eine niedrige Höhle, die allerdings bis auf Mengen von Ziegenmist nichts zu bieten hatte. Die Aussicht war jedoch atemberaubend, erzählten sie. Noch beeindruckender seien aber die riesigen Krokodile gewesen, die auf dem Kiesstrand des Bashilo gelegen hatten.

»Die größten, die wir bisher gesehen haben«, sagte Mick. »Monster.«

Einige Augenblicke später kamen zwei nackte Männer den Strand vom Ufer des Bashilo hochgelaufen. Sie hatten den Fluss durchschwommen, um uns zu treffen, und es irgendwie geschafft, den Attacken bissiger Krokodile zu entgehen. Nun näherten sie sich schüchtern, um uns zu begrüßen, wobei sie mit einer Hand ihre Genitalien bedeckten. Die Männer waren höchstens Anfang 20, vielleicht sogar noch Teenager, und dünn und kantig. Sie trugen beide Ohrstecker aus Holz und Messing sowie Mateb-Ketten um ihren Hals, die sie als Christen auswiesen. Ihre Gesichter waren eckig und hatten die feinen Züge griechischer Skulpturen. Nevada warf ihnen einen kurzen Blick zu und begrüßte sie dann mit ausgestreckten Händen. Sie waren schüchterne, aber willige Motive und schienen es zu genießen, von ihr fotografiert zu werden.

Dann tauchte ein anderer Mann in unserem Camp auf, er kam jedoch aus der anderen Richtung und war gerade durch den Blauen Nil geschwommen, worüber wir nur den Kopf schütteln konnten. Der Fluss war breit und schnell, und hier und da gab es kleine Stromschnellen und Krokodile. Seine Flussdurchquerung erschien uns noch waghalsiger als die unserer beiden anderen Besucher. Wie sie war auch dieser Mann nass und nackt, er hielt jedoch seine Kleider in einem Bündel vor sich. (Später erfuhren wir, dass er sie in einem kleinen Beutel aus Ziegenleder verstaut hatte.) Er war zwar älter als die beiden Teenager, aber ebenso schlank und hatte hohe Wangenknochen und dunkles, krauses Haar. Zögernd ging er auf Nevada und mich zu, streckte seine Hand aus und lächelte. Als wir uns die Hände schüttelten, kam Selalem herüber zum Übersetzen, und ich erfuhr, dass dies der Mann war, den ich durch mein Fernglas beobachtet hatte.

»Er sagt, er habe gesehen, wie wir unsere Boote festmachten, und wollte uns besuchen, aber er hatte Angst«, erklärte Selalem. »Aber dann bemerkte er, dass du ihn mit dem Fernglas beobachtetest. Und aus deinem Winken schloss er, dass es in Ordnung wäre, wenn er uns einen Besuch abstattete.«

Sein Name war Melese Menescha, er war für die medizinische Versorgung des Dorfs Mertule Mariam zuständig, das so weit oben auf der Hochebene lag, dass wir es von unten nicht sehen konnten. Er war Amhara und damit natürlich auch Bauer. Er war mit seinen Tieren zum Tränken am Fluss gewesen und hatte sie gerade für die Nacht zu ihrem Pferch führen wollen, als wir einander entdeckt hatten.

Es dämmerte bereits, und unsere anderen Besucher verließen uns, um wieder den Bashilo zu durchschwimmen, da sie offenbar noch anderen Pflichten nachkommen mussten. Melese schien hingegen geneigt, bei uns zu bleiben. Auch wir interessierten uns für ihn und seine medizinische Tätigkeit, und so luden wir ihn ein, sich an unserem Lagerfeuer zu wärmen und mit uns zu Abend zu essen. Später blieben Nevada, Selalem und ich noch auf und löcherten ihn mit Fragen.

Melese erzählte, dass er eine zweimonatige, vom Staat angebotene medizinische Ausbildung in Debre Markos, der Hauptstadt von Godscham, absolviert hatte. Er kümmerte sich um schwangere Frauen, verordnete Tabletten gegen Magenbeschwerden und Kopfschmerzen und gab Malariakranken Chininspritzen. Darüber hinaus war er ein großer Verfechter der Geburtenkontrolle und verteilte Pillen zur Empfängnisverhütung und Kondome. Seine eigene Frau nahm ebenfalls die Pille.

»Wir haben zwei Kinder, einen Jungen und ein Mädchen«, erklärte er uns über Selalem.

»Und das reicht. Ein Mensch kann wohlhabend sein«, fügte er hinzu, »aber wenn er zehn Kinder hat, wird er schnell arm werden.«

»Er ist noch nie einem Weißen begegnet«, fuhr Selalem fort. »Deshalb hatte er zuerst Angst herzukommen.« Aber er hatte gehört, dass *ferenjocch* über ausgezeichnete Medizin verfügten, und deshalb wollte er uns trotzdem besuchen. Vielleicht könnten wir ihm neues Wissen vermitteln oder hätten die neuesten Wundermittel dabei und könnten ihm etwas davon abgeben.

Nevada und ich schüttelten den Kopf. Kate war leider früh schlafen gegangen. Wir konnten sie also nicht um Arzneimittelproben bitten. Außerdem hätte sie Melese wahrscheinlich nur widerwillig etwas gegeben, weil sie sich ohnehin schon Sorgen um ihre unzureichenden Vorräte machte. Wir erklärten Melese, dass wir keine Ärzte wären und dass er über größere medizinische Kenntnisse (und wahrscheinlich auch eine bessere Apotheke) verfüge als wir. Wir erwähnten, dass unsere Regierung die Abgabe der von ihm gewünschten Medikamente überdies kontrolliere und dass man normalerweise die Erlaubnis eines Arztes einholen müsse, um sie kaufen zu können.

Melese zeigte auf den großen Feigenbaum neben unserem Lager. »An diesem Ort veranstalten die Männer aus dieser Gegend jeden Mai ein großes Treffen«, erzählte er Selalem. Die Grenzen dreier Provinzen – Godscham, Begemder und Wollo – trafen am Zusammenfluss des Blauen Nils und des Bashilo aufeinander. »Die Männer kommen aus allen drei Regionen, um ein Fest zu feiern und ihr Friedensgelöbnis zu erneuern, wie es schon ihre Großväter taten«, erklärte Selalem. Die Männer aus Begemder, die den kürzesten Weg zum Feigenbaum hatten und keinen Fluss durchqueren mussten, brachten einen weißen Ochsen und eine weiße Ziege mit. Die Männer aus Godscham und Wollo bezahlten etwas Geld für die Tiere und brachten Körbe mit *indschera* und *kolo* (eine Mischung aus gerösteten Samen und Getreide) sowie Flaschen mit *tella* (Gerstenbier) mit. Sie opferten die Tiere und gossen ihr Blut in den Blauen Nil, während die Ältesten jeder Region im Stehen gelobten, im kommenden Jahr jeglichen Streit miteinander zu vermeiden.

»Anschließend folgt ein zweitägiges Fest«, sagte Selalem und übersetzte weiter. »Sie essen die besten Teile des Ochsen als *kitfo* [ein Gericht aus rohem Fleisch, ähnlich wie Tatar], und der Rest wird in Streifen gekocht und gegessen. Außerdem brechen sie die Knochen auf und saugen das Mark aus.«

Das war das größte Fest des Jahres. Es gab auch Feste Ende Oktober und im November, wenn die Ernte begann und viele einen Partner zum Heiraten suchten. »Er sagt, ein Vater, der einen Sohn hat, kennt vielleicht jemanden mit einer Tochter. Der Vater geht dann mit vielen Geschenken zum Haus des Mannes mit der Tochter und fragt, ob ihre Kinder heiraten können. Der Vater des Mädchens muss beim ersten Mal jedoch ablehnen und sagen, dass er seine Tochter zu sehr liebe, um sie gehen zu lassen.« Der andere Vater legt Protest ein und kommt nach ein paar Wochen noch einmal, um seiner Bitte Nachdruck zu verleihen. »Ein zweiter Besuch ist immer notwendig«, sagte Selalem und nickte Melese zu. Und bei diesem zweiten Treffen werde die Heirat beschlossen. Die Menschen in den drei Regionen heirateten untereinander, erklärte Melese auf unsere Frage hin, und dies half auch, Streitigkeiten zu vermeiden.

Eine Weile unterhielten sich Melese und Selalem, dann wandte sich Selalem an uns. »Stellt euch vor, er hat ein Radio«, sagte Selalem und war sichtlich beeindruckt. »Er hört Nachrichten. Er sagt, die Soldaten kämpften immer noch gegen Eritrea. Er sagt, es werde schlimmer. Das klingt nicht gut«, fügte Selalem mit einem Kopfschütteln hinzu.

Melese erzählte noch etwas anderes, und wieder reagierte Selalem überrascht. Seine Augen weiteten sich beim Übersetzen: »Er berichtet mir gerade von dem Kurdenführer, der letztes Jahr in Kenia verhaftet wurde! Er fragt sich, ob er in der Türkei fair behandelt wird.«

Wir waren uns einig, dass der Rebellenführer wahrscheinlich hingerichtet werden würde, aber wir waren ebenso erstaunt wie Selalem. Wir hatten nicht erwartet, mit einem Mann, der gerade durch den Blauen Nil geschwommen war, Nachrichten aus aller Welt zu diskutieren. Seine Fragen an uns über Amerika waren eher nüchtern. Hatten wir Rinder, Schafe und Ziegen? Waren wir mit dem Flugzeug hierher gekommen? Er drückte noch einmal seine Enttäuschung darüber aus, dass wir keine besonderen Arzneimittel für ihn hatten. Uns tat das ebenfalls Leid.

Melese blieb über Nacht und schlief in dem Zelt von Selalem, Kassa und Ephrem. Am Morgen hatte er es eilig, nach Hause zu kommen. Seine Rinder und Ziegen warteten auf ihn. Wir gingen mit ihm ein Stück am Nilufer entlang zu der Stelle, an der er losschwimmen wollte. Auf dem Weg dorthin hob er ein Stück Treibholz auf und nahm es mit bis zum Fluss. Er streifte seine Kleider ab, stopfte sie in seinen Ziegenlederbeutel und watete ins Wasser. Als ihm das Wasser bis über seine Taille reichte, warf er das Treibholz vor sich auf das Wasser und benutzte es als Schwimmbrett, um sich durch die raue Strömung des Blauen Nils zu kämpfen. Der Fluss packte ihn und riss ihn stromabwärts, ein paar Minuten später hatte er jedoch das andere Ufer erreicht. Er winkte uns zum Abschied.

»Er denkt modern«, sagte Selalem und schaute ihm bewundernd hinterher. »Und das hier in dieser Gegend.«

Genau das hatte ich auch gedacht. Ich ertappte mich bei dem Gedanken, wie schlecht wir doch darauf vorbereitet waren, am Blauen Nil fortschrittlichen Menschen zu begegnen. Wir hatten mit Banditen und anderem Gesindel gerechnet, aber nicht mit Dorfärzten, die das äthiopische Äquivalent zu *BBC* hörten.

Fünfzehntes Kapitel

In den nächsten Tagen machten wir häufig auf diese Art Bekanntschaft mit Einheimischen: Sie kamen durch den Blauen Nil geschwommen, um uns während der Mittagspausen oder in unseren Nachtlagern zu besuchen. Wir waren stets aufs Neue beeindruckt von dieser überaus einfachen Art der Fortbewegung und davon, dass die Menschen (ausschließlich Männer) solche Risiken auf sich nahmen, um uns zu treffen.

Wir begegneten auch Einheimischen (wiederum ausschließlich Männern), die entlang des Flusses arbeiteten. Einige tränkten ihr Vieh, andere pflegten ihre Bienenstöcke oder waren auf ihren Feldern beschäftigt. Viele riefen uns etwas zu und baten uns inständig anzuhalten. Wenn dies möglich war, taten wir es. Wie von Nevada erhofft, hatte Mike Borcik mit Mike Speaks darüber gesprochen, dass wir auf die Begegnungen mit Menschen angewiesen waren, und Speaks machte – teilweise – Zugeständnisse. Es war immer deutlicher geworden, dass sich an diesem Abschnitt des Flusses keine Dörfer befanden, und Speaks hatte nichts gegen unsere Treffen mit den Leuten, die wir tagsüber sahen, solange wir nicht zu viel Zeit damit verbrachten. Wie wir erfuhren, hatte er einen straffen Zeitplan und musste etwa vier Tage nach Abschluss unserer Expedition eine andere Tour in Bhutan leiten.

»Solange wir jeden Tag genügend Kilometer zurücklegen, sind ein paar Stopps in Ordnung«, sagte er. »Wir sind bisher etwa 50 Kilometer pro Tag gefahren, und dieses Pensum möchte ich beibehalten.«

Auf diese Weise würden wir in drei Wochen die Grenzstadt Bumbadi erreichen, genau nach Zeitplan.

Weniger erfreut war Speaks über Besucher, die sich abends einfanden, weil er eine weitere Messerdieb-Episode befürchtete. Nach jenem Vorfall hatte er während der gesamten restlichen Tour keine Äthiopier mehr im Lager geduldet, und offensichtlich beabsichtigte er, dies auch auf unserer Reise so zu halten. In der letzten Nacht war er tatsächlich mit zusammengebissenen Zähnen vorgetreten – bereit, die jungen Männer und selbst Melese hinauszuwerfen –, doch dann hatte er klein beigegeben, als Nevada und ich protestierten.

Speaks traute uns in dieser Hinsicht nicht, und wir waren der Meinung, dass er sich wie ein Tyrann verhielt. Der Konflikt brach immer wieder auf. Wir bemühten uns, unseren Aufgaben gerecht zu werden, gerieten aber ständig von neuem aneinander. Dennoch, mit ein wenig Glück würden wir uns so arrangieren, dass alle zufrieden wären.

Kurz nach dem Vereinigung mit dem Bashilo wand der Blaue Nil sich in einer scharfen Kurve nach rechts. Wir steuerten nun genau nach Süden in dürres Land mit tief zerklüfteten Plateaus.

»Hätte ich nicht Akazien und Paviane vor Augen, würde ich denken, ich sei im Südwesten der USA«, bemerkte Nevada, während wir uns treiben ließen.

Es stimmte: Die Plateaus mit ihren Schichten aus rosa Sandstein und beigem Kalkstein wiesen bemerkenswerte Ähnlichkeit mit Teilen von Arizona und New Mexico auf.

»Da bekomme ich beinahe Heimweh nach Santa Fe«, scherzte Kelly.

Hier stand uns auch die erste große Stromschnelle bevor. Dies war vermutlich die Stelle, die die britische Gruppe nach dem zweiten Banditenangriff im Dunkeln hatte bewältigen müssen. Wir machten etwas oberhalb dieses Flussabschnitts Halt und wanderten zu einem Punkt, von dem aus die Bootsführer die kritische Stelle genau betrachten und die beste Route durch die Wellen herausfinden konnten. Als wir oberhalb der Stromschnelle standen, wurde gerade ein Stück Holz flussabwärts getrieben. Es bewegte sich links an einem großen Loch mit Wirbeln vorbei, die sich genau unterhalb der größten Welle befanden.

»Schaut euch das an«, sagte Speaks. »Das Holz nimmt einen guten Kurs, einen klugen, vorsichtigen Kurs. Wir werden das ähnlich machen. Wir werden uns links von diesem Loch halten und rechts von diesem Hahnenschwanz«, fügte er hinzu und zeigte dabei auf eine Reihe hoher Wellen, die sich in allen Richtungen brachen. Und wieder gebrauchte er seine eigene Sprache, um die andere Möglichkeit zu beschreiben: »Alles andere würde bedeuten: ›*Hey diddle, diddle; right down the middle.*‹«

Kassa fuhr in Speaks' Boot mit, und dies war die größte Stromschnelle, die er bisher gesehen hatte. Er wirkte beklommen. Selalem gab ihm ein paar Tipps, und Kassa nickte. Dann paddelten sie los. Wir standen am Ufer und fotografierten und filmten Speaks' Fahrt.

Die Gewalt und Energie des Flusses schien sich mit jedem Meter, den das Wasser abwärts auf diese Kaskade zurauschte, noch zu steigern. Dort, wo die Kraft am stärksten war, bildete sich eine dicke, braune Wasserzunge, und Speaks steuerte das Boot genau auf diese Zunge zu, um den Fluss für sich arbeiten zu lassen. Er hielt das Boot einen Augenblick lang seitwärts und drehte es dann mit einem kraftvollen Schlag in die Mitte. Klatsch! Sie fielen abrupt nach unten, verschwanden für eine Sekunde aus unserem Blickfeld, tauchten dann auf der schäumenden anderen Seite der Welle wieder auf und wirbelten sogleich durch die restliche Stromschnelle.

Ich hatte an diesem Morgen nochmals das Boot gewechselt, um mit Bruce und Kelly zu fahren. Wir waren nach Speaks an der Reihe. Bruce stand in der Hierarchie der Bootsführer an unterster Stelle, und er wusste, dass er genau beobachtet werden würde. Aber dies war schlicht ein »fun run« im Fachjargon der Rafter, und als wir auf die braune Wasserzunge zusteuerten, fragte er: »Wollt ihr nass werden?«

Es blieb keine Zeit für eine Antwort. Wir fielen wie ein großer Wasserball in das Loch, schlugen auf dem Boden auf und wurden durch den Schaum wieder nach oben getragen. Eine Welle schlug von rechts über meinen Rücken; eine andere traf Kelly von links. Und dann peitschten wir durch eine Reihe hoher, spitzer Wellen mit tiefen Wellentälern, in denen nichts zu sehen war als rotbraune, tosende Gischt.

Es war aufregend und machte viel Spaß, und wir lachten, bis wir zum Kehrwasser auf der an Godscham grenzenden Flussseite gelangten, wo Speaks wartete. Wir manövrierten unser Boot neben das seine, und ich fragte Kassa, ob ihm seine erste echte Wildwasserfahrt gefallen habe.

Daraufhin riss Kassa die Augen weit auf, legte die Hand auf sein Herz und stieß dann die Faust eine Armlänge nach vorn – eine ehrliche Andeutung, welche Hüpfer sein Herz in diesem Mahlstrom getan hatte. Wir lachten alle und drehten uns dann um, um zu sehen, wie Borcik sich im letzten Teil seiner Fahrt durch die Wellen kämpfte.

Als Borcik in das Kehrwasser paddelte, rannten mehrere Bauern schreiend am Flussufer entlang auf uns zu.

»Sie sind überrascht, dass wir noch leben«, übersetzte Selalem.

Ein älterer Mann kam näher als die anderen und schüttelte den Kopf. Er war blass.

»Er dachte, wir würden umkippen, und hatte Angst um uns. Sie danken Maria und Jesus dafür, dass wir heil angekommen sind.«

Selalem erklärte ihm, dass die Boote dafür gebaut waren, auf Flüssen wie diesem zu fahren. Er könnte sich einmal in eines der Rafts setzen, wenn er wolle. Langsamen Schrittes ging der Mann auf das Boot zu und streckte die Hand aus, um den runden, aufgeblasenen Gummiwulst zu berühren. Dann setzte er sich äußerst vorsichtig nieder. Seine Freunde blieben etwas weiter entfernt unter einer Akazie stehen und schauten zu, während der Ältere ihnen zurief, wie es sich anfühlte.

»Es ist fest, wie hartes Rindsleder«, übersetzte Selalem. »Er denkt, es sei ein Flugzeug, und erklärt ihnen, dass ein Boden darin ist.«

Diese im Landesinneren lebenden Hochlandäthiopier hatten vermutlich noch nie ein Boot gesehen, wahrscheinlich noch nicht einmal die *tankwas* auf dem Tanasee, denn bis dorthin wäre es ein langer Fußmarsch für sie gewesen. Wie alle anderen bisher zeigten auch sie auf die höchsten Berge, als wir sie fragten, wo sie wohnten. Einige Berge hinter den Plateaus ragten 2500 bis 3000 Meter hoch in den Himmel. Dort lagen ihre Dörfer.

»Sie sagen, es sei nicht gut, hier unten zu leben«, erklärte Selalem. »Die Malariagefahr sei zu groß. Sie kommen nur zum Fluss, wenn sie hier etwas erledigen müssen.«

Einige Kilometer weiter flussabwärts trafen wir Viehhändler. Sie hatten Ziegen, Esel und Pferde zu guten Preisen auf einem Markt im Hochland von Wollega erstanden und nahmen sie mit – das heißt, sie schwammen mit ihnen – über den Blauen Nil zu einem Markt in den Bergen Godschams. Die Männer bauten kleine Flöße aus Bündeln von Stöcken, stopften ihre Kleider hinein und banden dann zwei oder drei Ziegen an ihren hölzernen Rafts (den so genannten *jandies*) fest. Anschließend taten sie es Melese mit seinem Treibholz gleich, legten die Oberkörper auf das Floß und trieben es quer durch den Blauen Nil. Eseln und Pferden wurden vor dem Durchschwimmen die Ohren zugebunden, damit kein Wasser hineinlaufen konnte. Ihre sich delphinartig fortbewegenden Besitzer hielten sie an Stricken fest, sodass die Tiere neben ihnen herschwimmen mussten.

Als ich einen Mann beobachtete, der auf diese Weise den Fluss durchquerte und gleichzeitig die Köpfe seiner drei Ziegen über Wasser hielt, wurde mir wieder bewusst, wie wenig die Hochlandäthiopier doch diese Wassermassen nutzten. Sie suchen den Strom als heilige Quelle auf und führen ihre Herden zum Trinken hierher, wenn sie in der Nähe leben. Und obwohl eine Gruppe äthiopischer und amerikanischer Ingenieure vor etwa 40 Jahren Pläne für Staudämme und Bewässerungsprojekte entworfen hatte, war nichts davon verwirklicht worden. Die amerikanischen Ingenieure hatten im Auftrag des United States Bureau of Reclamation, der für die Landerschließung zuständigen Behörde, zwischen 1958 und 1963 gemeinsam mit ihren äthiopischen Kollegen die Land- und Wasserressourcen des Nilbeckens untersucht und einen umfassenden Entwicklungsplan ausgearbeitet. In ihrem endgültigen Vorschlag empfahlen sie 33 Projekte, darunter vier große Staudämme auf dem Blauen Nil selbst sowie mehrere andere auf einigen der größeren Nebenflüsse. Keiner dieser Staudämme wurde jemals errichtet, nicht zuletzt aus politischen und finanziellen Gründen. Es gibt einen Staudamm auf dem Akaki, einem kleinen Nebenfluss des Blauen Nils, der an Addis Abeba vorbeifließt. Das angeschlossene Kraftwerk versorgt die Stadt mit Strom. Außerdem befindet sich unterhalb der Tisisat-Fälle ein kleiner Kanal, der einen Teil des Wassers aus dem Blauen Nil durch ein Wasserkraftwerk schleust, das Strom für Bahir Dar produziert.

Zumindest in näherer Zukunft wird der Blaue Nil auch weiterhin ungehindert fließen dürfen, obwohl die äthiopische Regierung beabsichtigt, Staudämme auf mehreren Nebenflüssen zu errichten.

Die Bauern, die in der Nähe des Flusses leben, sind ausschließlich auf den Regen angewiesen. In den letzten Wochen war jedoch nur wenig Regen gefallen (trotz der Güsse, die wir abbekommen hatten), und wir konnten uns vorstellen, wie niederschmetternd es für die Bauern war, wenn ihr Mais und die Gerste vertrockneten, während unten das Wasser des Nils vorbeirauschte. Die Nacht zuvor hatten wir bereits unweit solcher verdorrter Getreidefelder unser Lager aufgeschlagen, und im Laufe des Tages sahen wir noch mehr davon.

»Es gibt ein Sprichwort dazu«, sagte Selalem, als ich bei ihm und Kassa dieses Thema anschnitt. Kassa sang es vor.

»*Abay taresealew/Betikur beri/ Machila bezerraw/Bekele berbere.*« Im wörtlichen Sinne (dem so genannten »Wachs«) hieß dies etwa: »Im Sommer pflügt der Abbai mit schwarzen Ochsen, aber wo er Korn sät, wächst nur Pfeffer.« Die wahre, als »Gold« bezeichnete Bedeutung war einfach, erklärte uns Selalem. »Der Abbai führt all diese Wassermassen, gibt uns jedoch nichts davon ab.«

Warum, fragten sich die Bauern, konnte der Nil nicht langsamer fließen und überall etwas verweilen?

Paviane, Grüne Meerkatzen und Krokodile – sie und die Vögel waren unsere ständigen Begleiter. Die Paviane sprangen von Fels zu Fels und taten lautstark ihre Abneigung gegen uns kund, die Grünen Meerkatzen flohen in die Akazien und Kossos, und die Krokodile glitten mürrisch ins Wasser wie lichtscheue Diebe auf Beutezug. In der Nähe von Felsklippen tauchten Rotkappenschwalben auf und segelten über das Wasser, und morgens erfüllten die langen, schnatternden Schreie der Kobalteisvögel die Luft. Manchmal entdeckten wir Paare von Goliathreihern, die auf den Sandstränden promenierten. Es waren stattliche Vögel, die sich wie Könige bewegten und nur langsam ihre Hälse drehten, um in unsere Richtung zu spähen. Dann spreizten sie ihre Flügel, als wäre ihnen der Pöbel zu nahe gekommen, stießen sich mit einem vornehmen, dezenten Hüpfer (bei dem sie die Beine eng zusammen hielten) ab und schwangen sich majestätisch in die Lüfte. Auch dunkel gefiederte Hammerköpfe sahen wir. Sie wirkten wie Reiher, die zu lange in den Trockner gesteckt worden waren: geschrumpft, platt gedrückt und aus der Form geraten. Hammerköpfe, deren Köpfe Hämmern ähnelten, versammelten sich gern in kleinen Gruppen zu dritt oder zu viert an den sandigen Deltas, wo andere Flüsse in den Nil mündeten, und tauchten ihre langen Schnäbel ins Wasser, um Kaulquappen und Frösche zu fischen. Wir entdeckten auch einige ihrer Nester. Es waren massive, heuhaufenartige Aufbauten aus Stöcken, Zweigen und Gras, die die Vögel hoch oben in den Gabelungen der Bäume am Ufer aufschichteten. Nur eine einzige Öffnung gewährte Zugang zum Nestinnern, in dem die Jungvögel aufgezogen wurden. Vermutlich bauen Hammerköpfe solche riesigen Nester zum Schutz für ihre Jungen, weil beide Elternteile häufig für lange Zeit auf Nahrungssuche sind.

Mike Speaks war ein großer Vogelfreund und hatte stets sein abgegriffenes Vogelkundebuch *Die Vögel Ost- und Zentralafrikas* zur Hand. Wenn er eine neue Vogelart sah oder eine, die er am Blauen Nil nicht vermutet hätte, klemmte er ein Ruder unter sein Bein, um das Raft ruhig zu halten, und kritzelte mit einem Bleistiftstummel eine Anmerkung an den Seitenrand.

Der Fluss wurde breiter, enger und wieder breiter. Er wand sich mal nach links, mal nach rechts und strömte mit einer stetigen Geschwindigkeit von elf Stundenkilometern dahin.

»Für einen so gewaltigen Fluss hat er wirklich viele Schleifen und Biegungen«, bemerkte Kelly einmal. »Man möchte meinen, er müsste gerader verlaufen.«

Kelly war ein routinierter Flussfahrer, erfuhr ich. Er war schon dreimal den Colorado, einmal den Bíobío in Chile sowie mehrere kleinere Flüsse hinuntergefahren. Aber vor allem war er ein Abenteurer. Abends breiteten wir im Lager eine blaue Persenning auf dem Sand aus und stellten unsere Klappstühle darauf. Wir tranken eine Tasse Suppe oder Tee, lehnten uns zum Ausruhen zurück, machten Notizen oder unterhielten uns. Kelly war ein eifriger Schreiber. Wir saßen oft nebeneinander und halfen einander gegenseitig, uns die Ereignisse des Tages ins Gedächtnis zu rufen. Kelly hielt seine Aufzeichnungen in gelben, linierten genormten Blöcken fest. Zu Hause würde er sie seiner Sekretärin zum Abtippen geben und sie dann für seine Familie und seine Freunde drucken und binden lassen. Auf diese Weise hatte er eine ganze Reihe von »Kellys Abenteuern« im Selbstverlag veröffentlicht.

Kelly war in der Immobilienbranche tätig und hatte schon immer gutes Geld verdient. Einen Teil davon verwendete er, um seine Touren zu finanzieren. »Angefangen habe ich mit dem Jagen«, erklärte er in breitem Texanisch. »Das habe ich 30 Jahre lang gemacht. Ich war überall auf Jagd: in Asien, Südamerika, Afrika. Aber es ging mir eigentlich nicht um die Trophäen. Mich reizten die Reisen und die Abenteuer.«

Auch in Äthiopien war er schon gewesen, 1988. »Ich wollte hier das Berg-Nyala [eine Antilopenart mit prächtigen spiralförmigen Hörnern] jagen«, erzählte er. »Wir waren unten im Südosten, in den Bergen von Bale. Von dieser Jagd habe ich meine letzte Trophäe mitgebracht.« Er beschloss, dass er fortan nicht mehr jagen musste, um Abenteuer zu erleben. Wenige Jahre später lernte er Nevada kennen und begleitete sie bei Touren im indischen Ladakh, im Hochland von Pamir in Tadschikistan und den Steppen der Mongolei. »Und dann kamen wir auf diese Idee mit dem Blauen Nil«, sagte er.

Allerdings konnte Kelly nur einen Abschnitt des Blauen Nils sehen. Er hatte wegen geschäftlicher Verpflichtungen nicht an unserer Wanderung teilnehmen können, und er wollte uns an der zweiten modernen Abbai-Brücke (nach etwa zehn Tagen Flussfahrt) verlassen, um seine Frau zu überraschen. »Anne geht mit Freunden von uns nach Sankt Petersburg«, erzählte er mir mit einem verschmitzten Lächeln. »Sie glaubt, ich sei hier auf dem Fluss und treffe sie später in Paris. Aber ich werde früher bei ihr auftauchen und sie überraschen.« Sie waren 26 Jahre verheiratet, und er wusste, wie man das Feuer am Lodern hielt. Er hatte einen guten Anzug und einen Smoking in den Koffer gepackt, der im Sheraton Hotel in Addis Abeba deponiert war. Mit ihm würde er sich auf den Weg nach Russland machen.

Kelly kannte die Lagerroutine von seinen früheren Flusstouren und war stets der Erste beim Auf- und Abbauen des Zelts. Außerdem war er pingelig. Jeden Morgen drang einige Minuten lang das brummende Geräusch seines batteriebetriebenen Rasierers aus seinem Zelt. Seine

Kleider waren zwar abgetragen, aber sauber und ordentlich. Sogar seine Fingernägel waren sauber. Es blieb mir ein Rätsel, wie er das anstellte. Ich fühlte mich dagegen wie ein Dreckspatz.

Wir machten täglich an einem sauberen Bach oder Fluss Halt, um uns zu waschen und mit frischem Wasser zu versorgen. Anfangs versuchte ich, jedes Mal eine Garnitur Kleider zu waschen, während ich badete und die Haare wusch. Allerdings regnete es gewöhnlich nachmittags, und so waren die sauberen Kleider noch nass, wenn wir unseren nächsten Lagerplatz erreichten. Manchmal waren sie selbst am nächsten Morgen noch feucht und begannen wie ein alter Duschvorhang zu riechen. Eine weitere frische Garnitur Kleider bewahrte ich ganz unten in meiner Tasche auf. Diese rührte ich jedoch nicht an. Sie sollte bis zum Ende unserer Reise, für unsere Rückkehr in die Zivilisation, sauber bleiben.

Am vierten Tag auf dem Fluss gab ich meine Idee mit den zwei Garnituren auf. Ich würde für den Rest der Tour den ganzen Tag dieselben Klamotten tragen: meine khakifarbenen Nylonhosen und das khakifarbene, langärmelige Shirt. Meine Kleider waren so langweilig und unförmig wie eine Sträflingsuniform, jedoch immerhin farblich aufeinander abgestimmt. Ich versuchte immer noch, sie sauber zu halten, wusch sie täglich aus und schrubbte sogar die schwarzen Schmutzränder an Saum und Kragen. Es war hoffnungslos. Sie waren meist noch klamm, wenn ich sie wieder anzog, und jede Welle und jeder Wasserspritzer verstärkte ihren schmuddeligen Farbton um eine Nuance.

Ich besaß auch einen farbenprächtigen kenianischen Sarong. Diesen wickelte ich wie einen Turban um meinen weißen Sonnenhut, um mich über meine deprimierende Garderobe hinwegzutrösten.

Nevada und Kate sahen in ihren blauen, ärmellosen Shirts und den peppigen Flussshorts viel stilvoller aus. Ihnen schien die heiße Äquatorsonne nichts auszumachen.

Speaks hatte sich zu Beginn unseres Flusstrips dazu durchgerungen, sein Shirt zu wechseln. Das Shirt, das er zum Wandern getragen hatte, hatte Adane zerrissen, als er ihn bei ihrer gefährlichen Flussdurchquerung am Kragen gepackt hatte. Speaks hatte sich das Kleidungsstück vom Leib gerissen und war in ein anderes verblichenes, langärmeliges T-Shirt mit Löchern an den Schultern geschlüpft. Die Haut, die an diesen Stellen der Sonne ausgesetzt war, war bald so verbrannt, dass sich eine Reihe schwärender Blasen bildeten. Sie waren groß und rot, nässten und lugten durch die Löcher in seinem Shirt hervor, aber er ignorierte sie. Alle paar Tage badete er. An heißen Nachmittagen sah ich ihn mit einem Eimer zum Fluss hinunterlaufen. Er füllte den Eimer mit Wasser und schüttete es sich über den Kopf. Danach schüttelte er sich wie ein großer Hund.

Abgesehen von Hitze, Schweiß und Schmutz ging es uns eigentlich ganz gut. Es gab nicht viele erwähnenswerte Insekten, nur manchmal hörten wir am frühen Abend Moskitos, und an einigen Stränden entdeckten wir Sandflöhe. Es war noch nicht einmal sehr heiß. Morgens war es oft bewölkt und so kühl, dass wir Jacken anzogen. Und am späten Vormittag und mittags befanden wir uns normalerweise auf dem Fluss, wo das Wasser und eine frische Brise die Hitze in Grenzen hielten. Wenn wir jedoch anlegten, um eine Schlucht zu erkunden oder eine Pause am Ufer zu machen, stieg die Temperatur schlagartig an, als ob gerade jemand die Klimaanlage ausgeschaltet hätte. Nachmittags regnete es häufig, manchmal sogar eine gute Stunde lang, und dann froren wir. Wir packten uns fest in unsere Regenjacken und Schwimmwesten, um uns warm zu halten, und drängten uns unter den Schirmen zusammen, während wir uns gegenseitig immer wieder versicherten, dass wir dies als Letztes erwartet hätten – im kalten Regen tropfnass und schlotternd auf dem Blauen Nil zu treiben.

Kassa war hungrig. Das rührte allerdings nicht daher, dass wir ihm nichts angeboten oder ihn nicht zum Mitessen eingeladen hätten. Er konnte schlicht unsere miserable Kost nicht ausstehen: Pasta und Reis, Gemüse und Salat, altes Brot, eine als Erdnussbutter bezeichnete braune Schmiere und orangefarbenes Gummizeug, das wir Käse nannten. Zuerst schaute er traurig zu, dann zunehmend matter, weil er immer hungriger wurde. Er nahm stets ein bisschen von unserem Essen, aber nicht genug, um seinen Magen zu füllen. Kassa begann, jede Nacht eine Angelschnur auszuwerfen in der Hoffnung, einen schönen dicken Wels zu fangen. Er hatte jedoch kein Glück.

Aber am Morgen des vierten Tages wendete sich sein Schicksal. Wir trafen eine Gruppe Borana-Männer mit Ziegen und Rindern, die sie am Blauen Nil getränkt hatten. Das Hirtenvolk der Borana gehört zur Oromo-Volksgruppe. Die hier am nördlichen Abschnitt des Flusses lebenden Menschen sind Nachkommen von Clans, die im 16. Jahrhundert aus Südostäthiopien Richtung Norden gezogen waren. Zu jener Zeit erholten sich die Amhara immer noch von den Folgen des schrecklichen Dschihad von Ahmad Granj, der das Land verwüstet hatte, und so hatten es die Borana nicht schwer, sich in den kühlen Bergen entlang des Nils niederzulassen. Sie waren erfahrene Rinderhirten und schufen bald eine starke Enklave, beinahe ein kleines Königreich, und gaben dem Hochland oberhalb dieses Flussabschnitts den Namen »Borana«.

Die Borana sind schöne Menschen. Sie sind etwas größer als die Amhara und haben weichere Züge und weicheres Haar, das sie mit Butter einölen. Es waren offenbar die gesündesten Menschen, denen wir auf unserer bisherigen Reise begegnet waren, und wir bewunderten alle ihr gutes, kräftiges Aussehen.

Wie die anderen Einheimischen, die wir am Fluss gesehen hatten, riefen und schrien auch sie, um uns zum Anhalten zu bewegen, und waren hoch erfreut, als wir dies taten. Sie waren einfach in Shorts und T-Shirts oder weiße Gewänder gekleidet, und die meisten trugen glänzende Perlenketten und Amulette an Lederkordeln um den Hals. Sie starrten uns mit großer Neugier an, stellten die üblichen Fragen über unsere »Flugzeuge« und erzählten uns dann, dass die meisten von ihnen in einem Dorf lebten, das drei Stunden Fußmarsch entfernt lag. »Die Dorfbewohner kommen in dieser Jahreszeit täglich hierher, um ihre Tiere zu tränken«, erklärte uns Selalem. »Einige von ihnen leben jedoch in einem anderen Dorf, sechs Stunden von hier. Sie bleiben einen ganzen Monat am Fluss.«

Anschließend fragten sie etwas, das Kassas Herz – und seinen Magen – hüpfen ließ. Ob wir etwas Milch wollten.

»Sie wollen uns Milch schenken«, sagte Selalem.

»Wir nehmen sie«, erwiderte Speaks.

Ein kleiner Junge wurde in eines der nahe gelegenen Lager geschickt. Er rannte davon und kehrte erst nach einer guten halben Stunde zurück. Jemand aus unserem Team meinte, das Ganze würde zu lange dauern, und schlug vor zu gehen, aber Kassa schaute so verzweifelt drein, dass dieser Gedanke schnell verworfen wurde.

»Wir können warten«, sagte Speaks.

Während wir warteten, stellten wir den Einheimischen Fragen über ihr Leben am Fluss. Sie durchquerten regelmäßig den Blauen Nil, um Tiere zu den Märkten in Godscham zu bringen, und sie verloren immer wieder Vieh an die Krokodile. Diese Bestien hatten sich letztes Jahr 20 ihrer Rinder geschnappt. Ein Junge erzählte Selalem, dass er zur Schule ging. »In welcher Klasse bist du?«, fragte Selalem auf Amharisch. »In der fünften«, antwortete der Junge auf Englisch. Wir Englischsprachigen stiegen sofort darauf ein. »Wie heißt du?« »Wie alt bist du?« Er zog schüchtern seinen Kopf ein und fragte uns dann: »Wie geht es euch?«

Endlich tauchte der Milchjunge wieder auf. Er trug eine große Kalebasse, die mit einem Lederdeckel verschlossen war. Sie fasste locker sieben Liter, und die Milch darin sah aus wie Joghurt und verströmte einen vollen, rauchigen Duft. Der Junge bot uns das Gefäß mit beiden Händen dar, und wir forderten Kassa auf, es zu nehmen.

Kassa führte die Kalebasse an die Lippen und trank ... und trank. Wir fingen an zu lachen, aber Kassa ließ sich nicht stören, bis er sich etwa ein Viertel der Milch einverleibt hatte. Er füllte seine Wasserflasche und einen weiteren Behälter und schaute sich dann nach einem dritten um. Ich gab ihm eine meiner beiden Wasserflaschen, und er goss ebenfalls Milch hinein. Anschließend trank er den Rest aus der Kalebasse.

Wir fragten Selalem, was wir den Leuten dafür geben konnten.

»Sie sagen, sie wollen nichts. Ihr seid *tarik* für sie. Sie sind so begeistert, euch zu sehen, das ist ihr Geschenk. Wenn ihr etwas gegen Malaria habt, würden sie es nehmen.«

Ausgerechnet das hatten wir nicht. Zwar hatten wir alle unsere eigenen Vorräte an Tabletten zur Vorbeugung, aber nicht in ausreichender Menge, um etwas davon abzugeben. Überdies würden sie wahrscheinlich nur noch anfälliger für die Krankheit werden, wenn sie nur eine oder zwei Tabletten nahmen. Wir empfahlen ihnen über Selalem, bei einer ärztlichen Beratungsstelle um Hilfe zu bitten. Einer der Hirten hatte eine schlimme Augenentzündung. Kate behandelte sie und gab dem Patienten Anweisungen, wie er das Auge sauber halten sollte.

Einige Jungen rannten am Flussufer entlang, als wir abstießen. Sie flitzten wie Sprinter und schrien und winkten zum Abschied, bis wir hinter einer Biegung verschwanden.

Wir paddelten weiter. Der Fluss war inzwischen mehr als 100 Meter breit und bahnte sich weiter seinen Weg durch Schichten von Sandstein, Kalk und Schlammstein. Durch die Wassermassen, die sich aus seinen Zuflüssen in ihn ergossen, wirkte er nun langsamer und zäher. Doch immer, wenn Speaks eine Messung mit seinem GPS-Gerät durchführte, stellte er fest, dass sich der Nil mit einer stetigen Geschwindigkeit von acht bis elf Kilometern pro Stunde bewegte. Speaks' GPS-Messungen ergaben außerdem, dass wir uns auf einer Höhe von 975 Metern befanden.

»Zu Beginn unserer Reise waren wir ungefähr 1860 Meter hoch, wir haben also ganz schön an Höhe verloren«, sagte er.

Die Berge und Plateaus drängten sich nun nicht mehr dicht an den Nil, sondern begannen mindestens anderthalb Kilometer davon entfernt hinter eine Reihe felsiger Hügel. Das Flussufer selbst war eine kiesbedeckte Ebene mit sanften Hügeln, die nur etwa einen Meter das Wasser überragte und dicht mit Sträuchern, Akazien und Tamarisken bewachsen war. Viele Akazien standen in voller Blüte und waren mit samtigen weißen Rosetten übersät, deren honigsüßer Duft uns flussabwärts begleitete.

Am frühen Nachmittag riefen uns vom Godscham-Ufer aus Männer, die lange Holzpfähle zu einem Stoß aufschichteten, zu sich, und wir legten an.

Der Älteste, ein Mann um die 65 mit dunklen, halbmondförmigen Augen, lief uns entgegen, um uns zu begrüßen. Er trug ein geflicktes blaues Jackett, knielange Shorts und aus Gummireifen gefertigte Sandalen. Wir stiegen einer nach dem anderen aus dem Boot und schüttelten ihm die Hand.

»Sein Name ist Abate Abuye«, übersetzte Selalem, »und er und seine Neffen schlagen Holz, um neue Hütten zu bauen.« Die Pfähle würden als Mittelstütze für ihre Rundhütten dienen. Einer der Neffen kam näher und hörte uns, auf seinen Gehstock gestützt, zu.

Wir fragten, ob dies ihre erste Begegnung mit *Fremden* sei.

»Nein«, sagte Selalem. »Sie waren schon in Addis Abeba, weil sie dort Verwandte haben. Sie haben also schon einmal Touristen gesehen, aber nur aus der Entfernung. Sie konnten nicht mit ihnen sprechen wie jetzt. Er sagt: ›Ich war der Ansicht, dass die *ferenjocch* nicht mit Schwarzen sprechen. Deshalb bin ich sehr glücklich, euch getroffen zu haben. Für uns ist das, wie die Sonne von Nahem zu betrachten.‹« Nie hätte er sich träumen lassen, dass ein *ferenji* einmal seine Hand schütteln würde, »weil meine Hände sehr rau sind«.

Nevada hielt bei diesen Worten den Atem an und drückte seine beiden wettergegerbten Hände noch einmal.

»Das kommt nicht daher, dass er ein Äthiopier und schwarz ist«, erklärte mir Selalem später. »Es ist, weil ihr reich seid. In unserem Land sind arme Bauern es nicht gewöhnt, Reichen die Hände zu schütteln. Die Reichen tun das nicht.«

Abate hatte einige Fragen. Er wunderte sich, warum Bruce und Mick keine Shirts trugen. In seiner Kultur entblößten Männer nur ihren Oberkörper, wenn sie krank waren.

»Sie tun das, weil sie aus einem kalten Land kommen und ihnen heiß ist«, erklärte ihm Selalem.

»Ich habe gehört«, erwiderte Abate durch Selalem, »dass *Ausländer* sehr clever im Herstellen von Medizin sind. Sie sollten auch eine erfinden, um ihre Länder aufzuwärmen.«

Außerdem wollte er wissen, warum Nevada als Frau Shorts trug. In seiner Kultur galt es als unhöflich, wenn Frauen ihre Oberschenkel zeigten. Nevada griff rasch zu dem Sarong, den sie um ihren Sonnenhut drapiert hatte, und wickelte ihn sich um die Beine.

Abate nickte zustimmend. »Jetzt fühlt er sich wohler«, sagte Selalem.

Mike Speaks hatte Garn, Knöpfe, Nadeln und Fäden aus dem Gepäck gefischt und überreichte sie Abate als Geschenk. Anders als unser Flussmann, der diese Gaben als nutzlos betrachtet hatte, fehlten Abate die Worte.

»Er wird sie seiner Frau geben, und sie wird sehr glücklich darüber sein«, meinte Selalem. »Er sagt: ›Gott sei mit euch auf all euren Wegen.

Ich wünsche euch eine gute Reise.‹«

Wir gaben ihm zum Abschied die Hand und kletterten wieder in unsere Rafts. Der Neffe, ein etwa 15 Jahre alter Junge, folgte uns. Er hatte nicht einen Ton gesagt, während sein Onkel gesprochen hatte, aber nun fragte er uns, ob wir ihn mitnehmen könnten nach Amerika.

Wir schüttelten den Kopf – nein. Wir waren im Moment auf dem Weg in den Sudan. Selalem machte die Leine an Speaks' Boot los. Speaks tauchte die Paddel ins Wasser, und wir stießen ab.

Der Junge blieb am Ufer zurück und sah seinen Traum von Amerika mit uns davongleiten.

Sechzehntes Kapitel

An diesem Abend errichteten wir das Camp für unsere vierte Nacht am Fluss auf einem breiten, sandigen Uferstreifen – von Akazien beschirmt, zu unseren Füßen von Wildblumen umgeben. Dies war Weideland, und aus der Ferne vernahmen wir das Muhen einsamer Kühe. In der Nähe unseres Lagers stand eine Kuh, die ihr totgeborenes Kalb ableckte. Ein halbes Dutzend Geier wartete unweit davon mit gekrümmten Hälsen. Am nächsten Morgen stand das Muttertier immer noch beschützend über seinem Kalb, und die Geier harrten geduldig aus.

Ich wollte gerade zum Frühstück zu den anderen gehen, als Kassa erschien.

Er war sichtlich erregt.

»Mich hat etwas gestochen«, sagte er. Er streckte die Hand Selalem hin, um dieses »Etwas« zu zeigen, das er zwischen Daumen und Zeigefinger festhielt.

»Ein Moskito«, erklärte Selalem. Er grinste.

»Das ist ein Moskito?«, fragte Kassa.

»Ja«, sagte Selalem, der jetzt sein Lachen nur noch schwer unter Kontrolle halten konnte.

Bruce und ich fingen ebenfalls an zu lachen.

»Hat er noch nie einen Moskito gesehen?«, fragte Bruce ungläubig.

»Nein«, antwortete Selalem. »Ich glaube, ihn haben letzte Nacht eine ganze Menge gestochen.«

Kassa rieb sich die Stiche in Gesicht und Nacken und sprach erneut mit Selalem. »Er sagt, dass viele Menschen an Moskitostichen sterben«, übersetzte Selalem. »Und er meint: ‚Wenn mich ein Moskito tötet, werde ich deswegen traurig sein.'«

»Wir wären alle traurig deswegen«, stimmten Bruce und ich zu.

»Er sollte vorsichtig sein«, fügte Kate hinzu. »Sag ihm, er soll eine Klinik aufsuchen, wenn er Fieber bekommt.«

Kassa war zweifelsfrei ein Mann des kühlen Hochlands, wo es weder Moskitos noch Malaria gab. Er war außerdem nicht immun gegen die Krankheit, und wir hofften, dass er Kates Rat ernst nahm.

Wir alle mochten Kassa. Er war sehr musikalisch und komponierte ständig Verse und Lieder über unsere Reise, während wir flussabwärts trieben. In vielen dieser Lieder waren die »Bootsflugzeugpiloten« Löwen, die *Ferenjocch*-Frauen »wunderschön« und die Männer von Godscham stark und mutig.

»Wir ringen mit den Krokodilen/Wir brechen ihnen das Genick/Wir sind die starken Männer von Godscham!« Er brachte uns bei, einen Nonsens-Refrain – »*Janjero*! *Janjero*! ... Pavian! Pavian!« – im Chor zwischen seinen Versen zu singen. Abends spielte er auf einer Bambusflöte, die Bruce einem Kind am Tanasee abgekauft hatte. Hin und wieder unterbrach er sein Flötenspiel, um zu singen oder auf den Boden eines Aluminiumtopfs zu schlagen wie eine Ein-Mann-Band. Eines Abends saß er zwischen Nevada und mir und sang ein Lied darüber, wie er uns vor den *azzoj* (Krokodilen) und den Banditen auf dem Nil beschützt hatte, und richtete seine Kalaschnikow dabei stets auf imaginäre Feinde.

Kassa nahm seine Beschützerpflichten sehr ernst. Speaks hatte uns erzählt, als er bei unserem ersten Lager mitten in der Nacht aufgestanden sei, um die Boote zu kontrollieren, sei Kassa stets an seiner Seite geblieben – seine Kalaschnikow im Anschlag – und habe gefragt, ob es ein Problem gebe.

»Er schläft nur eine oder zwei Stunden«, pflichtete Selalem bei. »Er weckt Ephrem und mich ständig und sagt: ›Steht auf, lasst uns reden, ist es nicht Zeit für einen Kaffee?‹«

Wie die meisten Äthiopier hatte auch Kassa noch nie unter *ferenjocch* gelebt, und einige unserer Gewohnheiten irritierten ihn. Er war sehr überrascht, dass Bruce und Mick langes Haar »wie Frauen« hatten, aber es beunruhigte ihn nicht, dass die Bootsführer manchmal Nevada und mich um Rat fragten. »Sogar in unserem Land«, ließ er Selalem erklären, »wirken Frauen in der Regierung mit und können Führer sein. Außerdem seid ihr gebildet, also müsst ihr natürlich Führer sein.« Er fand es merkwürdig, dass wir alle einzeln in unseren Zelten schliefen; es schien ihm recht einsam. Am meisten erstaunt – geradezu entsetzt – war er jedoch darüber, dass die Bootsführer beim Essen furzten. »Diesen Ton von sich zu geben ist sehr schlecht«, sagte Selalem, »und beim Essen ganz besonders. Er kann es nicht fassen, dass ihr das tut.« Ich stellte mir Kassa vor, wie er in sein Dorf zurückkehrte und den Leuten von unserem skandalösen Verhalten in Gesellschaft berichtete. Dabei dachte ich an eine Geschichte, die ich einmal gelesen hatte. Sie handelte von einem Mann auf der Insel Lamu in Kenia (wo es ebenfalls als die schlimmste Gesellschaftssünde gilt, Pupser von sich zu geben), der als »Der Mann, dessen Großvater furzte« bekannt war. (Nach Kassas Lehrstunde zur Etikette wurde bei den Mahlzeiten merklich weniger gefurzt.)

Das Traurigste von allem war für Kassa jedoch unser erbärmliches Essen. »Es tut mir wirklich Leid, dass ihr diese schlechte Kost essen müsst und dass ihr kein *indschera* oder *kitfo* habt«, ließ er uns eines Abends durch Selalem wissen. »Es wundert ihn«, fügte Selalem hinzu, »dass ihr trotz des schlechten Essens alle so stark seid.«

Selbst wenn er von unserer jämmerlichen Kost leben musste, genoss Kassa die Reise, obwohl Selalem sagte: »Er vermisst seine Frau und seine drei Kinder sehr. Er träumt nachts, dass er sie in seinen Armen hält wie zu Hause. Sie schlafen alle beieinander, und er sehnt sich nach ihnen.«

In einem Punkt waren wir vielleicht etwas besser dran: Wir hatten das Iridium-Telefon. Wenn wir uns einsam fühlten, konnten wir uns zu Hause melden, was wir alle paar Tage auch taten. Ich hatte Michael dann noch einmal angerufen und ihm erzählt, dass der Zwischenfall mit dem Eseldieb gut ausgegangen war. Manchmal schickte er kurze Textnachrichten auf das Telefon (bis diese Funktion streikte), ebenso wie Kates Tochter und Nevadas Freund. Ich freute mich immer sehr über solche Nachrichten, aber sie berührten mich auch etwas seltsam, hatten sie doch irgendwie gar nichts mit meinem neuen Leben auf dem Blauen Nil zu tun. Es war, als erhielte ich einen Brief, der vor 20 Jahren abgeschickt worden war, und alle meine Lebensumstände hätten sich seitdem geändert.

Der Fluss schob sich weiter südwärts. Einmal wand er sich in einer großen S-Kurve in Richtung Nordwesten, dann krümmte er sich wieder träge gen Südosten. Ein kurzes Stück nach diesem Mäander ließen wir die Provinz Wollo auf der linken Uferseite hinter uns und erreichten ein Gebiet, das Selalem »Halb-Shoa« nannte – die Region Nordshoa. Wir sahen viele Viehhirten, und an einer Stelle legten wir an, um eine Gruppe von ihnen und ihre Hütten zu besuchen – die ersten Anzeichen eines Dorfes seit unserer Wanderung.

Die Menschen – wenige Männer und Jungen – hatten uns vom Ufer aus zugewinkt, aber sie kamen nicht herunter, um uns zu begrüßen. Selalem rief zu ihnen hinauf und fragte, ob wir sie besuchen kommen dürften. Sie bejahten die Frage, schienen aber nicht besonders aufgeregt zu sein. Für sie waren wir kein *tarik.*

Wir stiegen einen kleinen Hügel hinauf. Schließlich verließ doch noch ein etwa 40-jähriger Mann in einem weißen Gewand die Gruppe und kam auf uns zu, um uns zu begrüßen. Er war reserviert und still, und er lächelte nicht, als wir uns die Hände gaben.

»Ja, wir können seine Hütte anschauen«, übersetzte Selalem. »Es handelt sich nur um eine vorübergehende Unterkunft für zwei oder drei Tage, in denen sie ihr Vieh tränken.«

Der Mann hatte einen großen Pferch aus geschälten Pfählen errichtet, die mit Lederriemen zusammengebunden waren. Auf einer Seite des Pferchs hatte er kleine A-förmige Hütten auf Stützen gebaut. Eine dieser Hütten diente als Schlafstätte, und seine beiden Söhne kletterten eine Leiter hoch, um sie uns zu zeigen; die andere Hütte war das Lager. Hier standen mehrere Kalebassen mit Milch, und wir kauften sogleich Milchvorräte für Kassa sowie Indschera und Gerstenbrot. Auch diese Menschen fragten uns nach Medizin gegen Malaria, und erneut mussten wir erklären, dass wir keine besaßen.

Wir schüttelten uns wieder die Hand und verabschiedeten uns.

»Das sind typische Halb-Shoaner«, meinte Selalem, nachdem wir abgelegt hatten. »Sie sind Amhara, aber sehr eigen. Sie sind schwierig, wisst ihr, und sehr unabhängig. Jeder Regierung bereiten sie Ärger, weil sie überhaupt keine Regierung wollen. Einige Soldaten der neuen Regierung haben sie sogar getötet.« Wir sollten uns keine Gedanken machen, weil sie uns so kühl empfangen hatten; sie waren einfach allen Menschen gegenüber misstrauisch und im Grunde ihres Herzens Anarchisten.

Als wir wieder auf dem Fluss waren, verhielten sich diese Anarchisten viel unbekümmerter als vorher. Die Jungen rannten johlend am Ufer entlang und versuchten, unsere Boote zu überholen. Ihre Rufe – und unsere Boote – wurden schon bald auf der anderen Flussseite wahrgenommen, und so liefen auf beiden Seiten des Nils Männer und Jungen neben uns her und machten sich lautstark bemerkbar.

»Sie sagen: ›Kommt hierher! Geht nicht zu denen! Bitte kommt zu uns! Macht langsam, und haltet bei uns an!‹«, übersetzte Selalem lachend.

Nach der nächsten Biegung legten wir wirklich an. Hier hatten sich große Rinderherden und Esel gesammelt, und etwa 30 Viehhirten hatten ein ausgedehntes Lager errichtet. Auch sie waren Halb-Shoaner, aber vielleicht weniger politisch ambitioniert als ihre Stammesgenossen. Sie hießen uns lächelnd mit einem warmen Händedruck willkommen.

»Sie sagen, ihr könnt euch alles ansehen«, erklärte Selalem. Die Hirten hatten etwa anderthalb Meter vom Fluss entfernt Wasserrinnen in den Kies gegraben. Der Fluss füllte sie mit Wasser, aber dennoch waren sie weit genug von ihm entfernt, um sich vor Krokodilangriffen einigermaßen sicher zu fühlen. Trotzdem fielen immer wieder einzelne ihrer Tiere den großen Reptilien zum Opfer. Den Krokodilen in dieser Region schien es wahrlich nicht an Nahrung zu mangeln. Wir hatten hier mehr Krokodile als gewöhnlich und auch einige große Exemplare gesehen. Ein Pärchen war sogar mutig genug gewesen, wie U-Boote auf unsere Rafts zuzuschwimmen, und Speaks hatte einem von ihnen mit dem Paddel einen Schlag auf den Kopf versetzt. Es sank sofort nach unten, tauchte aber nahe bei Borciks Boot wieder auf. Daraufhin warf Kelly einen Stein, worauf das Krokodil den Schwanz auf das Wasser schlug und verschwand. Die Einheimischen hatten am Ufer kleine halbrunde Gebilde zum Schutz vor der Sonne gebastelt, neben denen ihre Äxte, Milchkalebassen und Körbe aufgereiht waren. In einem dieser »Schutzbauten« kümmerte sich ein Junge um ein einen Tag altes Kalb, während in einem anderen ein kleiner kranker Junge unter heftigen Schmerzen litt. Drei Tage zuvor hatte ihm ein Bulle die Hörner ins Bein gerammt. Kate warf einen Blick auf das verletzte Bein und lief dann zurück zu den Booten, um ihren Arztkoffer zu holen. Das Bein war geschwollen und die Wunde entzündet. Kate wusch die Verletzung behutsam aus und machte dann einen mit Desinfektionsmittel und Antibiotika getränkten Umschlag. Dabei erteilte sie dem Jungen über Selalem ausführliche Anweisungen, wie er seine Wunde nach ihrer Abfahrt pflegen sollte.

Speaks war auf seinem Raft geblieben, und zum Zeitvertreib begann er eine von Kassas Melodien zu summen, indem er die Stimme hob und senkte, wie Kassa dies zu tun pflegte. Einige der Hirten schüttelten den Kopf. Sie kannten ein besseres Lied und stimmten es an. »*Oooohh, Whoa-oohh*«, begannen sie. Weitere Männer kamen hinzu, und die ganze Gruppe bewegte sich in einer Blockformation singend den Strand hinunter. Selalem, Kassa und Ephrem gesellten sich ebenfalls zu ihnen und hakten sich ein. Anschließend bildeten die Männer einen Kreis, und zwei Jungen im Teenager-Alter tanzten in der Mitte. Sie schüttelten ihre Schultern und stießen pfeilartig mit den Köpfen nacheinander, wie Kassa und Adunya es in unserem Berglager getan hatten. Es war ein leidenschaftlicher, sexuell aufgeladener und athletischer Tanz und sicher dazu bestimmt, die Akteure in Trance zu versetzen. Die Augenlider der jungen Männer bebten und flatterten, als würden die Tänzer tatsächlich jeden Moment wegtreten. Der Tanz endete abrupt. Die Männer stimmten wieder die Eröffnungstakte an und trabten singend weiter den Strand entlang.

»Das ist ein Lied der Freude«, erklärte Selalem, der die Gruppe verlassen hatte. »Sie singen es beim Hüten und bei der Arbeit auf den Feldern. Jetzt singen sie ein patriotisches Lied. Es geht ungefähr so: ›Der Held sagt, unser Land hat Außenstehenden nichts zu geben/Wir wollen sie uns von uns fern halten.‹«

»Das hört sich wie ein Lied eines Halb-Shoaners an«, meinte ich.

Selalem lachte. »Ja, aber wir singen es alle«, erwiderte er.

Kelly hatte Selalem einmal gefragt, was die Mehrheit der Äthiopier von Touristen in ihrem Land hielten.

Selalem hatte gezögert. »Na ja, wir möchten, dass die Touristen sich alles ansehen, aber ... es ist besser, wenn sie nicht bleiben«, sagte er und hatte damit eine nette Art gefunden, die notorische Xenophobie seiner Landsleute zu umschreiben.

»Es wäre also schwierig für einen Ausländer, hier zu leben?«, fragte Kelly.

»Ja, ich glaube schon«, antwortete Selalem. »Es ist besser für dich, wenn du in deinem eigenen Land bleibst.«

Die Gesänge und das Tanzen hatten Nevada und Mick viele wunderbare Szenen zum Fotografieren beschert. Einer der jungen Tänzer sah besonders gut aus. Von solchen Gesichtszügen und solch einer zerzausten, braunen Lockenpracht konnte ein männliches Model nur träumen. Um seinen Hals trug er fünf winzige Messingkreuze an schwarzen Kordeln. Nevada machte aus unzähligen Blickwinkeln Porträtaufnahmen von ihm. Der schöne Jüngling und die anderen folgten uns zu unseren Booten und bestaunten sie sehnsüchtig, während wir einstiegen. »Er möchte mitkommen«, sagte Selalem.

»Ist er sicher, dass er in den Sudan will?«, fragte ich.

»Er sagt, er würde überall hingehen, wo ihr hingeht.«

Wir konnten ihn nicht mitnehmen, aber ich war der Meinung, wir sollten ihm eine kurze Bootsfahrt gönnen. Speaks willigte ein, und der Tänzerhirte und einige andere kletterten rasch an Bord. Der Nil war hier breit und langsam, und so paddelten wir etwa anderthalb Kilometer flussabwärts mit ihnen.

»Was denken sie über den Fluss?«, fragte ich Selalem. Ich dachte dabei an die Bauern weiter flussaufwärts, die dem Nil vorwarfen, dass er ihren Boden mitnahm und ihnen nichts übrig ließ.

»In ihren Augen ist der Fluss gut«, erklärte Selalem, nachdem er mit den Männern auf unserem Raft gesprochen hatte. »Sie sagen, es gibt nichts Schlechtes im Fluss. Außerdem sind sie Christen und glauben nicht an böse Geister im Wasser. Aber sie erzählen, dass die Menschen da drüben in Godscham die Geister beschwören«, fuhr Selalem fort und deutete auf das gegenüberliegende Ufer. »Sie sehen manchmal, wie sie eine Ziege oder ein Schaf töten und das Blut ins Wasser gießen.«

Ihre Fragen an uns drehten sich hauptsächlich um die Boote. Sie wollten wissen, aus welchem Material sie bestanden, und taten ihre Begeisterung darüber kund, dass sie Böden hatten. Schließlich dirigierte Speaks sein Raft in ein Kehrwasser, und unsere halb-shoanischen Freunde sprangen von Bord. Dann rannten sie am Ufer entlang, bedankten sich und feuerten uns an – »*Melkam gouso*! *Melkam gouso*! Gute Reise! Gute Reise!« –, bis sie unsere königliche Flottille aus den Augen verloren.

Nicht einer der Männer in diesem Hirtenlager hatte eine Waffe gehabt, fiel mir auf, nachdem sie weg waren. Offenbar schien hier am Fluss überhaupt niemand ein Gewehr zu besitzen. Weder die Bauern noch die Hirten, denen wir bisher begegnet waren, hatten Gewehre, oder sie zeigten sie zumindest nicht. Als ich in Äthiopien gelebt hatte, traf man auf dem Land nur selten auf jemanden, der seine Schusswaffe nicht zur Schau gestellt hätte. Es mochte ein Relikt aus dem Ersten Weltkrieg sein, aber ein äthiopischer Mann trug stets eine Waffe bei sich.

Irgendetwas hatte sich verändert, und eines Abends fragte ich Selalem danach.

»Wir haben am Fluss noch keine bewaffneten Männer gesehen, und alle sagen, es gebe keine *shifta* mehr. Was ist passiert?«

»Das ist wegen der EPRDF [Ethiopian Peoples Revolutionary Democratic Front]«, entgegnete Selalem.

Die EPRDF hatte die alte Derg-Regierung 1991 zu Fall gebracht, und ihre Führer regierten nun das Land. Die Bewegung war aus den in Tigray und Eritrea operierenden Organisationen hervorgegangen, die gemeinsam für ein unabhängiges Eritrea gekämpft hatten. Mit Meles Zenawi (dem jetzigen Präsidenten Äthiopiens) an ihrer Spitze dehnte sich die EPRDF weiter aus, um bei allen Volksgruppen Äthiopiens Anhänger zu gewinnen. Bauern schlossen sich ihr in Scharen an und marschierten gen Süden, wo sie Wollo und Godscham einnahmen.

Entlang des Blauen Nils, sagte Selalem, sei diese Bauernarmee auf viele Shifta-Banden gestoßen, habe deren Mitglieder aufgenommen und ihre Verstecke genutzt, um den Derg-Soldaten zu entkommen.

Nach dem Sturz von Mengistu räumte Präsident Meles den Shifta-Banden eine Chance auf Amnestie ein. Falls sie sich ergäben und ihre Waffen ablegten, drohten ihnen keine Strafen. Diejenigen, die diesem Aufruf nicht nachkämen, würden erschossen oder inhaftiert. Die Regierung meinte es ernst mit ihrer Verfügung, und die EPRDF spürte ihre früheren Verbündeten auf, um sie durchzusetzen.

Auf diese Weise war das Problem mit den *Shifta* behoben worden. Strenge Waffengesetze garantierten außerdem, dass die Tradition nicht so schnell wieder belebt wurde. »Heute darf man nur noch eine Waffe besitzen, wenn man zur Miliz gehört«, erklärte Selalem. Männer, die nicht Angehörige der Miliz waren und mit Schusswaffen gesehen wurden, konnten zu lebenslangen Gefängnisstrafen verurteilt werden. »Sie bewahren sie vielleicht zu Hause auf, aber sie zeigen sie nicht in der Öffentlichkeit.« Alle Führer und Eseltreiber, die uns bei der Wanderung begleitet hatten und die Kalaschnikows besaßen, hatten wahrscheinlich mit der EPRDF gegen den Derg gekämpft; das berechtigte sie zur Mitgliedschaft in einer Miliz und zum Besitz einer Kalaschnikow.

Kassa war ebenfalls Mitglied der EPRDF und ein Leiter seiner Milizgruppe. Er war ein junger Soldat der Frontbewegung gewesen, als sie den Derg gestürzt hatte.

»Und du?«, fragte ich Selalem. »Warst du auch bei der EPRDF?« Ich hatte am Abend zuvor gesehen, wie er Kassas Kalaschnikow putzte, und dachte, dass er für einen Touristenführer eine ganze Menge über Automatikwaffen wusste.

Selalem schüttelte mit einem schwachen Lächeln den Kopf. Wir waren nun schon beinahe zwei Wochen zusammen unterwegs und Freunde geworden. Ich hatte ihm von vielen Erfahrungen, die ich zur Zeit der Revolution in seinem Land gemacht hatte, berichtet, und ihm meine Befürchtungen mitgeteilt, dass eine große Anzahl meiner Schüler umgekommen war. Und ich hatte ihm von dem Traum des alten Mönchs erzählt.

»Irgendwann möchte ich etwas wegen dieses Traums unternehmen«, erklärte ich Selalem. »Ich dachte, ich könnte ein Kind vom Land finden, vielleicht ein Waisenkind, und ihm den Schulbesuch ermöglichen. Kannst du mir nach unserer Tour vielleicht dabei helfen?«

Selalem zögerte keinen Augenblick. »Ich habe ein Kind«, sagte er.

»Du hast ein Kind?« Ich war überrascht, da Äthiopier solche Dinge selten geheim hielten.

»Er heißt Hailu und ist der Sohn meiner Schwester. Aber sie ist gestorben, und sein Vater ist weg.« Für Hailu war nun Selalem verantwortlich, und er machte sich Sorgen um ihn. Selalem schaute mich eindringlich an, um herauszufinden, ob ich meinen Wunsch, einem Kind helfen zu wollen, ernst gemeint hatte. »Hailu ist ein kleiner Junge, elf Jahre alt, sehr nett. Du würdest ihn mögen.«

Ich sagte: »Okay. Ich werde darüber nachdenken.« Und je mehr ich das tat, desto eher gelangte ich zu der Überzeugung, dass dies eine gute Sache wäre. Ich mochte Selalem. Er war ehrlich und offen. Er half, den Lebensunterhalt Hailus, der bei Selalems Eltern in Lalibela lebte, zu bestreiten, seit dieser ein Kleinkind war. »Ich mache mir große Sorgen seinetwegen«, erklärte er mir, als ich das Thema wieder anschnitt. »Meine Eltern sind alt. Wenn ihnen oder mir etwas zustößt, was geschieht dann mit Hailu? Das beschäftigt mich.« Ich ließ mich nicht zu voreiligen Versprechungen hinreißen, wusste aber in meinem tiefsten Innern, dass ich Hailu helfen würde.

Möglicherweise bedurfte es gar keiner großen Gesten oder Pläne, sein *eddileh* – sein Schicksal – zu finden. Manchmal konnte es einem direkt vor die Füße fallen, und alles, was man tun musste, war Ja zu sagen.

Selalem war nicht zu Hause gewesen, als seine Schwester gestorben war und Hailu zur Waise wurde. Er hatte – unfreiwillig – in der Derg-Armee gedient.

»Ich war 19«, erzählte mir Selalem. »Ich ging in die zwölfte Klasse einer Schule in Dessie«, der Hauptstadt der Provinz Wollo. »Die EPRDF hatte bereits den größten Teil Nordwollos eingenommen, sogar Lalibela. Dann kamen die Derg-Soldaten in unsere Schule. Wir mussten uns in einer Reihe aufstellen, und sie nahmen alle Jungen mit. Wir konnten uns nicht von unseren Müttern und Vätern verabschieden.«

Die Derg-Soldaten verfrachteten Selalem und seine Klassenkameraden, allesamt Teenager, in schwer bewachte Busse und karrten sie gen Süden in die Wüste jenseits des Blauen Nils. Sie waren drei Tage unterwegs in ein Ausbildungscamp der Armee. Es befand sich in der Nähe des Didesa, eines der Hauptzuflüsse des Nils, an dem wir in ungefähr einer Woche vorbeikommen würden. »Sie rasierten meinen Kopf, nahmen mir meine Schulkleider ab und steckten mich in eine Soldatenuniform. Sie brachten uns den Umgang mit der Kalasch bei«, sagte Selalem, die äthiopische Abkürzung für die »Kalaschnikow« verwendend.

Viele Schülersoldaten kamen ums Leben, entweder auf Grund von Krankheiten oder weil sie versuchten zu fliehen. »Die Wüste dort war die reine Wildnis, wie hier«, fuhr Selalem fort. »Das Volk der Shangalla [Gumuz] lebte dort, und die spießten dich auf, wenn du denen in die Hände fielst.« Die Malaria war jedoch der schlimmste Killer. »So viele Schüler starben daran«, erzählte Selalem weiter. »Aber die Soldaten kümmerten sich nicht darum; sie warfen die toten Körper einfach irgendwohin. Selbst wenn dein eigener Bruder im Lager umkam, durftest du nicht weinen oder deine Trauer zeigen. Und warum? Weil du ein Soldat warst.« Nach ihrer Ausbildung wurden viele Schüler in den Norden geschickt, um gegen die EPRDF zu kämpfen. Selalem hatte Glück. Der Lagerkommandant hatte Gefallen an ihm gefunden und behielt ihn als seinen Assistenten dort. Erst am Ende des Krieges, als der Derg bereits zusammenbrach, wurde Selalems Einheit an die Front in der Nähe von Addis Abeba beordert.

»Wir sahen die EPRDF-Soldaten«, sagte Selalem. »Aber wir kämpften nicht gegen sie. Der Krieg war vorüber. Warum also kämpfen?« Stattdessen ergaben er und seine Mitschüler sich und legten ihre Kalaschnikows nieder. Einige Tage hielt die EPRDF sie in einem großen Lager fest und fragte sie dann, was sie tun wollten.

»Wir sagten: ›Wir wollen nach Hause.‹ Und sie meinten: ›Dann geht.‹«

Selalem ging nach Addis Abeba, wo er Verwandte hatte. »Sie hatten große Angst, als sie mich in der Derg-Uniform sahen. Aber sie versteckten mich und gaben mir andere Kleidung und etwas zu essen. In dieser Zeit hatte ich unendliche Sehnsucht nach Thaitu, meiner Schwester. Wir hatten ein sehr enges Verhältnis zueinander.« Aber Thaitu war während seiner Abwesenheit bei der Geburt eines Kindes gestorben; das Baby war ebenfalls tot. »Das war besonders hart für mich«, sagte Selalem. Damals hatte er auch die Verantwortung für Hailu übernommen und seinen Eltern versichert, dass er sie beim Unterhalt und der Erziehung seines Neffen unterstützen würde, obwohl er nicht im Geringsten wusste, wie er das anstellen sollte.

Nach dem Krieg stellte ihn sein Cousin Yohannes, der in kleinem Umfang in das Tourismusgeschäft eingestiegen war, Conrad vor. »Conrad brachte mir diese Arbeit bei: was man als Reiseführer zu tun hat, wie man für die Touristen kocht, wie man ein Camp errichtet. Er gab mir Arbeit und Geld, damit ich meiner Familie helfen konnte. Deshalb ist er wie ein Vater für mich.«

Wir saßen auf großen Felsbrocken direkt am Blauen Nil und blieben, nachdem Selalem seine Geschichte beendet hatte, noch eine Weile dort und lauschten dem steten, beruhigenden Rauschen des Flusses. Aber selbst all das Wasser des Nils, dachte ich, vermochte den Kummer nicht von Selalems Seele zu waschen.

Am nächsten Morgen erzählte ich Nevada und Mike Speaks, was Selalem mir zu den Shifta-Banditen erklärt hatte und warum Kassa und der Flussmann wahrscheinlich Recht hatten: Es gab keine shifta in der Schlucht.

»Vielleicht war sich Conrad deshalb so sicher, dass wir bei dieser Tour keine Probleme mit Banditen bekommen würden«, sagte ich.

»Wollen wir hoffen, dass das stimmt«, meinte Speaks.

Selalems Geschichte klang wahrscheinlich, aber wir wussten, dass wir dennoch fälschlicherweise für eine Invasionsgruppe gehalten und von Patrioten getötet werden konnten. Aus diesem Grund war es vernünftig, mit Äthiopiern wie Selalem, Kassa und Ephrem zu reisen; sie konnten misstrauischen Milizionären oder Soldaten den Grund unserer Expedition erklären.

Wir waren nun noch eine Tagesreise von der großen Abbai-Brücke entfernt. Dort würden unsere Genehmigungen zum ersten Mal eingehend geprüft werden, und es würde sich herausstellen, wie sich schwer bewaffnete Äthiopier uns gegenüber verhielten. Kassa würde uns an der Brücke verlassen, weil der nächste Flussabschnitt aus einer menschenleeren Schlucht bestand, in der wir vermutlich keinen Schutz eines Milizionärs und seiner Kalaschnikow bräuchten.

Das breite Flusstal, das wir an diesem Tag durchquerten, war hingegen sehr dicht besiedelt. Eng bepflanzte Maisfelder säumten den Fluss, und die Bauern pflügten eifrig noch mehr Boden um. Sie hielten inne, um uns etwas zuzurufen und zu winken, und brachten Selalem damit zum Lachen.

»Wisst ihr, was sie sagen? ›Schau, was da den Fluss runterkommt! Boote auf dem Abbai! *Kondscho*! *Kondscho*! *Kondscho*!‹«

Wieder einmal waren wir *tarik*.

Hinter den Maisfeldern begannen wieder große, felsige Hügel. Ein rauchiger Dunst hing über ihnen, und nahe am Ufer wimmelten viele geschäftige Menschen umher.

»Ist das ein Feuer?«, fragte ich.

»Nein, sie stellen Holzkohle her«, erwiderte Selalem.

Es war verboten, Bäume zu fällen und sie zu Kohle zu verarbeiten, fügte er hinzu. Alle wussten, dass hierdurch die Probleme noch größer würden, weil noch mehr Erde in den Nil gewaschen würde. Aber die Regierung war nicht in der Lage, das Verbot durchzusetzen. »Jeder in Addis Abeba möchte Holzkohle zum Heizen und Kaffeekochen«, meinte Selalem mit einem Achselzucken. »Die Polizei durchsucht manchmal die LKWs und Busse nach Holzkohle, aber sie kann die Lieferungen nicht stoppen.« Die Nachfrage war einfach zu groß.

Wir vertäuten unsere Boote unterhalb des Lagers der Köhler und erklommen den Hügel. Dort entdeckten wir einige kleine Hütten und Frauen und Kinder – die ersten Frauen, die wir am Fluss sahen. Sie waren westlich gekleidet und trugen Plastikschuhe, ein Zeichen dafür, dass wir uns in der Nähe einer Straße und einer großen Stadt befanden. Das war auch der Grund dafür, warum diese kleine Industrie hier blühte. Die Transportwege zu den Märkten in der Stadt waren nicht allzu weit.

Diese Einheimischen waren ausschließlich Amhara. Die Frauen und Kinder kümmerten sich um Mais und Sorghum, während die Männer die Holzkohle herstellten. Sie fällten die Bäume, hoben die Gruben aus, betreuten das Feuer und packten das fertige Produkt in Rupfensäcke. Das war harte Arbeit, und obwohl einige Männer erst Anfang 20 waren, waren sie so hager wie die Äste, die sie schnitten, und ebenso krumm. Ihre Gesichter, ihr Haar und ihre Haut waren mit schwarzem Ruß vom Rauch überzogen, und sie sahen müde und unglücklich aus.

Die nahe gelegenen Hügel waren bereits kahl geschlagen, und Mick fragte die Männer, ob sie wüssten, welchen Schaden sie damit anrichteten.

»Wir haben versucht, neue Pflanzen zu setzen, aber die Setzlinge sind eingegangen«, erklärte Belay Alebachew über Selalem. »Und wir machen uns Sorgen, weil wir wissen, dass die Hügel dadurch so werden können wie die in Wollo [das Mitte der 1970er- und in den 80er-Jahren von großen Dürrekatastrophen und Hungersnöten heimgesucht wurde]. Aber was sollen wir machen? Wir müssen unseren Lebensunterhalt verdienen.«

Ein anderer Mann trat hervor. Er war verärgert: »Wir sind hier geboren, also arbeiten wir auch hier. Wir können das Land nicht verändern. Und die neue Regierung gibt uns keine andere Arbeit. Diese Arbeit können wir tun.«

Er wandte sich mit bitterem Gesichtsausdruck ab.

Für ihre Plackerei verdienten sie nur sehr wenig Geld, etwa 10 Birr oder 80 US-Cents pro Sack. Sie mussten jedoch fast fünf Bäume fällen, um einen einzigen Sack Kohle zu gewinnen. Den größten Teil des Waldes hatten sie bereits abgeholzt, und sie waren sich über die Konsequenzen im Klaren. »Wir werden umziehen müssen«, meinte Belay. »Wir müssen einen anderen Ort finden.«

Die Menschen hier dachten überhaupt nicht über den Fluss nach, erklärte mir Selalem, als ich ihn danach fragte. Er strömte an ihren Häusern und ihrem trockenen, rußigen Hügel vorbei und versorgte sie mit Wasser. Die Bäume aber bedeuteten ihren Lebensunterhalt, und nun waren sie weg.

Weiter flussabwärts gab es wieder Wald.

»Bestimmt sind die Köhler nächstes Jahr dort«, sagte Selalem.

Das dachten wir anderen auch.

Etwa um zehn Uhr am nächsten Morgen entdeckten wir nach einer Biegung unser erstes Ziel: die große Abbai-Brücke. Speaks verlangsamte die Fahrt und musterte die Brücke durch sein Fernglas.

»Da sind Soldaten ... und Mau und Yohannes!«

Unsere Männer von Addis Abeba warteten planmäßig mit frischen Vorräten und Neuigkeiten auf uns. Ihre Anwesenheit bedeutete auch, dass die Soldaten über unsere Ankunft informiert waren. Niemand würde einen Warnschuss im Namen seines Landes abfeuern.

Wir paddelten unter dem Jubel und Gebrüll der Soldaten und unserer Freunde an Land. Mau und Yohannes hatten eine große Kühlbox mit Bier und anderen kalten Getränken sowie einen Korb mit in Fleischsoße getränktem *indschera* mitgebracht. Wir kletterten unter der Brücke hervor in den kühlen Schatten eines Feigenbaums und aßen und tranken, während wir unzählige Fragen über unsere bisherige Reise beantworteten.

Ja, alles war glatt gelaufen. Nein, wir hatten keinen Ärger mit irgendwelchen Leuten gehabt, und die Krokodile waren nicht schlimm. Es war eine gute, eine wunderbare Tour, und wir freuten uns auf die Fortsetzung.

Mau hatte einen Stapel E-Mails ausgedruckt, die unsere Freunde und Verwandten uns geschickt hatten. Alle saßen ruhig da und lasen die Neuigkeiten von zu Hause. Es war nicht sehr viel passiert in der Welt, außer einem schrecklichen Erdbeben in Taiwan, erzählte uns Mau. 2000 Menschen waren dabei ums Leben gekommen. Ja, der Eritrea-Krieg dauerte noch an. Amerikanische Diplomaten hatten versucht, die beiden Kriegsparteien zu Verhandlungen zu bewegen, aber ihre Bemühungen waren gescheitert, und sie hatten das Land wieder verlassen. Selalem, der den Krieg hasste, sah empört aus.

Außerdem hatten uns Mau und Yohannes frisches Gemüse, Tomaten, Eier und tiefgefrorene Hühner gebracht. »Heute Abend wird es ein Festessen geben«, verkündete Speaks, nachdem er die Lebensmittel in der Kühlbox seines Rafts verstaut hatte. »Vielleicht hätten wir Kassa doch noch beeindrucken können.«

Aber Kassa traf bereits Vorbereitungen für die Rückkehr in seine Heimat Godscham. Mau zahlte ihm seinen Lohn aus, und wir gaben ihm ein anständiges Trinkgeld. Das war genug, meinte er, um einen neuen Ochsen und Kleider für seine Frau und seine Kinder zu kaufen. Er würde seinen Ochsen *Daragote ferenjocch*, »Geschenk der Touristen«, nennen.

Kassa verabschiedete sich von uns allen nach äthiopischer Sitte mit vielen Küssen auf beide Wangen, und seine Augen füllten sich mit Tränen.

»Er sagt, er hätte nie erwartet, Teil der Gruppe zu werden«, übersetzte Selalem. »Er dachte, er würde immer alles allein machen müssen. Er dankt euch deshalb dafür, dass ihr ihn aufgenommen habt, und wünschte, er könnte euch noch bis in den Sudan begleiten. Aber er hat dort keine Genehmigung für seine Waffe. Er dankt euch und wünscht euch eine gute Reise.«

Viele Soldaten auf der Brücke drückten uns Briefe in die Hand, die wir bis zur nächsten modernen Brücke, etwa 240 Kilometer stromabwärts, mitnehmen sollten, wo ihre Freunde stationiert waren. Sie stellten sich vor, wie diese lachen würden, wenn sie ihre Post durch unsere Boote zugestellt bekämen. Nevada packte die Briefe in eine ihrer wasserdichten Dosen. Anschließend verabschiedeten wir uns ein letztes Mal von den Soldaten, von Mau, Yohannes und Kassa.

Um 12.30 Uhr waren wir wieder auf unserem Weg den Blauen Nil hinunter.

Siebzehntes Kapitel

»SEHT MAL, WAS DORT VOR UNS LIEGT. GROSSARTIG, ABSOLUTE Klasse!«, sagte Mike Speaks, als wir die Abbai-Brücke hinter uns ließen und in ein weites, offenes Tal gelangten, das von lang gestreckten Plateaus und fernen Gipfeln gerahmt wurde. Der Blaue Nil beschrieb wieder eine Kurve, schloss seinen Kreisbogen um Godscham und brachte uns auf westlichen Kurs. Die Sonne glitzerte hell auf dem Wasser und gab uns die Richtung vor wie ein Leitstern.

Seit fast 30 Jahren hatte kein Ausländer diesen Teil des Blauen Nils befahren. Für die Menschen, die am Fluss lebten, würden wir vermutlich eine echte Überraschung sein, die umso größer sein würde, je mehr wir uns dem Sudan näherten. Das Land wurde hier wieder intensiv bewirtschaftet. Ausgedehnte Felder mit Mais und Sorghum reichten bis an den Uferrand. Entlang der Wasserrinnen und auf den Hügeln zwischen den Nutzpflanzen drängten sich Akazien und Kossobäume. In dichten Gruppen stehende Euphorbien reckten ihre stachligen Arme gen Himmel wie zum Gebet.

Unten auf dem Fluss, in den Engstellen der Schlucht, vergaß man leicht, welch gewaltige Canyons der Abbai und seine Nebenflüsse in den Boden gegraben hatten. Jetzt, als sich das Tal weitete, konnten wir das Deckgestein aus Basalt etwa 1800 Meter über uns auf den Plateaus erkennen. Der schwarze Basalt war während der ersten Tage unserer Reise unsere geologische Wegmarkierung gewesen; nun ragte er hoch über unseren Köpfen empor. An den meisten Stellen bildete er nur eine Krone auf der Spitze eines Berges, der dann wie eine Hochzeitstorte in immer breiteren Schichten aus cremefarbenem Kalkstein und rotem Sandstein abfiel. Obwohl es schwierig, wenn nicht gar unmöglich war, dies aus unserer Perspektive zu erkennen, wussten wir, dass die Plateaus auf beiden Seiten der Schlucht fast 20 Kilometer weit auseinander lagen. Kein Krieger konnte darauf hoffen, diesen Abgrund durch einen Sprung zu überwinden.

Ohne Kassa, der unsere Fahrt stromabwärts mit seinem Gesang untermalt hatte, wurde es still in unserer Gruppe. Einige Nashornvögel flogen in stetem Auf und Ab über das Wasser, als befänden sie sich in einer unsichtbaren Achterbahn, und große Schwärme von Büffelwebern flitzten zwitschernd durch das Elefantengras am Ufer.

»Flusspferd!«, rief Mike Speaks und deutete mit dem Kinn nach links. Das Tier befand sich fast auf Tauchstation, nur Nüstern, Augen und Ohren ragten über die Wasseroberfläche. Es schnaubte, tauchte ganz unter, dann wieder auf und ließ die Ohren spielen, als ob es seine Antennen justieren wollte – was für seltsame Dinger kamen da den Fluss hinuntergefahren?

Von Pavianen, kleineren Affen und Krokodilen abgesehen, hatten wir entlang des Blauen Nils noch nicht sehr viele Tiere zu Gesicht bekommen. Kate und Kelly hatten das Glück, eines Nachmittags eine einsame Löwin zu sichten, die zum Fluss heruntertrottete. Wir konnten damit rechnen, in der »Schwarzen Schlucht« auf mehr wilde Tiere zu stoßen – so hatte das britische Team den Abschnitt des Canyons getauft, den wir aller Voraussicht nach am folgenden Tag erreichen würden. Die Schwarze Schlucht war Berichten zufolge unbewohnt, das Ufer war zu steil für den Anbau von Feldfrüchten und daher wild und dicht bewaldet.

Schon als wir unser Lager für die Nacht aufschlugen, entdeckten wir Hinweise darauf, dass es hier mehr wilde Tiere gab. Spuren von Hyänen, Zibetkatzen, Antilopen und Pavianen überzogen den Strand. Näher am Wasser stießen wir zudem auf Krokodilspuren. Wir errichteten unsere Zelte weiter oben, weit weg von den Abdrücken ihrer Füße.

Es herrschte Vollmond in jener Nacht, sein weiches, silbriges Licht glitzerte über dem Nil. Wenig später erschien ein heller Planet am Himmel, Jupiter, und die beiden trieben auf den schwarzen Wassern der Nacht – ein Diamant, gefolgt von einer Perle. Kondscho!, dachte ich. Absolut kondscho.

Am Morgen hing ein dichter Nebel über dem Nil, der die Geräusche des Wassers und die Rufe der Vögel dämpfte. Die Paviane hielt er nicht ab. Sie kamen eine Klippe hinuntergeschlichen und setzten sich in einen Baum oberhalb unseres Camps, um uns anzubellen. Vermutlich pflegten sie Menschen zu bestehlen, jedenfalls beobachteten sie uns, um herauszufinden, ob wir möglicherweise einen Topf offen oder einen Laib Brot unbeaufsichtigt ließen.

Flussabwärts erreichten wir ein Vogelparadies. Schwarzkopfkiebitze waren da, Oryxweber und andere Webervögel sangen im Ufergras, und ein Schwarm dunkelgrüner Baumhopfe flog vorüber, dass die weißen Unterseiten ihrer Flügel blitzten. Weißbürzelsegler schossen vorbei wie tolldreiste Flitzer und vollführten kühne Wenden, um Fliegen zu fangen, und smaragdgrüne Bienenfresser sausten auf der Jagd nach ihrer bevorzugten Beute pfeilschnell durch die Luft. Eine Grünscheitelracke flog am Ufer entlang, ihr Gefieder schillerte in unzähligen Türkis-, Lavendel- und Blautönen. Am Ufer pickten Krokodilwächter und Regenpfeifer im Sand, und Borstenraben, Fischadler und andere Greifvögel schwebten hoch über unseren Köpfen durch die Lüfte. Speaks hatte seine helle Freude, fast hätte er sogar sein Raft angehalten, als er einen Kaffernadler erblickte. Es war ein großer Vogel mit schwarzen Federn, nur Bürzel und Rückenmitte leuchteten in schneeigem Weiß.

»Das war die Reise schon wert«, sagte Speaks mit breitem Grinsen. »Diese Vögel sieht man nicht allzu oft.«

Ich fuhr mittlerweile mit Speaks in einem Boot. Sein Raft setzte sich fast immer an die Spitze, sodass wir die Chance hatten, Menschen und wild lebende Tiere als Erste zu sehen. Gewöhnlich machte ich mir Notizen und führte Buch über die vorbeigleitende Landschaft, ihre Menschen und Tiere. Mick und Bruce in einem der anderen Boote bildeten eine Art Team, da Bruce auch als Micks Assistent arbeitete. Mick war die Plaudertasche unserer Gruppe. Er hatte sich zwar ein bisschen beruhigt, fand es aber immer noch schwierig, nach seinem Filmauftrag in Bosnien einfach nur in einem Raft zu sitzen. Ich konnte es ihm nachfühlen. Ich hätte es vorgezogen, durch die Berge zu wandern, und während wir den Fluss hinuntertrieben, konnte ich mich manchmal des Eindrucks nicht erwehren, einen Film zu sehen. Sobald wir an Land gingen und wanderten oder Einheimische trafen, fühlte ich mich besser. Dann war ich nicht mehr nur passive Zuschauerin, sondern empfand so, als sei ich ein Teil des Flusses.

Mick konnte die Stille auf dem Wasser kaum ertragen. Man musste gut zuhören können, wenn man in seinem Boot saß. Er erzählte von seiner unsteten Kindheit, einer Zeit, in der seine Eltern die Familie Jahr für Jahr aufs Neue entwurzelt hatten. Nachdem Rhodesien zu Simbabwe geworden war, hatten sie ihr Zuhause dort verloren und waren rund um den Globus gezogen. Von Indonesien und Neuguinea bis Neuseeland hatten sie fast überall schon einmal gelebt, bevor sie sich schließlich in Australien niederließen. Micks Vater war Arzt. Im Laufe der Jahre war die Familie etwa dreißigmal umgezogen, und Mick beschrieb jeden ihrer Wohnorte in allen Einzelheiten. Ähnlich detailliert berichtete er von seinen sexuellen Eskapaden, und zu gerne hätte er auch mich zu seinen Opfern gezählt. Und er erzählte von Bosnien, davon, wie aufregend es war, Seite an Seite mit einem harten Kern von Kriegsberichterstattern zu arbeiten, von dem Adrenalinstoß, wenn man mitten in eine aufgebrachte Menge geriet, und seinem Entsetzen, als diese Menge sich gegen einen jungen Mann wandte, der als Kommunist entlarvt worden war. »Sie schlugen ihn zu Brei und befahlen mir und meinem Kumpel, uns von ihm fern zu halten und ihn dort liegen zu lassen, und drohten uns für den Fall, dass wir ihm zu helfen versuchten.«

Mick war hin- und hergerissen, was seine Bosnien-Erfahrungen betraf. Er hatte den Thrill geliebt, Krawalle und Kriegshandlungen zu filmen, aber er das, was er gesehen hatte, erfüllte ihn mit Abscheu.

Wenn Mick der Gesprächsstoff ausging, schlug er Walt Whitmans *Grashalme* auf und las daraus vor. Er hatte eine gute Lesestimme, und Whitmans klangvolle Verse passten sehr gut zu einer Fahrt auf dem Nil: »Aus der ewig schaukelnden Wiege ...«

Am späten Vormittag passierten wir das breite Delta des großen Flusses Mugher, der linker Hand, von der Shoa-Seite her, in den Blauen Nil mündete. Fast konnte man den Abbai rülpsen hören, als sich diese große Menge Frischwasser in seinen Magen ergoss. Er schnallte seinen Gürtel gewissermaßen ein paar Löcher weiter, bis er eine Breite von etwa 120 Metern erreicht hatte. Trotz des zusätzlichen Volumens strömte er weiter mit gleich bleibender Geschwindigkeit dahin und sorgte lediglich mit ein paar ganz ordentlichen Stromschnellen von der Sorte, die Speaks »Heuhaufen« nannte, für Spaß.

Nach einer dieser Stromschnellen erblickten wir einen einzelnen Mann am Ufer und paddelten an den Rand, um ihn zu begrüßen. Selalem hatte uns erklärt, dass dieser Tag, der 27. September, ein äthiopischer Feiertag war, ein kirchliches Fest, das Masqal hieß und an dem man sowohl die Auffindung des heiligen Kreuzes feierte als auch die Ankunft eines Stückes von diesem Kreuz in Äthiopien. Viele Äthiopier glauben, dass das Kreuz Jesu von einer äthiopischen Prinzessin entdeckt wurde, obwohl anderen christlichen Traditionen zufolge Helena, die Mutter des römischen Kaisers Konstantin, es fand. Wie auch immer, jedenfalls wurde ein Stück von diesem Kreuz in der Auferstehungskirche in Jerusalem aufbewahrt und der Rest nach Rom gebracht, wo man für die Aufbewahrung der Reliquie die Kirche Santa Croce in Gerusalemme baute. Im späten 14. Jahrhundert, während der Herrschaft des äthiopischen Königs Dawit I., brachte dann ein Priester ein Stück des Kreuzes von Jerusalem nach Äthiopien.

»Es ist ein ganz besonderer Feiertag«, erklärte Selalem. »Überall werden große Freudenfeuer entfacht, und zum Festschmaus schlachtet man eine Kuh oder Schafe.« Einige Stunden zuvor hatte er gesagt, dass wir nicht erwarten sollten, allzu viele Menschen am Fluss zu sehen, da die meisten zu Hause sein und feiern würden.

Umso überraschter waren wir, diesen Mann auf seinem mit Mais bepflanzten Fleckchen Land arbeiten zu sehen. Er war groß und furchtbar dünn, seine Haut spannte sich straff wie das Fell einer Trommel über seinen hohen Wangenknochen. Als er uns sah, hörte er auf zu hacken und stellte sich vor.

»Er heißt Maru Sambate«, übersetzte Selalem, »und er ist ein Oromo. Er ist seit zwei Wochen hier, um Mais anzubauen. Zu Fuß braucht man drei Stunden, um sein Dorf zu erreichen.«

Wir wollten wissen, ob es wohl auch in Flussnähe Dörfer gab, sodass wir etwas von den Masqal-Feierlichkeiten sehen könnten.

»Nein, er sagt, die Leute kommen nicht zum Fluss deswegen. Aber sie kommen nächsten Monat zu einem großen Tauffest.« Wenn wir vier Tage warten würden, könnten wir sie sehen.

Das sei leider nicht möglich, sagten wir, wir müssten weiter den Strom hinunterfahren. Maru nickte, dann redete er leise mit Selalem und deutete dabei auf seine geflickte und zerrissene Kleidung.

Selalem lächelte. »Er schämt sich ein wenig, weil er so schlecht gekleidet ist. Er sagt, er ist so arm, weil er acht Kinder hat.«

Wir protestierten und versicherten, dass wir uns freuten, ihn hier zu treffen, und dass es für Reisende wie uns immer interessant sei, Menschen kennen zu lernen, die am Nil lebten. Aber wie kam es, dass er an diesem Festtag nicht zu Hause bei seinen Kindern war?

Maru sah zu Boden. »Er sagt: ›Weil ich arm bin. Ich habe nichts, was ich meinen Kindern mitbringen kann.‹ Sechs seiner acht Kinder haben Malaria, auch seine Frau ist an Malaria erkrankt. Er sagt, sie ist dünn wie ein Stock.« Selalem schüttelte den Kopf. »Das ist ein hartes Los.«

Maru ergriff wieder das Wort. »Arme Leute kommen hierher, um Mais anzubauen«, übersetzte Selalem, »weil es keinen anderen Platz gibt. Aber auch wenn man hierher kommt, um etwas anzupflanzen, holt man sich Malaria. Das war nicht immer so, sagt er. Aber die Malaria ist schlimmer geworden. Wir wissen nicht, warum das so ist, sagt er, weil wir ungebildet sind.« Später erklärte Selalem mir, dass die Malaria sich in Äthiopien dramatisch ausgebreitet habe, nachdem der Derg das Programm zur Moskitobekämpfung, das während Haile Selassies Regentschaft durchgeführt worden sei, gestoppt habe. Die neue Regierung bemühe sich zwar, diese Maßnahmen wieder zu aktivieren, doch die Aufgabe sei viel schwieriger geworden, weil die Malariaerreger aus einer Vielzahl von Gründen zunehmend aggressiver und außerdem resistent gegen Medikamente zur Behandlung oder zur Vorbeugung geworden seien.

Speaks war zum Raft zurückgegangen, hatte ein Sortiment aus Garn, Nadeln und Knöpfen zusammengestellt und durch einen Stapel aus 20 Ein-Birr-Scheinen ergänzt (umgerechnet ein Dollar sechzig). Dann drückte er dem vollkommen erstaunten Maru alles in die Hand.

»Sag ihm, wir wollen ihm helfen, weil er ein stolzer Mann und ein guter Arbeiter ist«, sagte Speaks zu Selalem. »Er kann das Geld nehmen und seinen Kindern damit ein Fest ausrichten.«

Überwältigt fiel Maru auf die Knie und umschlang unter Tränen Speaks' Füße.

»*Baca, baca* – es ist genug«, sagte Selalem leise zu Maru und zog ihn sanft am Ellbogen nach oben.

Maru war noch immer nicht fähig zu sprechen. Er ließ sich einfach wieder auf die Knie fallen und schlang seine Arme erneut um Speaks' Beine. Selalem beugte sich vor und redete auf ihn ein. Langsam erhob Maru sich, seine Geschenke hielt er fest umklammert.

»Er sagt, er geht jetzt nach Hause, um seiner Familie von seinem Glück und eurer Freundlichkeit zu erzählen«, sagte Selalem. »Er dankt euch und sagt, dass Maria und Joseph euch segnen werden.«

Maru stand am Uferrand, als wir in die Boote stiegen und ihm zum Abschied winkten.

»Jetzt kann er vielleicht ein oder zwei Hühnchen für seine Familie kaufen«, sagte Selalem, »und ein kleines Fest veranstalten.«

Wir begegneten noch einer Gruppe von Menschen an diesem Masqual-Tag. Der Fluss verengte sich erneut, um seine Wassermassen zwischen den harten Metamorphit-Felsen der Schwarzen Schlucht, auf die wir jetzt zufuhren, hindurchzuzwängen. Auch die Landschaft veränderte ihr Aussehen und ging in steil aufragende Hügel mit runden Kuppen über. Zwischen großblättrigen Bäumen lagen parkähnliche Lichtungen mit hohem Gras, das, wie Salalem erklärte, das beste Material zum Dachdecken war. Wir steuerten um eine Kurve, und dort, zwischen großen Felsbrocken am Godscham-Ufer, stand eine Gruppe von etwa zehn Männern und Jungen. Sie trugen Hemden und Shorts, hatten Turbane um den Kopf geschlungen und flohen bei unserem Anblick augenblicklich. Turbane, Gehstöcke und Körbe flogen in alle Richtungen, als sie die Böschung hochrannten und im Gebüsch verschwanden. Einige kletterten sogar auf Bäume. Es war, als hätte sich eine Katze auf einen Schwarm Vögel gestürzt.

»*Ayezoh*! *Ayezoh*! *Ayezoh*! Keine Angst!«, rief Selalem, der sich erhoben hatte, damit sie sehen konnten, dass sich ein Äthiopier auf diesem Flugzeug befand.

Wir steuerten langsam auf das Ufer zu, während Selalem ihnen immer wieder lautstark versicherte, wir seien Freunde und Touristen und führten nichts Schlimmes im Schilde. Alles sei in bester Ordnung, wir wollten sie nur begrüßen.

Zögernd kamen einige der älteren Männer wieder den Hügel herunter. Aber sie hielten sich weit entfernt von den Felsen, bereit, falls nötig jederzeit wieder Reißaus zu nehmen. Ein paar kleinere Jungen versteckten sich noch immer in den Bäumen und verfolgten das Geschehen von ihrem sicherem Hochsitz.

Die Bootsführer lenkten die Rafts gegen die Felsen und hielten uns mithilfe der Ruder in Position, während Selalem sprach.

»Sie leben auf einem der Berge dort oben«, sagte er und deutete mit dem Kinn auf einen fernen Punkt hinter den Hügeln. »Es ist ein Drei-Stunden-Marsch, und sie sagen, sie seien nur zum Fluss heruntergekommen, um das Wasser des Abbai zu trinken. Es ist heiliges Wasser für sie. Sie nehmen etwas davon mit in ihr Dorf, und dann feiern sie ihr Masqal-Fest.«

»Ich glaube nicht, dass sie jemals einen *ferenji* gesehen haben«, fügte Selalem hinzu. »Sie hatten ziemliche Angst, als sie uns erblickten. Sie dachten, wir wollten vielleicht hier einmarschieren.«

Einer der Männer redete mit Selalem, schüttelte dann den Kopf und tat mutig ein paar Schritte nach vorn, um einen Blick auf unsere Rafts werfen zu können.

»Er wollte wissen, was wir machen, und ich habe ihm gesagt, wir fahren bis in den Sudan. Das kann er gar nicht glauben.«

Sie wechselten noch ein paar Worte, dann wünschte Selalem den Männern ein schönes Fest, und Speaks legte sich in die Ruder und steuerte sein Raft zurück in die Hauptströmung. Einige Männer sprachen miteinander, als wir fuhren, und Selalem schnappte ihre Worte auf und fing an zu lachen.

»Wisst ihr, was er gerade sagt? Er sagt: ‚Ich bin wirklich froh. Wenn ich heute nicht zum Abbai gekommen wäre, hätte ich dies nie gesehen und diese Leute nie getroffen. Nun habe ich etwas zu erzählen, wenn ich nach Hause komme.'«

Es sollte drei Tage dauern, bis wir wieder Menschen am Ufer sahen.

Ein paar Meilen weiter flussabwärts entdeckten wir die Überreste – oder genauer: die Anfänge – von Castanios Brücke. Zwei wohlgeformte und -konstruierte Brückenpfeiler aus Mörtel und Granit standen sich gegenüber. Obwohl sie von einem Gewirr aus Kletterpflanzen und Büschen überwuchert waren, wirkten die Pfeiler ansonsten wie die Bauelemente einer beliebigen stabilen, modernen Brücke – nur dass die Brücke selbst fehlte.

Der britische Konsul Cheesman war Signor Castanio in den 1930er-Jahren in Addis Abeba begegnet. Der Italiener arbeitete als Ingenieur für die äthiopische Regierung und war schon in fortgeschrittenem Alter, als Cheesman ihn traf. Kaiser Menelik hatte ihm 30 Jahre zuvor, zur Jahrhundertwende, den Exklusivauftrag zum Bau der ersten modernen Brücke über den Blauen Nil erteilt. Castanio nahm ein Team aus fleißigen Bauarbeitern mit zur Schlucht – ein Maultierritt von zehn Tagen –, und wählte diese Stelle aus, um dort eine etwa 60 Meter lange Brücke zu errichten. Sie stießen im Berghang auf Granit und bearbeiteten die Blöcke an Ort und Stelle und von Hand, dann mischten sie mit dem Kalkstein, den sie aus Addis Abeba mitgebracht hatten, Mörtel an. Alles wurde nach Plan fertig. Die massive Eisenkonstruktion für die Brücke hatte Castanio bei einer Mailänder Firma bestellt. Als die Pfeiler standen, ritt er zurück in die Hauptstadt, um die Lieferung zu überwachen. Dort erfuhr er dann, dass die Eisenkonstruktion irgendwo zwischen dem Seehafen von Dschibuti und Addis Abeba verloren gegangen war. »Es scheint kaum glaubhaft«, schreibt Cheesman in seinem Buch, »dass die Eisenkonstruktion einer Brücke so ohne weiteres verloren gehen kann, aber es heißt, sie sei spurlos verschwunden.«

Castanio erteilte der Mailänder Firma also den Auftrag ein zweites Mal und trug die Kosten. Auch diese Eisenkonstruktion erreichte Dschibuti wohlbehalten – und auch sie verschwand wie durch Zauberhand irgendwo zwischen dem Hafen und der äthiopischen Hauptstadt. Castanio unternahm keinen weiteren Versuch, das Brückenprojekt wurde aufgegeben und geriet später ganz in Vergessenheit. Die Brücke hätte »Addis Abeba über eine Straße mit der reichen und mächtigen Provinz Godscham verbunden«, schrieb Cheesman. »Es ist denkbar, dass die Menschen in Godscham von einer Brücke, die ihre Machtposition schwächen würde, nicht ... begeistert waren« und möglicherweise beim Verschwinden der Eisenkonstruktion ihre Hand im Spiel hatten. Nicht umsonst standen die Bewohner von Godscham in dem Ruf, erfahrene Zauberer zu sein – obwohl Geld vermutlich der einzige Zauberstab war, mit dem der Ras von Godscham winken musste.

Zu Cheesmans Zeit warem die Pfeiler noch immer in gutem Zustand, und nicht lange nachdem er sie inspiziert hatte, installierte die Regierung dort eine Fähre. Mithilfe eines Systems aus Drahtseilen, Tauen und Flaschenzügen, die durch die Brückenpfeiler liefen, wurde ein ungefähr fünf mal dreieinhalb Meter großes Eisenboot mit flachem Boden von einem Ufer zum anderen gezogen. Doch selbst diese dünne Verbindung wurde gekappt, als die Italiener einmarschierten.

An dem Tag, an dem wir an Castanios nutzlosem Bauwerk vorbeitrieben, schienen die Pfeiler noch immer vollkommen intakt zu sein, und sogar eines der alten Flaschenzugseile war noch vorhanden, neun Meter über unseren Köpfen.

Der Canyon wurde zunehmend enger, und der Fluss beschrieb einen ausgeprägten Zickzackkurs. Die einzelnen Windungen waren kaum einen Kilometer lang. Und dann fuhren wir in die Schwarze Schlucht hinein. Die Briten hatten sie wegen der dunklen, wie behauen wirkenden Felsen am Ufer so getauft. Diese Felsen gehören zu den ältesten der ganzen Schlucht. Sie stammen aus dem Präkambrium, einem Erdzeitalter vor etwa 700 Millionen bis einer Milliarde Jahre, als die Vielzeller sich explosionsartig auf der Erde auszubreiten begannen. Das aus Marmor und Gneis, Quarzit und Schiefer bestehende Felsgestein ist hart, von Intrusionen durchschossen und wunderschön.

An manchen Stellen waren die Ufer wie der Palast eines Königs mit eisigem weiß-blauen Marmor gepflastert. Dahinter ragten dunkle Klippen aus Gneis aus dem Wasser wie die Wände eines Burggrabens, und auf jedem Türmchen hielt ein Pavian Wache. Manche stießen bellende Warnlaute aus, andere gaben sich damit zufrieden, uns vorbeiziehen zu sehen, obwohl auch sie uns einer gründlichen Musterung unterzogen. An den Felsen wuchsen Moose, Farne und Gräser wie in anmutigen hängenden Gärten, und Feigenbäume ließen ihre Wurzeln nach rechts und links wuchern gleich lebendigen Seilen, die alles an seinem Platz hielten. Hübsche Kletterpflanzen mit herzförmigen Blättern rankten sich um die Bäume und verliehen den Wäldern ein so märchenhaftes Gepräge, als hätte ein Hexenmeister sie herbeigezaubert. Ein- oder zweimal sahen wir winzige Klippspringer am Uferrand, die wie Ballerinen auf ihren zierlichen Hufen balancierten, aber blitzschnell eine Kehrtwendung vollzogen und in den Wald huschten, sobald sie uns erspäht hatten.

Wir bekamen auch weitere Krokodile zu Gesicht, diesmal sehr unerschrockene Exemplare. Sie glitten ins Wasser und hielten geradewegs auf unsere Boote zu. Einige waren offenbar streitlustig und schwammen an der Wasseroberfläche, sodass wir jede einzelne schartige, raue Rückenschuppe erkennen konnten; andere näherten sich verstohlener, nur ihre knotigen Schnauzen verrieten sie. Doch als sie feststellten, dass wir zu groß waren, als dass sie sich gefahrlos mit uns hätten einlassen können, oder ihr Geruchssinn ihnen sagte, dass die Gummiboote wenig schmackhaft sein würden, tauchten alle ab oder schwammen davon.

Es gab auch Insekten, schwarze Sandfliegen, die in dichten Schwärmen umhersurrten und uns ins Gesicht prasselten wie Stücke grob gemahlenen Pfeffers. Wir verstummten alle und neigten die Köpfe seitwärts, um ihnen auszuweichen. Sie bevorzugten jedoch Nevada, die behauptete, sämtliche Insekten hätten eine ausgesprochene Vorliebe für sie. Während ich nur mit ein paar juckende Stichen davonkam, war sie mit Bissen und Stichen übersät, die teilweise von Insekten stammten, die ich noch nie gesehen hatte. Tatsächlich schien ein Schwarm Sandfliegen direkt über ihrem Kopf zu verharren, während wir flussabwärts paddelten. »Es ist nicht zu fassen«, sagte sie und schlug nach den Fliegen. »Sie treiben es auch noch im Flug – und das direkt vor meinen Augen!«

In dieser Nacht errichteten wir unser Lager auf einem breiten Strand am Guder, einem anderen großen Zufluss, der vom linken, dem Shoa-Ufer aus, in den Nil mündet. Die Schlucht war hier sehr eng, und die Felsen stiegen unmittelbar vom Uferrand aus steil an, so wie man es uns gesagt hatte. Keine Menschenseele war zu sehen. Und kein Lufthauch wehte. Es war still, heiß und sehr dunkel – genau die richtige Umgebung für einen Dschinn. Ich verzichtete auf den Schlafsack und legte mich nur auf meine Matte. Trotzdem spürte ich, wie die Schweißtropfen an mir herunterrannen.

Achtzehntes Kapitel

Die wildesten und längsten Stromschnellen des Blauen Nils tobten durch die Schwarze Schlucht, den Abschnitt, den wir aus der Luft erkundet hatten. Am nächsten Morgen erläuterte Speaks uns, worauf wir uns gefasst machen mussten.

»Wir werden auf Wildwasser mit Schwierigkeitsstufe V treffen«, sagte er und streckte die Arme wie ein »V« in die Luft. »Die Wellen kommen nicht alle auf einmal; zwischendrin gibt es ein paar Stellen ruhiges Wasser, wo wir die Boote wieder sammeln. Bei den Wellen geht's auf der einen Seite rauf und auf der anderen wieder runter. Es ist ziemlich wahrscheinlich, dass das Boot von seitlich hereinschlagenden Wellen überflutet wird. Wir fahren direkt in die Wellen hinein, um zu vermeiden, dass wir umkippen. Das ist schwerstes Wasser mit ein paar großen Löchern. Alle müssen sich gut festhalten.«

Speaks vermutete, dass wir irgendwann an diesem Morgen die erste große Stromschnelle erreichen würden. »Das ist die Riesenwelle, von der Arne Rubin [der Kanute, der im Jahr 1965 den Blauen Nil befuhr] und die Briten überrascht wurden. Sie war größer und heftiger als erwartet; das rüttelte sie wach, sodass sie bei den nächsten Wellen aufpassten«, sagte er.

Keine der anderen Stromschnellen jedoch habe sich als so mächtig wie diese erste erwiesen, und schließlich hätten unsere Vorgänger die

Fahrt wieder in aller Gemütsruhe genossen, sagte Speaks. Seiner Meinung nach würden wir es ihnen gleichtun können.

Es war ihm wichtig, dass wir unsere fünf Sinne beisammen hatten, unsere Taschen gut verschlossen und jedes Gepäckstück sorgfältig festzurrten.

Um 9.30 Uhr waren wir wieder auf dem Nil. Der Fluss schlängelte sich durch einen Canyon mit großen, wie gemeißelt wirkenden Felsbrocken. Er floss stetig und entschlossen dahin, und der Pegel war hoch – wenn auch nicht so hoch, wie er seinerzeit offensichtlich gewesen war. Mike Borcik erspähte in drei Astgabeln etwa 20 Meter über uns Treibgut und kleine Zweige. »Das dürfte wohl die Hochwassermarke sein, schätze ich«, sagte er. »Ich wollte bei einem solchen Wasserstand nicht hier sein.«

Ich hatte zusammen mit Nevada in Borciks Boot Platz genommen und mich damit einverstanden erklärt, während der Stromschnellenpassage Fotomodell zu spielen. Borcik durfte Kurs auf die wildesten Wellen nehmen – sodass Unmengen von Wasser auf meinen Kopf niederprasseln würden –, und Nevada konnte mit ihrer Unterwasserkamera drauflos schießen, während ich schrie und (hoffentlich) lachte.

Eine Stunde flussabwärts tauchte ein großes Krokodil auf. Wie üblich war Mike Speaks' Boot vorne. Das Biest hob den Kopf, riss den Rachen auf und begann auf das Boot zuzuschwimmen. Als Speaks das sah, nahm er einen Stein aus seinem »Kroko-Eimer« und versuchte damit die Schnauze des Krokodils zu treffen. Klatschend traf der Stein sein Ziel. Das Krokodil verschwand unter der Wasseroberfläche, und Speaks schlug mit einem Paddel wie wild auf das Wasser ein. Doch dann tauchte es nur wenige Zentimeter vom Raft entfernt wieder auf. Speaks hieb so lange mit dem Paddel auf es ein, bis es die Verfolgung aufgab und wieder abtauchte, um sich kurz darauf in Ufernähe wieder zu zeigen.

»He, das ging ja ganz schön zur Sache, Captain Speaks!«, rief Borcik. Speaks wandte sich mit weit geöffnetem Mund zu uns um und schlug sich mit der Hand auf die Brust, um zu demonstrieren, wie laut und schnell sein Herz pochte.

Eine weitere Stunde flussabwärts hörten wir das verräterische Brausen von Wildwasser. »Das muss Arne Rubins Überraschungswelle sein«, sagte Speaks.

Wir vertäuten unsere Boote und erkundeten die Stromschnelle.

Die drei Bootsführer standen auf einem Felsen und ließen den Blick über die donnernden Wellen schweifen, um die beste Fahrtroute ausfindig zu machen. Der Fluss hatte die Farbe von Bitterschokolade und stürzte in ein 1,50 Meter tiefes Loch, um sich dann wie eine Faust zu einer 1,80 Meter hohen Walze zu ballen. Die Äthiopier hatten Recht damit, diesen Fluss »Tikkur Abbai« – »Schwarzer Nil« – zu nennen, dachte ich. Er war dunkler als Schlamm, und diese Faust wartete nur darauf, zuschlagen zu können. Hinter dem Loch und der großen Walze kämpfte sich der Nil durch eine Blockstrecke, bevor er sich in einer kleinen Stromschnelle beruhigte. Nevada schaute mit mir auf den Fluss hinunter.

»Die Strecke ist gar nicht so spektakulär«, sagte sie. »Nur die erste Welle ist so riesig. Sie müssen sich auf die Wucht des Aufpralls einstellen.«

Die Bootsführer riefen die Gruppe wieder zusammen.

»Zwei Boote fahren zusammen, direkt hintereinander«, sagte Speaks. »Vermutlich wird wenigstens eins davon nicht umkippen und kann jemanden aufnehmen, wenn es Probleme gibt. Dann warten wir auf das dritte Boot.«

Nevada und ich würden in Borciks Boot mitfahren, das als letztes an der Reihe war. Sie kletterte die Böschung hinunter, um vom Ufer aus die anderen beiden Boote bei ihrem Ritt durch die Riesenwelle zu fotografieren. Speaks, der als Erster fuhr, brachte sein Boot auf der nassen Rutschbahn, die in die Stromschnelle hineinführte, in Position. Er stand auf, nahm die Haltung eines Tennisspielers ein, hielt die Ruder fest und beobachtete das Wasser, um den richtigen Moment abzupassen. Dann setzte er sich wieder hin, packte die Ruder und hielt hart gegen die Strömung, um das Boot beim Einfahren in das Loch zu stabilisieren. Als die Welle sich hob, ging die »Faust« erbarmungslos auf Kelly und Ephrem nieder. Sie verschwanden unter Unmengen von braunem und cremefarbenem Wasser und tauchten dann lachend wieder auf. Wieder hielt Speaks heftig gegen, und schon ritt sein Boot die Welle hinauf, auf der anderen Seite wieder hinunter und bockte sich seinen Weg durch die Blockstrecke.

Bruces Fahrt verlief genauso rasant und fröhlich, und Kate hielt den Daumen hoch, als sie in einen Wirbel gerieten. Da dies ihre erste Wildwasserfahrt war, hatte sie sich vor den Stromschnellen der Schwarzen Schlucht ein wenig gefürchtet.

Borcik steuerte unser Boot dorthin, wo es am meisten spritzte, und als wir in das Loch stürzten, fühlte es sich an, als kippten wir die Niagarafälle hinunter. Ein ganzer Wasserfall flutete mir über Kopf und Rücken und riss meinen Hut und meine Sonnenbrille mit sich. Ich schrie, ich lachte, ich gab mein Bestes als Fotomodell. Dann flog das Boot über dem Wellenkamm in die Luft und klatschte in den Wogen auf und nieder wie eine winzige Nussschale auf einem großen Ozean.

»Gut, wenn das hier für Arne Rubin am schrecklichsten war, kann es für uns gar nicht mehr schlimmer werden«, sagte Speaks. »Das hat richtig Spaß gemacht.«

An diesem Tag donnerten wir noch durch ein paar kleinere Stromschnellen und wurden – beziehungsweise Speaks' Boot wurde – öfter von Krokodilen angegriffen. Die Reptilien hatten eine solche Schwäche für sein Boot, dass Borcik es in »SS Kroko-Futter« umtaufte.

Außerdem bekamen wir nun mehr wild lebende Tiere zu sehen: schwarz-weiße Stummelaffen, die hoch oben in den Akazien saßen, staubfarbene Kudus, winzige Dik-Diks (Vertreter der kleinsten Antilopenart), Flusspferde und Warane, die wie Roboter über die Felsen kletterten und dann in den Blauen Nil sprangen, um davonzuschwimmen.

Die Wälder wimmelten vor Tieren, und nachts wurde das Getöse des Flusses sogar von den markerschütternden, unwirklichen Schreien von Baumschliefern und dem welpenähnlichen Gewinsel von Lemuren übertönt. Es hörte sich an, als würde da draußen im Busch jemand überfallen. Sie konnten einem entsetzlich auf die Nerven gehen. Doch dann erschollen für gewöhnlich die weicheren Rufe einer Zwergohreule, die wie das Bimmeln einer Glocke klangen und »Alles ist gut, alles ist gut« zu verheißen schienen, selbst hier in der Schwarzen Schlucht des Blauen Nils.

Auch die nächsten zwei Tage verbrachten wir noch in der Schwarzen Schlucht. Es war die ganze Zeit über heiß und stickig, und jede Nacht regnete es ein bisschen. Einmal saßen wir nach dem Abendessen am Ufer, sahen hingerissen Blitze über dem Fluss und den

Bergen niedergehen und lauschten den Donnern, die den Nil hinunterpolterten wie Felsbrocken.

Fast unmerklich wurde der Fluss breiter. Noch immer fielen die Berge am Ufer jäh ab, doch sie waren runder, weicher geformt und wirkten nicht mehr so bedrohlich. Das Ende der Schwarzen Schlucht war nicht mehr weit entfernt, und bald würden wir an der Gumare-Brücke angelangt sein (das amharische »gumare« bedeutet »Flusspferd«), wo wir Kelly Adieu sagen würden. An diesem Morgen, dem 1. Oktober, erhoben wir unsere Kaffeebecher und brachten einen Toast auf ihn aus – als Dank dafür, dass er sich diese wundervolle Reise ausgedacht hatte. Für einen Moment wurde er verlegen und wollte seine Verdienste an Nevada abtreten, doch sie wies das entschieden zurück.

»Nein, Kelly, du hast als Erster gesagt: ›Wie wär's mit dem Blauen Nil?‹«, flachste sie. »Und wir sind froh, dass du es gesagt hast.«

Wie die Abbai-Brücke ist auch die Gumare-Brücke eine moderne Autobrücke aus Stahlbeton. Der Beton wies starke Spuren von Zerstörung auf, die offensichtlich von Einschusslöchern herrührten, und als ich Selalem darauf ansprach, sagte er: »Ja, hier hat ein schlimmer Kampf stattgefunden. EPRDF-Soldaten haben die Derg-Soldaten attackiert und davongejagt.«

Wahrscheinlich war dies das größte Ereignis gewesen, das die Brücke je erlebt hatte. Heutzutage wird sie nur von wenigen Fahrzeugen (zwei Autos pro Tag im Durchschnitt) überquert, und die zur Kontrolle abkommandierten Soldaten finden ihre Aufgabe langweilig und öde. Unser Erscheinen bot daher Anlass zu feiern. Alle, die Dienst hatten, kamen herunter zum Fluss, um uns die Hand zu schütteln und sich nach unserer Reise zu erkundigen. Ihr Lächeln wurde noch strahlender, als Nevada ihnen die Briefe gab, die ihre Freunde von der Abbai-Brücke ihnen geschrieben hatten.

Wieder einmal war Maurizio zur Stelle, um uns zu begrüßen. Wie zuvor hatte er einen Lunch-Korb mit Indschera und Fleisch sowie einen Kühlbehälter mit kalten Getränken und frischen Lebensmitteln für uns dabei, mit denen wir unsere Vorräte auffüllen konnten. Außerdem hatte er einen Außenbordmotor mitgebracht, den die Bootsführer weiter flussabwärts, in der Nähe der Grenze und des Er-Roseires-Dammes, wo die Strömung träge und der Fluss breiter wurde, montieren wollten. Sie hatten vor, die drei Boote in einer Dreiecksformation zusammenzubinden, den Motor am hintersten Raft zu befestigen und die letzten 95 Kilometer mit Maschinenkraft zurückzulegen.

Hinter der Gumare-Brücke würden wir in das Land der Gumuz gelangen, die sich von den Hochlandäthiopiern, die wir kennen gelernt hatten, stark unterschieden. Menschen dieser nilotischen Volksgruppe hatten die Amhara in der Vergangenheit »Shangalla« genannt – schwarzhäutige Sklaven – und auch als Sklaven missbraucht. Jahrhundertelang hatten sie Männer, Frauen und Kinder verschleppt und zu Gewaltmärschen in die Berge gezwungen. Einige behielten sie als Sklaven für sich selbst, andere verkauften sie an Händler, die nach Ägypten oder auf die arabische Halbinsel reisten. Ihre Raubzüge fanden erst Ende des Zweiten Weltkrieges ihr endgültiges Ende, doch die Gumuz vergaßen nicht, wie sie behandelt worden waren.

Selalem war während seines Militärdienstes bei den Gumuz stationiert gewesen und wusste, wie sehr diese die Hochlandäthiopier verabscheuten. »Leuten, die Kleider tragen, trauen sie nicht«, sagte er und zupfte an seinen Hosen herum. »Wenn sie uns sehen, werfen sie vielleicht zuallererst Speere auf uns. Es wäre besser, wenn wir jemanden bei uns hätten, der mit ihnen reden kann, der ihre Sprache beherrscht.«

Maurizio hatte den gleichen Gedanken gehabt und seinen Assistenten in ein nahe gelegenes Dorf geschickt, um einen passenden Gumuz-Führer ausfindig zu machen. Ungefähr eine halbe Stunde später stellte Mau uns unserem neuen Beschützer vor: Melesse Sima. Er war Ende zwanzig, groß und kräftig und hatte eine glänzende, schwarze Haut und ein rundes Gesicht. Auch wenn wir zunächst wenig davon bemerkten, ließ er sich schnell zum Lächeln bewegen. Er strahlte eine gewisse Ernsthaftigkeit aus, und wie zuvor Kassa wusste auch er nicht, worauf er sich mit uns einließ. Melesse, so sagte man uns, spräche drei Sprachen: Amharisch, Gumuzina und Orominya. So konnte er das, was die Gumuz sagten, für Selalem übersetzen, der es anschließend für uns ins Englische dolmetschen würde. Auch Melesse gehörte der Miliz seines Dorfes an und hatte selbstverständlich seine Kalaschnikow bei sich.

Selalem und Melesse kamen miteinander ins Gespräch, und Selalem sagte, zu mir gewandt: »Er singt in drei Sprachen. Er kennt Sprichwörter und Lieder und wird sie uns beibringen.«

Es sah so aus, als würden wir wieder eine Art Musikkorps bilden.

Die neuen Waren wurden in die Rafts geladen und der Motor sicher in einer Box verstaut. Es war Zeit zum Aufbruch. Inzwischen hatten wir ein Ritual entwickelt, um gute Freunde zu verabschieden. Wie bei Kassas Abfahrt standen wir alle in einer Reihe, um Kelly zu umarmen und ihm Lebewohl zu sagen. Wir wussten, dass er sich darauf freute, seine Frau in Sankt Petersburg zu überraschen, doch wir würden ihn vermissen. Er stand dicht neben Mau auf der Brücke und winkte lange zum Abschied, als wir flussabwärts davontrieben.

Wir waren ungefähr 530 Kilometer vom Tanasee entfernt und hatten bis zur sudanesischen Grenze noch 230 Kilometer zurückzulegen. Immer noch grub sich der Fluss tief in das metamorphe Gestein aus dem Präkambrium, obwohl der Canyon nun von kleineren Felsbrocken gesäumt wurde und breiter war. Am Ufer gediehen auf fruchtbaren Böden Sorghum und Baumwolle – ein sicheres Zeichen für die Anwesenheit von Menschen.

Schon nach ein paar Kilometern Fahrt entdeckten wir die erste Gruppe Gumuz: Männer, Frauen und ein paar Kleinkinder, die Baumwolle ernteten. Sie hatten lange Speere, Pfeil und Bogen und ein paar Kalaschnikows bei sich, doch keiner griff nach der Waffe. Stattdessen riefen sie uns etwas zu, und Melesse, der in Borciks Boot mitfuhr, antwortete.

»*Nehgay*! *Nehgay*! *Nehgay*! – Grüße! Grüße an alle! Grüße!«

»Einige von ihnen sind Verwandte von ihm [Melesse]«, unterrichtete uns Selalem.

Sie hatten die gleiche tief-, geradezu rabenschwarze Haut wie Melesse und ovale, großflächige Gesichter mit schmalen, vorspringenden Nasen und mandelförmigen Augen, so schwarz wie Obsidian. Ihr Haar war kurz, schwarz und dicht gekräuselt. Die Männer trugen Shorts und zerschlissene T-Shirts, die Frauen knielange Röcke und T-Shirts. Die Frauen standen im Hintergrund und warfen uns neugierige Blicke zu. Gerade waren sie dabei gewesen, die letzten Baumwollkapseln von kümmerlichen kleinen Pflanzen zu pflücken. Später würden sie die Samen herauslesen.

»Bis zu ihrem Dorf ist es ein Fußmarsch von zwei Stunden«, übersetzte Selalem Melesses Worte. »Sie kommen jeden Tag, um auf ihren Feldern zu arbeiten oder auch nur, um sich am Fluss aufzuhalten. Sie sagen, sie lieben den Abbai, weil er viel für sie tut. Er gibt ihnen guten Boden und verhilft ihnen zu einer guten Ernte. Sie glauben an den Abbai und opfern ihm als Dank eine Ziege oder ein Schaf.«

Wenn sie ein Tier opferten, »lasen« sie auch in seiner Leber – auf der Suche nach Zeichen für zukünftige Ereignisse.

Natürlich waren sie überrascht, uns zu sehen, auch wenn wir für manche von ihnen nicht die ersten *ferenjocch* waren, die sie zu Gesicht bekamen. Tule Balkachew, ein runzliger, grauhaariger, kaum 1,50 Meter großer Bursche, sagte, er erinnere sich an die britische Expedition von 1968.

»Die Briten kamen für eine Woche hierher. Sie kamen mit Motorbooten.« Und dann imitierte Tule den Klang eines Bootsmotors: »Brrrrrpppp ...« Er schüttelte den Kopf und lachte.

»Deshalb«, fuhr Selalem fort, »sagt er, weiß er genau, was ihr seid – Touristen – und was die Rafts sind – Boote.«

Speaks zog einen Wetzstein hervor und bot ihm an, die Spitze seines Speeres zu schleifen. Die Speere steckten mit dem Schaft im Sand, und nun zogen die Männer sie heraus, um sie Speaks zu reichen.

»Sie töten mit diesen Waffen Tiere zum Essen«, antwortete Selalem auf unsere Fragen. »Und sie benutzen sie, um sich selbst zu schützen, wenn sie angegriffen werden. Dieser Speer ist zu klein, um Flusspferde damit zu töten, aber Krokodile und Menschen lassen sich damit umbringen, sagen sie. Sie jagen auch Antilopen und Leoparden, aber keine Löwen, weil es jetzt keine mehr gibt.«

Es war später Nachmittag, und hinter den Hügeln hatten sich große Gewitterwolken zusammengeballt, zwischen denen das Licht blau und golden über das Land und unsere Gastgeber flutete. Als Nevada Fotos zu machen begann, baten die Gumuz sie um einen Augenblick Geduld und schickten einen Jungen zu einer Schutzhütte. Er kam mit ihren dunkelgrünen und goldfarbenen Baumwollgewändern zurück. Die Männer zogen sie an, nahmen ihre frisch geschärften Speere in die Hand und posierten dann vor der Kamera.

Wir schlugen unser Lager nur wenige Kilometer weiter flussabwärts auf einer großen Sandbank auf. Es war kalt und bewölkt, und als wir zum Abendessen unseren Eintopf aus Fisch, Huhn und Ingwer verzehrten, klatschten ein paar Regentropfen auf die Erde. Das Wetter passte zu unserer Stimmung: Mike Borcik und Bruce hatten eine Halsentzündung und fieberten, einige (einschließlich mir) litten an einer ekelhaften, brennenden Fußentzündung, und alle vermissten Kelly. Wir gingen früh zu Bett.

Die Gumuz und ihre Baumwollfelder waren ein sicheres Zeichen dafür, dass wir das Flachland erreicht hatten. Wir befanden uns nun 760 Meter über dem Meeresspiegel – mitten im tropischen Afrika, sagten wir uns immer wieder, auch wenn das Wetter etwas anderes verkündete: Der Morgen war kalt und so regnerisch und grau wie London im März.

Wir kramten unsere Regenjacken hervor und schlurften zum Lagerfeuer, um zu frühstücken und uns die Hände zu wärmen. Speaks briet Omeletts mit roter Paprika, Frühlingszwiebeln und Speck auf dem Grill, und Bruce hatte einen Stapel Toastbrote vorbereitet, um sie mit Marmelade oder Honig zu servieren. Außerdem hatten sie eine frische Flasche »Feuerglut« geöffnet, eine scharfe Soße, die die Äthiopier in unserer Crew aufheitern sollte. Die Männer kosteten, doch auch sie konnten das Wetter nicht vergessen machen. Wir hatten uns zum Essen unter unseren Schirmen zusammengekauert, und es regnete immer stärker.

»Melesse sagt, es kann den ganzen Tag regnen«, sagte Selalem. »Das ist gut; der Regen wird das Korn fett machen.«

Wir nickten niedergeschlagen und trotteten zu unseren Zelten zurück. Angeblich waren wir in der »Trockenzeit« unterwegs, hatten dann aber erfahren, dass die Regenzeit im Hochland später als erwartet begonnen hatte, während hier unten alles nach Plan verlief. »Um diese Zeit des Jahres sollte es regnen«, sagte Melesse zu Selalem.

Melesse war als Wetterexperte in etwa so begnadet wie die meisten Menschen, und gegen elf Uhr vormittags hörte der Regen auf. Kaum brach die Sonne hervor, wurde es heiß. Wir packten schnell und stießen wieder auf den Fluss hinaus, wo eine kühle Brise wehte, doch wir kamen nicht weit. Ein Mann und eine Frau standen am gegenüberliegenden Ufer und winkten, und wir paddelten hinüber, um sie zu begrüßen.

Melesse schüttelte dem Mann die Hand und stellte uns vor. »Er heißt Demechew Banga und seine Frau Dunguch Tefere«, übersetzte Selalem. »Sie haben uns letzte Nacht hier campen sehen und hatten erst Angst. Dann sahen sie, dass Melesse bei uns ist, und beschlossen, hier zu bleiben und uns kennen zu lernen.«

Demechew war dünn, aber sehr muskulös und hatte ein hübsches Gesicht mit einem eckigen Kinn und hohen, vorstehenden Wangenknochen. Das Gesicht seiner Frau Dunguch war breiter. Sie hatte schöne, fast asiatisch geschnittene Augen und trug eine Reihe Kupfer- und Messingarmreifen an beiden Armen. Auf der Schulter balancierte sie einen großen Stock, an dem ein mit bunten Maiskolben gefüllter Kürbis hing. Dunguch schaute uns kaum an, und wenn sie es tat, blieb ihr Ausdruck flach und emotionslos, bis ich ihren Blick auffing und lächelte. Da begannen ihre Augen zu glänzen, und sie erwiderte mein Lächeln. Sie setzte ihren Kürbis auf dem Boden ab und bot uns einen Arm voll frischen Mais an.

Die beiden hatten einen kleinen gelben Köter bei sich. Es war der erste Hund, den wir am Blauen Nil sahen. Die meisten von uns liebten Hunde abgöttisch. Wir versuchten, Freundschaft mit dem Tier zu schließen, indem wir es beim Namen riefen: »Lemcha! Lemcha!« (Löwe), doch wir müssen seltsam, wenn nicht widerlich gerochen haben. Lemcha blieb mit angelegten Ohren und eingezogenem Schwanz in der Nähe des Maisfelds stehen, bis Dunguch einen Stein nach ihm warf und ihn vertrieb.

Um unsere Fragen zu beantworten, erzählte Demechew uns etwas von seinen Feldern – Mais-, Baumwoll-, Flachs- und Sorghumfeldern – den sechs Kindern, die zu Hause geblieben waren, und von dem wundervollen Abbai, der ihnen diese gute Leben schenkte. Bis zu ihrem Dorf waren es fünf Stunden Fußmarsch. Wie andere Menschen, denen wir am Fluss begegnet waren, war das Ehepaar neugierig auf unsere Rafts, und wir forderten die beiden auf, sich das Boot näher anzusehen. Sie fuhren mit den Händen über das Gummi und schüttelten den Kopf, als Selalem ihnen erzählte, dass man die Luft aus den Schläuchen lassen und die Boote zusammenrollen könne. Er übersetzte:

»Als sie uns in unserem Lager und in unseren Booten sahen, dachten sie: ‚Kann das sein? Ist das ein Traum?' Und er sagt: ‚Jetzt, nachdem ich das gesehen habe, kann ich ruhig sterben.'«

»Er hat auch eine Frage an mich«, fuhr Selalem lachend fort. »Er fragt, aus welchem Land Ephrem und ich stammen. Er ist überrascht, dass wir Äthiopier sind wie er, weil es für Äthiopier nicht üblich ist, auf diese Weise zu reisen, sagt er.«

Bevor wir wieder zurück in unsere Boote kletterten, gaben wir dem Ehepaar ein paar Stücke Seife und Rasierklingen. Selalem hatte uns gesagt, dass man auf diesem Nilabschnitt den Menschen kein besseres Geschenk machen könne, da die meisten in großer Entfernung von den Märkten lebten und solche Waren schwierig zu bekommen waren. Maurizio hatte uns neben Kugelschreibern für die Schulkinder, die uns womöglich begegnen würden, einen Vorrat Seife und Rasierklingen mitgebracht. Borcik und Speaks hatten ein paar leere Plastikflaschen, die wir ihnen zusammen mit ein paar Birr für den Mais ebenfalls überließen.

Demechew hatte eine letzte Frage, bevor wir uns vom Ufer abstießen. Er hatte sein ganzes Leben lang am Blauen Nil verbracht, den Boden bestellt, seine Ernte eingebracht, die Wasser des Nils im Rhythmus der Jahreszeiten steigen und wieder fallen sehen, und wusste eines doch nicht: Wohin strömte dieser Fluss?

Es tat gut, am Blauen Nil wieder auf Menschen zu treffen, und wir winkten und riefen, wann immer wir einen Gumuz sahen. Die meisten erwiderten unsere Begrüßung, obwohl einige wie vom Donner gerührt dastanden, als ob sie aus uns nicht klug würden. Melesse rief: »*Nehgay, neghay*«, und niemand warf einen Speer.

Ein paar große Nebenflüsse schlängelten sich durch grasbewachsene, mit Bäumen übersäte Hügel, die an Kaliforniens Goldgräberland erinnerten, hinunter zum Nil. Der Fluss war hier breit, die Strömung stark, und schnelle kleine Wellen brachten unsere Boote zum Hüpfen und Melesse immer wieder zum Lachen. Es gefalle ihm, mit dem Boot auf dem Fluss zu reiten, erzählte er Selalem, und es gefalle ihm ebenso, die anderen Boote durch die Wellen taumeln zu sehen.

Melesse und Selalem entdeckten einige Gemeinsamkeiten in ihrer Geschichte. Melesse war im Alter von 18 oder19 Jahren wie Selalem von der Derg-Armee eingezogen worden. Die Soldaten hatten ihn geschnappt, als er mit anderen Männern an der Gumare-Brücke gearbeitet hatte, und ihn in dasselbe Ausbildungslager verfrachtet, in dem auch Selalem einquartiert worden war. »Er ist nur zwei Monate geblieben«, sagte Selalem. »Das Lager befindet sich in seinem Land. Er kennt das Land, daher konnte er entkommen.« Zwei Wochen lang versteckte Melesse sich im Trockenwald und ernährte sich von Früchten und Wurzeln, die zu finden ihm nicht schwer fiel, und machte sich schließlich auf den Weg in die Stadt Nekempt, wo »man leicht Zivilistenkleidung auftreiben und sich vor der Militärpolizei verstecken konnte«.

Im Jahr zuvor hatte er sich der EPRDF angeschlossen und von ihr eine »gute Ausbildung« erhalten. Danach war er in die Miliz seiner Stadt aufgenommen worden. Doch obwohl er Patriot, Milizionär und Mitglied der EPRDF war, konnte er dem Krieg mit Eritrea nicht mehr abgewinnen als Selalem.

»Ein paar meiner Freunde sind in den Krieg gezogen«, sagte er Selalem. »Aber sie sind nicht zurückgekommen.«

Selalem runzelte die Stirn. »Das ist das Problem. Viele ziehen in den Krieg, aber sie kommen nie zurück. Wir wissen, warum. Es ist kein guter Krieg. Doch die Regierung vergibt keine anderen Jobs. Der Armee beizutreten ist die einzige Chance, eine Arbeit zu bekommen. Die Regierung macht das nicht mit Gewalt wie der Derg früher. Doch wenn es keine Arbeit gibt, kommt es auf das Gleiche heraus. Wenn du einen Job haben und Geld verdienen willst, musst du zur Armee gehen – und in diesen Krieg ziehen.«

Er schwieg einen Moment und seufzte dann schulterzuckend: »Weißt du, das ist das Problem mit meinem Land: Es führt ständig Krieg. Deshalb sind wir so arm.«

Melesse beurteilte die gegenwärtige Regierung nicht so kritisch wie Selalem, doch dieser meinte, dass sei auch nicht anders zu erwarten gewesen: Melesse stammte aus einer ländlichen Gegend, und es waren die Kleinbauern gewesen, die die EPRDF aufgebaut, den Derg gestürzt und Äthiopien erneuert hatten. »Die Regierung hat eine Menge Projekte für die Dörfer entwickelt und den Bewohnern Arbeit gegeben«, sagte Selalem. »Sie haben nun Schulen, neue Kliniken, und wenn die Leute eigenes Land besitzen und Feldfrüchte ernten können, ist ihr Leben gut. Mehr wollen sie nicht; sie sind nicht wie die Leute in der Stadt.« Und weil die Regierung nur wenig getan hatte, um die Ökonomie in den Städten anzukurbeln, hatten jene, die in den Ballungszentren lebten, Schwierigkeiten, eine Arbeit zu finden. »Deshalb sind die Stadtbewohner nicht so glücklich über die Regierung.«

Melesse und Selalem verkörperten diese Zweiteilung Äthiopiens perfekt. Melesse, der Bauer, strahlte Zufriedenheit aus; seine Zukunft war gesichert. Er hatte ein Stück fruchtbares Land, das er bebaute, und er verrichtete seinen Dienst als Milizionär, der ihm ein geringes Zusatzeinkommen bescherte. Selalem, der Städter, war das genaue Gegenteil. Wurde Conrad nicht wieder gesund, wüsste er am Ende dieser Reise nicht, was aus ihm werden sollte. Vielleicht würde er versuchen, seinen Lebensunterhalt als Taxifahrer zu verdienen, hatte er mir einmal erzählt, aber in Wirklichkeit war er nicht davon überzeugt, da Addis Abeba vor Arbeitslosen wimmelte. Selalems Zukunft lastete schwer auf seiner Seele.

Melesse hatte ein Problem, das er Selalem am ersten Tag schilderte. Er brauchte eine neue Frau.

»In der Kultur der Gumuz«, erklärte Selalem, als wir den Fluss hinuntertrieben, »geben Männer einander ihre Schwestern. So bekommen sie eine Frau. Wenn du eine Schwester hast und einen Mann kennst, der auch eine Schwester hat, tauscht ihr die Frauen.«

So hatte jeder Mann eine Frau. Doch der Tod einer der Schwestern riss das Band zwischen den Männern entzwei, und der anderen Frau stand es frei, ihren Mann zu verlassen. Genau das war Melesse passiert. Seine Schwester (die seinen Freund geheiratet hatte) war gestorben. Daraufhin hatte seine Frau ihn verlassen. Sie hatten ein Kind, einen siebenjährigen Jungen, der nun vorübergehend bei Melesses Vater lebte. Melesse musste eine andere Frau finden, die seinem Sohn die Mutter ersetzen und auf seinem Gehöft helfen konnte. Doch die Suche nach einer neuen Gumuz-Frau war bisher alles andere als erfolgreich verlaufen, denn er hatte keine weitere Schwester für dieses »Bäumchen-wechsel-dich-Spiel«.

»Er könnte eine Oromo-Frau heiraten«, sagte Selalem. »Sein Bruder hat das auch getan, sagt er. Aber vielleicht ist sein Orominya nicht gut genug, sodass die Oromo-Mädchen nicht mit ihm gehen wollen.«

Selalem war der Ansicht, Melesse habe sich unter anderem deshalb für die Teilnahme an unserem Abenteuer entschlossen, weil er nach einer Frau suchen wollte. »Vielleicht findet er hier irgendwo eine.«

Nevada, Kate und mir fiel es schwer zu verstehen, warum keine Frau Melesse heiraten wollte. Er war ein hübscher, stämmiger Mann mit breiten Schultern und einer Taille, die Scarlett O'Hara vor Neid hätte erblassen lassen. Er trug einen hellblauen Overall mit einem roten Stoffgurt um den Bauch, der seinen athletischen Körperbau betonte, und war dabei weder eitel noch hochmütig. Er schien ein herzensguter Mensch zu sein. Wir wollten ihm bei der Suche nach einer neuen Frau helfen.

Wir passierten sieben kleine Siedlungen mit grasgedeckten Häusern, die hinter Sorghumfeldern versteckt lagen. Das Getreide stand hoch. Eine leichte Brise wehte über den Nil, und Schwalben glitten am Himmel dahin.

Nevada bat Speaks, beim nächsten Dorf, das in Sicht kam, anzuhalten. Wir waren neugierig, wie die hiesigen Siedlungen sich von den Hochlandsiedlungen unterschieden. Speaks nickte, und als wir einen älteren Mann direkt neben einem Sorghumfeld stehen sahen, hielten wir an.

»*Nehgay*! *Nehgay*!«, rief er uns zu.

In einer Geste der Verwunderung hob er die Hände, um sie uns dann helfend entgegenzustrecken, als er uns aufs Ufer zusteuern sah.

»Er heißt Danyo Doye«, sagte Selalem, »und er kann nicht glauben, dass ihr hier seid. Er hat von der britischen Expedition gehört, aber er hat sie verpasst und hätte nicht gedacht, jemals so etwas zu sehen.«

Melesse fragte, ob es in der Nähe ein Dorf gebe und ob wir es besichtigen dürften.

»Ja, ja«, sagte Danyo.

Ein kleines Mädchen – seine jüngste Tochter – stand neben ihm, und er schickte sie heim, sein gutes Hemd zu holen. Da das Dorf Botume ein Stück flussabwärts lag, schlugen wir ihm vor, uns im Boot zu begleiten. Schnell kletterte Danyo an Bord, tätschelte den Schlauch und inspizierte den Boden. Unser Gefährt fand seine Zustimmung.

Wir fuhren nach Botume – auch wenn wir ohne Danyos Hilfe niemals erfahren hätten, dass es dieses Dorf überhaupt gab. Die Häuser lagen hinter den Feldern versteckt und waren vom Fluss aus nicht sichtbar. Doch er kannte das Ufer und wies auf eine Stelle, an der wir anlegen sollten. Als wir an Land sprangen, kamen ein paar Männer mit Kalaschnikows und Speeren in den Händen aus den Sorghumfeldern gerannt. Der Schrecken stand ihnen ins Gesicht geschrieben.

»*Nehgay*!«, rief Melesse. »*Salaam*! *Salaam*!«

Danyo lachte. Als er die Männer mit dem wilden Blick ansprach, ließen sie ihre Waffen sinken und schlenderten dann mit einem stolzen Lächeln zum Flussufer, als wollten sie sagen: »Schaut, was ich entdeckt habe.«

»Sie befürchteten schon, ihr würdet sie angreifen«, sagte Melesse zu Selalem. »Jetzt können sie sehen, dass ihr in friedlicher Absicht gekommen und Freunde von Danyo seid.«

Danyo zeigte uns den Weg ins Dorf. Anders als in den Amhara-Dörfern, wo jedes Haus auf einem ummauerten Grundstück stand, drängten sich die Häuser hier um einen großen, hofartigen Platz, der von einem stattlichen Feigenbaum beschattet wurde. Die Leute gingen ihren täglichen Arbeiten nach: Eine Frau zerstampfte mit einem schweren Holzstößel in einem großen hölzernen Mörser Getreide, eine weitere fertigte gerade Vorratsgefäße aus Ton, und andere Frauen kümmerten sich um ihre Babys. Ein kleiner Junge mit einem Spielzeugbogen und Pfeilen rannte bei unserem Anblick spornstreichs zu seiner Mutter. Die meisten Frauen trugen T-Shirts und Baumwollsarongs; ihre Wangen und Oberarme zierten dekorative Narben. Ohren und Nasen waren durchbohrt und mit perlenverzierten Kupferohrringen beziehungsweise kleinen Elfenbein- oder Knochenstäbchen geschmückt.

Wir wirkten auf sie genauso exotisch. Zunächst starrten sie uns einfach ungläubig an, dann kamen sie näher und stellten sich um uns herum, berührten unsere Haut, streichelten uns und zogen uns an den Haaren.

»Sie denken, euer Haar ist ein Kleindungsstück«, erklärte Selalem.

Ich trug Zöpfe, daher löste ich das Gummiband, um ihnen zu zeigen, dass die Haare tatsächlich am Kopf angewachsen waren.

»*Ayyy*!«, schrien sie ungläubig. Dann streichelten sie mich wieder.

»Dein Haar sieht aus wie das Haar von Stummelaffen«, ließ eine Frau der blonden Nevada durch Melesse und Selalem mitteilen. »Oder vielleicht wie das Haar eines Löwen.«

»Dein Haar gleicht dem Haar eines Pavians«, sagten sie zu mir. »Und deine Augen«, sagten sie, während sie mich intensiv anstarrten, »sind wie Katzenaugen.« Dann lachten sie und hielten sich die Hand vor den Mund, um ihr Kichern zu verbergen.

Unsere Haut bot ebenfalls Anlass zur Verwunderung. Sie drehten meinen Arm, um die bleiche Unterseite zu begutachten, und fuhren dann mit den Fingern daran entlang.

»Kann das Haut sein?«, fragten sie einander.

»Pass auf«, warnte ein Mann den honigfarbenen Selalem, »du wirst genauso blass wie sie.«

Sie befühlten auch unsere glatten Hände und flüsterten miteinander.

»Sie wissen, dass ihr kein Getreide stampft«, sagte Selalem.

Sie waren nicht ganz sicher, ob Kate, Nevada und ich tatsächlich Frauen waren, bis wir ihnen einen Blick unter unsere Blusen erlaubten. Und über Bruces behaarte Brust kamen sie gar nicht hinweg. »Er ist wie ein Tier«, sagten sie.

Ganz in der Nähe einer Hütte bemerkten wir eine kleine Gruppe Frauen, die von einem Webschirm aus Palmwedeln teilweise verborgen wurden. Eine ältere Frau hielt den Oberkörper einer jüngeren, deren Gesicht schmerzverzerrt war.

»Sie bekommt gerade ein Kind«, sagte Selalem.

»Hat sie Probleme?«, fragte Kate. »Hätten sie gerne, dass ich sie mir mal anschaue?«

»Sie sagen: ‚Ja, wenn du helfen kannst, kannst du sie dir ansehen.'«

Kate trat hinter den Schirm und kehrte ein paar Minuten später zu uns zurück. Die Frau hatte bereits Kinder bekommen, doch von diesem Baby war noch nichts zu sehen. »Sie hat noch nicht lange Wehen. Es wird noch eine Weile dauern, aber sie macht ihre Sache gut.« Kate konnte die Narben ihrer Beschneidung erkennen (einer verbreiteten Unsitte in Afrika südlich der Sahara), doch diese würden ihr bei der Niederkunft keine Schwierigkeiten bereiten.

Eine Frau, die sich einen gemusterten Sarong hübsch um den Hals drapiert hatte, erschien mit einem Arm voller Maiskolben.

»Das ist für unsere Reise«, sagte Selalem.

Wir nahmen ein paar Maiskolben und dankten, und Danyo führte uns zurück zum Nil. Alle Dorfbewohner liefen uns nach, sogar der ängstliche kleine Junge mit Pfeil und Bogen. Einer der Männer ergriff das Wort, und Melesse übersetzte für Selalem.

»Sie sagen, dass Danyo nun der angesehenste Mann im Dorf ist, weil er auf diesem Boot mitgefahren ist und uns in ihr Dorf gebracht hat.«

Wir schenkten ihnen Seife, Rasierklingen und ein paar leere Plastikflaschen. Was sie am dringendsten brauchten, hatten wir nicht: Medikamente gegen Malaria. Sogar hier, unter Menschen, die seit Jahrhunderten mit dieser Krankheit lebten und wahrscheinlich eine gewisse Resistenz dagegen entwickelt hatten, forderten neue Erreger-Varianten Todesopfer.

Am Nachmittag hielten wir noch einmal an. Direkt am Ufer war eine Gruppe Männer und Frauen mit Feldarbeit beschäftigt. Mit kurzen, hölzernen Hacken, deren Blatt aus Metall gefertigt war, bearbeiteten sie energisch den Boden, um ihn für die Bohnensaat vorzubereiten. Sie sagten, sie arbeiteten für einen Mann, der sie angestellt habe, und würden sich die Ernte teilen.

Ich erinnerte mich, gehört zu haben, dass Bauern aus Kenia beim Bestellen ihrer Felder oft rhythmische Lieder sangen, und etwas unbeholfen fragte ich mithilfe unserer Dolmetscher, ob diese Leute auch solche Lieder hätten. Sie hörten alle auf zu arbeiten und sahen einander an. Dann sprach ein Mann mit Melesse.

»Er sagt: ›Ja, sie singen, aber jetzt geht es nicht, weil sie ihre Instrumente nicht dabei haben. Wenn du willst, gehen sie sie holen.‹ «

»Klar«, sagten Nevada und ich.

Sie ließen ihre Hacken fallen, rannten zu ihrem Dorf und kehrten mit schön gearbeiteten, bizarren Hörnern aus Flaschenkürbissen und Bambus zurück, die mit Lederriemen zusammengebunden waren. Einige Hörner waren nur 30 Zentimeter lang, andere reichten bis auf den Boden. Die Frauen brachten eine große Trommel sowie Hals- und Fußketten aus runden Samenhülsen herbei, die sie an den Füßen befestigten. Währenddessen tauchten die Männer und Jungen ihre Hörner in den Nil, um sie anzufeuchten. Manche nahmen auch den Mund voll Wasser und spritzten es über ihre Instrumente.

Ein großer muskulöser Mann trat vor die Gruppe und hob sein Horn in die Luft wie ein Dirigent. Dann bliesen die Männer und Jungen die Backen auf wie Dizzy Gillespie, und ein Klang wie von Trompeten, Posaunen, Jagdhörnern und Saxophonen erfüllte die Luft. Die Frauen tanzten am Ufer entlang, die Ketten an ihren Füßen und an ihrem Hals bimmelten wie kleine Glöckchen. Sie schwangen lange, dünne Stöcke in Richtung der Männer, tanzten auf sie zu und wieder zurück. Die Männer bliesen in ihre Hörner und sprangen hoch in die Luft, bis sie in Schweiß gebadet waren.

Das war mehr als Begleitmusik zum Säen von Bohnen, und ich fragte Melesse, was die Darbietung bedeute. »Das ist ein Lied«, erklärte er mit Selalems Hilfe – das Thema sei universell. »Mein Mädchen hat große Brüste und einen großen Hintern; sie ist die wohlgeformteste und schönste von allen.« Es war eine bekannte Gumuz-Melodie, deshalb, so erklärte Melesse uns später, spielte die Band es dreimal.

Die Frauen forderten Nevada und mich auf, uns einzureihen, und wir tanzten mit ihnen vor und zurück. Der lautstarke Schall der Hörner verschluckte jedes andere Geräusch am Blauen Nil.

Das Dorfoberhaupt, das uns in einem getragenen, aber unversehrten Anzug, schwarzen Schuhen und aufgespanntem Schirm begrüßte, lud uns ein, die Nacht am Ufer zu campen. (Selalem erklärte, der »Kaderführer«, wie er das Dorfoberhaupt nannte, müsse »solche Kleider haben, weil er von Zeit zu Zeit an Versammlungen der Regierung in Debre Markos teilnehmen muss«.) »Er will unbedingt, dass wir bleiben«, sagte Selalem. Das hätte ich auf Anhieb getan. Das Singen und Tanzen würde bis in die Nacht weitergehen, und wir konnten uns glücklich schätzen, so gefeiert und unterhalten zu werden.

Speaks schritt das Ufer ab, vermutlich, um nach einem geeigneten Lagerplatz zu suchen, doch seine Körpersprache ließ keinen Zweifel daran, dass wir nicht bleiben würden. »Die Felder sind komplett bepflanzt, und ich halte es nicht für richtig, dass wir unsere Zelte auf ihren Bohnenkeimlingen aufschlagen«, sagte er, obwohl das Dorfoberhaupt ihm versichert hatte, dass dies kein Problem darstelle; die Bohnen würden es überstehen.

Stattdessen sagten wir der Band und dem Dorfoberhaupt Lebewohl und fuhren eine weitere Meile flussabwärts zu einer anderen Sandbank, wo ebenfalls Bohnen zu sprießen begannen. Darauf errichteten wir unsere Zelte.

Neunzehntes Kapitel

Am folgenden Morgen traf ich mich kurz mit Nevada, um Kriegsrat zu halten. Keine von uns war glücklich über Speaks' Entscheidung, das Dorf und die Tänzer so schnell zu verlassen.

»Das sind genau die Szenen, die ich brauche«, sagte Nevada, »und jetzt kriege ich sie nicht. Es ist ja schön und gut, ein Dorf mitten am Tag zu besuchen, aber das Licht ist dann furchtbar, es könnte gar nicht schlimmer sein.« Sie hatte immer nahe bei Dörfern campen wollen, doch am oberen Flusslauf hatte es keine gegeben. Das hatte sich nun geändert; alle paar Kilometer schien ein Dorf zu sein. Wenn wir in deren Nähe unser Lager aufschlugen, konnten wir die Dorfbewohner in der Dämmerung oder am frühen Morgen besuchen, wenn das Licht wunderbar war und die Menschen noch nicht auf ihren Feldern arbeiteten.

Ich stimmte ihr aus ganzem Herzen zu. Die Dorfbewohner, die wir an den vergangenen Abenden getroffen hatten, hatten uns fröhlich und uns mit großer Herzlichkeit empfangen und ihre Arbeit Arbeit sein lassen, um für uns zu tanzen und zu singen.

Nevada rief nach Mick, weil sie glaubte, er würde uns bei unserem Vorhaben, Speaks in diesem Punkt noch einmal unter Druck zu setzen, behilflich sein. Er hörte zu, war jedoch anderer Meinung.

»Es waren viel zu viele Leute gestern Abend«, sagte er und teilte damit Speaks' Einschätzung.

Unser Journalisten-Trio hatte sich bislang sehr gut verstanden, doch nun begann unser Bündnis sich aufzulösen. Mick würde uns nicht unterstützen. Es schien, als täte sich zwischen der restlichen Gruppe und Nevada und mir soeben ein Graben auf.

Nichtsdestotrotz sprachen Nevada und ich mit Speaks über die Sache, und es gelang uns, ihn dazu zu bringen, uns mehr Zeit zuzugestehen, sollte sich weiter unten am Fluss noch einmal eine ähnliche Gelegenheit bieten. Es war ärgerlich, dass wir dafür seine Erlaubnis brauchten oder dass er uns daran hindern konnte, eine unerwartete, spontane Feier bis zum Ende mitzuerleben. Selten hatte ich solche Schwierigkeiten gehabt, wenn ich Material für eine Story sammelte, und ich spürte, wie sich das aufmüpfige Kind in mir zu regen begann.

So gut ich konnte, versuchte ich meine Gefühle beiseite zu schieben, und stieg wieder zu Mike Speaks ins Boot. Selalem und Melesse fuhren mit uns, und ich fragte Melesse über die Lieder und die Musik aus, die wir bei den Gumuz gehört hatten. Würden wir noch mehr Dorfbewohner finden, die so wunderbar zu musizieren verstanden?

»Er sagt: ›Ja, das ist möglich‹«, dolmetschte Selalem. »Wir können ein paar andere Leute fragen, die bestimmt ein Dorf mit guten Musikern kennen.«

Einige Kilometer flussabwärts sahen wir Menschen am Ufer, die uns winkten und etwas zuriefen. Speaks ruderte zu ihnen hinüber, und Melesse fragte sie, wo es noch mehr »musicana dancen« gebe.

Die Männer berieten sich kurz. »Sie kommen aus dem Dorf Kwale«, dolmetschte Selalem. »Sie haben eine schöne große Trommel. Ein paar Männer werden sie zum nächsten Dorf tragen, nach Meten, und dann werden sie dort für uns singen.« Meten lag ungefähr eine Stunde Fußmarsch entfernt.

Ein Mann, der sein Haar zu kurzen Zöpfen geflochten hatte und mehrere Kupfer- und Aluminiumstifte im Ohr trug, bot an, uns den Weg zu zeigen. Er sagte, er heiße Ashegur Bugabaw, dann kletterte er in unser Raft und setzte sich zwischen Selalem und mich. »Er sagt, unser Auto gefällt ihm«, sagte Selalem, als Speaks flussabwärts ruderte.

»Melesse hat ihm erklärt, dass es ein Boot ist. Und er hört uns gerne zu, er mag diese fremde Sprache.«

Ich fragte ihn, ob er Geschichten oder Sprichwörter über den Nil kenne. »Nein«, übersetzte Selalem. »Er sagt, dass der Fluss hier in der Nähe einmal eine Maisernte weggespült hat. Aber sie denken nicht viel über den Fluss nach.«

Auch bei den Dorfbewohnern hatte ich am vergangenen Abend auf meine Frage, ob sie vielleicht ein Lied über den Fluss hätten, nur verständnislose Blicke geerntet. Je weiter wir uns von den orthodoxen Christen des Hochlands entfernten, desto mehr schien der Blaue Nil ein Fluss wie viele andere zu werden; er brachte den Gumuz gute Erde und Wasser, und damit war es genug. Für sie war der Nil nicht der Abbai oder Gihon, er beheimatete auch keinen besonderen Geist. Er war einfach der Dal, der Große Fluss.

Ashegur reagierte auf unsere blasse Haut nicht so neugierig wie die Leute am Tag zuvor, bis ich mich selbst als »eine *ferenji*« bezeichnete. Er legte den Kopf zurück, musterte mich gründlich und zog mir den Hut vom Kopf: glattes Haar, das verräterische Zeichen für einen *Fremden.* »Aaaah!«, stieß er hervor und fiel vor Staunen beinahe in Ohnmacht.

Selalem und Melesse erstickten fast vor Lachen. »Er wusste nicht, dass du eine *von ihnen* bist«, sagte Selalem. »Bis jetzt hat er noch nie *ferenjocch* gesehen, und er hatte keine Ahnung, dass er direkt neben einer von ihnen sitzt. Er kann es kaum fassen. Er dachte, du siehst deshalb so aus wie diese – diese Weißen, weil du und wir alle Leute aus Addis Abeba sind.«

Ashegur unterzog mich nun einer kompletten Augen-Haare-Haut-Inspektion, ohne dabei zudringlich zu werden. »Er ist sehr glücklich, dass er dich getroffen hat«, sagte Selalem. »Ihm gefällt diese Art Haar.«

In Meten legten wir an den Felsen an, die das steile, grasbewachsene Ufer säumten, und folgten Ashegur durch ein Sorghumfeld zu einem Dorf, das ähnlich aufgebaut war wie das erste, das wir besucht hatten: Etwa 15 Rundhütten gruppierten sich kreisförmig um einen zentralen hofartigen Platz, in dessen Mitte ein Schatten spendender Feigenbaum stand. Läufer aus Ashegurs Dorf hatten die Menschen bereits über unsere bevorstehende Ankunft informiert, und man hatte lange Holzbänke und Stühle unter den Baum gestellt. Unter zahlreichen Ausrufen des Erstaunens untersuchten die Bewohner unsere Haut und unsere Haare auf das Sorgfältigste, und wieder mussten wir drei Frauen unsere Weiblichkeit unter Beweis stellen. Keiner von uns protestierte je gegen diese Behandlung, schließlich gafften wir unsere Gastgeber und Gastgeberinnen genauso intensiv an.

Besonders gerne betrachteten wir die Frauen, was durchaus auf Gegenseitigkeit beruhte. Mehrere Frauen hatten runde Schmucknarben auf ihren Wangen und trugen Halsketten, die sie geschickt aus dem Strandgut der westlichen Zivilisation – blaue Kappen von Kugelschreibern, Patronenhülsen, defekte Glühbirnen, metallene Uhrarmbänder, Reißverschlüsse und Sicherheitsnadeln – gefertigt hatten, indem sie diese Schätze zusammen mit farbigen Glasperlen auf Lederschnüre gefädelt hatten. An ihren Armen glänzten Reifen aus Messing, Kupfer und Aluminium, und in ihren Ohrläppchen funkelte Schmuck aus Perlen, Metall und Knochen. Als sie sahen, dass wir uns für ihren Schmuck interessierten, hielten sie uns ihre Armbänder und Halsketten hin, damit wir sie genauer betrachten konnten, und wir zeigten ihnen unsere.

In Meten waren alle Musikinstrumente – in diesem Fall Hörner – auf dem Dach einer Hütte verstaut. Gesichert durch eine lange Stange, lagen sie in einer Reihe oben auf dem Grasdach. Ein paar von den Männern und Jungen begannen nun damit, die Instrumente herunterzuholen und für das bevorstehende Konzert vorzubereiten, indem sie Wasser in den Mund nahmen und die Hörner damit besprühten. Ein Mann erklärte uns, dass das Wasser den Hörnern (die er *duwa* nannte) einen vollen, wohltönenden Klang verlieh – etwa so, wie das Befeuchten des Rohrblatts den Klang einer Klarinette verbesserte.

Dann erschienen die Männer aus Kwale mit ihrer Trommel. Sie war groß, etwa einen Meter hoch und fast einen halben Meter im Durchmesser, und die Männer trugen sie zwischen sich auf einer langen Stange, wie sie eine Antilope tragen würden, die sie mit ihren Speeren im Wald erlegt hatten. Andere Männer aus Kwale kamen mit ihren Duwas.

»Das verspricht eine große Jamsession zu werden«, sagte ich zu Nevada.

»Ich wünschte nur, sie fände zu einer anderen Tageszeit statt«, seufzte sie und sah nach oben. Die Sonne stand fast exakt über unseren Köpfen. »Immerhin gibt es ja den Schatten von diesem Baum.« Die Mittagssonne wäre zum Fotografieren zu grell gewesen und hätte die Züge der Menschen dunkel und unkenntlich erscheinen lassen.

Wieder setzte die Musik unvermittelt ein. Diesmal hoben zwei Männer die Arme und hielten ihre Hörner über den Kopf. Sie standen Rücken an Rücken, jeder hatte einen Halbkreis aus Männern und Jungen mit unterschiedlich geformten kürzeren und längeren Hörnern vor sich. Auf ein unsichtbares Zeichen hin ließen sie gleichzeitig die Arme sinken und begannen ihre *Duwas* zu blasen. Es war heiß, und die Männer bliesen in ihre Hörner, als seien sie Hochlandbewohner bei der Beschwörung sämtlicher Heiligen, Könige, Dschinns und Geister des Abbai. Sie sprangen in die Luft, ließen sich zu Boden fallen und wiegten sich hin und her wie Rocker, die für die Fernsehshow *American Bandstand* probten. Schweiß rann ihnen über Gesicht und Rücken, und manche zogen ihr Hemd aus oder traten beiseite, um große Schlucke aus einer Kürbisflasche zu nehmen. Mit aufgeblasenen Backen und hervorquellenden Augen spielten sie ohne Pause immer weiter. Nevada kauerte in der Mitte, ihre Kamera hatte sie auf Serienbildschaltung eingestellt.

Auch hier hatten die Frauen Fuß- und Halsketten aus Samenhülsen angelegt und tanzten – tsching, tsching, tsching – in einer Art Hüpfschritt vor und zurück. Sie reckten das Kinn in die Luft und schwenkten ihre Stöcke in Richtung der Männer.

»Dies ist ein Wettstreit«, erklärte Selalem, nachdem er sich mit Melesse über den Tanz und die beiden Männergruppen unterhalten hatte. »Die Männer aus Kwale treten mit ihren Duwas gegen die Männer aus Meten an, um herauszufinden, wer die beste Musikkapelle hat.« Aber es sei ein friedlicher Wettstreit, fügte Selalem hinzu, und beide Seiten würden gewinnen. »Sie machen das nur, damit sich alle freuen.«

Es gab keine Texte im eigentlichen Sinne – die Hörner »sangen« die Lieder. Die Melodien, die sie spielten, waren alt und stammten noch aus der Zeit ihrer Großväter. Ein Lied feierte die Tapferkeit der »Menschen aus dem Wald«, die zum Fluss gekommen waren, um sich dort niederzulassen, eines war ein Spottlied auf die Bewohner von Meten, die angeblich nur ein einziges Glas Bier hatten, um ihre Gäste zu bewirten, und ein drittes erzählte von der Schönheit der Mädchen aus beiden Dörfern, von ihren festen Brüsten und prallen Hinterteilen.

Der Duwa-Wettstreit dauerte über eine Stunde. Die beiden Bandleader beendeten ihn, als sie zu erschöpft waren, um weiter zu blasen. Wir applaudierten mit den Dorfbewohnern. Dann versammelten sich die Männer und Frauen im Kreis um die große Trommel. Sie hatten sie auf die Seite gedreht und kleine Holzklötze unter jedes Ende gelegt, sodass sie etwa acht Zentimeter über dem Boden stand. Ein großer junger Mann hockte sich hinter das Instrument und begann in einem langsamen, gleichmäßigen Rhythmus beide Enden der Trommel zu schlagen. Ein Mann fing an zu singen, seine Stimme erhob sich über den Trommelschlägen, und dann sangen die Männer und Frauen im Chor: *Ovanda, Ovanda.* Es war ein langes Lied, das mit einer Szene endete, die Madonna persönlich choreographiert haben könnte: Ein Mann nahm eine junge Frau, die ihr Baby auf den Rücken gebunden hatte, in seine Arme, stellte sich mit gespreizten Beinen halb über sie und zog sie dann abwechselnd zu sich heran und ließ sie wieder sinken, auf und ab, auf und ab. Dann war die Vorstellung zu Ende.

Später übersetzte Melesse den Text, und Selalem interpretierte ihn für uns. Mick hatte das Lied aufgenommen, während er filmte, und er spielte es ihnen noch einmal vor. Das Lied war, wie der letzte Akt schon ahnen ließ, auf eine jungenhaft-prahlerische Weise obszön.

»Es geht um einen Held der Gumuz, einen Mann namens Ovanda«, begann Selalem und brach dann in Lachen aus, als Melesse die Worte übersetzte. »Es fällt mir ein bisschen schwer, das zu erklären«, sagte er. Er wirkte verlegen. »Wie nennt ihr diese Bewegung?«, fragte er mich, während er mit einem Stock auf den Boden stieß.

»Stoßen?«, fragte ich. Langsam schwante mir, weshalb Selalem errötete.

»Ist es okay, das Wort zu benutzen?«, fragte er.

»Ja, es ist ein gutes Wort dafür.«

»Okay. Das Lied geht etwa so: ›Ovanda ist ein starker Mann, und er kommt aus dem Wald. Ovanda ist ein Held. Er hat einen Liebestrank, und er stößt alle Mädchen. Ovanda ist ein Held. Es ist Ovandas Job, alle Mädchen zu stoßen. Ovanda ist ein Held.‹«

»Nun, ›er schläft mit den Mädchen‹ oder ›er verführt die Mädchen‹ wäre vielleicht eine bessere Übersetzung«, schlugen Mick und ich vor.

Melodie und Rhythmus des Ovanda-Lieds hatten mich an eine Aufnahme von kongolesischen Sängern erinnert, die die lateinische Messe zelebrierten. Es war ein ergreifender Augenblick gewesen, unter dem großen Baum im Dorf Meten zu stehen und den Gumuz zuzusehen, wie sie Arm in Arm zu ihrer Trommel und ihrer Musik tanzten. Ich hatte sogar ein wenig feuchte Augen bekommen. Nun jedoch musste ich einfach lachen.

In dieser Nacht zelteten wir an einer sandigen Uferstelle – und wieder auf einem Bohnenfeld. Bohnenfelder waren, wie wir entdeckt hatten, überall und nicht zu umgehen. Dichtes Gebüsch überwucherte den Strand hinter uns, und irgendwo dahinter, offenbar nicht allzu weit entfernt, lag ein Gumuz-Dorf. Es dauerte nicht lange, bis eine Gruppe von neugierigen, staunenden Menschen auftauchte. Die Männer trugen überwiegend lange, grüne Gewänder und farbenprächtige Turbane; ihre Gesichter wiesen große, ornamentartige Narben auf, und die Vorderzähne waren spitz zugefeilt wie die eines Krokodils. Die Frauen mit ihren bedruckten Sarongs, Perlenhalsketten und Messingarmbändern wirkten nicht minder elegant. Nicht nur die Männer, auch die Frauen hatten lange Pfeifen aus Leder und Ton. Auf ihre Gehstöcke und Speere gestützt, rauchten sie ihre Pfeifen und beobachteten uns.

Speaks widmete sich weiter seinen Aufgaben, als seien die Leute unsichtbar, oder bedeutete ihnen mit schaufelnden Handbewegungen, dass sie zurücktreten sollten. Er hatte nicht damit gerechnet, Menschen hier anzutreffen; der Strand war verlassen gewesen, als wir an Land gingen. Erst später, nachdem die Dorfbewohner gekommen waren, entdeckten wir den Pfad, der durch das Gebüsch zu ihren Hütten führte.

Mit einbrechender Dämmerung machten sie sich geräuschlos auf den Rückweg. Wir wussten, dass sie am nächsten Morgen wiederkommen würden, und Nevada war schon ganz aus dem Häuschen. »Ich bin sicher, dass mir morgen ein paar gute Aufnahmen gelingen werden«, sagte sie.

Nach dem Abendessen, als wir auf unseren Stühlen auf unserer blauen Plane saßen, stand Bruce unvermittelt auf. Er wolle etwas sagen, das uns als Gruppe betreffe, kündigte er an. Es sei ihm aufgefallen, dass die »*National-Geographic*-Leute«, wie er Nevada, Mick und mich nannte, an diesem Morgen die Köpfe zusammengesteckt, ja regelrecht miteinander getuschelt hätten. Wenn wir etwas zu sagen hätten, sollten wir das offen und direkt tun, alles andere sei unhöflich gegenüber den anderen und besonders gegenüber unserem Leiter, Mike Speaks, der so hart arbeite, um uns sicher durch all diese fremden Menschen hindurch und den Fluss hinunter zu bringen. Am Schluss seiner weitschweifigen Rede fragte Bruce, ob irgendjemand sich dazu äußern wolle.

Und ob ich wollte. Ich gab meiner Verärgerung darüber Ausdruck, dass man mich von dem Tanz letzte Nacht mehr oder weniger weggerissen hatte. Mir sei absolut nicht klar gewesen, wovor wir uns hätten fürchten sollen – bei keiner unserer Flussetappen hatte uns irgendjemand angegriffen oder sich feindselig verhalten. Die Dorfbewohner seien freundlich, und, wie wir alle gesehen hätten, überaus ehrlich. Ich sprach auch aus, was Nevada nicht, wie ich gehofft hatte, schon zu Anfang unserer Reise klargestellt hatte: nämlich dass es sich um eine *National-Geographic*-Expedition handelte. Meine Loyalität, schloss ich, gehöre dem Magazin, das mich hierher geschickt hatte, damit ich eine Story schrieb, und ich würde meine Story bekommen.

Ich konnte förmlich spüren, wie der Graben, der mich von den meisten anderen trennte, zu einem Abgrund wurde.

Nun meldeten sich die anderen reihum zu Wort, und fast alle verteidigten Speaks und seine Entscheidungen. Sie sprachen über die Ängste und Befürchtungen, die sie auf dieser Reise gehabt hatten, und wie er ihnen geholfen habe, sie zu lindern. Dann versuchte Nevada eine buddhistische Antwort auf die Bombe zu finden, die ich hatte platzen lassen. Verstimmt gingen wir schließlich auseinander und in unsere Zelte.

Wir hatten noch etwas mehr als eine Woche vor uns. Die unterschiedlichen Sichtweisen auf das, worum es bei dieser Reise ging, und auf die Ereignisse, die wir gemeinsam durchlebt hatten, bestärkten mich in meiner Überzeugung, dass jeder Einzelne von uns sich offenbar in seinem ganz privaten Äthiopien befand, während wir gemeinsam den Fluss hinunterfuhren.

Vor der Reise hatten wir alle geglaubt, dass die größten Probleme, mit denen wir uns am Blauen Nil auseinander zu setzen hätten, *shiftas*,

Krokodile, Malaria und Stromschnellen heißen würden. Die eigentliche Schwierigkeit, mit der wir uns konfrontiert sahen, war jedoch eine, der man überall und jeden Tag begegnete: der Schwierigkeit, miteinander auszukommen.

Die Dorfbewohner kamen früh am nächsten Morgen zurück, und Nevada freute sich, ihre Aufnahmen machen zu können. Es war eine farbenprächtige Gesellschaft. Sie hatten ovale, fein geschnittene Gesichter und schienen sich großartig über uns zu amüsieren: Zunächst beobachteten sie uns eine Zeit lang, dann machten sie irgendwelche Bemerkungen zu den Umstehenden und brachen in Gelächter aus.

Wir hatten unsere Ausrüstung schon fast zusammengepackt, als mir auffiel, dass Ephrem unseren Müll vom Abend zuvor gesammelt und vor sich aufgehäuft hatte: Plastiktüten, leere Bierflaschen, ein paar Blechdosen und einen vergammelten Kohlkopf. Einige Dorfbewohner umringten ihn, während er auf Amharisch große Reden schwang. Sein Publikum verstand diese Sprache zwar nicht, hörte ihm aber höflich zu, als ließe er gerade etwas Bedeutendes verlauten. Selalem verstand natürlich jedes Wort und krümmte sich vor Lachen. Er hatte mir erzählt, dass Ephrem ein Komiker sei und ein ziemlich kluger Kopf und dass er den ganzen Tag über Dinge von sich gab, die Selalem zum Lachen brachten. Seine Witze waren immer ausgesprochen schwierig zu übersetzende amharische Doppel- und Dreifachkonstruktionen, und deshalb fiel es mir schwer, sie zu würdigen.

Ephrem schien an diesem Morgen besonders gut in Form zu sein. Er stellte sich vor die Gumuz hin wie ein Botschafter, deutete auf die großzügigen Gaben zu seinen Füßen und sprach im Tonfall eines Regierungsbeamten. Ich bekam nicht alles mit, aber als er »diese schönen Geschenke von *National Geographic* und Mountain Travel Sobek« erwähnte, wurde mir klar, worum es ging.

Ich hielt den Atem an. Die Gruppensitzung der letzten Nacht hatte enthüllt, was wir *ferenjocch* wirklich voneinander hielten. Und nun lüftete Ephrems Nummer einen weiteren Schleier und brachte ans Licht, wie unsere äthiopischen Führer über uns dachten: Sie sahen uns als Geizhälse, die die verarmten, aber großzügigen Menschen, unter denen wir uns bewegten, hauptsächlich mit wertlosem Plunder und Müll beglückten.

Ich hatte geglaubt, dass wir, indem wir Seife, Rasierklingen und gelegentlich einen Birr verschenkten, nach und nach emporstiegen auf der Wohltätigkeitsskala. Irgendwie mussten wir jedoch dieses Ziel weit verfehlt haben, sonst wäre eine Szene wie diese nicht möglich gewesen.

Beim Essen nahm ich Selalem zur Seite und fragte ihn, was wir falsch machten; wie hätte Conrad das mit den Geschenken gehandhabt?

»Nun, Conrad – die Menschen liebten ihn einfach«, begann Selalem. »Er lud sie ein, bei uns zu bleiben. Er hatte eine Plane für sie, falls sie neben unserem Lager schlafen wollten, weil er weiß, dass der Anblick von *ferenjocch* etwas Besonderes für sie ist. Und er gab ihnen Seife und Rasierklingen.«

»Das tun wir doch jetzt auch.«

»Ja, aber ...«, Selalem zuckte mit den Schultern. Er äußerte nicht gern Kritik. »Vielleicht ein wenig mehr? ... Und vielleicht wäre es gut, dem Dorfoberhaupt ein paar Birr zu geben, nicht viel, vielleicht 15 oder 20. Dann können sie Araki [den einheimischen Schnaps] kaufen und eine Party veranstalten, um die Begegnung mit uns zu feiern.«

Auf diese Weise könnten wir den örtlichen Würdenträgern unseren Respekt erweisen, und sie würden sich immer an unseren Besuch erinnern. Wie Selalem erläuterte, hatte sich an der Praxis des Austauschs von Geschenken seit Cheesmans Reisen am Blauen Nil vor mehr als 70 Jahren kaum etwas geändert. Cheesman war ein Vertreter eines fremden Landes und dessen Regierung gewesen und hatte unterwegs häufig Halt gemacht, um in den Gegenden, durch die er fuhr, die jeweiligen Oberhäupter zu begrüßen und ihnen Geschenke zu überreichen. Wir waren ebenfalls Vertreter unserer Länder und Institutionen – zumindest nahmen uns die Einheimischen als solche wahr – und taten gut daran, uns entsprechend zu verhalten.

Wir hatten keinen Rückwärtsgang in unseren Autos, wie Selalem Abush etliche Tage zuvor erklärt hatte, wir konnten nicht stromaufwärts fahren, um unser Fehlverhalten wieder gutzumachen. Von nun an würde ich Selalem bitten, mir zu sagen, was und wie viel wir verschenken sollten.

Wir sahen an diesem Tag nur vereinzelt Leute und besuchten auch keine Dörfer. Wir hatten gerade einen Flussabschnitt im Land der Gumuz erreicht, erklärte uns Melesse, in dem nur wenige Menschen lebten, und würden am Schluss noch einmal eine vollkommen unbewohnte Region durchqueren. Das Fehlen von Menschen war überraschend, weil das Flusstal weit und offensichtlich fruchtbar war. Hohe grüne Gräser wuchsen in dichten Büscheln an beiden Ufern, und der Nil strömte in langsamem, stetigem Tempo zwischen ihnen dahin. Die Fließgeschwindigkeit des Wassers hatte sich während der letzten Tage auf drei bis fünf Stundenkilometer verringert, und die Bootsführer mussten nun rudern. Der Fluss nahm ihnen ihre Arbeit nicht länger ab.

Die bewaldeten Hügel direkt am Fluss wirkten unglaublich saftig, und das Land sah unberührt und ursprünglich aus, aber das war eine Illusion. In den Bergen jenseits der Hügel lebte eine weitere Volksgruppe, die Limo, und wenn das Gras sich golden färbte, würden sie hierher kommen und unterwegs überall Feuer legen.

»Das ist gut für das Land«, sagte Melesse. Die Feuer hielten den Wald offen, erleichterten das Reisen und förderten das Wachstum neuen Grases. Die Menschen brauchten gutes Gras wie dieses für ihre Dächer.

Als Nevada die anthropologischen Karten des unteren Blauen Nils studiert hatte, den wir nun bereisten, hatte sie außer den Gumuz die Namen mehrerer weiterer Volksgruppen gefunden. Die Mande, Berta, Limo galten alle als Flussanrainer. Das seien sie tatsächlich, bestätigte Melesse, nur nicht zu dieser Jahreszeit.

»Jetzt leben sie in den Bergen«, sagte er und zeigte auf die fernen Gebirgsketten. »Sie kommen später hierher, wenn der Wasserstand niedrig ist und sie Gold waschen können.«

Gold, das sich in klingende Münze umwandeln ließ, war ein weiteres Geschenk, das der Blaue Nil den Bewohnern der Ebene machte, den Menschen im Hochland aber vorenthielt. In der Vergangenheit war das meiste Gold allerdings ohnehin im Hochland gelandet – in Form von Steuern und Tributentrichtungen.

»Die alten Regierungen haben von den Gumuz immer nur genommen«, sagte Melesse, »aber die neue hilft ihnen.«

Die neue Regierung hatte Schulen und Kliniken gebaut und Mühlen, in denen sie ihr Getreide mahlen konnten. Dies sei auch der Grund, fügte Melesse hinzu, warum niemand mehr hier in diesen fruchtbaren Flusstälern lebte.

»Sie haben einmal hier gelebt, aber sie sind vor vier Jahren fortgezogen, weil es in einem anderen Gebiet jetzt eine Schule gibt«, fuhr er fort. »Die Eltern wollen, dass ihre Kinder die Schule besuchen. Wenn sie die weiterführende Schule abschließen, können sie einen Job bei der Regierung bekommen.«

Er selbst sei vier Jahre zur Schule gegangen; sein älterer Bruder habe neun Jahre geschafft und nun einen Job bei der EPRDF.

Ich war immer noch überrascht, dass all diese Menschen weggezogen sein und ihr gutes Ackerland zurückgelassen haben sollten. Selalem teilte meine Skepsis nicht.

»Es ist doch natürlich, dass sie in eine größere Stadt ziehen wollen, dorthin, wo es eine Schule gibt. Das Leben der Bauern ist hart. Es ist besser, wenn ihre Kinder einen Bürojob haben.«

Die neue Regierung hatte auch noch andere Veränderungen bewirkt, die offensichtlichste war die Angewohnheit, Kleider zu tragen. Die Zeit, in der die Gumuz nackt herumgelaufen seien, liege noch gar nicht lange zurück, sagten Selalem und Melesse. Die Männer hätten manchmal einen kleinen Lendenschurz und die Frauen Grasröcke getragen, aber das sei auch schon alles gewesen. Stattdessen bedeckten sie ihre Haut mit kunstvollen erhabenen Narben. Wir hatten einige dieser Narben auf ihren Wangen und Armen gesehen, aber nicht die umfangreichen Brust-Narbenmuster, für die sie berühmt waren.

»Die Regierung sagt ihnen, dass sie jetzt Kleider tragen müssen«, sagte Selalem. »Ohne Kleider können sie nicht zur Schule gehen.«

Es war auch nicht gerade üblich, im Adamskostüm in einem Büro zu sitzen, und da ein Büroberuf nun die Laufbahn der Wahl war, waren die Gumuz geradezu erpicht darauf, Kleider zu tragen.

In dieser Nacht schlugen wir unser Lager an einem Flussabschnitt auf, der »Western Cataracts« genannt wurde und aus mehreren kurzen Wildwasserpassagen bestand. Dort brauste das Wildwasser wie über Treppenstufen hinab. Der Fluss wurde an dieser Stelle erneut enger und erreichte wieder seine alte Geschwindigkeit von 13 Stundenkilometern. Das Ufergestein war auch hier eine bunte Mischung aus rosafarbenen Quarzen und schwarzem Gneis, dahinter ragten steil die Berge empor.

Nach dem Abendessen kramte Nevada ihr Mobiltelefon hervor und schlug vor, Conrad anzurufen. Etwa sechs Tagesetappen trennten uns noch von Bumbadi, dem Punkt, an dem wir den Fluss verlassen würden, und sie dachte, es wäre schön, Conrad wissen zu lassen, dass die Expedition ein Erfolg gewesen war. Ich wählte seine Nummer und hatte seine Lebensgefährtin Cynthia Moss am Apparat.

»Ihr ruft vom Nil aus an und seid okay?«, wiederholte sie, als könne sie es kaum glauben – sowenig wie alle unsere Familien und Freunde, wenn wir uns meldeten.

»Ja, und wir möchten Conrad sagen, dass wir alle an ihn denken und dass wir eine gute Reise hatten. Ist er da?«

»Nein. Er musste zurück ins Krankenhaus zu einer weiteren Behandlung«, sagte Cynthia. »Es geht ihm gut.«

Ich sagte, es tue uns Leid, das zu hören, und wir hofften, er werde bald nach Hause kommen. Cynthia blieb dabei: Conrad gehe es gut, seine Ärzte wollten lediglich noch etwas versuchen. Sie werde ihm von unserem Anruf berichten. »Er wird glücklich sein, von euch zu hören. Er hätte diese Reise so gerne geleitet.«

Wir wünschten uns gegenseitig alles Gute und verabschiedeten uns.

Trotz Cynthias Beteuerungen fanden wir alle die Nachricht, dass Conrad wieder im Krankenhaus war, beunruhigend. Das klang gar nicht gut.

Zwanzigstes Kapitel

Wie so oft weckten uns die Felsentauben kurz vor Anbruch der Dämmerung mit ihrem Gurren. Dann brach im Wald hinter uns das Lärmen der Vögel los – Triller, Schreie, Pfiffe und glockenähnliche Töne erklangen alle auf einmal. Ein paar Stummelaffen brüllten über den Fluss hinweg, und in den Baumwipfeln sahen wir eine kleine Gruppe von ihnen fressen; ihre langen schwarzweißen Schwänze baumelten herunter wie mit Litzen besetzte Vorhangzüge. Wieder waren wir im Wald und unter Tieren.

Dennoch gab es weniger wilde Tiere in dieser abgeschiedenen Gegend, als ein Zoologe vielleicht erwartet hätte. Verschiedene Gumuz hatten uns erzählt, dass wir an manchen Stellen des Flusses großen Nilpferdherden begegnen würden; wir sahen nie welche. Kleine Gruppen mit fünf oder sechs Tieren bekamen wir zu Gesicht, ein paar Mal auch Mütter mit ihren kleinen schwarz-rosa Kälbern, aber nicht annähernd so große Herden, wie frühere Forscher sie an diesem Nilabschnitt erspäht hatten. An der Wende vom 19. zum 20. Jahrhundert, ja sogar zur Zeit Cheesmans hatte es noch Elefanten am Fluss gegeben. Wir entdeckten keine, und die Dorfbewohner zuckten nur die Schultern, wenn wir sie danach fragten. Es gab sogar nicht einmal so viele Krokodile, wie wir erwartet hatten – während der 16 Tage, die wir auf dem Fluss verbrachten, zählten wir insgesamt 135 –, und sie waren nicht so groß wie die Ungetüme, die andere Rafter und Kajakfahrer angegriffen hatten. Angesichts der Menge an automatischen Waffen, die die Dorfbewohner inzwischen besaßen, war das nicht erstaunlich. Viele erzählten uns, dass sie mit ihren Gewehren Krokodile, Flusspferde, Leoparden und Löwen schossen. Das Wild am Blauen Nil war offenbar nahezu ausgerottet.

Alle Männer mit Kalaschnikows, die wir bisher getroffen hatten, gehörten der Miliz ihres jeweiligen Dorfes an. Sie hatten Ausweise mit Fotos, die als eine Art Waffenschein dienten. Doch Melesse und Selalem erzählten mir an diesem Morgen beim Ablegen, dass jeder Mann, der das nötige Geld besaß, eine solche Waffe leicht erwerben könne, besonders hier, in der Nähe des Sudan. Die Volksbefreiungsarmee des Sudan (Sudanese Peoples Liberation Army; SPLA), die gegen die Regierung in Khartoum um die Autonomie der Südprovinzen kämpfte, besaß überall im Nilbecken Stützpunkte. Waffen aus diesem Befreiungskrieg ließen sich problemlos über die lange Grenze zwischen dem Sudan und Äthiopien schmuggeln. Andere Waffen stammten aus dem Reservoir des Derg. Als das Regime zusammenbrach, verkauften viele Soldaten ihre Gewehre und flohen.

»Für 2000 Birr [160 US-Dollar] kannst du eins bekommen«, sagte Selalem.

So viel Geld ließ sich mit guten Ernten und gutem Vieh verdienen. Man konnte die Ernte und die Tiere verkaufen und ein Gewehr erwerben.

»Viele Leute haben Gewehre«, versicherte Selalem. »Sie zeigen sie bloß nicht.«

Der Fluss wandte sich nun nach Süden und beschrieb einen weiteren großen Bogen, bevor er in nordwestlicher Richtung weiter strömte. Wir verloren weiter an Höhe – das machten uns die Stromschnellen deutlich – und befanden uns nun etwa 600 Meter über dem Meeresspiegel. Wieder legten wir acht Kilometer pro Stunde zurück.

»Dieser Fluss hat wirklich einen Herzschlag, einen Puls«, sagte Speaks, der mit kurzen, gleichmäßigen Schlägen ruderte. »Er wird langsamer, und dann legt er einen Zwischenspurt ein – und pulsiert gleichmäßig weiter.«

Der Fluss zwängte sich durch einen engen Canyon, der an manchen Stellen breiten Stränden Platz machte. Sie wurden von den größten Feigenbäumen beschattet, die wir bisher gesehen hatten. Es gab in diesen Wäldern auch Abschnitte, in denen der Bambus dicht an dicht stand, und blühende Kletterpflanzen hingen wie Partygirlanden zwischen den Bäumen. Nur wenige Tage zuvor hatten wir das Pech gehabt, einen Streckenabschnitt zu befahren, wo es weder ausreichende Strömungen noch Wasserfälle gab, aus denen wir sauberes Wasser gewinnen konnten; einmal hatten wir zum Trinken Regenwasser aus einer Felsmulde schöpfen müssen, die wir am Ufer entdeckt hatten. Jetzt jedoch befanden wir uns wieder inmitten herabstürzender Wasserfälle und silberner Ströme. Abwechselnd setzten wir uns unter einen wunderschönen Wasserfall und konnten gar nicht mehr davon lassen – als wäre dies der letzte Schwall klares Wasser, der sich je über uns ergießen sollte.

Am nächsten Tag erlangte der Fluss wieder seine ursprüngliche Breite, und im Nu waren wir abermals von Sorghumfeldern umgeben. Seltsamerweise waren keine Menschen in der Nähe. Wir trieben eine Meile, wir trieben zwei Meilen, die Bootsmänner paddelten, die Paddel klatschten auf das träge dahinströmende Wasser, während Melesse und Mike Borcik »*Nehgay*! *Nehgay*! – *Salaam*! *Salaam*!« – »He, allerseits, wir sind auf eurem Fluss!,« riefen.

Kein Mensch ließ sich blicken.

Dann zeigte Melesse auf ein Sorghumfeld in geringer Entfernung stromabwärts. Er hatte bemerkt, wie ein paar Kinder in das Feld geflüchtet waren. Wir fuhren daran vorbei und machten die Boote unter einem Feigenbaum ganz in der Nähe fest.

Speaks packte unser Mittagessen aus, wir machten es uns bequem und warteten.

Fünf Minuten später kam eine kleine Gruppe Männer in Begleitung von zwei jungen Frauen und zwei kleinen Hunden aus dem Feld. Die Männer hatten – wie sollte es anders sein – Kalaschnikows. Als sie uns sahen, blieben sie abrupt stehen, nahmen dann ihre Gewehre herunter und lächelten.

»*Nehgay*! *Nehgay*!«, sagten sie und tauschten Grüße mit Melesse.

Die Kinder seien den ganzen Weg zum Dorf zurückgerannt, sagten sie, und hätten völlig verstört ihre Eltern gerufen: »Kommt schnell, kommt schnell! Da fliegt etwas Großes den Fluss hinunter.«

Ihrer Meinung nach sahen unsere Boote aus wie Riesengänse, die flussabwärts segelten – die langen Paddel der Rafts, die das Wasser kreisförmig durchpflügten, erinnerten sie an die Flügel eines Vogels.

Unsere Besucher ließen sich am Ufer oberhalb von uns nieder, und wir gaben ihnen einige Müsliriegel und einen Beutel *kolo,* jene Mischung aus gerösteten Nüssen und Getreide, die die Äthiopier so gerne essen. Einer der älteren Männer hatte hier einst die Briten vorbeifahren sehen, doch sie hatten nur gewunken. Seither war ihnen auf dem Fluss kein *ferenji* mehr vor Augen gekommen. Nur manchmal sahen sie *ferenjocch* auf ihrem großen Markt, den sie in einem Tag Fußmarsch erreichten. Wir kamen zu dem Schluss, dass diese geringe Entfernung erklärte, warum die Menschen hier so gut gekleidet waren: Sie trugen gute T-Shirts, eine Menge Kupfer- und Bronzeschmuck, Glas- und Muschelperlen, und jeder hatte ein Paar Plastikschuhe an den Füßen. Eine junge Frau war mit einem roten Rock bekleidet; darüber war sie nackt bis auf die kleidsamen traditionellen Narben. Kreise, Rhomben und Zickzackmuster zogen sich ihren Nacken hinunter, schlangen sich kreisförmig um ihre Brüste und bedeckten ihren Bauch. Ein ebenso fantasievolles Muster »tanzte« über ihren Rücken. Hübsch, wie sie war, würde sie sich als Ehefrau sicher gut machen, neckten wir Melesse.

»Kann sein«, sagte dieser zu Selalem. »Doch das wäre schwierig zu bewerkstelligen, denn sie wohnt dann zu weit weg von zu Hause.«

Wir gaben den Leuten einen ordentlichen Vorrat Seife und Rasierklingen sowie ein leeres Glas mit Schraubdeckel. »Das können sie gut gebrauchen«, sagte Selalem.

Der Nil bahnte sich seinen Weg nun zwischen ein paar kleinen felsigen Inseln hindurch, an deren Ufern sich kleine Wellen brachen. Es gab Kaskaden und zahlreiche Wirbel. Melesse lachte, als die Boote im Kreis umherschlingerten, und sagte zu Selalem, wenn es nach ihm ginge, könnten wir noch einen Monat lang so auf dem Fluss herumfahren.

Selalem hatte seinen Spaß daran, Melesse wegen seiner Suche nach einer neuen Frau auf den Arm zu nehmen.

»Ich habe ihm gesagt, er soll weißen *teff* anbauen [die wohlschmeckendste und teuerste Getreideart Äthiopiens]«, erzählte mir Selalem.

»Dann kann er eine Godschami bekommen.« (Die Frauen Godschams gelten als außerordentlich schön und begehrenswert, unter anderem deshalb, weil sie nicht beschnitten werden.) »Aber er sagt Nein. ‚Sie würde zu viel kosten, so viel wie eine Kuh, deshalb will ich keine Godschami.'«

Daraufhin bot Selalem Melesse an, ihn mit ein paar jungen Frauen aus Addis Abebabekannt zu machen. »Klar«, sagte Melesse, »und wenn wir dann eine Woche verheiratet sind, wird sie meine Ochsen und Kühe und alle meine Sachen nehmen und nach Addis Abeba zurückgehen. Hältst du mich wirklich für so blöd?«

Nein, die Frau, die er brauche, erzählte Melesse uns eines Morgens beim Frühstück, sei eine »gute Gumuz-Frau. Eine Frau aus der Stadt ist gar nichts für die Landwirtschaft. Sie könnte nicht hinter meinem Pflug hergehen, um den Boden zu lockern.« Er wollte ein bodenständiges, starkes Mädchen vom Land.

Der Nil wandte sich in einem großen Bogen nach Norden und ein paar Kilometer weiter wieder nach Süden, und dann hatten wir die breite Einmündung des Didesa erreicht – den Schauplatz von Selalems und Melesses Militärmärschen, obwohl ihr ehemaliges Lager weit von diesem Zusammenfluss entfernt lag. Der Didesa – oder wenigstens seine Mündung – wirkte fast genauso breit wie der Nil, und wo beide Flüsse sich trafen, überfluteten sie das Gelände auf einer Breite von 182 Metern. Für diese Nacht errichteten wir unser Lager auf einer gen Norden gerichteten Klippe. Das grüne Flusstal erstreckte sich bis zum fernen Horizont, und nur kleine Hügel unterbrachen die Ebene.

Es war das erste Mal seit Wochen, dass wir den Blauen Nil nachts nicht rauschen hörten. Dafür lauschten wir dem Regen, der auf unsere Zelte prasselte. Sein Trommeln übertönte den Fluss. Bei Tagesanbruch war alles, was sich inner- und außerhalb unserer Zelte befand, durchweicht und voller Sand. Ich hatte versucht, meine jämmerliche Sträflingskluft an einem trockenen Ort zu verstauen, doch sogar sie war klamm. Es blieb mir nichts anderes übrig, als sie anzuziehen und auf die Sonne zu warten.

Hinter dem Didesa strömte der Fluss in nordwestlicher Richtung nach Khartoum. Wieder hatte er sich tief in Sandstein- und Quarzfelsen gegraben. Manche von ihnen schlossen mit einer Granitschicht an der Spitze ab. An den Ufern erblickten wir Baobabs mit ihren charakteristischen dicken Stämmen und ausladenden Kronen – ein sicheres Zeichen dafür, dass wir uns nun in den tropischen Niederungen befanden. Und wir sahen die ersten Boote mit Einheimischen. Zwei Gruppen überquerten den Fluss in Einbäumen. Sie waren zu einem flussaufwärts gelegenen Markt unterwegs und hielten an, um uns zu begrüßen. Wie die Leute, die wir am Tag vorher kennen gelernt hatten, waren sie gut gekleidet und trugen Plastikschuhe und Armbanduhren. Wir waren auf dem Weg zurück in die westliche Zivilisation.

Es war eine Ironie der Moderne, dass das Auftauchen von Symbolen einer vertrauten Kultur nicht zugleich das Erreichen eines sicheren Hafens bedeutete. Bei den Menschen, die uns während dieses letzten Reiseabschnitts begegneten, löste unser plötzliches Erscheinen sogar mehr Misstrauen aus als bei jenen, die wir zuvor getroffen hatten. Viele besaßen Radios; sie wussten, was in der Welt vor sich ging, insbesondere im Hinblick auf den Krieg zwischen Äthiopien und Eritrea. Sie verfolgten die Kriegsgeschehnisse aufmerksam, da viele Gumuz an der Front waren. Der Ausbruch weiterer Kriege stand unmittelbar bevor: Im Südwesten kämpfte die Sudanesische Volksbefreiungsarmee um die Autonomie Südsudans; im Südosten hielt die Oromo Liberation Front den Funken Rebellion unter den Bauern am Glimmen.

Nichtsdestotrotz war ich auf den Empfang in der nächsten großen Ortschaft, die wir besuchten, nicht vorbereitet. Wir schlugen unser Lager in einer Entfernung von etwa 20 Minuten Fußmarsch außerhalb von Abbai Goma auf, bekamen aber bald Gesellschaft von einem jungen Mann, der gutes Amharisch sprach und uns anbot, uns den Weg ins Dorf zu zeigen.

»Der Ort ist schön und hat eine Schule – sie geht über drei Schuljahre«, sagte er zu Selalem. Nevada und ich fackelten nicht lange. Wir packten Kameras und Notizblöcke und folgten Selalem und dem Einheimischen ins Dorf. Mick trottete hinter uns her. Der Pfad wand sich zwischen ein paar Sorghum- und Baumwollfeldern hindurch und führte an Weideland vorbei. Wir begegneten zwei Frauen, die mit Goldwaschen beschäftigt waren. Sie hielten ihre hölzernen Waschpfannen hoch und zeigten uns die Ausbeute ihrer nachmittäglichen Arbeit: ein einziges Körnchen glänzendes Gold.

Das Dorf lag auf einem sanft ansteigenden Hügel und sah im Nachmittagslicht betörend schön aus. Hinter ihm türmten sich rosa, blau und golden gefärbte Gewitterwolken am Himmel. Nevada und Mick hielten den Atem an und richteten ihre Objektive auf die grasgedeckten Häuser, das wohlgenährte Vieh, die hübschen Frauen und Männer. Ich folgte Selalem und dem Führer, um das Dorfoberhaupt kennen zu lernen. Die Häuser lagen verstreut; das große, runde Haus des Dorfoberhaupts war mit einem Holzzaun umgeben.

»Er heißt Menshur Tatchew«, sagte Selalem, als der Führer uns vorstellte. Auch Menshur sprach Amharisch. Er war um die 30 und nach westlicher Art gekleidet: Er trug graue Hosen, ein rotes Hemd mit Streifenmuster und weiße Plastiksandalen. Zwei große Narben zierten beide Wangen. Sie sahen aus wie der Stern von Mercedes-Benz. Er schüttelte mir kraftlos die Hand, doch statt zu lächeln, machte er ein finsteres Gesicht.

»Er ist misstrauisch«, sagte Selalem. »Er möchte wissen, ob wir die Genehmigung haben, uns hier aufzuhalten.«

Selalem bejahte das, doch diese Papiere waren im Boot. Wir würden sie ihm am nächsten Morgen vorbeibringen, oder er solle jemanden mit uns an den Fluss schicken, der sie sich sofort ansehen könne.

Menshur schaute noch immer sauertöpfisch drein. Inzwischen hatte sich eine große Gruppe, darunter 22 bewaffnete Milizionäre, um uns versammelt. Eine Diskussion entspann sich. Die Leute wussten nicht recht, ob wir tatsächlich Touristen waren, und deuteten eine Reihe von Möglichkeiten an: Es konnte sein, dass wir Italiener waren und versuchten, in Äthiopien einzumarschieren; wir konnten aber auch Eritreer sein, die sich nach Norden schlichen, um Äthiopien anzugreifen, Oromos, die sich der Oromo Liberation Front anschließen wollten, um das Gleiche zu tun, oder Händler, die Waffen für die SPLA schmuggelten. Einen Moment lang dachte ich, sie würden uns verhaften.

Selalem jedoch schüttelte einfach den Kopf und wiederholte, dass wir weder das eine noch das andere seien. »Es sind Touristen, die den Blauen Nil hinunterfahren und gekommen sind, um euer Dorf zu besuchen. Und ich bin ein Äthiopier, kein Eritreer. Wir haben die Genehmigungen, aber sie befinden sich im Boot.«

Wieder schlug Selalem vor, jemand solle uns zum Lager begleiten, um die Papiere zu überprüfen. Menshur schien drauf und dran, diesem Vorschlag zuzustimmen, als plötzlich ein wütend dreinschauender Mann in einer olivgrünen Jacke wild gestikulierend vortrat.

»Woher weißt du, dass sie sind, wofür sie sich ausgeben?«, fragte er. »Warum solltest du glauben, was sie sagen? Vielleicht ist es ein Trick. Du gehst mit ihnen zu den Booten, und dort bringen sie dich um!«

Andere kamen hinzu, sagten lautstark ihre Meinung und verlangten einen Beweis für unsere Harmlosigkeit.

Selalem legte die Handflächen aneinander und schaute unsere Ankläger an. Er machte eine leichte Verbeugung und wiederholte, dass wir lediglich Touristen seien und dass es unmöglich sei, den Nil hinaufzufahren; sie wüssten, wie wild der Fluss sei, vor allem in dieser Jahreszeit.

»Wir sind die, die wir zu sein vorgeben«, sagte er wieder. »Unsere Papiere sind in Ordnung; wie hätten wir sonst die Abbai- und die Gumare-Brücke passieren und hier auftauchen sollen? Hätten wir keine Genehmigungen gehabt, so wären wir von den Soldaten erschossen worden.«

Seine Worte besänftigten die aufgebrachte Menge; sogar der wütend dreinschauende Mann begann sich zu beruhigen. »Ich habe ihnen eine vernünftige Antwort gegeben«, sagte Selalem später zu mir, »und sie haben sie verstanden.«

Trotzdem bedurfte diese vernünftige Antwort noch eines Beweises. Alle 22 Milizionäre, das Dorfoberhaupt und der Chief (eine noch höherrangige Persönlichkeit), verschiedene andere Würdenträger und andere Interessierte kehrten mit uns zum Lager zurück, um unsere Dokumente zu inspizieren. Falls Speaks irritiert war, als wir mit dieser schwer bewaffneten Eskorte auftauchten, so zeigte er es nicht. Er holte die Genehmigungen hervor, das Dorfoberhaupt und der Chief schrieben sich unsere Namen sowie die Dokumentnummern auf, und schon lachten alle und schüttelten uns die Hände.

»Kommt uns morgen früh besuchen«, sagten die Würdenträger. »In unserem Dorf und hier in der Gegend herrscht Frieden; lasst es euch gut gehen.«

Ein paar Milizionäre entpuppten sich als Freunde von Melesse; sie hatten zusammen ihre Ausbildung absolviert und setzten sich nun ums Feuer, tranken Tee und ergötzten sich an dem Schauspiel, das wir *ferenjocch* ihnen boten.

Am nächsten Tag waren Nevada und ich vor Anbruch der Dämmerung wieder auf den Beinen. Schließlich hatten wir in aller Herrgottsfrühe ein Dorf zu besuchen. Ganz wie sie es mochte, zog sie los, um Dorfbewohner bei ihrer täglichen Arbeit abzulichten, während Selalem und ich ein paar Hütten sowie die aus einem Raum bestehende Schule und ihren einzigen Lehrer aufsuchten. Er war ein Oromo, und er fand es schier unglaublich, dass sich irgendjemand die Mühe machte, sich eine Ortschaft wie diese anzuschauen.

»Ihr könnt doch überallhin reisen«, sagte er konsterniert. »Warum seid ihr hierher gekommen?«

Ein anderer Mann namens Atenefew Kono lud uns ein, mit seiner Familie Kaffee zu trinken, und stellte fast die gleiche Frage. »Weil es gut ist, zu reisen und ferne Länder kennen zu lernen, und weil nur wenige Amerikaner über diesen Teil der Welt etwas gelesen haben oder Bilder davon kennen«, sagte ich. »Alles, was wir hier sehen, teilen wir mit unseren Freunden in Amerika.« Atenefew nickte.

»Er sagt, das sei in Ordnung, weil ihr Amerikaner seid und Amerika Äthiopien noch nie angegriffen hat«, übersetzte Selalem. »Und er sagt, aus dem gleichen Grund, aus dem ihr hier seid, würde er gerne nach Amerika reisen.«

Selalem antwortete, dass die Regierung solche Reisen kontrolliere, aber unser Gastgeber war anderer Meinung.

»Er sagt, dass die Regierung keine Macht über ihn hat. Er ist ein Gumuz«, dolmetschte Selalem und fügte hinzu: »und sehr stolz.«

Atenefew und verschiedene andere Gumuz, mit denen wir sprachen, waren nicht weniger stolz auf die Dorfschule. Ihre Söhne und Töchter gingen in diese Schule; manche von ihnen hatten einen Abschluss erworben und waren in eine andere Stadt gezogen, um ihre Ausbildung fortzusetzen. »Unsere Kinder brauchen eine Ausbildung«, sagte ein älterer Dorfbewohner, »damit die Gumuz das bekommen können, was die Amhara und Oromo bereits besitzen: Straßen, Schulen, Kliniken, Bürogebäude. Diese Dinge wünschen wir uns hier.«

Wir hatten dieses Gespräch in einer runden Lehmhütte geführt, in der die Frauen wie in alten Zeiten mit Steinen, die aus den Felsen gemeißelt wurden, Getreide mahlten. Das Feuer, das auf der Feuerstelle flackerte, spendete ein wenig Licht; ansonsten drangen Lichtstrahlen nur durch die Spalten in den Wänden und durch die einzige vorhandene Türöffnung. Weder belächelte ich die Träume dieser Menschen, noch unterschätzte ich ihre Fähigkeit, sie auch wahr werden zu lassen. Sie hatten eine Schule – die erste Schule, die viele von ihnen je gesehen hatten, und die Bürogebäude konnten nicht mehr lange auf sich warten lassen. In Atenefews Hütte spürte ich auch das Feuer des Ehrgeizes brennen.

Vor unserem Aufbruch hatte das Dorfoberhaupt Menteshur eine kleine musikalische Darbietung mit Trommeln, einem Saiteninstrument namens *krar* sowie einigen phallisch aussehenden Hörnern aus Ton und Leder für uns vorbereitet. Als Erstes spielten die Männer ein Friedenslied für uns, wobei sie Menteshurs Stall im Paradeschritt umkreisten. Dann folgten Stücke mit stürmischem Rhythmus, die allerdings nicht so ganz so rau klangen wie jene der Duwa-Band. Ein Paar tanzte für uns; der Mann lehnte sich dabei gegen die barbusige Frau, um seine Schulter leicht an ihrer zu reiben.

Am Ende bat ich Selalem – auf einen Wink von Ephrem hin –, ihnen zu sagen, wie sehr uns die Musik und der Aufenthalt bei ihnen gefallen habe und dass wir uns als Vertreter von *National Geographic* und als Amerikaner geehrt fühlten, von ihnen in ihr Dorf und ihre Häuser gebeten worden zu sein. Anschließend gab Selalem Menteshur ein paar Birr. Dieser verneigte sich feierlich und legte die rechte Hand aufs Herz. Dieses eine Mal hatten wir es richtig gemacht.

Dann begleiteten uns alle Dorfbewohner, einschließlich der 22 Milizionäre, zurück zu unseren Booten und riefen uns »*Melkam gouzo* – gute Reise« zu, als wir ablegten.

Es war unterdessen früher Nachmittag geworden, und an diesem Tag legten wir nur eine kurze Strecke, etwa zwölf Kilometer, zurück. Der Fluss hatte sich wieder verbreitert und seine Strömung sich beträchtlich verlangsamt. Am nächsten Tag, entschieden die Bootsführer, würden sie die Rafts zusammenbinden und den Motor montieren. Wir würden das Gefühl haben, im Galaboot wie einst Kleopatra weiter den Blauen Nil hinunterzufahren.

Wir errichteten unser Camp an einem Sandstrand mit vereinzelten großen Felsbrocken. Niemand kam uns besuchen. Bruces Raft hatte durch ein paar scharfkantige Felsen Risse abbekommen, und die Bootsführer machten sich ans Flicken, während wir anderen die Zelte aufbauten und Selalem halfen, Gemüse für ein Spaghettigericht zu schnippeln. Nevada hatte versprochen, an diesem Abend Maurizio in Addis Abeba anzurufen. Er würde bald mit einem Autokonvoi aufbrechen, um an unserem Ziel mit uns zusammenzutreffen, und es musste noch einiges geklärt werden.

Ein Telefonat mit dem Satellitentelefon war etwa so privat wie ein Handy-Gespräch. Jeder von uns konnte hören, was Nevada sagte. Schon am Klang ihrer Stimme erkannte ich, dass etwas Schlimmes passiert war.

»Wann?«, fragte sie.

Dann schwieg sie lange.

»Ich verstehe. Okay«, seufzte sie.

Mir schwante sofort, dass es sich um Conrad handelte. Ich fragte sie, was geschehen sei. Sie zögerte.

»Conrad ist gestorben.«

Meine Knie begannen zu zittern, doch dann schaute ich Selalem an. Er hatte sein Messer beiseite gelegt und sich abgewandt. Ohne uns anzusehen, verließ er das Lager und ging schluchzend auf sein Zelt zu.

»*Abbatye, abbatye, abbatye* ... mein Vater, mein Vater, mein Vater ... mein Leben und mein Licht ... Ich bin verloren.«

Niemand konnte ihn trösten.

Fast einen Monat lang hatte ich jeden Abend beim Schlafengehen der Melodie des Blauen Nils gelauscht. In manchen Nächten war sein Klang wie das tiefe, gurgelnde Tosen des Ozeans gewesen, in anderen wie das leise Plätschern eines Sees, dessen Wellen sich am Ufer brachen, und in wieder anderen war er wild entschlossen dahingejagt und hatte an den Kiesbänken, auf denen wir schliefen, geleckt. Oft hatten wir gehört, wie Sand und Felsbrocken nachgaben und in die dunklen Fluten rutschten, um mit ihnen auf die Reise nach Karthum zu gehen.

Doch in dieser Nacht sang der Fluss nur von Trauer, er war ein Strom von Tränen, der nie versiegen würde.

Einundzwanzigstes Kapitel

Als der Morgen dämmerte, war es kalt und bewölkt; ein grauer Nieselregen fiel über dem grauen Nil. Die Stimmung war düster; wir packten schweigend. Die Bootsführer hielten die Boote auf dem Fluss so ruhig wie möglich, banden sie zu einem Dreieck zusammen und brachten den Motor am Heck des Schleppboots an.

Während sie arbeiteten, sahen wir am gegenüberliegenden Ufer eine Gruppe Männer auftauchen. Zuerst waren es nur wenige, und da wir annahmen, dass sie lediglich gekommen waren, um uns zuzuschauen, begnügten wir uns damit, ihnen zuzuwinken. Innerhalb von ein paar Minuten jedoch wuchs die Gruppe beträchtlich, und jeder der Männer, das bemerkten wir jetzt erst, hatte eine Kalaschnikow.

Sie begannen uns auf Gumuz etwas zuzurufen, und ein Mann in einer dunklen Anzugjacke und mit einer weißen Moslemkappe schwenkte eine weiße Fahne.

»Melesse sagt, sie wollen, dass wir bei ihnen anhalten und ihnen unsere Genehmigungen zeigen«, übersetzte Selalem.

Wir bestiegen die Rafts, Mike Borcik ließ den Motor an, und wir überquerten den Fluss mit der ganzen Grazie eines schlingernden Gummiboots.

Es waren mindestens zwei Dutzend Männer. Da sie bewaffnet waren, gehörten sie offensichtlich zur Miliz eines Dorfes. Einige trugen Khakiuniformen, andere Jacken und Mäntel. Ein paar hatten Turbane um den Kopf geschlungen und große, stammestypische Narben auf den Wangen. Sie sahen unzufrieden aus. Als wir anlegten, kletterten sie mit schussbereiten Kalaschnikows zu uns herunter.

Mike Speaks zog das Bündel mit Dokumenten hervor. Er, Selalem und Melesse begrüßten die Männer. Es waren Milizionäre, wie wir vermutet hatten. Einige sprachen Amharisch. Sie bildeten einen Kreis um Selalem, während Speaks neben ihm niederkniete. Nevada und ich standen in der Nähe und beobachteten die Szene.

Ein Mann mit einem schmutzigen weißen Turban nahm die Genehmigungen. Beim Durchblättern runzelte er missbilligend die Stirn, und Selalem wies auf bestimmte Papiere. Sie stellten sich nebeneinander, um sie gemeinsam durchzulesen. Es lief nicht gut. Der Mann schlug mit der Hand auf die Dokumente und fuchtelte damit herum, als ob er eine Fliege verscheuchen wollte. Selalem hob die Stimme, es war ihm anzuhören, dass er sich ärgerte. Die beiden Männer sahen einander finster an. Dann versuchte Selalem es noch einmal. Er klang aufgebracht. Der andere Kerl, der seine Kalaschnikow in beiden Armen wiegte, wandte uns den Rücken zu und tat die Papiere mit einer Handbewegung ab.

»Wir sollen ihnen zu ihrer Polizeistation folgen«, sagte Selalem.

Bis dahin waren es sechs Stunden Fußmarsch. Ein kalter Platzregen hatte eingesetzt, und der Gedanke an eine lange Wanderung zu irgendeinem weit entfernten Polizeiposten ließ uns genauso unglücklich dreinschauen wie unsere Gastgeber. Bruce lag krank im Boot und zitterte vor Kälte und Fieber. Wie sollten wir ihn transportieren?

Außerdem wollten die Männer Melesse entwaffnen. Das würde er nicht zulassen.

»Wohin auch immer mein Gewehr geht, da gehe auch ich hin«, sagte er und umklammerte es nun mit beiden Händen.

Selalem wandte sich an den Mann, der die Fahne geschwenkt hatte, und drückte ihm unsere Papiere und die Genehmigungen noch einmal in die Hand. Der Kerl mit dem Turban fuhr dazwischen, und wieder schnauzten sie sich an.

Später erzählte mir Selalem, dass der Mann nur eine einzige Genehmigung sehen wollte – die vom Gouverneur dieser Region, Beni-Shangur. Wir hatten dieses Dokument nicht. »Die Briefe aus Addis haben ihn auch nicht im Geringsten interessiert«, sagte Selalem. »Nicht einmal die Schreiben der Armee.«

Es war die gleiche Situation wie bei unserer Wanderung, als die bewaffnete Truppe uns im Hochland einen Besuch abgestattet hatte. Auch diese Männer hatten die Papiere von der Zentralregierung nicht beachtet und stattdessen darauf bestanden, dass wir ihnen eine Genehmigung vom Gouverneur ihrer Region zeigten. Da wir kein solches Dokument besaßen, hatten auch sie versucht, uns zu einem »Besuch« ihrer Polizeistation zu nötigen. Es war, als seien die alten Tage der Feudalherrschaft nie zu Ende gegangen.

Selalem bearbeitete den Mann mit der Fahne weiter. Er führte die gleichen Argumente ins Feld wie in Abbai Goma. Wir führen nicht den Nil hinauf, wir brachten keine Waffen zu irgendwelchen Rebellen, er sei kein Eritreer. Schließlich fragte der Mann, welchen Beweis wir hätten, dass andere Soldaten oder Milizionäre uns durchgelassen hatten.

Ich vertiefte mich in mein Notizbuch, um den Namen des Dorfoberhaupts von Abbai Goma zu suchen. Ephrem hatte außerdem die Namen aller 22 Milizionäre dieses Ortes aufgeschrieben. Dieser Zeitvertreib ersparte uns nun einen langen, kalten Marsch durch den Regen.

»Okay«, sagte der Fahnenschwenker, »da du seinen Namen kennst, muss er euch die Weiterfahrt erlaubt haben. Wir werden euch ziehen lassen.« Der Mann mit dem Turban nickte zustimmend, wirkte angesichts dieser Entscheidung aber nicht besonders glücklich.

Alle anderen waren froh. Plötzlich schüttelten die Männer uns die Hand und stellten Fragen über unser Land und unsere Reise. Sie bemerkten Nevadas Kameras und fragten, ob sie ein Foto von ihnen machen könne. Im nächsten Moment ging unter den Milizionären ein Gerangel um die besten Plätze vor der Kamera und die wildeste Pose los. Ein junger Bursche, der nur ein Transistorradio, aber keine Schusswaffe besaß, hielt das Radio, als wolle er damit auf einen Feind zielen.

Keine Frage, diese Gumuz-Milizionäre waren bereit, ihr Vaterland Äthiopien zu verteidigen.

Als wir unsere Rafts bestiegen und ablegten, rannten sie am Ufer entlang und winkten zum Abschied.

Die nächsten vier Tage fuhren wir mit Motorkraft den Blauen Nil hinunter. An manchen Stellen hatte er sich zu kleinen Seen erweitert, war aber immer noch stark genug, um große, Wirbel mit heftigem Sog zu erzeugen, die unsere Boote ins Trudeln brachten. Außerdem gab es kleine Inseln. Manche von ihnen waren mit Bäumen und Farnen bewachsen und sahen aus wie japanische Gärten. Hügel und Berge prägten das Landschaftsbild. Das hatte niemand von uns erwartet. Wir waren davon ausgegangen, dass der Fluss so nahe an der Grenze zum Sudan breit und träge dahinfließen und wir in den morastigen Niederungen ordentlich ins Schwitzen geraten würden. Stattdessen war das Gelände nach wie vor recht gebirgig, der Nil noch immer voller Stromschnellen und das Wetter kalt und regnerisch.

Wann immer wir anhielten, um unser Nachtlager aufzuschlagen, brachen Nevada und ich auf, um die Hügel zu erkunden und nach Dörfern zu suchen. Wir hatten herausgefunden, dass die Spuren, die durch das Gras verliefen, nicht unbedingt von Flusspferden stammen mussten; oft waren es Pfade, die zu irgendeinem Haus führten. Sobald wir einen Pfad entdeckten, waren wir auf und davon – wie zwei Kinder, die die Schule schwänzen.

Selalem begleitete uns auf Schritt und Tritt. Wir stapften durch Gras und Gebüsch, riefen dabei »*Nehgay*! *Neghay*! ... *Salaam*! *Salaam*! ... und *Koyaes*! *Koyaes*!«, einen arabischen Gruß, den Bruce uns beigebracht hatte. So kurz vor dem Sudan konnten wir leicht auf Leute treffen, die nur Arabisch sprachen.

Die meisten Menschen, denen wir begegneten, waren Gumuz, und in der Regel hießen sie uns freundlich willkommen, luden uns auf einen Kaffee in ihre Hütten ein oder ließen uns bei sich am Feuer sitzen, während wir sie über ihr Leben ausfragten und Nevada Fotos machte. Einige erzählten uns, dass sie einst im Sudan gelebt hätten, aber vor über zehn Jahren geflohen waren, als Invasoren sie aus ihren Häusern gejagt hatten. Als sie hierher gekommen waren, hatte die Regierung ihnen ein bisschen Land und Saatgut gegeben. Jetzt hatten sie nicht nur neue Hütten, sondern führten auch ein neues Leben, und die Regierung hatte versprochen, in einem benachbarten Dorf eine Klinik bauen zu lassen. Ihr Leben war wieder im Lot.

In einer Ortschaft hatte das Dorfoberhaupt seinen Lebensstandard so verbessern können, dass er sich zwei Frauen leisten konnte. »Er ist genauso beschäftigt wie Ovanda, der große Gumuz-Held« witzelte Selalem.

In einem anderen Dorf lernten wir eine ältere Frau kennen, die noch nie weiter gekommen war als bis zu einem großen Markt in einer Ortschaft, die einen Tagesmarsch weit entfernt lag. Sie hatte ihr ganzes Leben hier am Fluss verbracht. Währenddessen waren Kriege, Hungersnöte und Dürren über sie hereingebrochen. Sie hatte drei Kinder verloren und hatte nun fünf Enkelkinder. Ein paar von ihnen lebten ganz in der Nähe. Eines wiegte sie in ihren Armen, als sie uns über das Auf und Ab ihres Lebens am Blauen Nil erzählte.

Die meisten Gumuz, denen wir begegneten, waren orthodoxe Christen (und daraus leiteten sie ihren Status als Äthiopier ab), obwohl sie in der Vergangenheit eine animistische Religion praktiziert hatten. Dies hatte den Hochlandäthiopiern einen weiteren einfachen Vorwand geliefert, sie als Sklaven zu missbrauchen. Ein äthiopischer Kaiser hatte einst ein Dekret erlassen, dass kein Mensch orthodoxen Glaubens versklavt werden dürfte. Als verschiedene Gumuz-Führer davon erfuhren, sandten sie dem König eine Nachricht und baten ihn darin, sie zu Christen zu ernennen. Er lehnte ihre Bitte ab. Wenn sie Christen wurden, wo sollte er dann seine Sklaven herbekommen?

Andere Gumuz waren kurz zuvor zum Protestantismus konvertiert und in die Ethiopian Makane Yesus Evangelical Lutheran Church eingetreten, die von norwegischen Missionaren unterstützt wurde. An einem Tag war unsere ganze Gruppe ein paar Kilometer landeinwärts gewandert, um die Hauptniederlassung der Mission am Fluss zu besuchen. Sie wurde von Stale Storaas geleitet, einem Mann mit gütigen Augen, der vier Jahre bei den Gumuz verbracht hatte. Währenddessen hatte er eine Klinik gebaut und ihnen geholfen, den zahlreichen Verordnungen der neuen Regierung nachzukommen.

»Die Gumuz stehen unter enormem Veränderungsdruck«, erzählte Stale uns. »Sie müssen jetzt Kleider tragen, die Schule besuchen, Arbeiten annehmen, die sich rentieren – und das in einer Kultur, in der es verpönt ist, wenn einer dem anderen etwas voraus hat. Wir unterstützen sie in dem Bestreben, ihre kostbarsten traditionellen Werte zu bewahren, und versuchen mit dazu beizutragen, dass der Übergang in ihr neues Leben so schmerzlos wie möglich verläuft.« Dieses Ziel war ihm viel wichtiger, als sie zu missionieren.

Ein paar Monate zuvor hatte die Regierung ein Gesetz erlassen, das für die Gumuz die bisher einschneidendsten Veränderungen nach sich ziehen würde: Sie hatte den »Schwesterntausch« bei der Heirat verboten. »Nun können wir Liebesehen schließen«, sagte Stales Gumuz-Assistent Machochin, der exzellentes Englisch sprach. Er zog das Wort »Liiiiiebe« in die Länge – als berge es Möglichkeiten, von denen er vorher nicht einmal zu träumen gewagt hätte.

Nach Stales Ansicht basierten so viele soziale Bindungen der Gumuz auf dieser Heiratssitte, dass man die Auswirkungen dieses von heute auf morgen verfügten Verbots kaum einschätzen konnte. Melesse würde durch diesen Regierungserlass eine größere Chance haben, doch noch eine Gumuz-Frau zu finden – obwohl wir glaubten, dass »Liebe« in seiner Wunschliste hinsichtlich einer Ehefrau nicht sehr hoch rangierte.

Stale hatte uns gesagt, dass wir umso mehr Amhara begegnen würden, je mehr wir uns der Grenze näherten. »Das Hochland ist übervölkert, und die Leute ziehen hierher, um sich eine neue Existenz aufzubauen«, sagte er. »Sie verursachen weitere Veränderungen, bringen neue Geschäftszweige, neue Denkweisen ein. Das Leben, das man momentan am Blauen Nil beobachten kann, wird so nicht bleiben.«

Er hatte Recht. In größeren Orten trafen wir auf zahlreiche Amhara. Einige von ihnen waren als Händler unterwegs, um Gold aufzukaufen. Sie würden es auf ihren Eseln zu den Juwelenhändlern im Hochland transportieren, deren Arbeiter es verfeinern würden. Andere hatten kleine Kioske eröffnet und verkauften Seife, Sicherheitsnadeln, Laternen und Aluminiumdosen. Ein Unternehmer-Ehepaar betrieb ein kleines Kaffee- und Teehaus. In diesen größeren Ortschaften lebten Menschen, die einst vor dem Derg oder aus dem Sudan geflohen waren. Muslime, Oromos sowie Limo, Birte und Mande aus dem Hochland hielten sich hier auf. Sogar ein paar Tigray aus dem fernen

Norden hatte es hierher verschlagen. Aus allen Provinzen wurden Fremde an die fernen Ufer des Blauen Nils gespült und fügten dem Bestehenden neue Lebensmuster, Sozialstrukturen und Bräuche hinzu.

Wir sahen nun jeden Tag Boote auf dem Blauen Nil: kleine Einbäume und schneidige Kanus, die wie elegante Skiffs aussahen, und ein großes Boot, das die Leute als Fähre benutzten, um von einem Ufer zum anderen zu gelangen. Donnerstags fuhren sie damit zum großen Markt in Tamare, den wir auch besuchten. Alle Errungenschaften der Moderne wurden hier feilgeboten: Plastikschuhe, Armbanduhren, Seife und T-Shirts. Die Händler sagten, sie hätten diese Waren auf ihren Eseln transportiert. Schneller könne man Tamare allerdings per Auto erreichen, fügten sie hinzu, da es einen halben Tagesmarsch entfernt eine Straße gab.

Eine Straße – für uns war es die Straße, die Maurizio benutzen würde, um zu unserem Treffpunkt zu gelangen. Just in diesem Moment konnte er darauf unterwegs sein.

Wir verbrachten noch zwei Nächte am Blauen Nil. Für die eine schlugen wir unser Lager außerhalb von Tamare auf, die andere – unsere letzte – verbrachten wir an einem menschenleeren Ufer. Nevada hatte Speaks besonders darum gebeten, einen Lagerplatz bei einem Dorf zu suchen, doch am Ende blieben wir unter uns. Zwar fanden wir eine Spur und machten uns mit Selalem auf den Weg, doch sie führte lediglich zu einem Feld, und obwohl wir »*Salaam*! *Salaam*!« riefen, kam niemand, um uns zu begrüßen.

»Kann sein, dass doch jemand da war«, sagte Selalem zu mir, als wir zurück zum Camp marschierten. »Aber vielleicht dachten sie, wir würden zur SPLA gehören, und ließen sich deshalb nicht blicken.«

Der Zauber unseres *tarik* hatte sich verflüchtigt. Wir wurden für Händler, Waffenhändler oder Rebellen gehalten, die den Blauen Nil heruntergekommen waren – für etwas Großes und Gefährliches, das nicht länger magische Flügel besaß.

Auch der Fluss zeigte am nächsten Morgen ein anderes Gesicht. Wir erwachten in der Dämmerung. Bilderbuchreif stiegen Nebelschwaden über der Wasseroberfläche auf und verhüllten die

Berge. Nachdem wir gepackt hatten, stießen wir unsere Boote zum letzten Mal auf den Fluss hinaus. Nicht weit stromabwärts ließ die Strömungsgeschwindigkeit merklich nach. Noch waren wir nicht an der Grenze und noch etwa 80 Kilometer vom Er-Roseires-Damm entfernt, doch schon jetzt spürte man seine Auswirkungen auf den Nil. Die Lebendigkeit des Flusses war dahin. Es gab keine rauschenden Wildwasser mehr; in den Tiefen des Flusses lebten weder Dämonen noch Könige. Von nun an nannten wir ihn »Abbai-See«.

Wir fuhren weiter. An diesem Morgen mussten wir nur ein paar Kilometer schaffen und hatten uns schnell bis auf etwa anderthalb Kilometer unserem Ziel genähert. Doch sogar der Abbai-See schlug uns ein letztes Schnippchen: Auf einmal tauchten mitten im Fluss große Felsbrocken auf.

»Heiliger Strohsack!«, rief Mike Speaks. Borcik drosselte den Motor, während Speaks ihn, auf der mittleren Sitzfläche stehend, an diesem letzten unerwarteten, steinigen Hindernis vorbeilotste. Hinter den Felsen erfassten uns ein paar letzte Stromschnellen und große Wirbel.

»Dieser Abbai«, sagte Speaks. »Ich kann euch sagen – ein Fluss voller Überraschungen.«

Vor uns schien der Nil ruhig und frei befahrbar – ein breiter Wasserlauf zwischen grünen Ufern, die mit Baobabs und Felsbrocken übersät waren. Bis dahin waren wir immer wieder an Menschen vorbeigefahren, die in Gruppen unterwegs waren. Manche hatten gewinkt, andere waren weggelaufen (offenbar aus Angst, wir könnten zur SPLA gehören), während wieder andere einfach stehen geblieben waren und uns angestarrt hatten. Und dann war plötzlich keine Menschenseele mehr am Ufer zu sehen. Es war, als hätte die Welt bei unserem Herannahen die Flucht ergriffen.

Speaks begann nervös zu werden.

»Wir sollten diese Straße und Mau sehen«, sagte er, während er mit seinem Fernglas die Gegend vor uns absuchte.

Wir anderen fixierten das Ufer, nach einer Schneise in den Feldern oder Büschen Ausschau haltend, die auf eine Straße hinweisen könnte. Und dann stand Mau plötzlich da, direkt am Ufer.

»Hallo«, rief er uns zu. »Ihr habt's geschafft!«

Wir hatten es geschafft.

Zweiundzwanzigstes Kapitel

Mau und seine Karawane aus fünf Landcruisern hatten eine dreieinhalbtägige anstrengende Fahrt von Addis Abeba hinter sich, als wir uns in Bumbadi trafen. Ein Wagen hatte es nicht geschafft; er war in einiger Entfernung von der Grenzstadt im Schlamm stecken geblieben. Mau sah einen Mann von einer Regierungsbehörde mit seinem kleinen Pickup in die Stadt fahren und bat ihn um Hilfe. Er erklärte ihm, dass er Ausrüstung und Menschen aus dem Morast zu ziehen habe. Der Pickup-Fahrer willigte freundlich ein, uns zu helfen.

»Wir sind tausendmal festgesteckt«, erzählte Mau von ihrer Überlandversion unserer Reise nach Bumbadi. »Das Problem ist Schlamm, Schlamm und nochmals Schlamm; unterspülte Brücken – alles, was man sich vorstellen kann.«

Wir entluden die Rafts, die Bootsführer ließen die Luft raus und zerlegten sie. Anschließend trugen wir und einige Leute aus der Stadt, die Mau angeheuert hatte, alles nach Bumbadi hinein, wo wir es in die Fahrzeuge verfrachteten.

Bumbadi schien nur wegen der Grenze zu existieren. Es war eine verkommene Stadt mit schmutzigen Straßen, und an den Gebäuden blätterte die Farbe ab. Zwei große Feigenbäume auf dem Platz im Zentrum spendeten etwas Schatten. Abgesehen von der Grenze gab es keinen ersichtlichen Grund, warum die Stadt größer oder besser ausgestattet war – mit ein paar von Schmeißfliegen belagerten Restaurants und kleinen Amtsgebäuden, die den Erwerb sicherten – als beliebige andere Dörfer, die wir in den letzten Tagen passiert hatten. Die Bewohner Bumbadis schienen nicht so recht zu wissen, was sie von uns halten sollten. Rasch versammelte sich eine Menschenmenge: Sudanesen, Araber, Gumuz, Amhara und Leute aus Tigray. Darunter waren Frauen in langen, farbenprächtigen Gewändern mit leuchtenden Schleiern, die im Wind flatterten, und Kinder, die in einer Reihe an einer Hauswand lehnten und uns keine Sekunde aus den Augen ließen. Zahlreiche Soldaten und Milizionäre liefen umher. Sie musterten uns eingehend und schüttelten den Kopf bei dem Gedanken an unsere lange Tour.

»Sie haben eine so schöne Reise gemacht«, meinte ein Goldhändler aus Tigray zu mir. »Das ist für Äthiopien eine tolle Sache. Aber ich glaube, es war hart.«

»So hart auch wieder nicht«, entgegnete ich. Dann schaute ich an meiner Sträflingskluft hinunter. Inzwischen hatte sie beinahe die Farbe des Blauen Nils angenommen und hing an mir wie einst die abgelegten Klamotten meines Bruders. Jeder von uns hatte irgendwann mit Unannehmlichkeiten gekämpft – einer Mageninfektion, entzündeten Füßen, Fieber –, manchmal hatten wir unter Hitze und Erschöpfung und manchmal unter Kälte und Erschöpfung gelitten. Dies waren jedoch kleine Probleme gewesen. Wir befanden uns 900 Kilometer von unserem Ausgangspunkt am Tanasee entfernt, und zumindest ich war dünner und auf jeden Fall schmutziger als zu Beginn unserer Expedition, aber es ging uns allen gut.

Mike Speaks und Mike Borcik beschlossen, die meisten Taschen mit unseren persönlichen Habseligkeiten auf den geliehenen Pickup zu laden. Nevada und ich würden nicht mit den anderen nach Addis Abeba zurückkehren. Wir würden zusammen mit Mau und seinem Assistenten Ermes Kifle zum Mount Gische und zu den Quellen des Blauen Nils fahren. Wir verstauten unser Gepäck daher in Maus Wagen. Speaks kam vorbei, um zu sehen, ob wir alles hatten. Ja, wir hatten alles, erklärten wir ihm. Wir waren bereit aufzubrechen. Dann schaute Speaks Nevada an.

»Nevada, schnall dich an«, gab er ihr einen letzten Befehl. Da verließ Nevada beinahe zum ersten Mal ihre buddhistische Gelassenheit. Sie öffnete den Mund, als ob sie den Captain und seine Befehle schließlich doch noch zum Teufel jagen wollte. Aber sie tat es nicht, nur ihr Rücken versteifte sich. Stattdessen wandte sie sich an Mau und fragte, als wäre nichts gewesen: »Hast du nicht gesagt, die Straßen seien schlammig?« Sie legte den Gurt nicht an.

Ich gelangte zu dem Schluss, dass Speaks einfach nicht anders konnte. Er hatte uns von Anfang an gesagt, dass er sich nie ändern würde, und er hielt sein Wort. Nie würde er aufhören, Nevada Befehle zu erteilen, und ebenso wenig würde er jemals den Äthiopiern trauen.

Man sagt, man könne sich seine Familie nicht aussuchen, und so war es auch bei unserem »Team« gewesen. Wir hatten einander nicht als Reisekameraden ausgewählt; wir waren vom Schicksal zusammengeführt worden. Wir hatten versucht, so gut wie möglich miteinander klarzukommen, aber ich war froh, dass wir wieder auseinander gingen und nicht ein Leben lang zusammen auf Tour sein mussten.

Wie Mau angekündigt hatte, war die Strecke, die zur Hauptstraße führte, voller Schlamm. Wir mussten diese Nacht auf der Straße campen. Dort holte uns der Ärger mit unseren Genehmigungen schließlich noch einmal ein. Die Polizei hatte nach uns gesucht und verlangte abermals von uns, sie zu ihrem Stützpunkt zu begleiten. Wiederum kamen wir der Aufforderung nicht nach. Dies gelang jedoch nur, weil Mau und einer der Fahrer für uns zur Polizei gingen, um die Sache zu klären. Offenbar hatte unser Freund von neulich, der mit einem Turban geschmückte mürrische Kerl der letzten Milizgruppe, Bericht über uns erstattet. Uns fehlte nicht nur eine Genehmigung, wir waren überdies beim Fotografieren um zwei Uhr morgens beobachtet worden. Tatsächlich war Bruce eine Nacht lang etwa stündlich aufgestanden, um Bilder vom Mond am Nachthimmel zu machen. Das war alles, aber irgendjemand hatte ihn gesehen. Wir waren bespitzelt worden.

Mau war wie Selalem ein guter Diplomat. Irgendwie schaffte er es immer, dass wir ein letztes Mal unbehelligt davonkamen. In den meisten Fällen gelang dies deshalb, weil er beim Grab seiner Großmutter schwor und beteuerte, seine Hand dafür ins Feuer zu legen, dass wir nichts Falsches getan hatten.

Schließlich erreichten wir die Hauptstraße und kamen gut voran. In der Stadt Injibara, in der Busse, Lastwagen, Esel und Ziegen die Straßen bevölkerten, trennten sich unsere Wege. Alle Fahrzeuge, mit Ausnahme von Maus Wagen, fuhren nach Addis Abeba weiter. Die Bootsführer sowie Mick und Kate waren am Ende ihrer Reise angelangt. Sie überprüften ihre Hotelreservierungen und Flugtickets. Sie waren mit ihren Gedanken schon zu Hause.

Wir schüttelten uns die Hand und umarmten uns zum Abschied. Melesse verließ uns hier ebenfalls. Er hatte einen guten Lohn und ein reichliches Trinkgeld für seine Zeit bei uns kassiert, sodass er genug Geld hatte, um für seinen Hof noch eine Kuh und einen Bullen zu kaufen. »Das reicht, um eine Frau zu bekommen«, meinte Selalem, selbst wenn Melesse keine Schwester zum Austausch hatte und nicht verliebt war. Eine gute, tüchtige Gumuz-Frau würde erkennen, dass er ein wohlhabender Mann war, und ihn heiraten.

Nevada und ich verabschiedeten uns auch von Ephrem und Selalem. Selalem würde helfen, nach Conrads Ausrüstung zu sehen und mit den Planungen für den Internatsbesuch seines Neffen Hailu in Addis Abeba beginnen. Ich würde ihn anrufen, sobald ich in die Stadt zurückkam.

Dann machten wir uns auf den Weg.

Mau steckte eine Kassette mit äthiopischer Musik in den Rekorder. Ein berühmter Sänger, Muhammad, gab Liebeslieder zum Besten, die in Äthiopien schon mehr als hundert Jahre gesungen wurden. Ich lehnte mich zurück, schloss die Augen und ließ mich von den sehnsüchtigen Melodien mit ihrem rhythmischen Auf und Ab einlullen.

In den nächsten drei Wochen unternahmen Nevada und ich kurze Ausflüge in andere Regionen am Blauen Nil. An der Quelle gaben uns Priester, die über die heiligen Wasser herrschten, zu verstehen, dass Frauen kein Zugang gewährt wurde. Was würde mit uns geschehen, wenn wir die Regel brachen und das Wasser berührten?

»Ihr werdet sterben«, erwiderte ein Priester.

Oh.

Wir schickten also Mau und seinen Assistenten, Ermes Kifles, in die heilige Stätte, damit sie für uns einen Blick auf die Quellen warfen. Nevada und ich folgten derweil einem anderen Führer zur zweitheiligsten Stelle, an der auch Frauen zugelassen waren. Hier lenkte ein Holzrohr Wasser von der Quelle in einen kleinen, natürlichen Tümpel. Ich hielt meine Hände unter das Rohr und ließ das kalte, klare Nass durch meine Finger gleiten und auf die Kieselsteine im Tümpel spritzen. Dies waren die Wasser, die den Blauen Nil zeugten. Sie kreisten im Becken, wie um Kraft und Schwung zu sammeln, und ergossen sich anschließend in einen engen Kanal, wo sie auf ihrem Weg zum Meer die ersten Spuren in der Erde hinterließen.

Ich wusch mir Gesicht und Hände und besprenkelte mein Haar mit etwas Wasser. Unser Führer nickte zustimmend. »Du wirst zum Abbai zurückkehren«, meinte er, als stünde dies felsenfest.

Ermes stieß zu uns. »Oh, es tut mir Leid, dass ihr nicht hineingehen könnt«, sagte er. Ermes war ein junger Mann von 25 Jahren und hatte fein gemeißelte Gesichtszüge. Nun begann er zu beschreiben, was er gesehen hatte. »Es ist wirklich unglaublich. Es sieht ganz klein aus, wie ein Becken von nur etwa fünf oder zehn Zentimetern Tiefe, aber der Priester sagte: ›Seien Sie vorsichtig! Bleiben Sie auf dem Weg! Das Wasser ist hier tief!‹ Sie sagen, es ist mehr als 100 Meter tief, und wenn du reinfällst, kannst du sterben.« Es gab eigentlich mehrere kleine Becken. Sie waren alle ein Teil der Quelle und von Gras und Moos gesäumt.

Ich fragte, ob unser einheimischer Führer Melku Alemaw oder der äthiopische Priester Marigeta Birhane (der uns zum Gipfel des Mount Gische führte) jemals von James Bruce, dem Schotten, gehört hätten, der vor mehr als 300 Jahren hierher gereist war. Der Kaiser hatte ihm die Quelle des Blauen Nils zum Geschenk gemacht, fuhr ich fort. Aber keiner der beiden Äthiopier wusste etwas über den großen rothaarigen *ferenji* oder dessen Anspruch auf ihre heiligen Wasser. Dass sie ihm gehören sollten, wiesen sie entschieden zurück. Außerdem stand in ihren Augen eine weitaus wichtigere Person mit den Quellen in Verbindung. Es handelte sich um den heiligen Zarabruck, der ebenfalls vor ungefähr 300 Jahren zum Ursprung des Blauen Nils gekommen war. Ihm verdankten die Quellen ihren Namen: Gische Abbai. Der heilige Zarabruck hatte so viele Wunder gewirkt, dass selbst heute noch Menschen aus ganz Äthiopien kamen, um zu ihm zu beten und von den Priestern die Geschichten über seine guten Taten zu hören. Der Heilige sei blind geboren worden, erklärte uns Marigeta Birhane, aber im Alter von sieben Jahren habe er eine enku, eine Perle, die wertvoller als Gold war, gefunden und verschluckt. »Seine Augen öffneten sich, und er wurde stark«, fuhr der Priester fort, »und der Heilige Geist, der in der Perle war, ging auf ihn über.« Danach leuchtete er von innen wie eine Kerze auf dem Kirchenaltar. Er betete unablässig und tat unzählige gute Werke. Aus diesem Grund ließen die Engel zwölf weiße Flügel aus seinem Körper wachsen, sechs auf jeder Seite von den Schultern bis zu den Füßen.

»Dadurch entstanden jedoch viele böse Gerüchte«, erzählte der heilige Lehrer weiter, »deshalb verhaftete ihn die Regierung und steckte ihn ins Gefängnis.« Kurz bevor er seine Strafe antrat, hatte Zarabruck seine Gebetbücher in die Quellen des Blauen Nils geworfen und den Abbai gebeten, sie zu beschützen. »Er verbrachte viele Jahre im Kerker, ohne Licht und ohne Kontakt zu anderen Menschen. Ab und an gaben sie ihm ein bisschen *indschera.* Eines Tages jedoch erhellte ein Licht wie ein Regenbogen seine Zelle, und als die Beamten das sahen, ließen sie ihn frei.« Zarabruck kehrte zu den Quellen zurück und sagte zum Wasser: »Gische-Abbai ... Abbai, spuck meine Bücher wieder aus.« Die Bücher schossen aus den Tiefen des Wassers empor. »Obwohl sie fünf Jahre lang im Wasser gelegen hatten«, erklärte der Priester, »waren sie noch vom selben Staub bedeckt« wie zu dem Zeitpunkt, als Zarabruck sie ins Wasser geworfen hatte. »Sie waren überhaupt nicht beschädigt.«

Zarabrucks Bücher waren zwar bald verloren gegangen, aber die Priester, die an der Quelle lebten, trugen seine Lebensgeschichte und seine Wunder in einem großen Buch zusammen. Aus diesem Buch lasen sie vor, wenn Menschen an der Quelle des Blauen Nils bei Gische Abbai gesegnet werden wollten.

Selbst der Schlamm der Quelle war heilig. Die Priester trockneten ihn auf dem Altar in der Michaelskirche von Gische Abbai und streuten kleine Mengen des verbleibenden grauen Pulvers in die Behälter, die die Gläubigen für das heilige Wasser mitbrachten. Anschließend segneten sie die Versammelten mit einem Kreuzzeichen und salbten ihnen die Köpfe mit der schlammigen Flüssigkeit. Die Pilger standen nun unter dem Schutz Gottes, sie waren geheilt, ihre Waffen würden sicher treffen, ihre Kühe würden gute Milch geben, die Frauen würden Kinder gebären, die Männer würden ihre volle Manneskraft zurückerlangen, sie würden ihre Buckel loswerden, die Flüche des *buda* würden von ihnen genommen, die Bomben der Ausländer verlören ihre Wirkung.

Wir fragten die Priester, ob wir der Quelle des Abbai ein Geschenk – ein Opfer – darbringen dürften. Nach einigen Diskussionen wurde man sich einig, dass wir in zwei Tagen ein fettes Schaf opfern konnten. In der Zwischenzeit würden wir mit Ponys am Kleinen Blauen Nil entlangreiten. Melku, unser einheimischer Führer und gleichzeitig Bezirksbeamter, hatte versprochen, uns Ehmama Godscham vorzustellen, einer Prophetin, die in einem Wald am Gilgel Abbai, wie die Äthiopier den Kleinen Nil nannten, lebte.

Wir brauchten fast den ganzen Tag, um zu ihrer Behausung im Wald zu gelangen. Wie der Große Abbai legte auch der Kleine Blaue Nil mit den zahlreichen Bächen und Zuflüssen, die in ihn mündeten, an Breite und Volumen zu. Er floss durch das grüne Hochland Godschams und stürzte in Kaskaden zwischen Tälern und Bergen mit violetten Lupinen und gelben Gänseblümchen herab. Überall lagen Bauernhöfe verstreut, die Feldfrüchte schossen grün und kräftig in die Höhe, und wohlgenährte Kühe, Pferde und Schafe grasten auf den Wiesen. Kein Wunder, dass Menelik Castanio, den italienischen Ingenieur, beauftragt hatte, eine Brücke nach Godscham zu bauen. Dies war fruchtbares Land, was die Fürsten jener Zeit nur zu gut wussten.

Außerdem war es ein Land der Magier – das Land von Priestern, die viele Tricks in petto hatten, und Bauern, die Taschenspielereien beherrschten. Am Tag zuvor hatte uns unser Priesterführer Marigeta Birhane gezeigt, wie er Wasser ohne Feuer zum Kochen bringen konnte. Die brodelnde Brühe (die er ähnlich wie Brausetabletten zum Kochen und Sprudeln in einem Glas aufbewahrte), erklärte er uns, würde eine schüchterne Person selbstsicher oder einen dummen Menschen klug machen. Er könne auch eine Mischung brauen, mit der sich die Auswirkungen eines Schlangenbisse kurieren ließen; dies funktioniere auch dann, wenn der Patient mit der Bisswunde ihn nicht persönlich aufsuche. In diesem Fall müsse ein anderer die Medizin trinken, während der Priester aus seinem Gebetbuch las. Daraufhin werde der Gebissene gesund.

Als wir weiter durch die Landschaft ritten, zeigte Melkum auf die Hütten anderer Männer mit übersinnlichen Kräften. Es gab auch einen, der Blätter in Geld verwandeln könne, erzählte er uns, allerdings sei diese Verwandlung leider nicht von Dauer. Dann war da noch das Haus eines anderen, der einem Seil befehlen konnte, sich wie eine Schlange zu bewegen.

Aber keiner dieser Menschen verfügte über die Kräfte von Ehmama, der Mutter von Godscham, wie Melku sie nannte. Sie konnte die Zukunft vorhersagen. Melku erzählte uns, dass sie vor fast 40 Jahren, zur Zeit von Haile Selassie, an den Gilgel Abbai gekommen war. Früher war sie den Priestern gefolgt, wenn sie die *tabot* (die Bundeslade, eine Nachbildung der Arche Noah) bei Prozessionen durch die Lande trugen. Eines Tages, als die Prozession am Kleinen Blauen Nil entlangzog, hatten die Engel zu ihr gesprochen. »Sie befahlen ihr, anzuhalten und fortan in diesen Wäldern zu leben«, übersetzte Ermes für uns. »Und seitdem lebt sie dort. Sie ernährt sich nur von Früchten und Blättern und dem, was die Affen ihr bringen. Sie weist sämtliche Geschenke zurück und isst noch nicht einmal *indschera.*« Weil sie ihr Leben dem Heiligen Geist gewidmet hatte, war ihr die Gabe des Prophezeiens verliehen worden. Melku betrachtete sie als seine geistliche Ratgeberin und kam oft hierher, um ihre Vorhersagen zu hören. Er wollte sie bitten, mit uns zu sprechen.

Der Pfad verlief durch kräftige Sorghum- und Teff-Felder und dichte Eukalyptuswälder. Dann verließen wir die Hauptstraße und führten die Ponys einen Hügel hinunter zu einem Wald aus Akazien und Olivenbäumen.

»Da drinnen wohnt sie«, sagte Melku und deutete mit dem Kinn ins Dickicht. Er rief ihr einen Gruß zu.

Nevada, Mau und ich blieben ein wenig zurück, um sie nicht mit unserer weißen Haut zu erschrecken. Kurz darauf nahmen wir Bewegungen im Gehölz und die kleine, gebückte Gestalt einer Frau wahr, die in ein Baumwollgewand gehüllt war, das so alt und abgetragen war, dass es wie Leder wirkte. In ihrem grauen Haar, das sie wie einen Turban um den Kopf gewunden hatte, steckten Blätter und Zweige. Sie griff nach ihren robusten Gehstöcken und schritt langsam auf Melku zu. Dann entdeckte sie uns drei und hielt inne.

Melku trat vor. Wir *ferenjocch* seien seine Freunde, erklärte er ihr und fügte hinzu, dass wir eine lange Reise entlang des Abbai hinter uns hatten. Nun waren wir gekommen, weil uns nach ihrer Weisheit dürstete, so wie wir zuvor die Weisheit des Nils gesucht hatten.

Ehmama Godscham drehte ihren gebeugten Körper in unsere Richtung, sah uns aber nicht direkt ins Gesicht. Sie warf kurze Blicke den Hügel hinauf, dann schüttelte sie den Kopf.

»Sie kann nicht mit uns sprechen«, übersetzte Mau, »denn sie sagt: ›Ich bin schwarz, und ihr seid weiß. Wie können wir reden?‹«

Mau zeigte ihr, wie das ging. Er begrüßte sie auf Amharisch und bat sie zu bleiben, indem er ihr erklärte, dass wir lange gewandert waren, um sie zu treffen.

Ehmama Godscham schaute ihn an.

»Sie sagt, sie sei kein Mensch von der Erde, sondern vom Himmel hierher gekommen«, übersetzte Mau wieder.

Erneut machte sie sich in Richtung ihrer Waldbehausung auf, blieb jedoch abermals stehen und blickte Nevada und mich lange an. Schließlich erhob sie ihre Stimme zu einem vogelgleichen Singsang.

»Ich kann es nicht glauben«, sagte Mau. »Sie sagt, Sie weiß, dass ihr Ärger mit den Behörden in Beni-Shangur hattet. Ihr müsst jetzt von dort fernbleiben.«

Sie trat nahe an mich heran und sah mir in die Augen. »Sie will den Namen deines Vaters wissen«, erklärte Mau.

»Lyall ... Lyall Morell«, antwortete ich.

Die alte Prophetin rümpfte die Nase und hielt daraufhin einen langen Vortrag.

Mau stieß einen leisen Pfiff aus. »Sie sagt, sie weiß, dass wir ein Schaf gekauft haben, um es morgen bei Gische Abbai zu opfern. Sie meint, wir sollen das nicht tun. Sie sagt: ›Das Blut, das aus dem Schaf läuft, wird auf euch zurückkommen. Es wird euch nichts als Ärger einbringen.‹«

Anschließend schwieg sie einen Augenblick und wiegte ihren Körper dabei, als sei sie leicht wie ein Blatt, das nur darauf wartete, von der nächsten Brise zurück in ihr himmlisches Zuhause getragen zu werden. Dann fing sie wieder an zu sprechen.

»Ihr habt auf dem Blauen Nil nicht das gefunden, wonach ihr gesucht habt«, verkündete sie. Sonst sagte sie nichts mehr zu uns, sondern drehte sich um und machte sich auf den Rückweg in den Wald.

»Ich glaube, sie ist fertig«, sagte Mau.

Wir sahen ihr nach, wie sie sich langsam ihren Weg durchs Gebüsch bahnte. Wieder blieb sie zögernd stehen, doch dann drehte sie sich um und schritt – diesmal sehr entschieden – wieder hinauf zu uns. Sie habe eine Nachricht zu überbringen, erklärte sie Mau.

»Sie will wissen, wann ihr Äthiopien verlasst«, übersetzte er.

»Ungefähr in einer Woche«, antworteten wir.

»Sie sagt, da dürft ihr nicht gehen. Ihr müsst warten, bis der *Tikemt*, der nächste äthiopische Monat begonnen hat. Bis dahin sind es noch etwa drei Wochen. Ihr werdet nicht vor dem ersten Tikemt nach Hause können, sagt sie.«

Nevada und ich schauten einander an.

»Das ist ein schöner Gedanke«, meinte ich. »Aber es geht nicht.«

»Bei mir auch nicht«, fügte Nevada hinzu. »Zu Hause wartet eine Menge Arbeit auf mich.«

Ehmama Godscham wollte nichts von unseren Zeitplänen wissen. Sie hatte gesagt, was sie zu sagen gehabt hatte, und verließ uns nun ohne einen weiteren Blick oder weitere Worte.

Während unseres Besuchs bei Ehmama waren dunkle Wolken aufgezogen, und sobald sie verschwunden war, ließ ein Donnerschlag die Erde erbeben, und Blitze erhellten den fernen Gipfel des Mount Gische. Die Himmelspforten öffnete sich über uns, und wir ritten den weiten Weg zurück zu unserem kleinen »Schlammhotel« in heftigem, kaltem Regen.

»Jeder Tropfen dieses Wassers fließt in den Blauen Nil«, bemerkte Mau, während wir durchnässt und schlotternd auf unseren triefenden Ponys saßen.

AM NÄCHSTEN TAG KEHRTEN WIR ZUR MICHAELSKIRCHE BEI GISCHE Abbai zurück. Dort wurde ein großer Trauergottesdienst für eine Nonne und Priesterin abgehalten, die kurz zuvor gestorben war. Männer bliesen Trompeten und führten reiterlose Pferde zu Ehren der Toten, und die Frauen weinten und kratzten sich vor Gram das Gesicht blutig.

Nach der Messe sprach Mau mit den Priestern über das Opfer, das wir geplant hatten. Unser Schaf war vor der Kirche angebunden, und Mau schlug vor, sein Fleisch mit den Gottesdienstbesuchern zu teilen.

Damit hatte er im Nu eine hitzige Debatte entfacht. Die Geistlichen in ihren farbenprächtigen Priestergewändern gestikulierten zunächst untereinander und dann Mau und uns gegenüber wild mit den Händen. Ihre Stimmen klangen immer aufgeregter und zorniger. Einige wandten sich empört ab. Mau bat sie noch einmal inständig. Der älteste Priester schüttelte den Kopf und machte dann auf dem Absatz kehrt.

Es würde kein Opfer geben.

»Alle streiten sich wegen unseres Schafs«, sagte Mau. »Ist das zu glauben? Ich kann es noch nicht einmal weggeben!«

Melku stand bei uns. Er sagte nur zwei Worte: »Ehmama Godscham.«

Ehmama Godscham begleitete uns auf Schritt und Tritt. Wir wollten Dörfer an der Mündung des Kleinen Blauen Nils besuchen und durch das Weideland der Borana-Hirten zum Hauptfluss wandern. Alle Pläne gingen jedoch schief. Aus irgendwelchen Gründen mussten wir immer wieder Verzögerungen in Kauf nehmen. Aus einer Woche wurden zwei, und aus zwei Wochen rasch eine dritte.

Es war beinahe schon Anfang *Tikemt*, und wir hatten noch immer keine Gelegenheit gefunden, dem Blauen Nil ein Opfer darzubringen.

Nevada und ich gingen zunächst eine Weile getrennte Wege. Ich reiste nach Kenia, um Freunde zu besuchen, während sie in Bahir Dar blieb. Sie wollte über den Kleinen Blauen Nil fliegen, um Luftaufnahmen von seiner Einmündung in den Tanasee zu machen. Sie war begeistert von der Schönheit dieses Flussabschnitts, den sie, Ermes und Mau auch mit dem Boot erkundeten.

»Du kannst dir keine Vorstellung von der Vogelwelt dort machen«, schwärmte sie, als wir uns in Addis Abeba wieder trafen. »Und wie die

Leute da leben! Der Kleine Blaue Nil hat ihre Häuser überschwemmt; das Wasser steht darin. Aber sie sind nicht im Geringsten beunruhigt. Sie sagen, sie lieben den Abbai – sie nennen ihn Gihon – und meinen, wenn er auf diese Weise in ihre Häuser kommt, würden sie für immer dort bleiben. Er beschützt sie. Sie haben jeden Versuch der Regierung, sie umzusiedeln, abgelehnt.«

Nevada wünschte, ich wäre mit ihnen dort gewesen.

Mir erging es ähnlich. »Tja, ich nehme Ermes mit und fahre hin«, sagte ich.

»Ich komme mit«, entgegnete Nevada.

Am nächsten Tag machten wir uns auf den Weg. Wir würden nur ein paar Tage weg sein, und ich konnte immer noch vor dem ersten *Tikemt* einen Flug nach Hause bekommen. Ich reservierte einen Platz.

Im Dorf an der Mündung des Kleinen Blauen Nils lief alles glatt. Der Wasserpegel war seit Nevadas Besuch jedoch gesunken. Es schwappte kein Wasser mehr in den Häusern der Dorfbewohner; nun plätscherte es bis kurz vor ihre Haustüren. Das schien niemanden zu stören.

»Seht, was der Gihon uns alles gibt«, sagte Watadnu Getenet Abba, ein Bauer von etwa 40 Jahren. Wie viele Menschen in Godscham hatte er ein langes, ovales Gesicht, eine schmale, adlerartige Nase und benutzte sein Kinn wie einen Zeigestock, mit dem er mal auf den Fluss, mal auf die fetten Kühe des Dorfes deutete.

»Wir haben immer etwas zu essen und ein gutes Leben dank des Gihon«, fuhr er fort.

Watadnu Getenet saß mit einer Gruppe von Männern unter einer Reihe Eukalyptusbäume. Wir unterhielten uns mithilfe von Ermes und eines Regierungsbeamten, Chernet Tilahun, der uns bei unserem Besuch ebenfalls begleitete. Nachdem wir eine Weile im Dorf waren, fragte Chernet die Bewohner, ob sie uns helfen würden, dem Abbai ein Geschenk zu machen. Die Männer sahen einander an. Es wäre möglich, sagte einer. Einige nickten zustimmend. Aber andere zögerten.

»Wisst ihr«, erklärte uns Chernet, »es ist nicht die richtige Jahreszeit, um dem Gihon zu opfern. Ein paar Männer sind ein bisschen beunruhigt. Sie befürchten, dass ein Opfer zu dieser Zeit Ärger bringen könnte. Aber die anderen haben gesagt: ›Lasst es uns versuchen.‹«

Wir kauften für unser Opfer drei Hühner – ein rotes, ein weißes und ein braunes –, ein fettes Schaf, einen Sack Kaffee und eine Flasche *araki* (einen Kornschnaps). Eine Frau und ihre Tochter zogen saubere, weiße, mit kunstvollen Kreuzen bestickte Gewänder an und bereiteten Kaffee zu. Nachdem sie die Bohnen geröstet hatten, ließen sie den Duft zuerst zum Fluss und zum Geist des Gihon wehen, dann fächerten sie ihn uns und den anderen Dorfbewohnern zu. Der erste Schluck Kaffee gebührte ebenfalls dem Gihon, so wie ihm außerdem die ersten Tropfen des *Araki* gewidmet wurden. Ein Mann mit Turban überbrachte diese Gaben dem Fluss, während seine Freunde riefen: »Aber schön vorsichtig. Gib ihm nicht zu viel. Lass etwas für uns übrig.« Anschließend wurde allen von den Getränken gereicht.

Drei Männer traten vor, um die Hühner zu opfern. Sie standen in einer Reihe am Ufer, durchschnitten den Tieren die Kehlen und hielten sie über das Wasser, damit das Blut in den Schlund des Gihon laufen konnte. Daraufhin legten sie die toten Hühner auf die Wasseroberfläche und warteten einen Moment. Die Schlachtkörper gingen nicht unter. Eine andere Gruppe von Männern tötete das Schaf und ließ das Blut ebenfalls ins Wasser fließen. Sie entfernten die Innereien und übergaben die dampfende Masse dem Fluss. Wieder sank das Opfer nicht, sondern trieb an der Wasseroberfläche abwärts zur Mündung des Kleinen Blauen Nils in den Tanasee.

Die Dorfbewohner lächelten, die Spannung löste sich.

»Das ist ein gutes Zeichen«, erklärte Watadnu Getenet. »Der Gihon ist erstaunt über dieses unverhoffte Opfer. Er ist glücklich. Er gibt euch seinen Segen.«

Das Fleisch der Hühner und des Schafs wurde gesalzen, mit Gewürzen eingerieben und über einem offenen Feuer gegrillt. Danach taten wir es dem Gihon gleich und labten uns alle ausgiebig am Festessen.

Unser Flug am darauf folgenden Nachmittag von Bahir Dar nach Addis Abeba hatte Verspätung, wurde erneut angesetzt, dann wieder verschoben.

»Ehmama Godscham«, sagte Ermes, als wir zu fürchten begannen, dass unsere Pläne vereitelt würden.

Ich hatte Glück, das dachte ich zumindest. Das Flugzeug kam schließlich an, und ich erreichte Addis Abeba gerade noch rechtzeitig, um den ebenfalls verschobenen Flug nach Hause zu bekommen. Nevada blieb noch zwei Tage, um Luftaufnahmen vom Großen Abbai zu machen, was mehrere Wochen der Organisation bedurft hatte. Sie würde an dem Tag nach Hause fliegen, den Ehmama Godscham prophezeit hatte, dem ersten *Tikemt.*

Ich flog einen Tag früher.

Alles lief bestens, bis ich in San Francisco landete. Nun war ich nur noch eine Flugstunde von daheim entfernt, ganz nahe bei Michael, unserem Haus, unseren Tieren. Der Flug verzögerte sich, wurde verschoben – und schließlich ganz abgesagt. Ich musste ein Zimmer in einem Flughafenhotel nehmen. Ermes war natürlich nicht mehr bei mir, aber ich konnte seine Stimme hören: »Ehmama Godscham.«

Nevada verließ Äthiopien am ersten Tikemt, und ich kam letztlich ebenfalls an diesem Tag nach Hause.

Ich hatte in einem kleinen Fläschchen Wasser vom Blauen Nil mitgebracht, dem ich einen Platz auf unserer Küchentheke einräumte. Ein Äthiopier würde es trinken oder darin baden, aber ich bewahrte es verschlossen wie einen Flaschengeist auf. Ich wollte den Zauber des Abbai, der auf mir ruhte, nicht brechen.

Nachwort

Ich möchte diese Seiten nicht beschließen, ohne zu erwähnen, dass wir noch einmal von *Abush* hörten, dem Waisenjungen und kleinen Landstreicher.

Mau berichtete uns, er sei an der Zweiten Portugiesischen Brücke auf *Abush* gestoßen, nachdem dieser *Selalem* und mir vom anderen Ufer aus zugerufen hatte, dass wir doch bitte mit unseren »Autos« ein Stück rückwärts fahren sollten, um ihn mitzunehmen. Als wir ihn zuletzt sahen, hatte ein Soldat ihn in seine Obhut genommen.

Mau und seine Männer bereiteten sich gerade darauf vor, wieder ins Hochland nach *Mota* zurückzuwandern, wo sie ihre Autos stehen gelassen hatten. Es war schon dunkel, als *Abush* auf Mau zukam und fragte, ob er sich seiner Karawane anschließen könne.

»Der arme Junge«, sagte Mau. »Er sah aus, als hätte er einiges durchgemacht, also gab ich ihm ein Paddel, das er für uns tragen konnte.«

Abush lief die ganze Nacht hindurch und schleppte das Paddel bis nach *Mota*«. Einmal sei er gestolpert und mit dem Gesicht auf dem Boden aufgeschlagen, erzählte Mau. »Doch er stand einfach auf und ging weiter. Er weinte nicht einmal.« Das klang ganz nach unserem tapferen kleinen Freund mit den Hundebissen.

Als sie in *Mota* ankamen, gab Mau ihm zehn *Birr* (etwa 80 Cents). Das reichte zwar nicht für eine Schuhputzerkiste, aber es würde einen Reisenden im Land des Blauen Nils ein gutes Stück weiterbringen.

Was danach aus *Abush* geworden ist, werden wir wohl nie erfahren.

Dank

Viele Menschen und Institutionen haben dazu beigetragen, meine Reisen am und auf dem Blauen Nil möglich zu machen. Nicht alle werden in diesem Buch erwähnt. Mein Dank gilt zuallererst Oliver *Payne* und Robert Poole, meinen Redakteuren bei *National Geographic*, die mir die Reise vorgeschlagen, meine Expedition auf dem Fluss unterstützt und meinen Artikel über die Abenteuer am Blauen Nil publiziert haben.

Des weiteren möchte ich *Yusuf Abdullahi Sukkar* danken, dem Beauftragten der Äthiopischen Tourismusbehörde, der uns half, trotz der damaligen Grenzkonflikte mit Eritrea sicher durch sein Land zu reisen; sowie Maurizio *Melloni* von *Wonz-Dar Expeditions*, der die Länge unserer Reisestrecke zunächst schätzte, indem er den Flusslauf auf einer Karte mit einem Stück Zahnseide nachlegte, und anschließend unermüdlich damit beschäftigt war, die vielen notwendigen Genehmigungen zu erhalten; ferner *Yohannes Assefa* vom Reiseveranstalter Red Jackal und seinen Fahrern, die uns während der gesamten Tour mit Nachschub versorgten.

Außerdem möchte ich verschiedenen Menschen danken, die in den Büros von *National Geographic* arbeiten. Er gebührt Elsa Abraham, die half, die von mir gesammelte *amharische* Poesie sowie die Genehmigungen der äthiopischen Regierung für unsere Expedition zu übersetzen, sowie Karen Font und Valerie *Mattingley* für ihre Hilfe bei der Recherche. Valerie gelang die Meisterleistung, eine Ausgabe von Major *Cheesmans* unveröffentlichter Autobiographie und weiteres biographisches Material über diesen großen und doch so bescheidenen Geographen aufzutreiben. Ganz besonders herzlich möchte ich auch meinem Lektor Kevin *Mulroy* danken, der mich aufforderte, dieses Buch zu schreiben, und *Johnna Rizzo* für ihre Hilfe bei der Arbeit am Manuskript.

Mein ausdrücklicher Dank gebührt auch Rahel *Fikre Selassie*, die nicht nur bereit war, sehr kurzfristig das gesamte Manuskript zu lesen, sondern mir auch einen Einblick in die äthiopischen Sitten und Gebräuche und in die *amharische* Sprache vermittelte. Dank schulde ich des weiteren Jon Kalb und John *Kappelman* von der University of Texas, Austin, die mir die geologische Beschaffenheit der Nilschlucht erklärten.

Bedanken möchte ich mich ebenso bei meinen wissenschaftlichen *Asssistenten Mwangi Njagi* und Richard *Shackleford*, denen es gelang, zahlreiche vergriffene Bände und Artikel über Äthiopien und über frühere Reisen in der Region des Blauen Nils aufzustöbern.

Auch meinem Agenten Michael *Hamilburg* gilt mein Dank – dafür, dass er mich ein weiteres Mal in allen Entstehungsphasen eines Buches mit Rat und Tat unterstützt hat.

Aus ganzem Herzen danke ich meinem Mann Michael der, obwohl er noch niemals in Äthiopien gewesen ist, meine Liebe zu diesem Land und seinen Bewohnern versteht und mir – wie immer – als echter Freund und hilfreicher Kritiker zur Seite stand.

Zum Schluss möchte ich allen Menschen danken, denen ich am Blauen Nil begegnet bin – auch wenn sie dieses Buch vermutlich niemals zu Gesicht bekommen werden –, für ihre Großzügigkeit und die vielen Freundlichkeiten, die sie mir erwiesen haben. Sie öffneten mir ihre Häuser und teilten ihr Leben, ihre Musik, ihre Geschichten und ihre Poesie mit mir. Vor allem aber gaben sie mir das Gefühl, wieder ein Teil jenes Landes zu sein, das ich geliebt und verloren hatte. Für all dies werde ich immer dankbar sein.

Quellen

Bruce, James: *Zu den Quellen des Blauen Nils.* Stuttgart/Wien 1987.

Johnston, Tracy: *Tanz auf den Stromschnellen – Flussabwärts auf den wilden Wassern Borneos.* München 1995.

Lobo, Jéronimo: *Neue Beschreibung und Bericht von der wahren Beschaffenheit 1. des Mohrenlandes, sonderlich des abbysinischen Kaysertums, 2. des Ursprungs Nyli ...* Nürnberg 1670.

Ders.: *Reise nach Habessinien und zu den Quellen des Nils.* 3 Bde. 1793–94.

Rittlinger, Herbert: *Schwarzes Abenteuer. Vom Roten Meer zum Blauen Nil.* Wiesbaden ^{2}1956 [vergriffen, aber antiquarisch gut erhältlich].

Speke, John Hanning: *Die Entdeckung der Nilquellen. Reisetagebuch.* I u. II, Leipzig 1864.

Williams, John G.: *Die Vögel Ost- und Zentralafrikas – Ein Taschenbuch für Ornithologen und Naturfreunde.* Hamburg 1973.

Reiseführer

Gräber, Gerd/Gräber, Angelika/Berhe, Berhanu: *Äthiopien.* Ein Reiseführer. Heidelberg 1997.

Hildemann, Katrin/Fitzenreiter, Martin: *Äthiopien.* Hohenthann 1999

Berichte

Cotterell, Peter: Schrei, *Äthiopien.* Uhldingen 1989.

Matthies, Volker: *Äthiopien, Eritrea, Somalia, Djibouti.* Das Horn von Afrika. München ^{2}1994.

Morell, Virginia: „Der Blaue Nil. Äthiopiens heiliges Wasser." In: *National Geographic Deutschland,* Dezember 2000, S. 50–77.

Nehberg, Rüdiger: *Abenteuer am Blauen Nil.* München 2001.

Stührenberg, Michael: »Blauer Nil. Am Urstrom Afrikas.« In: *GEO,* Nr. 8, August 1998, S. 112–139.